Stata 统计分析与应用

（第3版）

主　编　马慧慧

副主编　郭庆然　丁翠翠

電子工業出版社

Publishing House of Electronics Industry

北京·BEIJING

内 容 简 介

Stata 是近年来兴起的一款短小精悍、功能强大的统计计量软件，由于它操作灵活、简单、易学易用，现在已越来越受到人们的重视和欢迎，并且和 SAS、SPSS 一起，被称为新的三大权威统计软件。

本书主要内容包括 Stata 使用基础、Stata 与回归分析、Stata 与多元统计分析、Stata 编程入门，共计 14 章。这些内容中包括了 Stata 的数据管理、图形绘制、各种基本和高级的计量回归分析、常用的统计分析方法等，最后还简明地介绍了编程入门知识。在讲解过程中，本书使用 Stata 14.0 这个最新版本，穿插了几百个实例加以诠释，并配有多媒体视频光盘进行讲解，非常方便读者理解和学习。

本书的内容和实例满足金融、经济、生物医疗、卫生保健、社会人文、心理学等多学科的需要，可供高等院校相关专业本科生、研究生以及从事统计分析的研究者参考使用，也可作为 Stata 软件培训和自学的教材。

图书在版编目（CIP）数据

Stata 统计分析与应用 / 马慧慧主编. —3 版. —北京：电子工业出版社，2016.4
ISBN 978-7-121-28422-9

Ⅰ. ①S… Ⅱ. ①马… Ⅲ. ①统计分析－应用软件 Ⅳ. ①C819

中国版本图书馆 CIP 数据核字（2016）第 057202 号

策划编辑：祁玉芹
责任编辑：张瑞喜
印　　刷：中国电影出版社印刷厂
装　　订：中国电影出版社印刷厂
出版发行：电子工业出版社
北京市海淀区万寿路 173 信箱　邮编　100036
开　　本：787×1092　1/16　印张：25.5　字数：653 千字
版　　次：2011 年 5 月第 1 版
2016 年 4 月第 3 版
印　　次：2024 年 1 月第 16 次印刷
定　　价：66.00 元（含光盘 1 张）

凡所购买电子工业出版社图书有缺损问题，请向购买书店调换。若书店售缺，请与本社发行部联系，联系及邮购电话：（010）88254888。

质量投诉请发邮件至 zlts@phei.com.cn，盗版侵权举报请发邮件至 dbqq@phei.com.cn。

服务热线：（010）88258888。

前言

PREFACE

Stata 是近年来兴起的一款短小精悍、功能强大的统计计量软件，相比于功能强大但是臃肿的 SAS，它操作灵活、简单、易学易用，是一个非常有特色的统计分析软件。由于 Stata 本身的统计方法非常先进，现在已越来越受到人们的重视和欢迎，并且和 SAS、SPSS 一起，被称为新的三大权威统计软件。其普遍使用的 12.0、13.0、14.0 版安装文件只有 200MB 左右，但已经包含了全部的统计分析、数据管理和绘图等功能，尤其是它的统计分析功能极为全面，比起 1GB 以上大小的 SAS 系统也毫不逊色。

本书的内容及知识体系

本书基于 Stata 而编写，分为 Stata 使用基础、Stata 与回归分析、Stata 与多元统计分析、Stata 编程入门共 14 章。内容涵盖了 Stata 从入门的数据管理、图形绘制到各种高级的统计、回归分析以及编程入门知识，不仅详细地讲解了 Stata 各种命令的相关参数，还列举了大量的实例加以说明，非常方便读者进行理解和学习。

第 1 章首先带领读者了解 Stata 的发展里程，了解 Stata 的基本功能，熟悉 Stata 的界面和各种相关的学习资料。

第 2 章切入正题，介绍 Stata 的数据管理功能，包括如何创建和导入数据集、如何对变量进行相关的操作、如何对两个数据集进行合并等，这一部分是 Stata 使用的基础。

第 3 章和第 4 章详细讲解了 Stata 的绘图功能。第 3 章以散点图为例，介绍了 Stata 绘图的各种选项的使用，第 4 章进一步介绍了曲线标绘图、连线标绘图、拟合图、条形图等，读者一旦掌握了这些内容，就可以对 Stata 绘图运用自如了。

第 5 章到第 7 章介绍了描述性统计分析、列联分析、方差分析三种基本的统计分析手段在 Stata 中的实现。第 5 章首先回顾了统计学的基本知识，然后向读者展示了如何使用 Stata 进行描述性统计分析、探测异常值、计算相关系数以及进行数据的正态性转换。第 6 章是列联分析的内容，包括如何利用 Stata 进行列联分析、如何生成包含描述性统计量的表格等。第 7 章介绍方差分析的内容，包括 t 检验、单因素方差分析、多因素方差分析、协方差分析等。

第 8 章到第 10 章介绍了 Stata 的回归分析功能，这也是 Stata 最擅长的工作。第 8 章介绍了经典假设下的横截面数据单方程线性回归模型的 Stata 实现，包括单方程回归分析的基础知识、使用 Stata 进行回归的各种命令、如何进行变量变换来更好地拟合方程。第 9 章是非经典假设、线性方程组、面板数据估计的 Stata 实现，包括存在内生性、异方差、多重共线性时如何使用 Stata 进行相关的处理，还包括对似不相关方程组、联立方程组以及面板数据进行回归分析的命令。第 10 章是非线性回归分析及回归分析专题，这是计量分析中较高级的内容，包括了二值响应模型、多值响应模型、角点解和样本选择模型，最具特色的是我们专门介绍了如何在 Stata 中进行回归诊断。

第 11 章介绍 Stata 的时间序列分析功能，包括基本时间序列模型的估计、ARIMA 模型的估计、单位根与协整、VAR 与 VEC 的估计、ARCH 与 GARCH 的估计，囊括了时间序列分析中各种常见的内容。

第 12 章和第 13 章是多元统计分析中的内容，这两章在回顾了相关的基础知识后，详细介绍了聚类分析、主成分分析、因子分析的 Stata 命令。

最后，第 14 章简要介绍了 Stata 编程中的基础知识，内容包括全局宏与局部宏、标量与矩阵、循环语句，以及 Stata 计算结果的提取。

本书有何特色

（1） 配有多媒体语音视频进行讲解。

为了方便读者更加直观地学习 Stata 软件，作者为本书专门录制了大量的多媒体语音视频进行讲解，视频适合使用 Stata 10.0～14.0 版本的用户，相信通过这些视频读者可以更快地掌握本书的内容。

（2） 内容全面，讲解详细，即用即查。

本书是一本百科全书式的 Stata 著作，详细讲解了 Stata 的大部分常用功能，对参数的介绍非常细致，本书既可作为很好的入门教程，也可以作为即用即查的参考手册。

（3） 进行了详尽的理论知识讲解。

本书对每一个知识点都进行了详尽的回顾，在诸如回归分析、时间序列、方差分析等内容上达到了高级计量的程度，在这个基础上介绍 Stata 命令更加顺理成章，读者使用起来也更加游刃有余。

（4） 列举了几百个典型实例。

本书对每一个命令都配备了一个以上的实例，对于常用命令则在全书中反复使用，示例中的命令大都进行了详细的解释，读者只需按照书中介绍的步骤一步步地实际操作，就能完全掌握本书的内容。

本书的对象

本书的内容和实例满足金融、经济、生物、医疗卫生保健、社会人文、心理学等多学科的需要，可供高等院校相关专业本科生、研究生以及从事统计分析的研究者参考使用，也可作为 Stata 软件培训和自学的教材。

本书作者

本书是集体智慧的结晶，由马慧慧、郭庆然、丁翠翠、吴磊、程利敏、聂艳玲、马晓鑫、庄君、蒋敏杰、李丽丽、鲁啸、刘娟、李嫣怡、丁维岱、许小荣编写，在此，编者对以上人员致以诚挚的谢意！本书在编写过程中吸收了前人的研究成果，在此一并表示感谢。

由于作者水平有限，书中的缺点甚至错误在所难免，恳请广大读者批评指正。

作　者

2016 年 1 月

目录
CONTENTS

第 1 章　Stata 概述

在本书第 1 章自然要介绍 Stata 软件的入门知识。但作者希望不限于此，而是在介绍 Stata 基础知识的同时，能使读者感受到 Stata 的软件文化。Stata 一个最大的特点就是用户可以简单地编写自己的 Stata 应用程序，然后上传到相关论坛与其他用户交流。如果用户的自编程序拥有良好的应用前景，Stata 公司甚至会将你的程序加入到 Stata 标准版本中，让世界各地的用户分享你的成果。我们将在本章中介绍 Statalist，它提供了一个极有价值的供 Stata 活跃用户联系的在线论坛。

本章将从以下四个部分简单地介绍 Stata。

在第一部分介绍 Stata 的历史和特点，这有助于读者在后续的学习中更好地理解 Stata 命令。第二部分介绍 Stata 的使用界面，使读者对 Stata 的外观有一个感性的认识。第三部分介绍 Stata 中最基本的 help 和 search 命令。第四部分将介绍 Stata 的各种学习资源，Statalist 的申请与退订，便于读者在阅读完本书后可以进一步深入研究 Stata 的使用方法。

1.1　Stata 的历史和特点

Stata 最初由美国计算机资源中心（Computer Resource Center）研制，现在为 Stata 公司的产品，其最新版本为 14.0 版。相比于功能强大但略显臃肿的 SAS，它操作灵活、简单、易学易用，是一个非常轻便的统计分析软件。由于在 Stata 软件中能便捷地实现多种先进统计方法，它越来越受到用户的推崇，并和 SAS、SPSS 一起被称为新的三大权威统计软件。自 1985 年推出至今，Stata 不断更新、日趋完善。

Stata 最突出的特点是短小精悍、功能强大。最新的 14.0 版安装文件不到 1GB，但包含了全部的统计分析、数据管理和绘图等功能。此外，由于 Stata 在分析时将数据全部读入内存，在计算全部完成后才和磁盘交换数据，因此运算速度极快。

Stata 不仅操作方式简捷，它的数据格式简单，分析结果输出简洁明快，易于阅读，这都使得 Stata 成为极其适用于统计教学的软件。

Stata 的许多高级统计模块是编程人员用宏语言写成的程序文件（ADO 文件），这些文件可以自行修改、添加和下载。用户可随时到 Stata 网站搜索并下载最新的升级文件。Stata 的这一特点使得它始终处于统计分析方法发展的最前沿，用户总能很快找到最新统计算法的 Stata 程序版本，而这也使得 Stata 成了几大统计软件中升级最多、最频繁的一个。

Stata 同时具有数据管理软件、统计分析软件、绘图软件、矩阵计算软件和程序语言的特点，而且可用于制作精美的图形，图形可直接被图形处理软件或字处理软件（如 Word 等）调用。

相比于之前的版本，Stata 14.0 的新功能亮点是：

（1）　Unicode 支持。Stata 现在支持 Unicode utf - 8 格式的字符串。

（2）　新的语言下的 Stata。Stata 的用户界面现在支持西班牙语和日语。

（3）　贝叶斯分析。Stata 14.0 为贝叶斯统计分析提供了新的 bayesmh 命令和相应的套件的功能。

（4） IRT 模型。Stata14.0 包括一个控制面板来指导用户通过 IRT 模型进行拟合和分析。

（5） Stata/MP 现在支持超过 21.4 亿个观察值。

（6） 扩展效果。Stata14.0 添加了支持概率（抽样）权重 teffects ipwra，teffects ipw，和 teffects ra。

（7） 更多级 mixed-effects 模型。Stata14.0 添加了一些新的有关多级 mixed-effects 的命令和功能模型。

（8） 新的扩展面板数据估计。Stata14.0 现有的默认伽玛残差的命令 xtpoisson，re 以及 xthtaylor 现在接受 vce（robust）和 vce（cluster clustvar）选项。

（9） 新的 SEM 和广义 SEM 特性。Stata14.0 为 gsem 添加了相关的五个新的生存分析。当新选项 vce（sbentler）指定时，sem 现在提供了 Satorra-Bentler 扩展卡方和 model-versus -saturated 测试。此外，相应的稳健标准误差（SEs）已有生成和报告。

（10） 新的时间序列。Stata 14.0 新的 mswitch 命令适用于转折点模型。新的估计命令 mswitch 提供两种建模方式切换过程：自回归（AR）和动态回归（DR）。

（11） 生存分析的动力分析和应急表。Stata 14.0 为权力分析、生存分析和应急表添加了新命令。Stata 14.0 添加了两个新的命令来计算能力测试的优势比（ORs），也添加了 power trend，它可以计算功率和样本 Cochran-Armitage（CA）趋势测试。

（12） 新的生存分析命令。Stata 14.0 做了与生存分析有关的一些改变。

（13） icd - 10 编码。Stata 14.0 新的 icd10 命令设计来与世界卫生组织（世卫组织）的 icd - 10 编码配合工作。

（14） 阶段的权重。Stata 14.0 的 Svyset 现在允许用户指定阶段抽样权重。

对 Stata 的特点进行了大量文字描述后，接下来介绍 Stata 的使用界面。

1.2 Stata 的使用界面

首先以 Stata/MP 14.0 为例介绍 Stata 的使用界面。双击 Stata 图标将显示如图 1-1 所示的 Stata 启动界面。除了 Windows 版本的软件惯有的菜单栏、工具栏、状态栏等外，Stata 的界面主要由以下 4 个窗口构成。

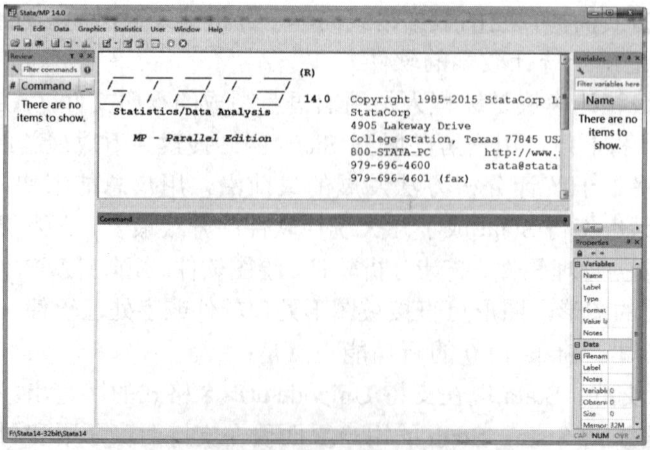

图 1-1 Stata 的启动界面

（1） 结果窗口：位于界面上部（见图 1-2），软件运行中的所有信息，如所执行的命令、执行结果和出错信息等均列于此。窗口中不同颜色的文本有不同的含义，如黑色表示命令、蓝色代表链接、红色表示错误信息。

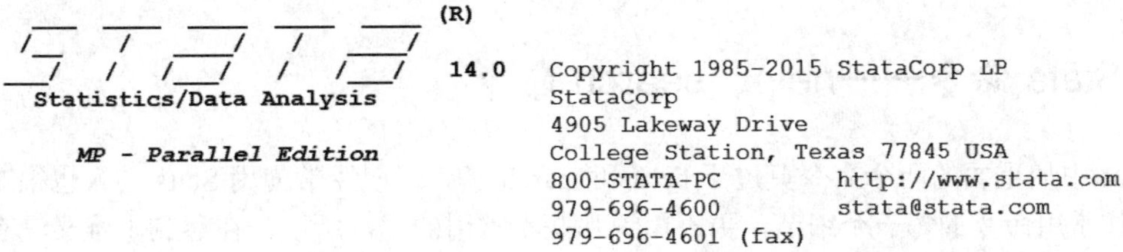

图 1-2　Stata 图形界面的结果窗口

（2） 命令窗口：位于结果窗口下方（见图 1-3），相当于 DOS 软件中的命令行，此处用于键入需要执行的命令，按 Enter 键后即开始执行，相应的结果会呈现在结果窗口中。

图 1-3　Stata 图形界面的命令窗口

（3） 命令回顾窗口：如图 1-4 所示，即 Review 窗口，位于界面左上方，所有执行过的命令会依次在该窗口中列出，单击后命令即被自动复制到命令窗口中；如果需要重复执行，双击相应的命令即可。

（4） 变量名窗口：如图 1-5 所示，位于界面右上方，列出当前数据中的所有变量名称。

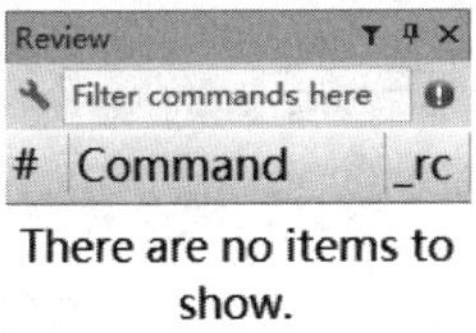

图 1-4　Stata 图形界面的命令回顾窗口

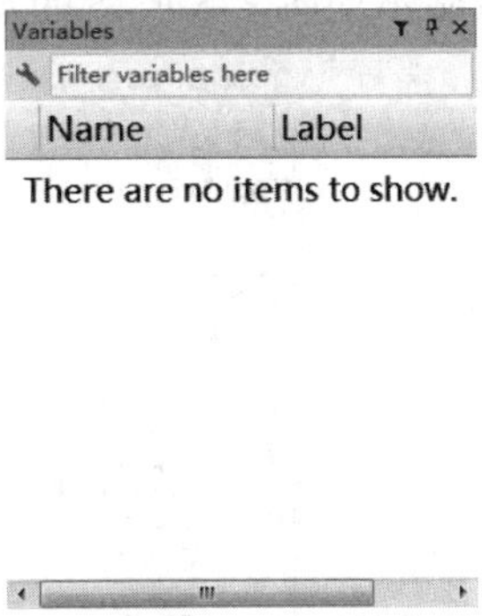

图 1-5　Stata 图形界面的变量窗口

除了以上 4 个默认打开的窗口外，在 Stata 中还有数据编辑窗口、程序文件编辑窗口、帮助窗口、绘图窗口和 Log 窗口等，如果需要使用，可以用 Window 或 Help 菜单将其打开。

除了各种窗口以外，Stata 的菜单栏也是很重要的。我们在后面的章节中对 Stata 各种常用命令的介绍，都是通过示范如何使用命令语句实现的。但是，这些命令中有很多也可以使用菜单栏而不需要输入相关命令来实现。

Stata 菜单栏主要由 File、Edit、Data、Graphics、Statistics、User、Window、Help 组成。其中 File、Edit 与多数 Windows 软件使用方法一致。Data 主要用来导入导出数据，可以完成数

据管理一章的部分任务。Graphics 可以用来实现 Stata 强大的作图功能，它可以实现 Stata 有关图形绘制章节的部分功能。Statistics 则与本书的介绍回归部分的相关章节有关，可以实现线性、非线性回归的绝大部分功能。User 用来管理用户的数据、图片、回归结果。Window 可以帮助我们管理以上所介绍的四个窗口和编辑、查看窗口的设置。Help 用来为用户提供帮助信息。

1.3 Stata 命令——help、search 命令

Stata 中最重要的两个命令莫过于 help 和 search 了。即使经常使用 Stata 的人也很难，也没必要记住常用命令的每一个细节，更不用说那些不常用的了。所以，在遇到困难又没有免费专家咨询时，使用 Stata 自带的帮助文件就是最佳选择。Stata 的帮助文件十分详尽，面面俱到，这既是好处也是麻烦。当你看到长长的帮助文件时，是不是对迅速找到相关信息没有信心？

help 和 search 都是查找帮助文件的命令，它们之间的区别在于 help 用于查找精确的命令名，而 search 是模糊查找。如果你知道某个命令的名字，并且想知道它的具体使用方法，只须在 Stata 的命令行窗口中输入 help 空格加上这个名字。按 Enter 键后屏幕上就会显示出这个命令的帮助文件的全部内容。如果你想在 Stata 下做某个估计或某种计算，而不知道具体该如何实现，就需要用 search 命令了。使用的方法和 help 类似，只需把准确的命令名改成某个关键词。按 Enter 键后窗口会给出所有和这个关键词相关的帮助文件名和链接列表。在列表中寻找最相关的内容，单击后在弹出的查看窗口中会给出相关的帮助文件。耐心寻找，反复实践，通常可以较快地找到用户需要的内容。

举个例子来说，如果我们要寻找关于基本回归命令 regress 命令（将在第 7 章中具体介绍）的使用方法，我们只需要在前面介绍过的命令窗口输入：

```
help regress
```

Stata 会显示如图 1-6 所示的窗口。

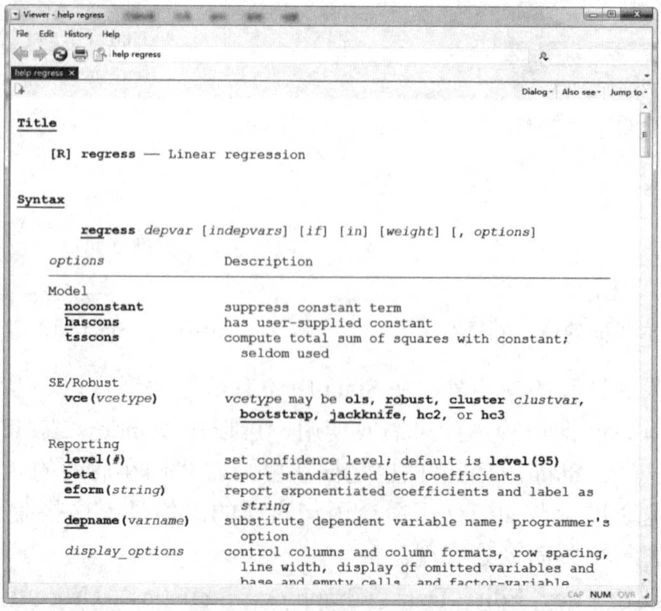

图 1-6　help 命令的结果

这个窗口详尽地展示了 regress 命令的信息。从命令名 regress 到语法（syntax），到对语法的解释（description），其后还有例子说明和参考内容（限于篇幅，我们只列出了 help 结果的一部分）。可以说，Stata 的帮助文件是各种统计软件的帮助文件中最完备、思路最清晰的了。

当使用 help 命令时，Stata 默认读者进行的是精确查询，如果我们对某个命令不太确定，就可以使用 search 命令来进行模糊查询。

举个例子，我们同样要查询关于 regress 命令的信息，但是我们记不清 regress 命令的全名，只记得 regress 的前半部分 reg 的话，我们可以在 Stata 命令窗口中输入：

```
search reg
```

Stata 会输出如下结果：

```
search for reg                                          (manual:  [R] search)

Search of official help files, FAQs, Examples, SJs, and STBs

[U]     Chapter 25  . . . . Working with categorical data and factor variabl
> es
        (help generate, fvvarlist)

[U]     Chapter 26  . . . . . . . . . .  Overview of Stata estimation comman
> ds
        (help estcom)

[R]     regress . . . . . . . . . . . . . . . . . . . . . . .  Linear regressi
> on
        (help regress)

[R]     regress postestimation  . . . . . . . . Postestimation tools for regre
> ss
        (help regress postestimation)

[R]     regress postestimation plots  . . . . Postestimation plots for regre
> ss
        (help regress postestimation plots)

[R]     regress postestimation time series   Postest. regress with time seri
> es
        (help regress postestimationts)

[R]     logistic  . . . . . . . . . Logistic regression, reporting odds rati
> os
```

限于篇幅，仅列出一部分。

我们可以比较一下 help 和 search 命令的区别。相比于 help 命令的精确，search 命令输出所有与 reg 关键词相关的帮助结果。这一点是 search 命令的缺点，它往往会输出太多内容，使用户的搜索相当困难。

除了输入 help、search 命令来查看帮助文件外，我们还可以使用工具栏中的 help 标签。对于初学者，使用帮助文件的最简单方法是选择 help| contents 命令，则将显示如图 1-7 所示的窗口。

Content 窗口中按各种功能将命令的帮助文件分类，读者可以逐级寻找需要的帮助文件。以上窗口中的蓝色部分都是可以继续单击的，我们通过单击自己感兴趣的部分向下逐级寻找具体内容。所有你希望寻找的答案，都可以通过这个页面进入。比如，最简单的描述统计 sum，就可以通过单击：Top > Statistics > Summary statistics & tests > Summary statistics 找到。这一过程用以下方式总结：

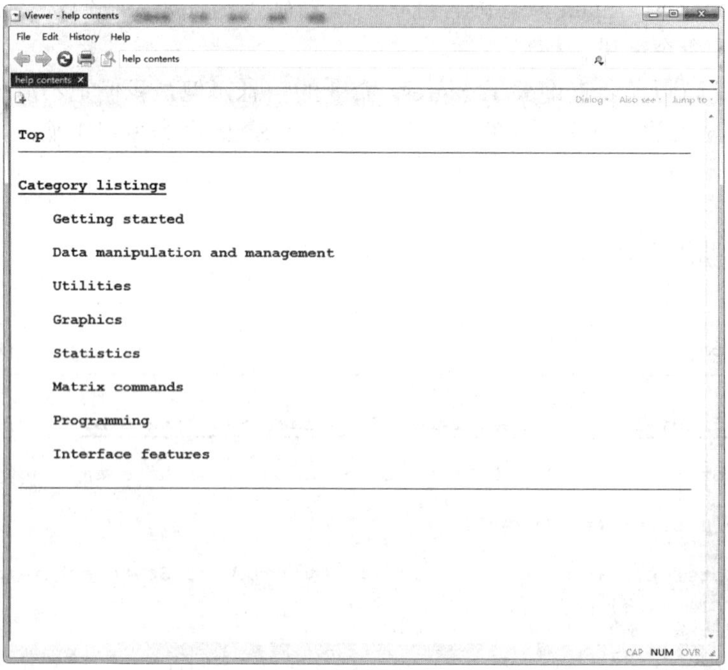

图 1-7　help 菜单栏下 contents 的内容

在我们单击 statistics 之后，得到如图 1-8 所示的结果。

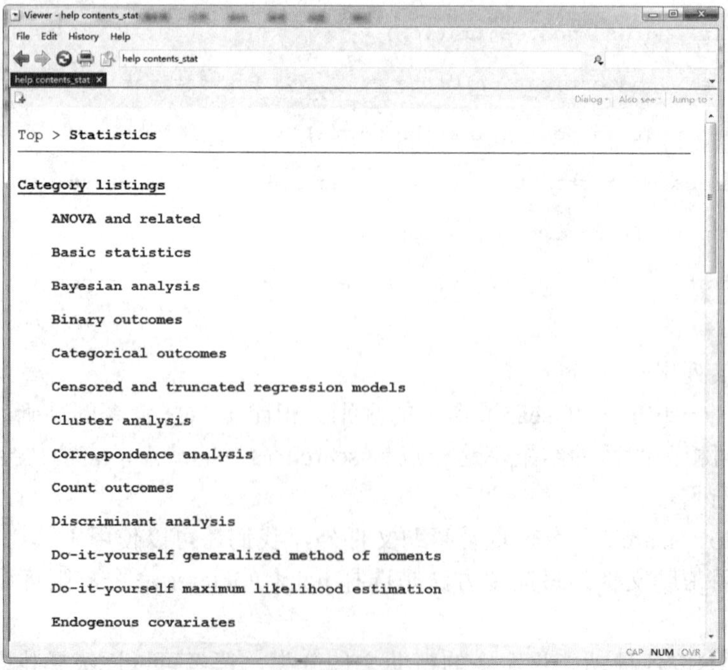

图 1-8　Help\Contents\Statistics 的内容

之后单击 Basic statistics，可以进入下一级，内容显示如图 1-9 所示。

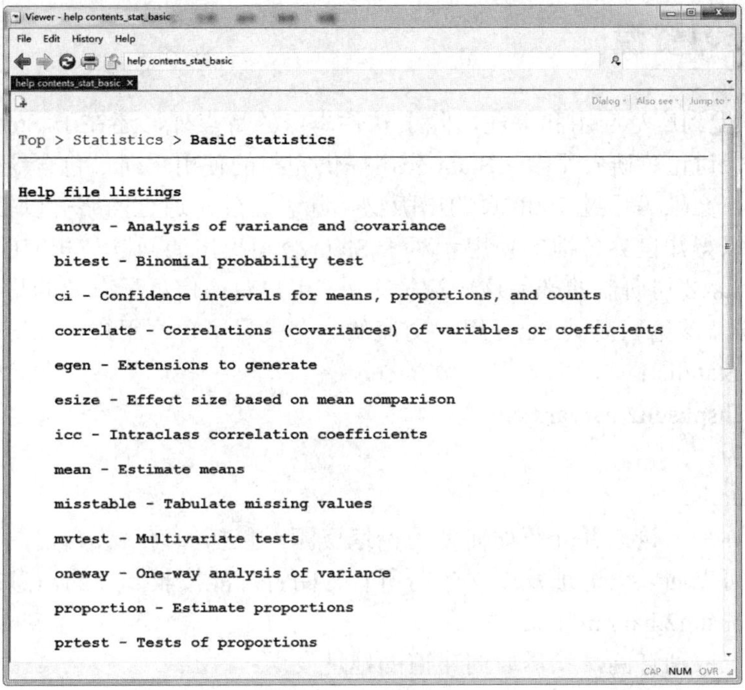

图 1-9 help\contents\statistics\Basic statistics 的内容

最后，单击 Summary statistics 则可以得到 summary 命令的帮助文件（见图 1-10）。

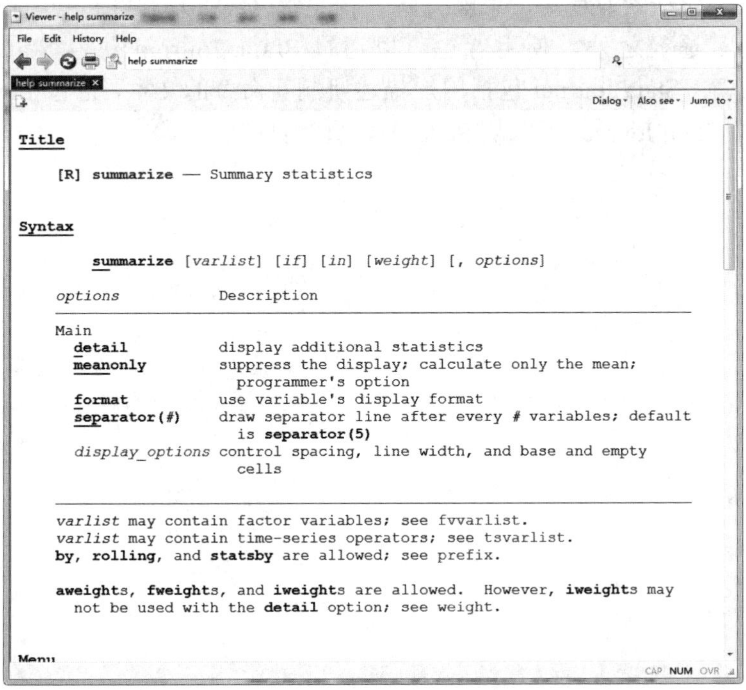

图 1-10 help\contents\statisticsBasic statistics\Summary statistics 的内容

值得注意的是这种方法和我们直接输入 help summarize 产生的效果是一样的。

1.4 Stata 学习资源

Stata 之所以受到广泛应用和关注，除了软件本身的特点外，还在于 Stata 公司为用户提供了很好的学习、讨论、研发平台。Stata 公司提供完整的使用手册，包含统计样本建立、解释、模型与语法、文献等超过 1600 页的出版物。除了之外，通过网络可以得知 Stata 软件的最新功能，更可以得知世界各地的使用者对于 Stata 公司提出的问题与相应的解决之道。

除了使用 Stata 公司研制的产品这一途径之外，用户获得信息最有效的另一个途径是使用 Statalist 在线论坛，该论坛提供 Stata 用户交流的一个良好平台。用户可以给以下地址发个电子邮件申请加入 Statalist：

majordomo@hsphsun2.harvard.edu

邮件的内容为：

subscribe Statalist

处理器会将你加入论坛并介绍如何使用论坛资源，包括如何将你自己的消息张贴到论坛上。你的动态都可以向以下地址发送，当前所有订阅者都能接收到你的消息：

Statalist@hsphsun2.harvard.edu

要想从论坛上取消订阅，只需要向申请的地址发送：

unsubscribe Statalist 即可。

要搜寻 Statalist 档案，可以登录

http://www.Stata.com/Statalist/archive/

Statalist 的材料包括索取程序、求解方法、有关建议，以及回答和一般讨论。

除了上述两种途径之外，使用者也可以通过 Stata Journal 获得 Stata 的许多相关信息以及书籍介绍等。Stata Journal 包括用户描述研制新命令的文章，也包括 Stata 公司雇员编制的非正式命令。Stata Journal 可以从 Stata 公司直接订购。

第 2 章 数 据 管 理

数据分析的起点是数据的搜集和整理，在统计软件的使用中，一般用户最关心的是软件的统计分析功能。然而，随着用户分析技术水平的提高和数据复杂性的增加，软件的数据管理功能将变得越来越重要。数据管理是指对原始数据进行加工、重组、合并，使之能满足特定统计分析要求的前期数据处理工作。事实上，一个高级的统计分析员的绝大部分时间是用在数据管理上的。对于很多复杂数据来说，对原始数据进行管理、使之成为可以分析的数据比起对完善的数据进行分析要更加复杂。因此，一定的数据管理能力是合格的数据和统计分析员的必备素质。

相比其他统计软件，灵活而完善的数据管理功能是 Stata 的一个主要优势特色。本章的内容有：变量的基础知识、创建和导入数据集、定义新变量、转换数值型变量和字符型变量、创建虚拟变量和分类变量，以及进行数据的抽样、分割和合并。本章是学习 Stata 的重要基础，是学习以后各章的前提。

2.1 变量和变量的取值

介绍 Stata 的数据管理功能，我们从介绍变量的相关知识入手。无论哪种统计数据，其格式总是以变量为列，以观测案例为行的矩阵格式的结构，如表 2-1 所示。其中变量是统计分析语言的基本单位，本节介绍关于变量的一些基本知识。

表 2-1 数据结构

变量名称	变量 1	变量 2	变量 3	变量 4	……
观测案例 1					
观测案例 2					
观测案例 3			变量取值……		
观测案例 4					
……					

2.1.1 变量的命名

在数据处理的过程中，变量是由变量名来代表的。数据矩阵的每一列抬头即是变量的名称，Stata 有着自己特殊的命名原则，具体如下：

- 变量名可达 32 个字符。
- 字符组成部分为 A～Z、a～z、0～9 与下划线“_”，这些字符之外的其他符号不可以出现在变量名中。

- 变量名不能以数字开头，所以 5shanghai 是不合法的，而 shanghai5 是合法的。
- 变量名区分大小写，所以 shanghai 和 Shanghai 以及 ShangHai 是 3 个不同的变量名。

Stata 自身保留了以下名称供系统使用，所以它们也不可以被当成变量名：

_all	_b	_coef	_cons	_n
_N	_pi	_pred	_rc	_se
_skip	byte	double	float	if
in	Int	long	using	with

实际上，上述名称都是系统变量、数据存储格式或者命令的名称，读者一旦熟悉 Stata 软件就可以很自觉地避免使用上述名称了。根据笔者经验，读者可以应用汉语拼音或者英文缩写为变量命名，这样可使得变量名简洁且易于理解。

2.1.2 变量的取值类型

所有的数据最终存储在电脑中都以 1 或者 0 的二进制存储数据的方式存储。Stata 的存储方式被分为两类，一类是以 ASCII 为基础的字符型数据，另一类则是数值型数据。本节除介绍这两类不同的数据类型外，还会简要说明缺失变量的取值。

1. 字符型数据

在 Stata 中字母当然是字符型数据，但是数字则不一定：比如 5 当作为年龄时是数值型数据，当作为 5 street（第五大街）时就是字符。字符变量的存储格式是 str#，其中 str 表示 Stata 使用字符型变量的格式，而#表示 Stata 该变量的存储最多可容纳的字符数。

比如，str7 表示该变量最多容纳的字符个数为 7，这就意味着这个变量所包含的字符个数可以是 0～7，但不可以超过 7，比如 beijing 是可以的，但是 shanghai 则不可以，为了容纳 shanghai 作为变量的取值，必须将 str7 改为 str8。

2. 数值型数据

当数据是数值型的时候，Stata 会以不同于字符型数据的方式存储，以便可以进行数字的算术运算并节约存储空间。字符型数据的两种主要的存储方式是整数（integer）和浮点（floating point）。由于电脑基于二进制工作，所以实际上电脑是以二进制来逼近十进制的。

对于整数而言，电脑可以以精确的方式予以保存。1 字节是 8 个比特，如果我们分配给某个整数 1 字节，那么理论上有 2^8=256 个不同的整数可以被存储，比如-127、-126…127、128。

非整数的数值（甚至是整数的数值）往往采用浮点的形式存储。标准的浮点数据被存储在 4 字节里。尽管每一个整数都有对应的二进制数字，但是非整数则往往没有，所以电脑实际上使用二进制的数字来大致地逼近十进制的数字，因而一个数值存储占用的空间越大，其逼近的近似程度越高，也就越准确。双精度浮点数据采用了两倍于一般浮点数据的存储空间，即每个数字占用 8 个字节，这样的存储使得数据更加准确，从而满足统计计算的要求。

表 2-2 列举了 Stata 使用的 5 种数据存储格式，其中 3 种是存储整数的，2 种是存储浮点数据的。

表 2-2 Stata 的数字存储格式

保存类型	占用字节	最 小 值	最 大 值
字节（byte）	1	−127	100
整数（int）	2	−32 767	32 740
长整数（long）	4	−2 147 483 647	2 147 483 620
浮点（float）	4	$-1.70141173319\times10^{38}$	$1.70141173319\times10^{38}$
双浮点（double）	8	$-8.9984656743\times10^{307}$	$8.9984656743\times10^{307}$

显然，我们可以看到：采用 long、float 和 double 三种存储格式的好处在于节省存储空间，整数 123 456 789 如果采用字符型数字（ASCII）来存储需要占用 9 字节，而采用 long 或者 float 则只需要 4 字节。可以看到，对于较大的数值，这样存储可以节约很可观的空间。Stata 默认将数字存储为浮点（float）数据，而将计算的结果存为双浮点（double）精度数据。

3. 缺失数据

在 Stata 中有一种特殊的变量取值——缺失数值。Stata 有 27 个数值型代码代表缺失值：.、.a、.b、.c、.d、….z，它们依次增大，而“.”被认为成大于任何数，同时也是所有缺失值中最小的。一般而言，只使用“.”作为缺失值就足够了。

2.1.3 变量的显示

数据的显示格式决定了 Stata 在结果窗口和 log 日志文件中怎样显示数据结果。比如，0.98926，Stata 可以将这一数字显示为 1、0.99、9.989e−1 等。下面我们依次介绍数值变量的显示格式和字符变量的显示格式。

1. 数值变量的显示格式

Stata 中数值变量的基本显示格式有 3 种：e 格式（科学计数法格式）、f 格式（固定格式）和 g 格式（一般格式）。这 3 种格式的表达式中均包含用黑点隔开的两个数字 w.d。其中的 w 表示整个显示所占的字符数，即宽度；d 表示显示的数字中小数点后的位数。一般格式 g 中的 d 要灵活一些，它自动调整显示的格式。

显示格式是%w.d 加上 3 种基本格式的显示符。例如，%9.2f 表示变量的整个显示宽度为 9 个字符，其中小数点后有两个数位的固定显示格式。另外，在 f 后面加上字母 c 则是要求 Stata 给出带逗号“,”的数字显示格式，如表 2-3 所示。

表 2-3 数值型变量的显示格式举例

格 式	表 达 式	表达式举例	$\sqrt{2}$	12345
一般格式	%w.dg	%9.0g	1.4142	12345
	%w.dgc	%9.2gc	1.4142	12,345
固定格式	%w.df	%9.4f	1.4142	12345.0000
	%w.dfc	%9.0fc	1	12,345
科学计数法格式	%w.de	%9.2f	1.41e+00	1.23e+04

2. 字符变量的显示格式

字符变量的显示格式只有一种。其表达式为%#s。其中，%是一个提示符；#表示显示的字符数，即宽度；s 表示字符变量的显示格式。例如，%22s 表示 22 个字符的字符变量显示格式。

Stata 中的显示均以右对齐为默认格式，用户也可以根据需要指定左对齐。这时，需要用户在定义显示格式时使用左对齐的选项“-”。值得注意的是，数值变量的显示格式也可以使用同样的方法更改成左对齐。

3. 使用 format 命令规范变量的显示格式

我们了解了各种类型的变量的显示格式，那么如何让某个变量按照我们的要求显示呢？这就要用到 format 命令了，该命令的语法如下：

为变量规定显示格式：

```
format varlist %fmt
```

或者

```
format %fmt varlist
```

显示变量目前所采用的格式：

```
format [varlist]
```

其中，%fmt 可以是数值型变量或者字符型变量的格式。

常用的数值型变量的显示格式有：%#.#g，如%9.0g；%#.#f，如%9.2f；%#.#e，如%10.7e；%#.#gc，如%9.0gc，表明有三位数的分节符；%#.#fc，如%9.2fc，表明有三位数的分节符。

上述情形均为默认的右对齐，如果在上面的“%”后加上“-”，则表明是左对齐。

常用的字符型变量的显示格式有：%#s，如%15s。

【例 2-1】有如表 2-4 所示的一个数据集 format.dta，每个变量在 Stata 中的显示类型如下：state 为%14s 表明美国各州的名称，因而是字符型变量；pop 为%11.0g 表明该州的总人口，是数值型变量；而 medage 是各州人口的年龄中位数，显示格式是%9.0g，以浮点型方式存储。

表 2-4　数据集 format.dta

state	pop	medage
Alabama	3893888	29.3
Alaska	401851	26.1
Arizona	2718215	29.2
Arkansas	2286435	30.6
California	23667902	29.9
Colorado	2889964	28.6
Connecticut	3107576	32
Delaware	594338	29.8
Florida	9746324	34.7
Georgia	5463105	28.7

我们希望将各个变量的显示方式做如下转换：state %14s——>%-14s（即由右对齐改为左

对齐)；pop %11.0g——>%14.0gc（增加三位一个的数字分界符）；medage %9.0g——>%8.1f（要求显示一位小数)。完成这个任务的命令如下：

```
log using c213.txt, text replace
use format //打开 format 文件
list //按照旧的显示格式列举数据
format state %-14s //重新规定 state 的显示格式为%-14s
format pop %14.0gc //重新规定 pop 的显示格式为%14.0gc
format medage %8.1f //重新规定 medage 的显示格式为%8.1f
list //按照新的显示格式列举数据
```

在 Stata 中，这个数据原始的显示方式如下（list 命令的运行结果)：

	state	pop	medage
1.	Alabama	3893888	29.3
2.	Alaska	401851	26.1
3.	Arizona	2718215	29.2
4.	Arkansas	2286435	30.6
5.	California	23667902	29.9
6.	Colorado	2889964	28.6
7.	Connecticut	3107576	32
8.	Delaware	594338	29.8
9.	Florida	9746324	34.7
10.	Georgia	5463105	28.7

经过重新定义，这个数据的显示方式变为（list 命令的运行结果)：

	state	pop	medage
1.	Alabama	3,893,888	29.3
2.	Alaska	401,851	26.1
3.	Arizona	2,718,215	29.2
4.	Arkansas	2,286,435	30.6
5.	California	23,667,902	29.9
6.	Colorado	2,889,964	28.6
7.	Connecticut	3,107,576	32.0
8.	Delaware	594,338	29.8
9.	Florida	9,746,324	34.7
10.	Georgia	5,463,105	28.7

读者对比上述两个结果就可以发现我们对显示规定所做的改变：

- state 变量由右对齐改为左对齐；
- pop 变量增加了三位数一个的数字分界符；
- medage 没有变化，这是因为在新旧不同的规定下该变量的显示效果一致。

2.1.4 变量的标签

标签是为变量、数据等提供说明的，便于使用者更清晰地了解数据的结构和变量。Stata 的标签工具不仅可以为数据加上标签，同时也可以为变量和变量的数值加上标签。为变量添加标签的命令是 label，下面先介绍这个命令的语法，然后会在例 2-2 中说明如何使用。

label 命令是一组用于设定标签（label）的命令，这里主要介绍它用于为整个数据集和每个变量添加标签以说明数据的含义。

（1） 添加数据集的标签使用：

```
label data ["label"]
```

其中，"label"是要添加的数据说明。比如，对于一个失业率的数据我们可以添加标签“unemployment rate”。

（2） 添加变量的标签使用：

```
label variable varname ["label"]
```

其中，varname 指定要添加说明的变量，"label"是要添加的变量说明。比如，对于 GDP 这个变量，我们可以添加标签“Gross domestic production”。

（3） label 为变量数值添加标签的语法包括两部分，首先是定义数值标签（value label）：

```
label define lblname # "label" [# "label" ...]
```

其中，lblname 是标签的名称。

然后将定义好的数值标签（value label）添加到变量上：

```
label values varlist [lblname|.]
```

2.2 创建一个新的数据集

本节介绍如何在 Stata 中创建一个新的数据集，创建数据集所需要了解的基本命令包括 browse、edit、rename、save、describe、list、codebook 等。我们将首先介绍这些命令的格式和常用选项，然后说明如何利用它们创建一个新的数据集。

2.2.1 关于数据集操作的基本命令

这里将依次介绍 browse、edit、rename、save、describe、list、codebook 这 7 个基本命令，它们是使用 Stata 的基础。

1. browse 和 edit 命令

browse 命令用于打开数据浏览器，相当于单击数据浏览器按钮，edit 命令用于打开数据编辑器，相当于单击数据编辑器按钮，两者在外观上没有区别，唯一的不同在于后者可以进行编辑，而前者只能浏览。

这两个命令的格式如下：

```
edit [varlist] [if] [in]
```

```
browse [varlist] [if] [in]
```

其中，[varlist]表明可以在命令后加入需要的变量名称，如果只输入 edit 或者 browse 将会打开包含所有变量的数据集，[if]和[in]用于选择需要的子集，这两个选项将在 2.6 节中加以介绍。

2. rename 命令

rename 命令用于对变量重新命名，其格式如下：

```
rename old_varname new_varname
```

其中，old_varname 是变量原来的名称，new_varname 是新的命名。

3. save 命令

save 命令用于将内存中的数据保存到硬盘上，其命令格式如下：

```
save [filename] [, save_options]
```

选项（[, save_options]）如表 2-5 所示。

表 2-5 save 命令选项说明

选 项	描 述
nolabel	不保存设定的标签
replace	允许新的文件覆盖原有文件，这是一个常用的选项
all	主要用于编程，指定将 e(sample)与数据一起保存

4. describe 命令

describe 命令用于产生一个对数据集的简明总结表格，其格式如下：

```
describe [varlist] [, memory_options]
```

这个命令的选项如表 2-6 所示。

表 2-6 describe 命令选项说明

选 项	描 述
simple	仅显示变量的名称而不显示其他内容
short	仅显示观测数目、变量的个数和次序这些基本信息
detail	显示详细的信息，这些信息包括每个观测值的长度、最大的观测值数目、最大的变量个数等，这个选项并不实用
fullnames	不允许对变量进行缩写，默认情况下，当变量名称超过 15 个字符的时候会进行缩写

5. list 命令

list 命令用于显示变量的数值，其后可以跟需要显示的变量名称。如果没有设定变量，则默认显示所有的变量数值。

这个命令的语法如下：

```
list [varlist] [if] [in] [, options]
```

选项（options）包括表 2-7 所示内容。

表 2-7　list 命令选项说明

选　项	描　述
noobs	不显示观测值的数值
clean	不显示任何分割线
separator(#)	每隔#行画一条分割线，默认情况是 separator(5)，即每隔 5 行画一条分割线
sepby(varlist)	每当 varlist 数值发生变化时就画一条分割线
nolabel	显示变量的赋值而不是标签

6. codebook 命令

codebook 命令用于详尽地描述变量的内容，包括变量名称、变量标签和变量的赋值。这个命令的语法如下：

```
codebook [varlist] [if] [in] [, options]
```

命令的常用选项如表 2-8 所示。

表 2-8　codebook 命令选项说明

选　项	描　述
header	显示数据集的名称和最后一次修改时间
notes	显示变量相关的标注
mv	显示缺失值的类型
problems	显示数据集中存在的潜在问题
compact	显示对变量的一个精简的报告

2.2.2　举例应用：创建新的数据集 auto.dta

下面用一个实例：创建新的数据集 auto.dta 来说明如何使用上述这些基本命令，读者也可以利用这个机会对创建新数据的流程有一个清晰的认识。

【例 2-2】本例使用 2.1.1 节中所介绍的命令创建表 2-9 所示的名为 auto.dta 的数据集。这个数据集共有 74 个观测值，表 2-9 列举了部分数据。读者可以使用 sysuse auto 来查看这个数据，之所以使用 sysuse 是因为 auto.dta 是 Stata 自带的数据集。

表 2-9　数据集 auto.dta（部分数据）

make	price	mpg	rep78	head	trunk	weight	length	turn	dis～t	gr	foreign
AMC Concord	4099	22	3	2.5	11	2930	186	40	121	3.58	Domestic
AMC Pacer	4749	17	3	3	11	3350	173	40	258	2.53	Domestic
AMC Spirit	3799	22		3	12	2640	168	35	121	3.08	Domestic
Buick Century	4816	20	3	4.5	16	3250	196	40	196	2.93	Domestic
Buick Electra	7827	15	4	4	20	4080	222	43	350	2.41	Domestic
Buick LeSabre	5788	18	3	4	21	3670	218	43	231	2.73	Domestic
Buick Opel	4453	26		3	10	2230	170	34	304	2.87	Domestic
Buick Regal	5189	20	3	2	16	3280	200	42	196	2.93	Domestic
Buick Riviera	10372	16	3	3.5	17	3880	207	43	231	2.93	Domestic
Buick Skylark	4082	19	3	3.5	13	3400	200	42	231	3.08	Domestic
Cad. Deville	11385	14	3	4	20	4330	221	44	425	2.28	Domestic

（续表）

make	price	mpg	rep78	head	trunk	weight	length	turn	dis~t	gr	foreign
Cad. Eldorado	14500	14	2	3.5	16	3900	204	43	350	2.19	Domestic
Cad. Seville	15906	21	3	3	13	4290	204	45	350	2.24	Domestic
Chev. Chevette	3299	29	3	2.5	9	2110	163	34	231	2.93	Domestic
Chev. Impala	5705	16	4	4	20	3690	212	43	250	2.56	Domestic
Chev. Malibu	4504	22	3	3.5	17	3180	193	31	200	2.73	Domestic
Chev. Monte Carlo	5104	22	2	2	16	3220	200	41	200	2.73	Domestic
Chev. Monza	3667	24	2	2	7	2750	179	40	151	2.73	Domestic
Chev. Nova	3955	19	3	3.5	13	3430	197	43	250	2.56	Domestic
Dodge Colt	3984	30	5	2	8	2120	163	35	98	3.54	Domestic
Dodge Diplomat	4010	18	2	4	17	3600	206	46	318	2.47	Domestic
Dodge Magnum	5886	16	2	4	17	3600	206	46	318	2.47	Domestic
Dodge St. Regis	6342	17	2	4.5	21	3740	220	46	225	2.94	Domestic
Ford Fiesta	4389	28	4	1.5	9	1800	147	33	98	3.15	Domestic
Ford Mustang	4187	21	3	2	10	2650	179	43	140	3.08	Domestic
Linc. Continental	11497	12	3	3.5	22	4840	233	51	400	2.47	Domestic
Linc. Mark V	13594	12	3	2.5	18	4720	230	48	400	2.47	Domestic
Linc. Versailles	13466	14	3	3.5	15	3830	201	41	302	2.47	Domestic
Merc. Bobcat	3829	22	4	3	9	2580	169	39	140	2.73	Domestic

我们分 5 步来创建这个数据集：输入原始数据、定义变量名、添加标签、查看数据概貌、保存数据到硬盘工作目录下。下面是这 5 个步骤的详细解释。

1. 输入原始数据

创建包含表 2-9 所示数据的文件，最简单的方法是使用 Stata 表格化的数据编辑器，单击数据编辑器按钮即可，也可选择菜单 Window|Data Editor 命令，或直接输入 edit 命令。Stata 会自动生成 var1、var2 等变量列，用于可以开始为每个变量输入数据。变量 var1 包含表 2-9 中变量 make 的内容（也就是生产制造商的内容），变量 var2 包含表 2-9 中变量 price 的内容（也就是汽车的价格），以此类推，第一个观测数据见图 2-1。

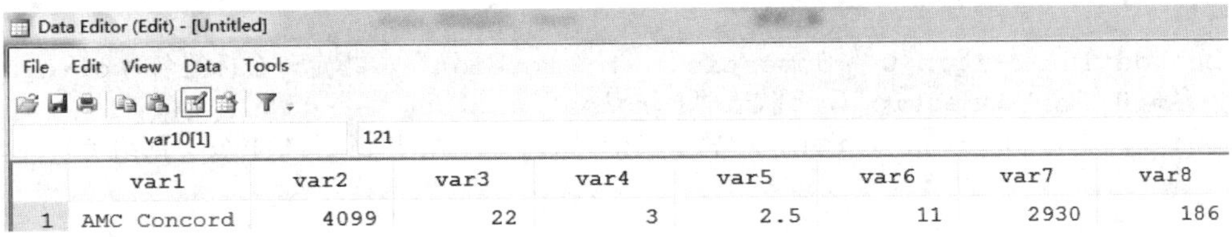

图 2-1 数据编辑窗口

如果为某一变量输入的第一个值是一个数字，比如是价格，那么 Stata 便默认该列为数值型变量，从此以后只允许输入数值。如果为某一变量输入的是非数值字符，比如是地名的输入，那么 Stata 便会认为此列是字符型变量。在数据浏览器或是数据编辑器中，字符串变量显示为红色，所以我们很容易区分这两类变量。

2. 定义变量名

按照以上方式将表 2-9 的信息输入完毕后，我们可以输入以下命令，更改变量名：

```
rename var1 make //改变变量名 var1 到 make，以下类似
rename var2 price
rename var3 mpg
rename var4 rep78
rename var5 headroom
rename var6 trunk
rename var7 weight
rename var8 length
rename var9 turn
rename var10 displacement
rename var11 gear_ratio
rename var12 foreign
```

3. 添加标签

Stata 还允许我们为数据添加好几种类型的标签。正如之前所介绍的，label data 用于描述整个数据，而 label variable 则可用于添加单个变量的描述。例如：

```
label data″1978 Automobile Data″ ///为整个数据添加标签说明这个数据是关于 1978 汽车的数据
label variable make ″Make and Model″///为 make 变量添加标签
label variable price ″Price″///为 price 变量定义标签
label variable mpg ″Mileage (mpg)″
label variable rep78 ″Repair Record 1978″
label variable headroom ″Headroom (in.)″
label variable trunk ″Trunk space (cu. ft.)″
label variable weight ″Weight (lbs.)″
label variable length ″Length (in.)″
```

接下来为 foreign 这个变量添加变量值标签，foreign 这个变量的取值是 0 和 1，其中 0 代表国内产（domestic），而 1 代表国外产（foreign）。我们接下来为 foreign 添加变量值标签，在命令框中输入如下命令：

```
label define origin 0 ″domestic″  1 ″foreign″//指定一个标签名为 origin，这个标签的内容是 0 代表“domestic”，1 代表“foreign”
label values foreign origin //将 origin 这个我们刚刚定义好的标签分配给 foreign 这个变量
```

4. 使用 describe 和 codebook 命令查看数据概貌

我们可以使用 describe 命令来查看数据的概要：

```
. describe
```

命令输出结果如下所示：

```
. describe

Contains data from F:\Stata14-32bit\Stata14\ado\base/a/auto.dta
  obs:            74                          1978 Automobile Data
 vars:            12                          13 Apr 2014 17:45
 size:         3,182                          (_dta has notes)
--------------------------------------------------------------------------
              storage   display    value
variable name   type    format     label      variable label
--------------------------------------------------------------------------
make            str18   %-18s                 Make and Model
price           int     %8.0gc                Price
mpg             int     %8.0g                 Mileage (mpg)
rep78           int     %8.0g                 Repair Record 1978
headroom        float   %6.1f                 Headroom (in.)
trunk           int     %8.0g                 Trunk space (cu. ft.)
weight          int     %8.0gc                Weight (lbs.)
length          int     %8.0g                 Length (in.)
turn            int     %8.0g                 Turn Circle (ft.)
displacement    int     %8.0g                 Displacement (cu. in.)
gear_ratio      float   %6.2f                 Gear Ratio
foreign         byte    %8.0g      origin     Car type
--------------------------------------------------------------------------
Sorted by: foreign
```

输出结果中，表头是这个数据的存储位置，观测值数目（为74），变量12个，整个数据的标签是“1978 Automobile Data”。表格则依次显示了每个变量的名称、储存方式、显示格式、变量标签和变量值标签。比如，make变量是以字符型变量存储的，共占有18个字符，而price变量则是按照整数方式存储，以占用 8 位数的一般方式显示。其他的变量中，headroom 和gear_ration是按照浮点存储的，foreign是按照字节存储的，其他均是按照整数的方式存储的。我们给foreign所定义的origin标签也显示在“value label”一栏中。大致了解这些变量的存储方式和显示方式有利于我们深入了解Stata的使用。

我们还可以使用codebook命令来获得更加详细的变量的解释：

```
. codebook make price //查看make和price这两个变量的详细情况
```

这个命令的运行结果如下所示：

```
-------------------------------------------------------------------------------
make                                                             Make and Model
-------------------------------------------------------------------------------

                  type:  string (str18), but longest is str17

         unique values:  74                       missing "":  0/74

              examples:  "Cad. Deville"
                         "Dodge Magnum"
                         "Merc. XR-7"
                         "Pont. Catalina"

               warning:  variable has embedded blanks

-------------------------------------------------------------------------------
price                                                                     Price
-------------------------------------------------------------------------------

                  type:  numeric (int)

                 range:  [3291,15906]                 units:  1
         unique values:  74                       missing .:  0/74

                  mean:   6165.26
              std. dev:    2949.5

           percentiles:        10%       25%       50%       75%       90%
                              3895      4195    5006.5      6342     11385
```

对于上面两个变量我们可以做如下的解读：make 是一个占用 18 字节的字符型变量，但是它实际最长是 17 字节，共有 74 个赋值，没有缺失值；price 是一个整数型变量，其均值是 6165.26，标准差是 2949.5，最后一行罗列了这个变量的各种百分位数。

5. 保存数据到硬盘的工作目录

一旦我们输入了数据，并正确定义了变量名和标签，我们就可以将这个数据保存下来，使用的命令是 save，该命令将把数据文件保存到硬盘的工作目录中。

查看和改变当前工作目录的命令是 cd，如果要查看当前的工作目录，可以直接在命令框中输入：

```
cd //查看当前工作目录
```

如果要更改工作目录，比如 D:\data\woold\Statafiles，可以在命令框中输入：

```
cd D:\data\woold\Statafiles //更改当前目录至 D:\data\woold\Statafiles
```

将当前目录定位到 D:\data\woold\Statafiles，并保存我们输入的数据文件 auto.dta：

```
cd D:\data\woold\Statafiles //更改当前目录至 D:\data\woold\Statafiles
save auto, replace //将数据保存成 auto.dta 至工作目录，replace 表明如果有同名文件的话将覆盖该同名文件
```

通过以上 5 步操作将完成一个新的数据集的创建。

2.3 导入已创建的数据集

在统计分析过程中，需要自己创建数据集的情形较少，更多的是读取已经存在的数据。由于 Excel 格式的数据文件相对较常用，接下来我们介绍用 Stata 读取 Excel 格式的数据文件。

2.3.1 一般的原则

首先介绍关于数据读取的一般性的问题：

（1） 打开新数据集之前，必须用 clear 命令清除存在于内存中的数据集。

（2） 如果某些数据集超出了现有的设定的内存空间，则需要使用 set memory 来设定内存空间的大小，建议读者使用如下命令将 Stata 的默认内存空间改为至少 50m：set memory 50m, permanently。

（3） 有几种传统的方式可以读入数据：使用 use 命令读入 Stata 格式的数据（后缀名是.dta）；使用 edit 命令通过键盘将数据打入数据编辑器中；使用 insheet 命令读入 comma-separated 文本文件或者 tabseparated 文本文件；使用 infile 命令读入固定格式的文本文件；用 infix 命令读入 formatted 文件。

（4） 在数据文件不是太大的情形下，使用 Excel 文件粘贴复制就可以完成数据的读入，比上述方法更加便利。

2.3.2 读取格式为.dta 的数据

读取 Stata 自身数据的命令是 use，这个命令的语法如下：

```
use filename [, clear nolabel]
```

其中 filename 是在当前工作目录下的文件名称，读者也可以使用路径的方法指定文件。这里只有两个选项，这两个选项的含义如表 2-10 所示。

表 2-10 use 命令选项说明

选 项	描 述
clear	指明即使目前在内存中的数据尚未保存，仍然可以用新的数据来代替它
nolabel	在载入数据时不载入相关的标签，这一选项基本上很少使用

【例 2-3】原始数据在 D:\data\woold\Statafiles\的 auto.dta 文件中，现在将其载入到 Stata 中。

如果路径 D:\data\woold\Statafiles\为当前默认路径，则直接使用：

```
use auto, replace
```

将文件载入。

如果该路径并不是默认路径，可以用两种方法来实现，一种是更改当前的工作目录，然后载入，另一种是在 use 中指定需要载入的文件的位置。

更改当前的工作目录，然后载入的命令是：

```
cd D:\data\woold\Statafiles\ //更改当前的工作目录到 D:\data\woold\Statafiles\
use auto //打开新设定的工作目录中的 auto 文件
```

在 use 命令中指定要载入的文件路径的命令是：

```
use D:\data\woold\Statafiles\auto
```

2.3.3 利用 Excel 复制数据进入 Stata 系统中

前面提到了各种读入数据的命令，比如 insheet 和 infile，读者可以使用 help 命令自行查看它们的使用。在实际的使用中，通过将各种原始数据首先读入 Excel 中，然后再转存到 Stata 中是一种方便易行的方法。

这里演示如何利用 Excel 将数据导入到 Stata 中，这个过程只需两步就可以完成。假设我们有如图 2-2 的数据位于 Excel 中。

	A	B	C	D
1	family_id	parent_id	x1	x3
2	1030	10	39	600
3	1025	11	20	643
4	1025	12	27	721
5	1026	13	30	760
6	1026	14	26	668
7	1030	15	32	684

图 2-2 存放在 Excel 中的示例数据

（1） 为了将这些数据导入 Stata，需要先选定并且复制到剪贴板上（可以右击复制或者按键盘快捷键 Ctrl+V）。

（2） 切换到 Stata 中，单击数据编辑器按钮，进入数据编辑器，并按 Ctrl+V 组合键，将会弹出一个对话框询问将第一行数据视为数据（Treat first row as data）还是变量名（Treat first row as variable），本例中单击设定将第一行设置为变量名，则数据复制进入数据编辑器中（见图 2-3）。

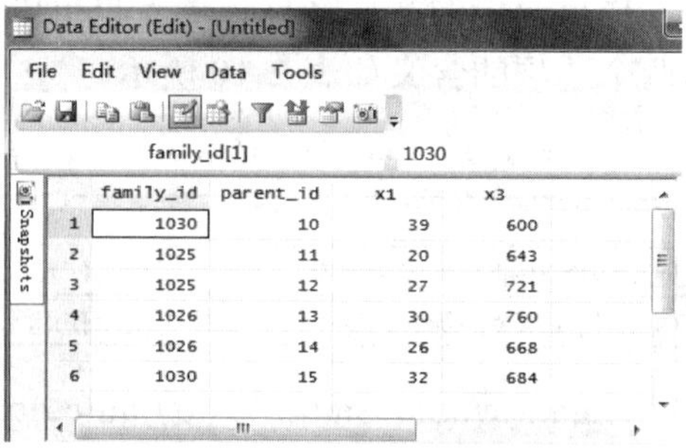

图 2-3　将剪切板上的数据粘贴到 Stata 中

2.4　Stata 中的表达式

在生成或者转换变量的过程中，必须应用表达式（exp）告诉 Stata 想要进行的操作。比如，拥有一个就业的微观数据集（例如美国著名的 CPS 数据集），其中一个变量是每个被调查者的工作经验年数，而在回归分析中需要得到工作经验的对数和平方，这在 Stata 中如何处理呢？其实，只需使用简单的 experience2=experience^2 和 logexperience=log(experience)就可以达到上述目的。为了了解上述表达式，下面依次介绍算术符号、关系符号和逻辑符号 3 种元素运算符号，表达式便是由变量名称和这 3 种运算符号链接起来的。

2.4.1　算术符号

Stata 中的算术符号有“+”（加）、“-”（减）、“*”（乘）、“/”（除）、“^”（乘方）以及“-”（负号）。

举个例子来说，$\frac{\sqrt{2+3\times 9^3}}{6^3}$ 在 Stata 中的表达式就是(2+3*9^3)^0.5/6^3。

注意　运算符号的优先顺序与通常的习惯是一致的，即乘方、乘除和加减。另外，如果运算的结果无意义，比如开一个负数的 0.5 次方，或者除以 0，则 Stata 会赋予一个缺失值。

2.4.2　关系符号

共有 6 种关系符号，“==”（等于）、“!=”（不等于）、“>”（大于）、“<”（小于）、“>=”（大于等于）、“<=”（小于等于）。其中两个连续的等号“==”标志一种逻辑检验，表示“是否左侧的值与右侧的值相等”，对于 Stata 而言，一个等号则代表了另外的意思，它表示 “让左边的值与右边的值相等”。

例如，对于一个含有数个国家的横截面数据，假如希望找到那些变量人均 GDP（变量名是 gdp）小于等于 3000 的观测值，则表达式是 gdp<=3000；对于一个微观层面的就业资料的数据集，如果希望找到工作经验年数（experience）小于年龄（age）的三成的那些观测值，

则表达式是 experience<age*0.3。

2.4.3 逻辑符号

通过加入一个或者多个逻辑符号，便可以将一个或多个关系运算符联系起来，Stata 中的逻辑运算符号有以下几种："!"（或）、"&"（且）、"|"（非）。

仍然举一个含有数个国家的横截面数据的例子说明，假如希望找到那些人均 GDP（变量名是 gdp）在 3000 与 5000 之间的观测值，则表达式是 gdp<5000 & gdp>3000；假如希望找到那些人均 GDP（变量名是 gdp）在小于 3000 或大于 5000 的观测值，则表达式是 gdp>5000 ! gdp<3000。

这 3 种符号在以后会反复使用，后面还有更多的例子来说明它们。

2.5 Stata 中的常用函数

这一节介绍许多与 generate 或 replace 一起使用的函数。比如，要创建一个名为 loginc 的新变量，其数值等于收入变量 income 的自然对数，那么就要在 generate 命令中使用自然对数 ln。

```
generate loginc=ln(income)
```

自然对数 ln 只是 Stata 数学函数之一。表 2-11 列出了常用的函数。

表 2-11 Stata 中常用的数学函数

abs(x)	x 的绝对值
acos(x)	反余弦函数。因为 360°=2π弧度，acos(x)*180/_pi 得到反余弦的反算度数（其中_pi 表示数学上的常数π）
asin(x)	反正弦函数
atan(x)	反正切函数
atan2(y,x)	y/x 的反正切函数
atanh(x)	双曲反正切函数
ceil(x)	大于等于 x 的最小整数，比如，在 n−1<x≤n 时得整数 n
cos(x)	余弦函数。要知道 y 度的余弦，输入 generate y = cos(y*_pi/180)
exp(x)	指数函数
floor(x)	小于等于 x 的最大整数，比如，在 n≤x<n+1 时得整数 n
trunx(x)	截取 x 的整数部分
ln(x)	x 的自然对数（以 e 为底）。计算任何其他以数字 B 为底的 x 的对数，可输入命令 generate y = ln(x)/ln(B)
log(x)	类似 ln(x)自然对数
$\log_{10}(x)$	x 的对数（以 10 为底）
logit(x)	x 的对数发生比：即 ln(x/(1−x))
$\max(x_1, x_2,\cdots, x_n)$	$x_1, x_2,\cdots, x_n$ 中的最大值
$\min(x_1, x_2,\cdots, x_n)$	$x_1, x_2,\cdots, x_n$ 中的最小值
mod(x,y)	与 x/y 的余数
round(x)	x 的四舍五入整数
round(x,y)	按 y 为单位 x 四舍五入
sign(x)	符号函数：当 x<0 时为−1，当 x=0 时为 0，当 x>0 时为+1
sin(x)	正弦函数
sqrt(x)	平方根函数
tan(x)	正切函数

表 2-12 列出了常见的概率函数。有关这些函数的定义、参数的限制条件和缺失值的处理请参见帮助文件（在 Command 窗口输入 help probfun 即可）。

表 2-12 Stata 中常用的概率函数

betaden(a,b,x)	贝塔分布的概率密度函数
Binomial(n,k,p)	二项分布：在一次试验的成功概率为 p 的条件下，在 n 次试验中有 k 次及更多次成功的概率
binormal(h,k,r)	双正态分布：两个相关系数为 r 的正态分布的联合累积分布
chi2(n,x)	自由度为 n 的累积卡方分布
chi2tail(n,x)	自由度为 n 的反向累积（右侧，存活）卡方分布：chi2tail(n,x)=1−chi2(n,x)
F(n_1,n_2,f)	分子、分母自由度分别为 n_1 和 n_2 的累积 F 分布
Ftail(n_1,n_2,f)	分子、分母自由度分别为 n_1 和 n_2 的反向累积（上端、存活）F 分布
invchi2(n,p)	卡方分布逆运算。如果 chi2(n,x)=p，有 invchi2(n,p)=x
invchi2tail(n,p)	chi2tail( )的逆运算。如果 chi2tail(n,x)=p，有 invchi2tail(n,p)=x
invF(n_1,n_2,p)	累积 F 分布的逆运算。如果 F(n_1,n_2,f)=p，有 invF(n_1,n_2,p)=f
invnormal(p)	累积标准正态分布的逆运算。如果 normal(z)=p，有 invnormal(p)=z
normal(z)	累积标准正态分布
tden(n,t)	自由度为 n 的 t 分布密度
ttail(n,t)	自由度为 n 的反向累积（上端）t 分布。这一函数反求 T>t 的概率
uniform( )	伪随机数据发生器，获得区间[0,1]内理论均匀分布的返回值

而一些较常用的特殊函数列于表 2-13 中。

表 2-13 Stata 中常用的特殊函数

autocode(x,n,xmin,xmax)	根据 x 值形成分类变量：将 x 的值域（即最小值 xmin 至最大值 xmax）分成等距的 n 份，并求出各 x 值所在区间的上限
cond(x,a,b)	当评价 x 值为“肯定”时返回 a 值，评价 x 值为“否定”时返回 b 值。比如： • generate y = cond(inc1>inc2, inc1, inc2) 形成变量 y，其值取 inc1 与 inc2 中的最大值（假定无缺失值）
group(x)	建立一个分类变量，将排序后的数据分为尽量等规模的 x 个子样本
max(x_1 ,x_2 ,…,x_n)	求 x_1，x_2，…，x_n 中的最大值。忽略其中缺失值。比如，max(3+2,1)将求得 5
min(x_1 ,x_2 ,…,x_n)	求 x_1，x_2，…，x_n 中的最小值
recode(x,x_1 ,x_2 ,…,x_n)	当 x 缺失时求得缺失值，当 $x<x_1$ 时求得 x_1，当 $x< x_2$ 时求得 x_2
round(x,y)	以 y 为单位对 x 做四舍五入
sign(x)	符号函数：当 x<0 时得-1，当 x=0 时得 0，当 x>0 时得+1（当 x 缺失时返回缺失值）
total(x)	x 的移动合计，将缺失值作为 0 对待

2.6 使用 in、if 和 by 语句定义数据子集

许多 Stata 命令都可以限制为对数据的一个子集来执行，这就需要在命令中加上 in 或者 if 选择条件（这种条件也可以在菜单选择里提供，注意寻找 if/in 或者 by/in/if 按钮），也可以使用 by 语句对样本子集重复执行命令，下面详细讲解这些用法。

2.6.1 in 的使用

in 用于指定观测值，可以是某一个观测值，也可以是某个区间的观测值，比如从第 20 个到第 30 个观测值。in 的语法如下：

```
command in range
```

其中，command 是某个 Stata 的命令，range 可以是一个数字“#”、也可以是从某个数字到另一个数字“#/#”，或者是从某个数字到最后“#/l”以及从最开始到最后“f/#”。

举个例子，如果是指定第 10 个观测值，则表达式是 in 10；如果指定从第 20 个到第 30 个观测值，则表达式是 in 20/30；如果指定第 20 个到最后的观测值，则表达式是 in 20/l（注意这里是字母 L 的小写，而不是数字 1）；如果指定前 10 个观测值，则表达式是 in 1/10（这里是数字 1）或者 in f/10；如果指定最后 10 个观测值，则表达式是 in−10/l。

2.6.2 if 的使用

if 通常用于一个命令后，用来选择满足表达式的那些数据子集。if 的语法如下：

```
command if exp
```

其中，command 是某个 Stata 的命令，exp 就是需要满足的表达式，这个表达式正是利用 3 种运算符号连接起来的变量。if 的使用将在后面结合相关命令予以介绍。

2.6.3 by 语句的使用

大多数 Stata 命令都允许使用 by 前置语句，用来对某些变量具有相同赋值的样本子集重复执行命令，下面是 by 语句的语法：

```
by varlist: Stata_cmd
bysort varlist: Stata_cmd
```

其中，varlist 是用来分组的依据，Stata_cmd 表示要执行的 Stata 命令，bysort 和 by 本质上是相同的，后者实际上是先对 varlist 中的变量进行排序，然后再分组。一般使用 bysort。

举例来说，有一个虚拟变量 female，它只有两个取值：1 时表示女性，0 时表示男性，如果使用 bysort female：Stata_cmd，则表示要对不同性别的观测值分别执行后边的 Stata 命令，比如可以分别计算男女的身高均值或者体重标准差等。

2.7 变量的相关操作

这一节着重介绍如何创建变量和对已有的变量重新赋值，前者由 generate 命令来执行，后者由 replace 来执行。Stata 还提供了一个更复杂的创建新变量的命令 egen，也将在本节予以详细介绍。

2.7.1 建立新的变量——generate

generate 命令用于创建一个新变量，这个命令的语法如下：

```
generate [type] newva=exp [if] [in]
```

其中，type 是可选项，用于指定创建的变量的类型，这些类型包括 byte、int、long、float 和 double，对于数值型变量默认的类型是浮点（float），对于字符型变量则默认是字符串（string）。newva 表明新创建的变量名称。exp 是关于变量赋值的表达式，它一般包括其他的变量和四则运算符号或者函数，Stata 中的函数会在 2.5 节中详细介绍，我们下面的例子里也会涉及一些常用的表达式。最后 in 和 if 是用来表达限定样本的选择范围的。

使用这个命令时，读者需要注意以下几点：

（1） 一定要区分“=”和“==”：生成新变量中，连接在新变量名之后的等号“=”表示定义，类似于数学中的“≡”；而在 if 引导的条件中双等号“==”表示一种数量关系，用来判断左右变量是否相等，初学者一定要注意这两种符号的差别。

（2） 生成新变量中往往会产生缺失值，原因可能有两个：首先是表达式中产生缺失值，如给负数开根号或者除以 0；其次是用 if 引导时，只涉及部分观测值，那么未涉及的观测值就是缺失值，比如定义“if male==1”（即只有观测值是男性时才生成新变量），那么女性观测值的相应变量就是缺失的，在 Stata 编辑器中显示为“.”。

下面举例说明 generate 命令的使用。

【例 2-4】数据集 wage.dta 是一个关于就业的微观数据集，该数据集共有 526 个观测值，24 个变量，主要变量的情况是：wage 表示工资，educ 表示教育程度，exper 表示工作经验即工作的年数，tenure 表示在当前岗位上工作的年数，以上变量都是以年来计量的，接下来的 3 个虚拟变量 nonwhite、female、married 分别表示是否是白种人、是否是女性以及是否婚配。表 2-14 是这些变量的部分数据。

表 2-14 数据集 wage.dta（部分数据）

wage	educ	exper	tenure	nonwhite	female	married
3.1	11	2	0	0	1	0
3.2	12	22	2	0	1	1
3	11	2	0	0	0	0
6	8	44	28	0	0	1
5.3	12	7	2	0	0	1
8.8	16	9	8	0	0	1
11	18	15	7	0	0	0
5	12	5	3	0	1	0
3.6	12	26	4	0	1	0
18	17	22	21	0	0	1
6.3	16	8	2	0	1	0
8.1	13	3	0	0	1	0
8.8	12	15	0	0	0	1
5.5	12	18	3	0	0	0
22	12	31	15	0	0	1
17	16	14	0	0	0	1
7.5	12	10	0	0	1	1
11	13	16	10	0	1	0
3.6	12	13	0	0	1	1
4.5	12	36	6	0	1	1

下面利用这个数据完成如下 5 个任务。

（1） 生成变量 educ 的平方，并命名为 educ2。

完成该任务可在命令窗口中输入：

```
gen eudc2=eudc^2  //生成 educ 的平方，并命名为 educ2，其中^2 表示乘方
```

（2） 对 educ 数值大于 9 的观测值生成 educ 与 exper 的交叉项，新变量的名称为

educ_exper。

完成该任务可在命令窗口中输入：

```
gen educ_exper=educ*exper if educ>=9 //生成 educ 与 exper 的交叉项条件用 if 来引导，if 语句表明 educ 的数值大于 9 的情况
```

（3） 生成 exper 的对数值，并命名为 logexper。

完成该任务可在命令窗口中输入：

```
gen logexper=log(exper)  //生成 exper 的对数值，并命名为 logexper，log()表示自然对数函数，也可以使用 ln()
```

（4） 生成 female 与 educ 的交叉项，并命名为 fem_educ。

完成该任务可在命令窗口中输入：

```
gen fem_educ=female*educ  //生成 female 与 educ 的交叉项，两个变量之间用“*”表示相乘
```

或者也可以利用 if 语句：

```
gen fem_educ=educ if female==1  //利用 if 来引导条件语句，之所以可以这样做，是由于 female=0 时，female 与 educ 的交叉项赋值为 0
```

（5） 生成 educ 的根号项并保留整数位。

这里需要使用前面介绍的 round 函数，命令如下：

```
gen educ3=round(sqrt(educ))  //函数 round 的含义是取整数，sqrt()表示开根号，如果()内是负值，那么该函数将返回缺失值
```

2.7.2 更改已有的变量——replace

replace 命令用于改变已存在的变量的赋值，由于 replace 涉及对已有数据的修改工作，慎重起见，Stata 不允许使用这个命令的缩写。replace 经常与 generate 命令一起使用来创建一些特殊的变量。replace 的语法为：

```
replace oldvar =exp [if] [in] [, nopromote]
```

其中，选项 nopromote 阻止 Stata 改变变量的类型来适应变量新的赋值。例如，原始变量为整数并以 int 的方式存储，假设改变了其中的一些赋值，使它们变成了非整数，replace 默认会将数据的类型改为浮点式（double 或者 float），但是如果添加 nopromote 选项，Stata 会保持原来的储存整数格式，则会截取变量的部分赋值。这个选项较少被使用。

【例 2-5】仍然使用数据集 wage.dta，这是一个关于就业的微观数据集，共有 526 个观测值，24 个变量，主要变量的情况是：wage 表示工资，educ 表示教育程度，exper 表示工作经验即工作的年数，tenure 表示在当前岗位上工作的年数，以上变量都是以年来计量的，接下来的 3 个虚拟变量 nonwhite、female、married 分别表示是否是白种人、是否是女性以及是否婚配。

这里重点研究 educ 变量，表 2-15 是 educ 的赋值表，可以看出在这个调查中，人们的受教育年数从 0 到 18 不等，其中完成高中即受教育 12 年的人数最多，占 37.64%。本例的任务是生成一个变量 educat，该变量用数字代替受教育的程度，具体来说，0 表示受教育年数小于

3，1 表示受教育年数为 4～6 年，2 表示受教育年数在 7～9 年，3 表示受教育年数在 10～12，4 表示受教育年数在 13～15 年，5 表示受教育年数在 16～18 年，表 2-15 最后一列列出了这些分类。

表 2-15　受教育年数变量赋值表

受教育年数	频　数	频　率	累积频率	新的变量赋值
0	2	0.38	0.38	0
2	1	0.19	0.57	0
3	1	0.19	0.76	0
4	3	0.57	1.33	1
5	1	0.19	1.52	1
6	6	1.14	2.66	1
7	4	0.76	3.42	2
8	22	4.18	7.60	2
9	17	3.23	10.84	2
10	30	5.70	16.54	3
11	29	5.51	22.05	3
12	198	37.64	59.70	3
13	39	7.41	67.11	4
14	53	10.08	77.19	4
15	21	3.99	81.18	4
16	68	12.93	94.11	5
17	12	2.28	96.39	5
18	19	3.61	100.00	5
总计		526	100.00	

为完成该任务，必须同时使用 generate 和 replace 命令，并且要灵活使用 if 引导的条件语句，具体的命令如下：

gen educat=0 //首先生成一个赋值为 0 的新变量 educat，这个赋值对于所有的样本都是一样的，这样下一步就可以在这个命令的基础上进行修改

replace educat=1 if educ==4 | educ==5 | educ==6 //将 educ 为 4 或者 5 或者 6 的观测值的 educat 变量的值改为 1，“|”表明或者，这样 if educ==4 | educ==5 | educ==6 就表达了“educ 为 4 或者 5 或者 6 的观测值”的意思

replace educat=2 if educ>=7 & educ<=9 //将 educ 在 7 到 9 之间的观测值的 educat 变量的值改为 2，这里“&”表明“和”的意思，这样 if educ>=7 & educ<=9 就表达了“educ 在 7 到 9 之间的观测值”的意思

replace educat=3 if educ>=10 & educ<=12 //将 educ 在 10 到 12 之间的观测值的 educat 变量的值改为 3

replace educat=4 if educ>=13 & educ<=15 //将 educ 在 13 到 15 之间的观测值的 educat 变量的值改为 4

replace educat=5 if educ>=16 & educ<=18 //将 educ 在 16 到 18 之间的观测值的 educat 变量的值改为 5

读者可以在执行上述命令之后，利用数据浏览器查看，核对 educat 和 educ 两个变量是否具有所希望的关系。

2.7.3 egen 命令

egen 是 Stata 所提供的另外一个创建变量的命令，egen 表示对 generate 命令的扩展（即 extensions to generate)，它有自己的一系列用于完成 generate 命令无法轻易完成的函数。这些函数包括计算现有变量或者变量表达式的总和、最大值、最小值、中位数、四分位距、标准化分数或移动平均数，egen 命令依据这些计算来创建新变量。

egen 命令的语法是：

```
egen [type] newvar = fcn(arguments) [if] [in] [, options]
```

其中，type 是可选项，表明生成的变量的类型，一般不必专门设定；newvar 表示新变量名；fcn 是 egen 命令中特有的函数，arguments 表示表达式（expression)、变量名（varlist）或者数字列表（numlist)，这些要依据选择的 egen 函数而定，选项（options）也依据所选择的 egen 函数的不同而不同。另外，by 选项仅仅对于某些 egen 函数是适用的，这一点会在介绍每个函数时说明。

由于 egen 所涉及的函数很多，这里仅列举一部分常见的函数，见表 2-16。详细的函数清单请读者参见 egen 命令的帮助文件。

表 2-16 egen 命令函数清单

选 项	描 述
anycount(varlist), values(integer numlist)	该命令不能与 by 一起使用。这个函数首先确认每个观测值的 varlist 中有多少个变量的赋值在 numlist 中，然后返回这些变量的个数。当然，返回的数值最大不能多于 varlist 中的变量的个数
anymatch(varlist), values(integer numlist)	该命令不能与 by 一起使用。这个函数首先确认每个观测值的 varlist 中是否有变量的赋值在 numlist 中，如果有则返回 1，否则返回 0
anyvalue(varname), values(integer numlist)	该命令不能与 by 一起使用。这个函数首先确认每个观测值的变量赋值是否在 numlist 中，如果在则返回这个变量的赋值，否则返回缺失值
cut(varname), {at(#,#,...,#)|group(#)}	该命令不能与 by 一起使用。这个函数用于生成一个新的分类变量，该分类变量的每个划分区间的左区间在 at 中设定。at 中可以是一系列单调递增的数字，也可以使用诸如 a(b)c 这样的方式，表明从 a 到 b 并以步长为 c 的序列。group(#)在 at 缺失的时候使用，要求 egen 平均分成几组
diff(varlist)	该命令不能与 by 一起使用。这个函数创建一个 0～1 变量，如果 varlist 中的变量不相等，则该变量赋值为 1，否则为 0
ends(strvar) [, punct(pchars) [head|tail|last]]	该函数不能与 by 一起使用。如果使用 head 选项，这个函数返回 strvar 中的第一个单词；如果使用 last 选项，这个函数返回 strvar 中的最后一个单词；如果使用 tail 选项，这个函数返回 strvar 中的除第一个之外的内容。head、last 和 tail 由选项 pchars 决定，默认情况是空格，即(" ")。比如，"frog toad"这个字符串的第一个词（head）被定义为 "frog"，如果使用 punct(,)即以逗号为分隔符，那么字符串"frog,toad" 的第一个词就是"frog"。再如，"frog toad newt"的最后一个词是"newt"，而"frog"就是本身，如果以逗号为分隔符，那么字符串"frog,toad"的最后一个词是"toad"
group(varlist) [, missing]	该函数不能与 by 一起使用。该函数创建一个取值为 1、2…的变量，用于对观测值进行分类，varlist 中的变量可以是数值型变量，也可以是字符型变量，也可以是两者的混合。分组的编号是由 varlist 中的变量顺序决定的。如果使用 missing 选项，则将有缺失的观测值定义为单独的一类，否则默认给予缺失值

（续表）

选　　项	描　　述
iqr(exp)	该函数允许使用 by varlist。这个函数创建一个含有四分位距的变量
kurt(varname)	该函数允许使用 by varlist。这个函数创建赋值为括号中变量的峰度的新变量
mad(exp)	该函数允许使用 by varlist。这个函数创建赋值为对中位数绝对差的新变量
max(exp)	该函数允许使用 by varlist。创建一个常数变量，其数值为 exp 表达式的最大值
mdev(exp)	该函数允许使用 by varlist。这个函数返回对平均数的绝对偏差数
mean(exp)	该函数允许使用 by varlist。创建一个常数变量，其数值为 exp 表达式的平均数
median(exp)	该函数允许使用 by varlist。创建一个常数变量，其数值为 exp 表达式的中位数
min(exp)	该函数允许使用 by varlist。创建一个常数变量，其数值为 exp 表达式的最小值
mode(varname) [, minmode maxmode nummode (integer) missing]	该函数允许使用 by varlist。创建一个常数变量，其数值为括号中变量 varname 的众数，所谓众数就是变量取值频数最高的数值，如果有两个及以上众数出现，那么 mode 函数将会产生缺失值。为了避免这一情况的发生，可以考虑使用 minmode、maxmode、或者 nummode()三个选项，minmode 将会返回所有众数中最小的，maxmode 将会返回所有众数中最大的，而 nummode(#)将会返回第#个大的众数。一般来讲，缺失值将不会对众数产生任何影响，但是如果 missing 选项被使用，那么缺失值也被认为是一种赋值
pc(exp) [, prop]	该函数允许使用 by varlist。这个函数将表达式 exp 标准化为加总后的百分比，如果使用 prop 选项，则数值会被进一步缩小为 0 到 1 之间
pctile(exp) [, p(#)]	这个函数用于生成百分位数，p(#)表明具体是哪个百分位数，如果没有设定这个选项则默认是 50%的分位数即中位数，那么这个命令就和 median 一样了
rank(exp)[, [field|track|unique]]	这个函数用于生成一种次序，对于相同赋值的观测值，这个次序是相同的。默认情况下，这种次序是均值，但有另外三种方式可供选择，field 选项表示给予最大的值 1，其他的则依次升高；track 选项表示给予最小的值 1，其他的则依次升高；unique 的赋值方法是 1,2,3…
sd(exp)	该函数允许使用 by varlist。创建一个常数变量，其数值为 exp 表达式的标准差
skew(varname)	该函数允许使用 by varlist。创建一个常数变量，其数值为 varname 的偏度
std(exp) [, mean(#) std(#)]	该函数不允许使用 by varlist。这个函数为表达式 exp 创建标准化的赋值，默认是均值为 0，标准差为 1，也就是 mean(0),std(1)
total(exp)	该函数允许使用 by varlist。创建一个常数变量，其数值为表达式 exp 加总

下面举例说明 egen 命令的使用，由于 egen 函数众多，这里只挑选一些常用的函数加以介绍。

【例 2-6】仍然使用数据集 wage.dta，这是一个关于就业的微观数据集，共有 526 个观测值，24 个变量，主要变量的情况是：wage 表示工资，educ 表示教育程度，exper 表示工作经验即工作的年数，tenure 表示在当前岗位上工作的年数，以上变量都是以年来计量的，接下来的 3 个虚拟变量 nonwhite、female、married 分别表示是否是白种人、是否是女性以及是否婚配。详细情况可以参见表 2-14。

这里使用这个数据集完成如下 5 个任务。

（1） 生成一个新变量 educde，其赋值为 educ 与平均受教育年数之差。

完成该任务，可在命令框中输入：

```
egen educavg=mean(educ)  //产生一个常数变量 educavg 赋值为 educ 的均值
gen educed=educ-educavg  //产生 educ 与平均受教育年数之差
sum educ educavg educed  // summarize 表示总结这 3 个变量的关键统计指标，包括观测值个数、均值、标准差、最大值和最小值，这里主要是为了呈现比较直观的对比 3 个变量的基本情况，该命令会在后面介绍
```

如下结果输出对比了这个过程中产生的 3 个变量的主要统计指标：

Variable	Obs	Mean	Std. Dev.	Min	Max
educ	526	12.56274	2.769022	0	18
educavg	526	12.56274	0	12.56274	12.56274
educed	526	1.78e-07	2.769022	-12.56274	5.437263

可以看到，educavg 是一个常数变量，其赋值不变为 12.56，educde 的均值为 0，标准差为 2.77，也就是 educed 以 0 为中心上下波动。

（2） 生成新变量 educed2，其赋值为 educ 与受教育年数中位数之差，且分性别计算该变量。命令如下：

```
bysort female: egen educmed=median(educ) //产生一个常数变量 educavg 赋值为 educ
的中位数
gen educed2= educ-educmed //产生 educ 与受教育年数中位数之差
sum educ educmed educed2 //生成 educ educmed educed2 3 个变量的主要统计量
```

结果输出对比了这个过程中产生的 3 个变量的主要统计指标：

Variable	Obs	Mean	Std. Dev.	Min	Max
educ	526	12.56274	2.769022	0	18
educmed	526	12	0	12	12
educed2	526	.5627376	2.769022	-12	6

可以看到，educmed 是一个常数变量，其赋值不变为 12，educed2 则在 0 附近上下波动。

（3） 生成一个新变量 stdeduc，其赋值为标准化后的受教育年数 educ。命令如下：

```
egen stdeduc=std(educ) //std(educ)表示对 educ 进行标准化
sum educ stdeduc //生成 educ 和 stdeduc 两个变量的主要统计量
```

命令的执行结果如下所示：

sum educ stdeduc

Variable	Obs	Mean	Std. Dev.	Min	Max
educ	526	12.56274	2.769022	0	18
stdeduc	526	4.28e-09	1	-4.536886	1.963604

对比 educ 和 stdeduc 这两个变量，就可以发现标准化的含义。所谓标准化就是原变量减去均值再除以标准差，标准化后的变量均值为 0，标准差为 1。

（4） 生成一个新变量 higheduc，如果 educ 大于 12 则 higheduc 包含这个变量的数值，否则为缺失值。完成这个任务的命令如下：

```
egen higheduc=anyvalue(educ), v(13/18) //这个语句表示如果 educ 的取值在 13 到 18
之间，那么 higheduc 的取值就等于 educ 的取值，如果 educ 的取值在这个区间之外，那么 higheduc
的取值就为缺失值“.”。另外，v(13/18)表示从 13～18 的数字都在符合的候选数字之内，也可以写成
v(13 14 15 16 17 18)，其意思是一致的。

list higheduc educ in 1/20 //列举前 20 个观测值，以对比这两个变量
```

list 命令输出的结果如下所示：

```
     +------------------+
     | higheduc    educ |
     |------------------|
  1. |       14      14 |
  2. |       16      16 |
  3. |        .      12 |
  4. |       14      14 |
  5. |       18      18 |
     |------------------|
  6. |       18      18 |
  7. |       15      15 |
  8. |       13      13 |
  9. |        .      12 |
 10. |        .      12 |
     |------------------|
 11. |        .      11 |
 12. |       16      16 |
 13. |        .      11 |
 14. |        .      12 |
 15. |        .       8 |
     |------------------|
 16. |        .      10 |
 17. |        .      10 |
 18. |        .      11 |
 19. |       18      18 |
 20. |        .      12 |
     +------------------+
```

从结果来看，当 educ 的取值大于 12 时，higheduc 和 educ 取值相等，当 educ 的取值小于等于 12 时，higheduc 的取值为缺失值，这符合要求。

（5） 生成一个新变量 sexmar，赋值为 1、2、3…，这些数值为 female 和 marriage 的各种组合编上类别序号。完成这个任务的命令如下：

```
egen sexmar=group(female married) //使用了 group 函数，说明用以分组的标准包含两个变量 female 和 married，如果仅包含 female 那么生成的变量与 female 仅相差 1，就失去了生成新变量的意义，因为新生成的变量与原有变量实质上是一样的。
list sexmar female married in 1/20 // 列举前 20 个观测值，以对比这 3 个变量
```

list 命令输出的结果如下所示：

```
     +---------------------------+
     | sexmar   female   married |
     |---------------------------|
  1. |      1        0         0 |
  2. |      1        0         0 |
  3. |      1        0         0 |
  4. |      2        0         1 |
  5. |      1        0         0 |
     |---------------------------|
  6. |      2        0         1 |
  7. |      2        0         1 |
  8. |      2        0         1 |
  9. |      2        0         1 |
 10. |      2        0         1 |
     |---------------------------|
 11. |      1        0         0 |
 12. |      2        0         1 |
 13. |      1        0         0 |
 14. |      2        0         1 |
 15. |      1        0         0 |
     |---------------------------|
 16. |      2        0         1 |
 17. |      2        0         1 |
 18. |      2        0         1 |
 19. |      2        0         1 |
 20. |      2        0         1 |
     +---------------------------+
```

2.8 数值和字符串的转换

字符串变量和添加了标签的数值型变量看起来很像，但是在分析中它们的表现却不同。对于字符串变量而言，大多数统计运算和代数关系都不能应用，因此可能想要在数据中同时包括反映统一信息的字符变量和添加了取值标签的数值型变量。本节介绍如何进行数值和字符串的转换。

2.8.1 encode 和 decode 命令

encode 命令可为已经存在的字符串变量添加一个去了标签的数值型变量，一般来说，数字 1 被赋给字符串按照字母顺序排在第一位的那个，随后是 2，如此等。相反，decode 命令可以根据一个数值型变量和它的标签生成一个字符型变量。

encode 和 decode 命令的语法如下：

字符型变量到数值型变量

```
encode varname [if] [in] , generate(newvar) [label(name)]
```

数值型变量到字符型变量

```
decode varname [if] [in] , generate(newvar) [maxlength(#)]
```

其中，varname 表示要进行转换的变量，newvar 表示要生成的新变量。

encode 命令的选项（options）含义如表 2-17 所示。

表 2-17　encode 命令选项说明

选　项	描　述
generate(newvar)	此项必须用于指定新生成的变量的名称，新变量的名称写在 newvar 的位置上
label(name)	指定新变量使用的的标签名，如果不加这一项，那么新变量默认使用与原变量相同的标签，一般这一项可以不使用

decode 命令的选项（options）含义如表 2-18 所示。

表 2-18　decode 命令选项说明

选　项	描　述
generate(newvar)	此项必须用于指定新生成的变量的名称，新变量的名称写在 newvar 的位置上
maxlength(#)	用来指定新生成变量的长度，#必须在 1 和 244 之间，默认长度为 maxlength(244)

下面举例说明这两个命令的使用。

【例 2-7】表 2-19（数据集 hbp2.dta）是从一个调查数据中截取的一段观测值，共有 6 个变量，id 是每个变量的识别序号，city 是每个观测值所在城市，year 是调查年份，age 表明被调查者所在的年龄层，race 和 sex 分别表明被调查者的性别和种族。

表 2-19　调查数据观测值

id	city	year	age_grp	race	sex
8238923	1	1993	15 - 19	Black	female
7143470	1	1992	30 - 34		
0468015	1	1988	25 - 29	Black	male
6167153	1	1991	25 - 29	Black	male
6142590	1	1991	20 - 24	Black	female
7340259	2	1993	30 - 34	Black	female
4411604	1	1990	20 - 24	Black	male
6962950	5	1992	25 - 29	Black	female
5012348	5	1991	20 - 24	Black	female
3187296	2	1990	25 - 29	Hispanic	female
7144188	1	1992	25 - 29	Black	male
6962245	5	1992	30 - 34	Black	female

将利用该数据完成如下任务。

（1） 利用 sex 变量，生成一个新的数值型变量 gender，并使得 gender 所使用的变量值标签 gender 的数值分配为 1“female”、0“male”。

完成这个任务需要使用 encode 这一命令，在命令框中输入：

```
encode sex, generate(gender)  //生成数值型变量 gender
list sex gender in 1/4 //罗列前 4 个 gender 观测值
```

下面是 list 的输出结果，可以发现两者在外观上并没有差别，可是一旦去掉 label，那么情况就会大为不同：

```
     +------------------+
     |    sex    gender |
     |------------------|
  1. | female    female |
  2. |                . |
  3. |   male      male |
  4. |   male      male |
     +------------------+
```

下面去掉标签然后重复上述命令：

```
list sex gender in 1/4, nolabel //在不加标签的情况下罗列前 4 个观测值
```

去掉标签后的显示结果更容易看出两者的差别，list 命令输出结果如下：

```
     +------------------+
     |    sex    gender |
     |------------------|
  1. | female         1 |
  2. |                . |
  3. |   male         2 |
  4. |   male         2 |
     +------------------+
```

```
label list gender //查看名为 gender 标签的具体情况
```

输出结果如下：

```
gender:
           1  female
           2  male
```

（2）利用新生成的数值型变量 gender，将它转换为字符型变量 gender2，并对比 gender2 与 sex 是否相同。

完成上述任务，首先使用 decode 命令生成一个新的字符型变量：

```
decode gender,generate(gender2)  //根据 gender 变量重新生成一个字符型变量 gender2
```

然后使用 list 命令对比相关变量的情况。

```
list sex gender gender2 in 1/4, nolabel  //在没有标签的情况下对比 sex，gender，gender2 三者的差异
```

3 个相关变量的对比情况如下：

```
     +----------------------------+
     |    sex   gender    gender2 |
     |----------------------------|
  1. | female        1     female |
  2. |               .            |
  3. |   male        2       male |
  4. |   male        2       male |
  5. | female        1     female |
     |----------------------------|
  6. | female        1     female |
  7. |   male        2       male |
  8. | female        1     female |
  9. | female        1     female |
 10. | female        1     female |
     |----------------------------|
 11. |   male        2       male |
 12. | female        1     female |
 13. |   male        2       male |
```

从上面的输出结果，可以看出 decode 其实又将 encode 生成的变量 gender 转换回变量 sex 了。

2.8.2 real 函数

real()用于从合适的字符串表达式中得到数值，所以这个函数的定义域是各种字符串，而值域是数字和缺失值。比如，real("5.2")+1 = 6.2，这就是说 real()可以从"5.2"得到真实的数字 5.2，但是如果字符串中并不包含数字，那么返回的就是缺失值。再如，real("hello") = . ，这表示 hello 这个字符串中没有数字，real 函数返回“.”来表明是缺失值。

2.9 生成分类变量和虚拟变量

分类变量和虚拟变量是最常见的指示变量，它们常常是通过将一个连续的变量进行转换而得来的，Stata 为生成分类变量和虚拟变量提供了很多方便的工具，本节将在这个方面进行介绍。

2.9.1 生成虚拟变量

最简单的类别变量是取值为 0 和 1 的虚拟变量，比如对于一个命名为 female（女性）的虚拟变量，female=1 时表明是女性，female=0 时表明是男性。虚拟变量的取值非此即彼，正是由于这个特征使得它在统计分析和回归分析中用途非常广泛。下面介绍两种方法生成虚拟变量，一种是利用 generate 和 replace 命令组合生成虚拟变量，另一种是使用 generate newvar=（varname>#）生成虚拟变量。

1. 使用 generate 和 replace 生成虚拟变量

generate 和 replace 命令在 2.7 节均已介绍，这里直接举例说明这种方法的使用。

【例 2-8】仍然使用数据集 wage.dta，这是一个关于就业的微观数据集，共有 526 个观测值，24 个变量，主要变量有：wage 表示工资，educ 表示教育程度，exper 表示工作经验即工作的年数，tenure 表示在当前岗位上工作的年数，以上变量计量单位都是年。本例重点关注 educ 变量，我们试图使用 generate 和 replace 生成一个虚拟变量 college，如果个体读过大学则 college=1，否则 college=0。

根据常识，读大学的教育年数至少为 13 年，因此可以利用受教育年数这个变量生成 college，具体命令如下：

```
use wage,replace
gen college=0 //产生一个常数变量，其赋值为 0
replace college=1 if educ>=12 //将 eudc 大于等于 12 的观测个案的 college 赋值改为 1
list educ college in 1/10 //罗列出前 10 个观测个案的 educ 和 college
```

list 命令的输出结果如下所示：

```
     +----------------+
     | educ   college |
     |----------------|
  1. |   11         1 |
  2. |   12         1 |
  3. |   11         1 |
  4. |    8         1 |
  5. |   12         1 |
     |----------------|
  6. |   16         0 |
  7. |   18         0 |
  8. |   12         1 |
  9. |   12         1 |
 10. |   17         0 |
     +----------------+
```

上面的输出结果显示，我们给予了变量 college 正确的赋值。

2. 使用 generate newvar=（varname>#）生成虚拟变量

generate newvar=（varname>#）是 Stata 中生成虚拟变量的快捷方式，在这个命令中，第一个等号表示定义：满足其后圆括号中的观测案例将会在新的变量中定义为 1，其余的情况则定义为 0。

根据上面的说明，写出生成例 2-8 中 college 的命令：

```
generate college=(educ>=12)
```

利用这种快捷方式，还可以完成更加复杂的任务，这里要求定义各个教育水平的虚拟变量，命令如下：

```
gen edu0=(educ==0)  //令 educ0 对教育年数为 0 的个体赋值为 0
gen parimary=(educ>0 & educ<7) //令教育年数在 1 和 6 之间的为小学，此时变量 parimary 赋值为 1，educ>0 & educ<7 表明 educ 的赋值大于 0 和小于 7 同时发生，这就意味着个体处在小学阶段
gen juniorhi=(educ>6 & educ<10) //令教育年数在 7 和 9 之间的为初中，此时 juniorhi 赋值为 1，educ>6 & educ<10 表明 educ 的赋值大于 0 和小于 7 同时发生
gen seniorhi=(educ>9 & educ<13) //令教育年数在 10 和 12 之间的为高中，此时 seniorhi 赋值为 1
gen college2=(educ>12 & educ<17) //令教育年数在 13 和 16 之间的为大学本科，此时 college2 赋值为 1
gen master=(educ>16 & educ<.) //令教育年数在 17 和 18 之间的为研究生
tab1  edu0- master //查看新生成的变量的频数表，tab1 将在第 5 章介绍，这里仅仅适用于展示生成变量的结果
```

上述命令生成的结果如下，读者可以自行验证这些新生成的变量是否符合我们的要求：

-> tabulation of edu0

edu0	Freq.	Percent	Cum.
0	524	99.62	99.62
1	2	0.38	100.00
Total	526	100.00	

-> tabulation of parimary

parimary	Freq.	Percent	Cum.
0	514	97.72	97.72
1	12	2.28	100.00
Total	526	100.00	

-> tabulation of juniorhi

juniorhi	Freq.	Percent	Cum.
0	483	91.83	91.83
1	43	8.17	100.00
Total	526	100.00	

-> tabulation of seniorhi

seniorhi	Freq.	Percent	Cum.
0	269	51.14	51.14
1	257	48.86	100.00
Total	526	100.00	

-> tabulation of college2

college2	Freq.	Percent	Cum.
0	345	65.59	65.59
1	181	34.41	100.00
Total	526	100.00	

-> tabulation of master

master	Freq.	Percent	Cum.
0	495	94.11	94.11
1	31	5.89	100.00
Total	526	100.00	

这里再次提醒，使用上述方法时应特别注意缺失值的情况。缺失值将被归入不满足定义等号后的表达式的情况，因而进入各个虚拟变量中取值为 0 的组别。

除了上面两种方法之外，还可以使用 recode 命令生成虚拟变量，也可以用 tabulate，gen()生成虚拟变量，其中 recode 将在下节介绍，而 tabulate，gen()将在第 5 章中介绍。

2.9.2 生成分类变量

生成分类变量可以使用很多方法，常用的命令有 generate 加 replace 命令组合、tabulate 命令以及 recode 命令，还可以使用 autocode()、recode()、group() 3 个函数。除 tabulate 留在第 5 章介绍外，这里将依次介绍这些方法。

1. generate 加 replace 命令组合生成分类变量

generate 和 replace 命令在 2.7 节均已经介绍过，这里直接举例说明 generate 加 replace 命令组合的使用。

【例 2-9】仍然使用数据集 wage.dta，这是一个关于就业的微观数据集，共有 526 个观测值，24 个变量，主要变量有：wage 表示工资，educ 表示教育程度，exper 表示工作经验即工作的年数，tenure 表示在当前岗位上工作的年数，以上变量都是以年来计量的。

本例重点研究 educ 变量，使用 generate 和 replace 命令生成一个分类变量 educ6 将教育水平划分为 6 个等级，依次是未读书、小学、初中、高中、大学、研究生，并分别赋值 0 到 5。以下为命令代码：

```
. use wage,replace
. gen edu6=0 //令 educ0 对教育年数为 0 的个体赋值为 0
. replace edu6=1 if educ>0 & educ<7 //令教育年数在 1 和 6 之间的为小学，此时 edu6 赋值为 1
. replace edu6=2 if educ>6 & educ<10 //令教育年数在 7 和 9 之间的为初中，此时 edu6 赋值为 1
. replace edu6=3 if educ>9 & educ<13 //令教育年数在 10 和 12 之间的为高中，此时 edu6 赋值为 1
. replace edu6=4 if educ>12 & educ<17 //令教育年数在 13 和 16 之间的为大学本科，此时 edu6 赋值为 1
. replace edu6=5 if educ>16 & educ<. //令教育年数在 17 和 18 之间的为研究生，此时 edu6 赋值为 1
. tabulate edu6
```

下面是命令的输出结果：

```
       edu6 |      Freq.     Percent        Cum.
------------+-----------------------------------
          0 |          2        0.38        0.38
          1 |         12        2.28        2.66
          2 |         43        8.17       10.84
          3 |        257       48.86       59.70
          4 |        181       34.41       94.11
          5 |         31        5.89      100.00
------------+-----------------------------------
      Total |        526      100.00
```

可以看到，我们的数据中，共有两个未读过书的个案，而大部分被调查者集中在高中和大学阶段，其中高中阶段有 257 个，大学阶段有 181 个，而受教育水平为小学的个体有 12 个，受教育水平为初中的个体有 43 个，受教育水平为研究生的个体有 31 个。

2. recode 命令

在 Stata 中，用户有时需要对已有的变量重新赋值，这是因为数据中原有的变量取值与用户所需要的并不完全相同，同时又可以变换以后的变量取值来获得需要的变量取值。除了 replace 以外，recode 也可以实现这个目标，而且它可以很方便地指定变量赋值的直接转换。

recode 命令的语法如下：

```
recode varlist (rule) [(rule) ...] [, generate(newvar)]
```

其中，varlist 是需要进行转换赋值的变量名，rule 是事先确定的转换规则，选项[, generate (newvar)]用于将转换后的变量保存为一个新的变量。

常见的赋值规则见表 2-20。

表 2-20 recode 常见赋值规则

规 则	例 子	含 义
#=#	3=1	3 转换为 1
# # = #	2 .=9	2 和缺失值转换为 9
#/# = #	1/5 = 4	1 到 5 转换为 4
nonmissing= #	nonmiss =8	所有非缺失值转换为 8
missing = #	miss =9	所有缺失值转换为 9

【例 2-10】为了说明 recode 的使用，使用表 2-21 所示的数据（数据集 recxmpl.dta），完成如下任务。

表 2-21 recode 演示数据集

x	x1	x2	x3
1	2	1	8
2	1	2	1
3	2	1	2
4	3	2	1
5	4	3	2
6	5	4	3
7	6	5	4
8	7	6	5
1	8	7	6
2	1	8	7

（1） 改变变量 x 的赋值，将 1 变为 2，保持其他赋值不变，并将新的变量保存为 nx。完成这个任务可以在命令框中输入：

```
webuse recxmpl,clear
recode x (1 = 2), gen(nx) //将 x 值由 1 变为 2，保持其他赋值不变并将新的变量保存为 nx
list x nx //对比 x 和 nx 的赋值变化
```

输出的结果如下：

```
     +---------+
     | x    nx |
     |---------|
  1. | 1     2 |
  2. | 2     2 |
  3. | 3     3 |
  4. | 4     4 |
  5. | 5     5 |
     |---------|
  6. | 6     6 |
  7. | 7     7 |
  8. | 8     8 |
  9. | 1     2 |
 10. | 2     2 |
     +---------+
```

（2） 改变 x1 的赋值，将 1 改为 2，将 2 改为 1，并将新的变量保存为 nx1。完成这个任务可以在命令框中输入：

```
recode x1 (1 = 2) (2 = 1), gen(nx1) //交换 x1 的 1 和 2 赋值并将新的变量保存为 nx1
list x1 nx1
```

输出结果如下：

```
     +-----------+
     | x1    nx1 |
     |-----------|
  1. |  2      1 |
  2. |  1      2 |
  3. |  2      1 |
  4. |  3      3 |
  5. |  4      4 |
     |-----------|
  6. |  5      5 |
  7. |  6      6 |
  8. |  7      7 |
  9. |  8      8 |
 10. |  1      2 |
     +-----------+
```

（3） 改变 x2 的赋值，将 1 和 2 变为 1，将 3 改为 2，将 4 到 7 改为 3，并将新的结果保存在 nx2，完成这个任务可以在命令框中输入：

```
recode x2 (1 2 = 1) (3 = 2) (4/7 = 3), gen(nx2) //改变 x2 的赋值，将 1 和 2 变为 1，将 3 改为 2，将 4 到 7 改为 3 并将新的结果保存在 nx2
list x2 nx2
```

输出结果如下：

```
     +-----------+
     | x2    nx2 |
     |-----------|
  1. |  1      1 |
  2. |  2      1 |
  3. |  1      1 |
  4. |  2      1 |
  5. |  3      2 |
     |-----------|
  6. |  4      3 |
  7. |  5      3 |
  8. |  6      3 |
  9. |  7      3 |
 10. |  8      8 |
     +-----------+
```

3. 使用 autocode()、recode()和 group() 3 个函数生成分类变量

autocode()、recode()和 group()是常用的用于生成分类变量的函数，它们的含义如表 2-22 所示。

表 2-22 生成分类变量函数说明

选 项	描 述
autocode(x,n,xmin,xmax)	表示根据 x 值形成分类变量：将 x 的值域（即最小值 xmin 至最大值 xmax）分成等距的 n 份，并求出各 x 值所在区间的上限
group(x)	建立一个分类变量，将排序后的数据分为尽量等规模的 x 个子样本
recode(x,x_1,x_2,⋯,x_n)	当 x 缺失时求得缺失值，当 x<x_1 时求得 x_1，当 x< x_2 时求得 x_2

需要说明的是，使用 autocode 函数时均匀分组的根据是目标变量的取值，即各个组别在目标变量上的取值区间宽度相等。假如用户需要根据观测案例的数目均匀分组，即各个组别在目标变量的排列顺序下包含相同数目的观测案例，可以使用 group 函数，这时，用户需要实现根据目标变量排序然后再分组。在均匀分组的意义上，autocode 和 group 都是自动完成

分组的，如果用户希望对分组的过程有更多的控制，那么就需要使用 recode 函数，这时，用户可以任意定义各组的取值区间。

下面举例说明它们的使用。

【例 2-11】仍然使用就业调查数据集 wage.dta，这个数据集主要变量的情况是：wage 表示工资，educ 表示教育程度，exper 表示工作经验即工作的年数，tenure 表示在当前岗位上工作的年数，以上变量都是以年来计量的。

其中，变量 exper 的取值区间从 1 到 51，本例要求分别使用 autocode()、recode()和 group() 3 个函数，变量将 exper 转换为一个分为 5 组的分类变量。具体的 3 个要求如下。

（1） 利用 autocode()函数将 exper 分成 9 组，各组相等间隔为 10 年，相应的命令如下：

```
use wage,replace //在工作目录下打开 wage.dta 文件
gen exper1=autocode(exper,5,1,51) //exper1 为新生成的变量，5 是要分成的组别数，而
函数 autocode 则是指自动分成 5 组且各组间隔相等，1 和 51 是指明分组过程中最小值和最大值
tabulate exper1 //列出 exper1 的频数表，命令将在第 5 章中介绍
```

autocode 命令的结果显示如下：

exper1	Freq.	Percent	Cum.
11	241	45.82	45.82
21	108	20.53	66.35
31	79	15.02	81.37
41	63	11.98	93.35
51	35	6.65	100.00
Total	526	100.00	

这意味着将 exper 转换成一个新变量 exper1，这个变量共有 5 个赋值，分别是 11、21、31、41、51，分别表示工作经验在 1～11 年、12～21 年、22～31 年、32～41 年和 42～51 年 5 种情况。

（2） 依据观测案例的数目平均分成 5 组，各个组别在目标变量的排列顺序下包含相同数目的观测案例，相应的命令如下：

```
sort exper //首先对 exper 进行排序
gen exper2=group(5) //根据观测案例的数目平均分成 5 组
tabulate exper2 //列出 exper1 的频数表
```

上述命令的输出结果如下：

exper2	Freq.	Percent	Cum.
1	106	20.15	20.15
2	105	19.96	40.11
3	105	19.96	60.08
4	105	19.96	80.04
5	105	19.96	100.00
Total	526	100.00	

可见上面的命令将 exper 均匀地分成了 5 组。如果不事先对 exper 进行排序，group 也可以将所有的观测值平均分成 5 组，但是这种分组是没有任何意义的，这一点读者可以自行尝

试一下。

（3） 要求将 exper 分成如下区间所定义的 5 组：[1,5]，[6,15]，[16,25]，[26,40]，[41,51]。完成这个任务所需要的命令如下：

```
gen exper3=recode(exper,5,15,25,40,51) //exper3 是要生成的新变量名，exper 是将被转换为分类变量的目标变量，其后的 5 个数字是各个组别的取值上限
tabulate exper3 //
```

上述命令的输出结果如下：

```
    exper3 |      Freq.     Percent        Cum.
-----------+-----------------------------------
         5 |        136       25.86       25.86
        15 |        162       30.80       56.65
        25 |         87       16.54       73.19
        40 |        101       19.20       92.40
        51 |         40        7.60      100.00
-----------+-----------------------------------
     Total |        526      100.00
```

可以看到，recode 命令按照我们的需要将数据分成了 5 组，需要注意的是每组的赋值不像 group 函数一样，而是取每个区间的上限值。

2.10 数据的整理

有时候，原始数据存放在不同的数据文件里，在进行处理和分析之前，需要把不同的数据文件合并成为一个综合的数据文件。本节介绍 Stata 提供的各种数据整理命令，包括横向合并、纵向合并以及交叉合并等。

2.10.1 数据的横向合并

横向合并是指将两个数据文件的变量加总在一起。合并后数据的样本不变，但变量的数目增加了，也就是使得数据文件变宽了。

一般情况下，横向合并的两个数据的样本是一样的，只是被存储在不同的数据文件里。比如说，我们的样本是 100 家公司，但有两个数据来源：一个是问卷调查的数据，另一个是从报纸、书刊或其他公开出版物收集到的数据。这时候，每一个公司的数据一般会被输入并存储在两个不同的数据文件夹里，需要做横向合并。

横向合并是通过 Stata 的 merge 命令来完成的。该命令的用法是：

```
merge [varlist] using filename [filename …] [, options]
```

命令中间的选项 varlist 指的是合并序号变量，用于辨别不同的观测值。两个数据都要有序号变量，而且变量名要一样。在一般情况下，变量的取值也要一样，否则合并后将出现很多不吻合的样本个案，影响数据的可用性。如果没有指定序号变量，Stata 则逐行合并，也就是把两个数据的第一行和第一行、第二行和第二行合并，以此类推。逐行合并容易出错，故建议用户尽可能在横向合并的时候使用序号变量。如果数据里没有序号变量，可以用 generate 命令来生成，如：

```
. generate id=_n
```

merge 命令中间的 filename 选项用来合并两个以上的数据。因为容易出错，我们不建议使用，最好分成几次，而每次只合并两个数据。表 2-23 列举了 merge 命令之后的选项。

表 2-23 merge 命令选项说明

选项（options）	说 明
merge（newvar）	自动生成合并吻合度的记录变量，默认为 merge，数值为： 不吻合，只在内存内数据存在的个案 不吻合，只在内存外数据存在的个案 吻合，内存内和内存外数据皆存在的个案
update	内存内的缺失数值可以被内存外数据的相应数值覆盖。添加 update 选项后，_merge 的编码只会发生以下变化： 不吻合，只在内存内数据存在的个案 不吻合，只在内存外数据存在的个案 观测案例同时来自于主数据和调用数据，且主数据和调用数据一致 观测案例同时来自于主数据和调用数据，如果主数据为缺失值准备更新 观测案例同时来自于主数据和调用数据，如果出现不一致，则主数据将被替换
replace	内存内的非缺失数值可以被内存外数据的相应数值覆盖
nokeep	去掉内存外数据的非吻合个案，等同于 drop if merge==2
nosummary	合并两个以上数据时，不保留记录变量（即 merge）

现在我们举例说明如何利用 merge 命令进行数据的横向合并。

【例 2-12】现有两个关于汽车市场的调查数据文件，一个是汽车技术层面的数据 autotech.dta，见表 2-24，其中的变量情况是：make 是字符型变量，表明生产厂商，mpg 是行驶里程（英里），weight 是车身质量（吨），length 是车身长度（米）；另一个数据是汽车成本层面的数据 autocost.dta，见表 2-25，其中的变量情况是：make 是字符型变量，表明生产厂商，price 是汽车的价格（万元），rep78 是年度修理次数。现在要求将 make 作为索引变量将两个数据横向合并在一起。

表 2-24 汽车技术层面的数据 autotech.dta（部分数据）

make	mpg	weight	length
AMC Concord	22	2930	186
AMC Pacer	17	3350	173
AMC Spirit	22	2640	168
Audi 5000	17	2830	189
Audi Fox	23	2070	174
BMW 320i	25	2650	177
Buick Century	20	3250	196
Buick Electra	15	4080	222
Buick LeSabre	18	3670	218
Buick Opel	26	2230	170
Buick Regal	20	3280	200
Buick Riviera	16	3880	207
Buick Skylark	19	3400	200
Cad. Deville	14	4330	221

（续表）

make	mpg	weight	length
Cad. Eldorado	14	3900	204
Cad. Seville	21	4290	204
Chev. Chevette	29	2110	163
Chev. Impala	16	3690	212
Chev. Malibu	22	3180	193
Chev. Monte Carlo	22	3220	200
Chev. Monza	24	2750	179
Chev. Nova	19	3430	197
Datsun 200	23	2370	170
Datsun 210	35	2020	165
Datsun 510	24	2280	170

表 2-25　汽车成本层面的数据 autocost.dta（部分数据）

make	price	rep78
AMC Concord	4099	3
AMC Pacer	4749	3
AMC Spirit	3799	
Audi 5000	9690	5
Audi Fox	6295	3
BMW 320i	9735	4
Buick Century	4816	3
Buick Electra	7827	4
Buick LeSabre	5788	3
Buick Opel	4453	
Buick Regal	5189	3
Buick Riviera	10372	3
Buick Skylark	4082	3
Cad. Deville	11385	3
Cad. Eldorado	14500	2
Cad. Seville	15906	3
Chev. Chevette	3299	3
Chev. Impala	5705	4
Chev. Malibu	4504	3
Chev. Monte Carlo	5104	2
Chev. Monza	3667	2
Chev. Nova	3955	3
Datsun 200	6229	4
Datsun 210	4589	5
Datsun 510	5079	4

为了以 make 变量为依据将上述两个数据合并，首先打开 autotech.dta 数据集，然后使用 merge 命令合并两个数据集，最后通过查看合并后的数据中_merge 变量的值来确定每个观测值合并数据的具体情况，具体命令如下：

```
use autotech, clear //打开 autotech.dta 数据集
merge make using autocost //使用 merge 命令，make 表明以该变量为索引变量，using 后面跟需要合并的数据集名称
tabulate _merge //查看合并后的数据中_merge 变量的值来确定每个观测值合并数据的具体情况
```

下面是_merge 变量的赋值分布：

```
     _merge |      Freq.     Percent        Cum.
------------+-----------------------------------
          3 |         74      100.00      100.00
------------+-----------------------------------
      Total |         74      100.00
```

可以发现所有的观测值都处于这样的状况，即观测案例同时来自于主数据（autotech 数据集）和调用数据（autocost 数据集），这说明这里的数据横向合并没有任何意外的问题出现。

下面我们再举一例，在该例中将加入 update 选项。

【例 2-13】有如表 2-26 和表 2-27 所示的两个数据集，其中 original.dta 是主数据，updates.dta 是调用数据集，请利用 merge 将两数据合并在一起，要求如果出现主数据和调用数据不一致的地方则依据调用数据进行修改。

表 2-26 主数据 original.dta 数据集

make	price	mpg
Chev. Chevette	3299	29
Chev. Malibu	4504	
Datsun 510	5079	24
Merc. XR-7	6303	
Olds Cutlass	4733	19
Renault Le Car	3895	26
VW Dasher	7140	23

表 2-27 调用数据 updates.dta 数据集

make	mpg	displacement
Chev. Chevette		231
Chev. Malibu	22	200
Datsun 510	24	119
Merc. XR-7	14	302
Olds Cutlass	19	231
Renault Le Car	25	79
VW Dasher	23	97

将这两个数据集合并，并当主数据和调用数据出现不一致时主数据被调用数据替换，完成该任务的命令如下：

```
use original,clear //打开主数据 original.dta
merge make using updates, update //与 updates.dta 横向合并，并添加 update 选项，表明允许主数据中出现的缺失值由调用数据中相应的非缺失值进行替换
list
```

用 list 命令查看合并后的数据集，结果如下：

```
     +-------------------------------------------------------+
     | make              price   mpg   displa~t     _merge |
     |-------------------------------------------------------|
  1. | Chev. Chevette    3,299    29        231          3 |
  2. | Chev. Malibu      4,504    22        200          4 |
  3. | Datsun 510        5,079    24        119          3 |
  4. | Merc. XR-7        6,303    14        302          4 |
  5. | Olds Cutlass      4,733    19        231          3 |
     |-------------------------------------------------------|
  6. | Renault Le Car    3,895    26         79          5 |
  7. | VW Dasher         7,140    23         97          3 |
     +-------------------------------------------------------+
```

通过观测_merge 变量的赋值可以了解每个观测值合并的情况，3 表示主数据和调用数据一致，4 表示主数据为缺失，由调用数据替换，5 表示主数据和调用数据不同，主数据被后者替换。在上面的结果中，观测值 1、3、5、7 是主数据和调用数据一致的情况，观测值 2 和 4 中主数据有缺失，由于使用了 update 选项，这个缺失值由调用数据中的非缺失值替换了，观测值 6 中主数据和调用数据不一致，这里仍然以主数据中的数值为准，如果读者想用调用数据来替换，则还需要加上 replace 选项。请读者输入 help merge 命令来得到更多关于 merge 命令的帮助信息。

2.10.2 数据的纵向合并

纵向合并指的是把两个数据的样本加总在一起，合并后的数据变量数目不变，但样本数增加了，也就是使得数据变长了。

最常见的纵向合并情况是使用同样的问卷在不同地方或不同时间调查得来的数据。比如，在跨国比较研究中，研究者会用同样的问卷对不同国家进行调查；有些大型的研究项目采用比较稳定的问卷设计定期进行抽样调查；把这些独立的样本合并在一起分析，便于研究差异和变迁。这种合并的数据就是我们常说的合并横截数据（Pooled Cross-Sectional Data）。在追踪研究中，用同样的问卷对同样的样本收集来的数据也需要合并，这时候，每个样本的相同变量会有多个观察值（observations），即我们常说的面板数据（Panel Data）或横截时间序列数据（Cross-Sectional Time Series Data）。

在纵向合并两个数据文件之前，需要做以下准备工作：

（1） 两个数据文件里相同变量的变量名要一致，否则将被当成两个变量来处理，并产生无用的缺失数值。

（2） 两个数据文件里相同变量的变量类型要一致，否则其中一个数据的变量值将全部缺失（这一点经常被忽略，而且其后果不易被察觉）。

（3） 两个数据文件里的个案序号不能重复，否则合并后将无法辨认个体样本。

（4） 每个数据要生成一个新的变量来辨别合并后该数据的样本。

纵向合并是通过 Stata 的 append 命令来完成的。append 命令的用法是：

```
append using filename [, options]
```

filename 是内存外的数据文件名，即要和当前内存里的数据合并的文件。如果文件名有空格或特殊字符，必须用双引号引起来。如果数据是 Stata 格式，可以省去.dta 扩展名。options 是命令选项，具体如表 2-28 所示。

表 2-28 append 命令的选项说明

选 项	描 述
keep(varlist)	varlist 是内存外数据指定保留的变量；当内存外变量数目多于内存内数据的时候，可以只保留内存内的变量
nolabel	不复制内存外数据的数值标签，即合并后的数据使用内存内数据的数据标签
nonotes	不复制内存外数据的数据说明

下面我们举两例说明 append 命令的使用。

【例 2-14】有两个数据文件 odd.dta 和 even.dta，利用 append 命令将两者合并。数据的内容将在执行命令的过程中以 list 命令输出结果的形式给出。下面是完成这个任务的命令：

```
use even //打开 even.dta
list //列举 even 的内容
```

这样，可以看到 even.dta 文件所包含的内容：

```
     +-----------------+
     | number    even  |
     |-----------------|
  1. |      6      12  |
  2. |      7      14  |
  3. |      8      16  |
     +-----------------+
```

```
use odd //打开 odd.dta
list //列举 odd 的内容
```

这样，可以看到 odd.dta 文件所包含的内容：

```
     +----------------+
     | number    odd  |
     |----------------|
  1. |      1      1  |
  2. |      2      3  |
  3. |      3      5  |
  4. |      4      7  |
  5. |      5      9  |
     +----------------+
```

```
append using even //将 even 的数据加载在 odd 数据之后
list //查看合并后的数据集
```

将两者合并后的数据是：

```
     +------------------------+
     | number   odd    even   |
     |------------------------|
  1. |      1     1       .   |
  2. |      2     3       .   |
  3. |      3     5       .   |
  4. |      4     7       .   |
  5. |      5     9       .   |
     |------------------------|
  6. |      6     .      12   |
  7. |      7     .      14   |
  8. |      8     .      16   |
     +------------------------+
```

【例 2-15】数据集 auto.dta 是 Stata 系统自带的关于 1978 年汽车市场的一个调查数据，该数据集共有 74 个观测值，12 个变量。变量的具体情况是：make 是字符型变量，表明生产厂商。其他均为数值型变量，price 是汽车的价格（万元），mpg 是行驶里程（英里），rep78 是在该年度修理次数，foreign 是虚拟变量，赋值 1 代表国外产，0 代表国产。数据用几个变量揭示了汽车的重要特征：headroom、trunk、length、turn、displacement、gear_ratio 依次代表汽车内部空间大小、后备箱空间大小、身长、转弯半径、排气量和变速比。表 2-29 列举了该数据集的部分数据。

表 2-29　1978 年汽车市场的调查数据（部分数据）

price	mpg	rep78	headroom	trunk	weight	length	turn	gear_ratio	foreign
4099	22	3	2.5	11	2930	186	40	3.58	Domestic
4749	17	3	3	11	3350	173	40	2.53	Domestic
3799	22		3	12	2640	168	35	3.08	Domestic
4816	20	3	4.5	16	3250	196	40	2.93	Domestic
7827	15	4	4	20	4080	222	43	2.41	Domestic
5788	18	3	4	21	3670	218	43	2.73	Domestic
4453	26		3	10	2230	170	34	2.87	Domestic
5189	20	3	2	16	3280	200	42	2.93	Domestic
10372	16	3	3.5	17	3880	207	43	2.93	Domestic
4082	19	3	3.5	13	3400	200	42	3.08	Domestic
11385	14	3	4	20	4330	221	44	2.28	Domestic
14500	14	2	3.5	16	3900	204	43	2.19	Domestic
15906	21	3	3	13	4290	204	45	2.24	Domestic
3299	29	3	2.5	9	2110	163	34	2.93	Domestic
5705	16	4	4	20	3690	212	43	2.56	Domestic
4504	22	3	3.5	17	3180	193	31	2.73	Domestic
5104	22	2	2	16	3220	200	41	2.73	Domestic
3667	24	2	2	7	2750	179	40	2.73	Domestic
3955	19	3	3.5	13	3430	197	43	2.56	Domestic
3984	30	5	2	8	2120	163	35	3.54	Domestic
4010	18	2	4	17	3600	206	46	2.47	Domestic
5886	16	2	4	17	3600	206	46	2.47	Domestic

读者也可以利用 describe 命令了解该数据的概貌，describe 命令的输出结果如下：

```
Contains data from E:\green programme\Stata10\ado\base/a/auto.dta
  obs:            74                          1978 Automobile Data
 vars:            12                          13 Apr 2007 17:45
 size:         3,774 (99.9% of memory free)   (_dta has notes)
-------------------------------------------------------------------------------
              storage  display     value
variable name   type   format      label      variable label
-------------------------------------------------------------------------------
make            str18  %-18s                  Make and Model
price           int    %8.0gc                 Price
mpg             int    %8.0g                  Mileage (mpg)
rep78           int    %8.0g                  Repair Record 1978
headroom        float  %6.1f                  Headroom (in.)
trunk           int    %8.0g                  Trunk space (cu. ft.)
weight          int    %8.0gc                 Weight (lbs.)
length          int    %8.0g                  Length (in.)
turn            int    %8.0g                  Turn Circle (ft.)
displacement    int    %8.0g                  Displacement (cu. in.)
gear_ratio      float  %6.2f                  Gear Ratio
foreign         byte   %8.0g       origin     Car type
-------------------------------------------------------------------------------
Sorted by:  foreign
```

本例演示如何利用 append 命令完成如下任务：将 auto.dta 拆分成两个数据集，一个为国产汽车（即 foreign=0），另一个为国外产汽车（即 foreign=1），然后将两者合并，并仅保存 make、price、mpg、rep78、foreign 这 5 个变量。完成这个任务的命令如下：

```
sysuse auto,replace //打开 Stata 系统数据文件 auto.dta
keep if foreign == 0 //保存 foreign == 0 的观测值
save domestic //保存为 domestic.dta

sysuse auto, clear //重新打开 Stata 系统数据文件 auto.dta
keep if foreign == 1 //保存 foreign == 1 的观测值
keep make price mpg rep78 foreign //保留 make price mpg rep78 foreign 这 5 个变量

append using domestic, keep(make price mpg rep78 foreign) //using domestic
表示将国产汽车的数据（domestic.dta）添加到国外产汽车的数据之后，keep(make price mpg rep78
foreign)表示保留 make, price, mpg, rep78 和 foreign 这 5 个变量
```

2.10.3 数据的交叉合并

交叉合并指的是把一个数据的个案和另外一个数据的个案交叉搭配生成新的数据。从数据的结构和用途上讲，交叉合并要比纵向和横向合并更加复杂，所以，学习交叉合并，首先要理解其目的和合并后的数据结构及用途。

交叉合并有两类：一类叫组内交叉，使用的是 joinby 命令；另一类叫一一交叉，由 cross 命令来完成。下面我们分别就这两种交叉合并进行讨论。

1. 用 joinby 进行组内交叉

组内交叉指的是两个数据样本有分组，每一组里的样本做一对一交叉。组内交叉合并的命令是 joinby，该命令的基本结构是：

```
joinby [varlist] using filename [, options]
```

其中，varlist 是合并的分组变量，如果没有值得分组的变量，则 joinby 会自动采用两个数据里的共同变量。filename 是内存外数据文件，options 是命令的选项（见表 2-30）。

表 2-30 命令 joinby 的选项

选项（options）	选项说明
当样本吻合时	
update	内存内的缺失数值可以被内存外数据相同变量的相应数值覆盖
replace	内存内的所有数值被内存外数据相同变量的相应数值覆盖
当样本非吻合时	
unmatched(none)	不保留非吻合样本，默认选项
unmatched(both)	两个数据的非吻合样本都保留
unmatched(master)	只保留内存内数据非吻合样本
unmatched(using)	只保留内存外数据非吻合样本
merge(newvar)	自动生成合并吻合度的记录变量，默认为 merge
Nolabel	不复制内存外数据的数值标签

当两个数据的每一组都只有一个单独样本时，组内交叉其实就是简单的横向合并，可以用 merge 命令来完成。当一个数据的每一组只有一个单独样本，而另外的数据组内有多个样本时，我们进行的是组内一对多的交叉合并。这种情况最常见的是多阶段抽样数据，比如，有 1000 个公司职员的数据，而这些样本是从 40 家公司抽样出来的；这样的话，每家公司的

数据要和其员工的数据做组内一对多的交叉合并。更复杂一点的，比如我们先选省，再选县（市）、乡（街道）、村（居委会），最后选择个体样本。在这种情况下，我们会有不同抽样单位（如省、乡、县）的数据，若是单独存储的话，就需要和个体样本做组内一对多的交叉合并。当两个数据的每一组都有多个样本时，进行的是组内多对多交叉合并。这种合并必须指定一个共同的序号变量来辨认每个组的样本。

下面我们举例说明用 joinby 进行组内交叉具体是如何操作的。

【例 2-16】在以家庭为单位的研究中，我们同时有父母的数据和小孩的数据，如果一个家庭有父母 2 人和 2 个小孩，那么父母与孩子交叉后有 2×2 个样本。我们以家庭编号为索引变量将父母的数据和孩子的数据进行合并就可以得到各种可能的亲子关系。表 2-31 是父母的数据（parent.dta），表 2-32 是小孩的数据（child.dta），请利用 joinby 进行组内交叉得到亲子关系数据。

表 2-31　父母的数据（parent.dta）

family_id	parent_id	x1	x3
1030	10	39	600
1025	11	20	643
1025	12	27	721
1026	13	30	760
1026	14	26	668
1030	15	32	684

表 2-32　小孩的数据（child.dta）

family_id	child_id	x1	x2
1025	3	11	320
1025	1	12	300
1025	4	10	275
1026	2	13	280
1027	5	15	210

要完成这个任务可以使用如下命令：

```
use parent,replace //打开 parent.dta 文件
sort family_id //为了便于查看，我们首先对 family_id 进行排序
joinby family_id using child //以 family_id 为索引变量，将 child.dta 与 family 进行交叉合并
list, sepby(family_id)  //以 family_id 相同的值为一组显示合并后的结果
```

合并后的数据如下：

```
     +----------------------------------------------------+
     | family~d   parent~d   x1    x3   child_id     x2 |
     |----------------------------------------------------|
  1. |     1025         12   27   721          3    320 |
  2. |     1025         11   20   643          3    320 |
  3. |     1025         11   20   643          1    300 |
  4. |     1025         12   27   721          1    300 |
  5. |     1025         12   27   721          4    275 |
  6. |     1025         11   20   643          4    275 |
     |----------------------------------------------------|
  7. |     1026         14   26   668          2    280 |
  8. |     1026         13   30   760          2    280 |
     +----------------------------------------------------+
```

可以看出，每个家庭内部所有可能的父母和孩子的亲子关系都出现在合并后的亲子关系数据中。

2. 用 cross 进行一一交叉

一一交叉，即一个数据的每一个个案和另外一个数据的每一个个案交叉，合并后的样本数为两个样本数的积（$n_1 \times n_2$），样本单位因此变成了一对一的配对关系。这种交叉合并并不多见，但非常有用。比如，研究婚姻配对，对男女样本进行全部交叉合并，便于分析各种配对之间的互动；在自由买卖市场上，把买方和卖方的数据做全部交叉，便于分析交易形成的模式。

一一交叉合并使用的是 cross 命令，其用法是：

```
cross using filename
```

其中，filename 是内存外数据文件名。这是一个很简单的命令，没有选项。一一交叉的两个数据最好没有相同的变量名，如果有的话，Stata 会沿用内存内的数据。所以，当配对的数据里有相同的变量时，在合并之前要先对这些变量重新命名。

【例 2-17】数据集 sex.dta 是一个关于性别的数据（见表 2-33），数据集 agecat.dta 是一个关于年龄的数据（见表 2-34），请利用 cross 命令将它们进行一一交叉合并。

表 2-33　数据集 sex.dta

sex
Male
female

表 2-34　数据集 agecat.dta

agecat
20
30
40

将两者进行一一交叉合并的命令如下：

```
use agecat //打开 agecat.dta 数据
cross using sex //与 sex.dta 数据集进行一一交叉合并
list //显示交叉合并后的数据集
```

交叉合并后的新数据是：

```
     +-----------------+
     | agecat      sex |
     |-----------------|
  1. |     20     male |
  2. |     30     male |
  3. |     40     male |
  4. |     20   female |
  5. |     30   female |
     |-----------------|
  6. |     40   female |
     +-----------------+
```

可见一一交叉合并穷尽了两个数据中观测值的所有组合的可能。

2.10.4 数据的抽取

对于一些大型的数据，如人口普查数据和计算机记录的市场交易数据，因为其样本量太大，不适宜直接进行分析。最常见的方法是从数据中随机抽取一个样本，然后对样本进行分析。这时候就要用到 sample 命令：

```
sample # [if] [in] [, count by(groupvars)]
```

sample 命令随机从内存里的数据中抽取样本，#是样本容量（或者样本百分比），如果指定 count，那么#就是样本内观测值的个数；如果没有指定 count，那么#就是抽取样本的百分比。比如 sample 15, count 表明从数据中抽取 15 个样本，而 sample 15 则表明从数据中抽取 15%的样本。if 和 in 用来限制条件。

有时候，为了保证样本的分布，我们可以用 by(groupvars)选项来进行组内抽样。比如说，数据中有不同教育水平的样本，简单随机抽样可能会导致某些教育水平的样本过多而某些教育水平的样本过少的情况，从而影响统计分析的有效性，这时我们使用 sample 20,by(educ)表明在各个教育水平上均抽取 20%的样本。

样本重新抽样的最大问题是：在同样的数据中，重复运行同样的 sample 命令抽到的样本并不相同，为了解决这个问题，可以在 sample 命令之前设定随机数的初始值，这样就可以保证每次抽样结果相同了，比如 set seed 5。

下面的例子说明了 sample 命令如何使用。

【例 2-18】下面以 wage.dta 数据为例进行数据的重新抽取，请利用 sample 命令完成如下 4 个任务。

（1） 在数据中简单随机抽样，抽取 10 个观测值，并罗列 wage、female、married 这 3 个变量。

完成这个任务的命令如下：

```
use wage,replace
sample 10,count //在数据中简单随机抽样，抽取 10 个观测值，count 表明 10 是抽取的样本个数而不是比例
list wage female married
```

抽取的观测值如下：

```
     +---------------------------+
     | wage   female   married |
     |---------------------------|
  1. |  2.9        1         1 |
  2. |    3        0         0 |
  3. |  7.8        0         0 |
  4. |    3        0         0 |
  5. |  6.1        0         1 |
     |---------------------------|
  6. |  2.9        0         1 |
  7. |  4.6        1         1 |
  8. |   18        0         1 |
  9. |   22        0         1 |
 10. |  3.6        0         0 |
     +---------------------------+
```

（2） 在女性数据中抽取 10 个样本并保留所有男性样本。

完成这个任务的命令如下：

```
use wage,replace
sample 10 if female==1,count //female==1 表明对女性数据进行抽样，而男性数据保持不变
list wage female married
```

list 命令的执行结果如下：

```
     +-------------------------+
     | wage   female   married |
     |-------------------------|
  1. |  3.5        1         1 |
  2. |    3        1         1 |
  3. |    3        1         0 |
  4. |  2.3        1         0 |
  5. |    4        1         0 |
     |-------------------------|
  6. |  4.6        1         1 |
  7. |    9        1         1 |
  8. |  2.8        1         0 |
  9. |  3.5        1         0 |
 10. |  3.2        1         1 |
     |-------------------------|
 11. |  3.2        0         1 |
 12. |  5.7        0         1 |
 13. |  7.1        0         1 |
 14. |  5.5        0         0 |
 15. |    4        0         1 |
     |-------------------------|
 16. |    6        0         1 |
 17. |  5.4        0         1 |
 18. |  3.9        0         1 |
 19. |  5.6        0         1 |
 20. |   12        0         0 |
     |-------------------------|
 21. |  6.4        0         1 |
 22. |    5        0         1 |
```

上面的结果中，前 10 个是从女性样本中抽取的，紧接着是所有的男性样本。

（3） 在男性和女性样本中各抽取 10 个样本。

完成该任务需要使用 by( )选项，具体的命令如下：

```
use wage,replace
sample 10,count by(female) //by(female)表明根据 female 的不同赋值进行抽样，这里
female 为 0-1 变量，分别表示男性和女性
list wage female married
```

上述命令的执行结果如下：

```
     +-------------------------+
     | wage   female   married |
     |-------------------------|
  1. |   13        0         1 |
  2. |    3        0         0 |
  3. |  3.1        0         0 |
  4. |  6.3        0         1 |
  5. |    4        0         0 |
     |-------------------------|
  6. |  8.5        0         1 |
  7. |  4.5        0         1 |
  8. |  4.8        0         1 |
  9. |  3.5        0         1 |
 10. |  3.5        0         0 |
     |-------------------------|
 11. |  2.9        1         1 |
 12. |    3        1         1 |
 13. |  3.8        1         0 |
 14. |  4.5        1         1 |
 15. |  4.1        1         1 |
     |-------------------------|
 16. |  3.2        1         0 |
 17. |  3.7        1         0 |
 18. |   18        1         0 |
 19. |  2.9        1         1 |
 20. |  3.3        1         0 |
     +-------------------------+
```

这样我们就从男性和女性的数据中各抽取了 10 个样本。

（4） 对 female 和 married 的各种组合各抽取 5 个样本。

对多个变量的各种组合抽样，就是将多个变量放到 by( )中，具体命令如下：

```
use wage,replace
sample 5,count by( female married) //by( female married)将 female 和 married
两个变量都放在 by 中表明根据这两个变量的各种组合进行抽样
list wage female married
```

上述命令的执行结果如下：

```
     +--------------------------+
     | wage   female   married |
     |--------------------------|
  1. |  3.8        0         0 |
  2. |    4        0         0 |
  3. |  5.5        0         0 |
  4. |  3.6        0         0 |
  5. |    3        0         0 |
     |--------------------------|
  6. |  3.9        0         1 |
  7. |   18        0         1 |
  8. |  9.9        0         1 |
  9. |  6.3        0         1 |
 10. |  5.4        0         1 |
     |--------------------------|
 11. |  2.8        1         0 |
 12. |  3.2        1         0 |
 13. |  3.5        1         0 |
 14. |   11        1         0 |
 15. |    6        1         0 |
     |--------------------------|
 16. |  4.5        1         1 |
 17. |  2.9        1         1 |
 18. |    4        1         1 |
 19. |  4.8        1         1 |
 20. |  6.3        1         1 |
     +--------------------------+
```

2.11 Stata 操作习题

本章习题使用数据集 earns1.dta，这是一个关于历年（从 1947 年到 1987 年）美国工人工资和劳动时间状况的数据集，共有 41 个观测值，5 个变量，主要变量的情况如表 2-35 所示。

表 2-35 数据集 earns1.dta 的变量情况

变 量 名	储存类型	显示格式	变量含义
year	int	%9.0g	时间，从 1947 到 1987 年
wkearns	float	%9.0g	真实的平均周工资（指数）
wkhours	float	%9.0g	平均每周工作时间（小时）
outphr	float	%9.0g	每工作小时的产出（美元）
hrwage	float	%9.0g	wkearns/wkhours

表 2-36 展示了整个数据集。

表 2-36 数据集 earns1.dta

year	wkearns	wkhours	outphr	hrwage
1947	123.52	40.3	51.4	3.065012
1948	123.43	40	53.3	3.08575
1949	127.84	39.4	54.2	3.24467
1950	133.83	39.8	57.7	3.362563
1951	134.87	39.9	59.4	3.3802
1952	138.47	39.9	60.7	3.470426
1953	144.58	39.6	62.1	3.65101
1954	145.32	39.1	63	3.716624
1955	153.21	39.6	64.8	3.86894
1956	157.9	39.3	65.2	4.017812
1957	158.04	38.8	66.5	4.073196
1958	157.4	38.5	68	4.088312
1959	163.78	39	70.2	4.199487
1960	164.97	38.6	71	4.273834
1961	167.21	38.6	73.2	4.331866
1962	172.16	38.7	75.6	4.448579
1963	175.17	38.8	78.3	4.514691
1964	178.38	38.7	81.4	4.609303
1965	183.21	38.8	83.4	4.721908
1966	184.37	38.6	85.2	4.776425
1967	184.83	38	87.1	4.863947
1968	187.68	37.8	89.4	4.965079
1969	189.44	37.7	89	5.024934
1970	186.94	37.1	89.3	5.038814
1971	190.58	36.9	91.9	5.16477
1972	198.41	37	94.7	5.362432
1973	198.35	36.9	96.4	5.375339
1974	190.12	36.5	94.3	5.208767
1975	184.16	36.1	96	5.101386
1976	186.85	36.1	98.5	5.1759
1977	189	36	100	5.25
1978	189.31	35.8	100.8	5.287989
1979	183.41	35.7	99.3	5.137535
1980	172.74	35.3	98.8	4.893485
1981	170.13	35.2	99.8	4.833239
1982	168.09	34.8	99.2	4.830173
1983	171.26	35	102.5	4.893143
1984	172.78	35.2	104.6	4.908523
1985	170.42	34.9	106.1	4.883094
1986	171.07	34.8	108.2	4.915805
1987	169.28	34.8	109	4.864368

请利用这个数据集完成如下任务：

1. 初级操作

（1） 在 Stata 中打开这个数据文件 earns1.dta。
（2） 使用 describe 命令查看这个数据文件。
（3） 使用 list 命令查看 earns1.dta 的后 10 个观测值。
（4） 利用 codebook 命令了解每个变量的具体情况。

2. 高级操作

（1） 生成一个新变量 lnwkearns，其取值为 log(wkearns)。
（2） 利用 egen 命令，生成标准化的 wkearns 变量，并命名为 stdwkearns。
（3） 利用 group()函数，按照 wkearns 从小到大，将数据平均分成 9 组。
（4） 利用 recode()函数，按照 wkearns 从小到大，将数据分成 3 组，要求第一组的上限是 157.9，第二组的上限是 184.83，第三组的上限是 198.41，新生成的变量命名为 wkearnscat。
（5） 使用 generate 命令和 replace 命令组合重复第 4 题的操作。
（6） 为 wkearnscat 添加标签“wkearns catogory”。
（7） 要求生成一个新变量 highearns，当某个观测值的 wkearns 大于 wkearns 的平均数时，highearns 取值与 wkearns 相同，否则取值为 0。
（8）从 1960 年后的观测案例中随机取 10 年的数据，并保存为新文件 earns2.dta，从 1960 年前的观测案例中随机抽取 2 年的数据，并保存为新文件 earns3.dta。然后使用 append 命令将 earns2.dta 和 earns3.dta 合并。

第3章　图形绘制基础

现代统计中，图形的使用越来越多。用图形来呈现数据，可以使读者能更加直观地理解数据与统计结果；在很多时候，图形甚至可以成为分析报告的点睛之处。因此，统计分析软件在拥有强大的分析功能的同时，通常都包含了一系列高效的制图工具。Stata 一直都致力于提高它自身的绘图功能。从版本 8.0 开始，Stata 全面升级了它的制图工具。这次升级是根本性的：既扩展了制图的功能，使得用户可以绘制更加复杂的图形；同时也加强了图形呈现的能力，使得用户在拥有更多的质量控制的情况下得到了完全可以达到出版要求的图形效果。

正是由于 Stata 的制图功能如此强大，用户完全可以将 Stata 生成的图形输出到其他文字处理器中，直接用到分析报告或是学术文章当中。因此，完整地介绍 Stata 中的制图功能是教程中不可缺少的部分。Stata 的绘图主要包括两个部分：一个是二维绘图命令族（graph twoway），这是 Stata 绘图的核心所在，也是本章重点讲解的部分；另一个是非二维绘图命令族，比如绘制条形图、直方图、分位数图等。本章将以散点图为例介绍各种二维绘图的选项，一旦掌握了这些选项，也就可以触类旁通地掌握其他各类图形的绘制了。

3.1　Stata 绘图简介

Stata 的制图引擎提供了一整套制图工具与选项。不同目的、不同水平的用户都可以自由地选择自己需要的制图工具。在 Stata 中绘制简单图形的命令相当简单，用户可以轻松跨入 Stata 制图的大门。

在用户提交一个绘图命令后（如果没有错误），Stata 将自动弹出另外一个图形窗口，显示用户所要绘制的图形。

在进一步讨论之前，有两点值得指出：

第一，用户可以使用 Stata 中的 Graphics 菜单制图。但是，我们并不推荐读者使用这种方法，也不讨论这种方法的具体使用，因为这不是使用 Stata 制图工具的最佳方法，也无法让用户保存绘图的命令以便以后重复执行整个制图过程，有兴趣的读者可以自己探索一下。

第二，从版本 8.0 开始，Stata 在升级制图工具的同时，也更改了具体的制图命令。以往的制图命令在新版本中已经无法运行。例如，版本 7.0 及以前的绘制散点图的命令为：

```
.graph varname1 varname2
```

而新版本中相应的命令应该为：

```
.graph twoway scatter varname1 varname2
```

虽然具体命令发生了变化，但是新命令的构成与老命令具有相同的逻辑连贯性。通过练习，完全可以很快适应这一转变。同时，版本 7.0 及以前的命令在 Stata 中得以继续保留，只不过使用的命令为 graph7。如果在版本 10.0 中使用如下命令将得到老版本的图形：

```
.graph7 varname1 varname2
```

3.1.1 主要的图形类型

Stata 提供了包含广泛图形库的一系列图形类型供用户使用。其中主要的图形类型有：直方图、扇形图、条形图、散点图、直线图以及数据拟合图。

这些图形的绘制涉及一个或两个变量，可以将它们分别称为一维或二维图形。除了以上几种主要类型的图形以外，Stata 还提供诸如盒形图、长钉图、圆点图、面积图以及其他各种常用于财经数据的图形。我们将在后面的内容中一一讨论这些图形类型的制作。

在二维图形中，有时多个图形可以进行叠加。这样，Stata 最终会在同一个坐标内显示由多个命令分别绘制的不同的图形。

3.1.2 图形的组成部分与制图命令的结构

简单地讲，Stata 中图形的组成大致可以分为以下四个部分：

（1） 由横轴与纵轴围成的图形的核心部分。

（2） 核心部分中诸如轴线间隔、连线、数值显示等附加部分。

（3） 用户在核心部分周围添加的诸如图形名称、轴线说明、图例名称、数据来源等文字部分。

（4） 在复杂图形中，用户添加在核心部分上的其他图形的叠加部分。

第 1 部分与第 4 部分是由 Stata 制图命令的主干部分来完成的，而第 2 部分与第 3 部分则是由制图命令中的选项来完成的。

3.1.3 寻求帮助

Stata 中的制图命令和选项相当广泛与庞杂。好在 Stata 的在线帮助提供了一个较好的资源，用户可以随时检索查看所需要的信息。输入以下命令：

```
.help graph
```

将在浏览窗口中得到关于绘图命令的所有帮助信息列表。用户可以根据自己的需要单击查看相应的主题和命令帮助文件。

3.2 绘制散点图

当用户面对的是两个连续变量时，散点图能够非常直观地将数据呈现出来，可以让人一目了然地发现两个变量间可能的潜在共变趋势。因此，散点图在探索变量间的关系，为进一步的统计分析做准备工作中得到较为广泛的运用。作为本章介绍的第一个绘图命令，将不仅介绍 scatter 这个命令本身，更重要的是详尽地剖析绘图命令的各种选项（options），这些选项在每个作图命令中是相通的。因此，读者若可将本节研读透彻，再学习其他作图命令将倍感轻松。

3.2.1 绘制散点图的命令和最基本的使用

本节中，我们将介绍绘制散点图的命令和基本使用方法，命令的选项将留在后几节逐个介绍。

绘制散点图的命令语法如下：

```
[twoway] scatter varlist [if] [in] [weight] [, options]
```

实际上以下 3 种形式都是 Stata 可以识别的 scatter 语句：

```
.graph twoway scatter ...
.twoway scatter ...
.scatter ...
```

如果命令后紧跟有两个变量名，则 Stata 会默认第一个变量为 y 轴变量，第二个为 x 轴变量；如果命令后跟着两个以上的变量，那么 Stata 会将除最后一个以外的变量作为 y 轴变量，而将最后一个变量当成 x 轴变量。

比如，命令

```
scatter y1var xvar
```

就表明以 y1var 为 y 轴变量，以 xvar 为 x 轴变量。而命令

```
.scatter y1var y2var xvar
```

则表明以 y1var 和 y2var 为 y 轴变量，而以 xvar 为 x 轴变量。正如我们将要看到的，不同的命令之间以“||”为分隔符或者用“( )”括起来可以将所绘制的图形重叠在一个图形文件中，所以以下 3 个命令是等价的：

```
.scatter y1var y2var xvar
.scatter y1var xvar || y2var xvar
.(scatter y1var xvar) (scatter y2var xvar)
```

scatter 命令是 graph twoway（即各种二维绘图命令）中最基本的一个，其他的 graph twoway 命令都是在散点图命令的基础上进行的。在二维绘图命令中，每一种图形被称为一个绘图类型（plottype），表 3-1 是所有的二维绘图类型（plottype）及含义。

表 3-1 二维绘图类型一览表

绘图类型（plottype）	含 义
scatter	散点图
line	曲线标绘图
connected	连线标绘图
scatteri	即时参数的散点图
area	线图加以区域着色
bar	二维条形图
spike	二维芒线图
dropline	垂线图
dot	二维点标绘图
rarea	全距图，将高端和低端值之间绘色
rbar	在高端和低端值之间添加条形的全距图
rspike	在高端和低端值之间添加芒线的全距图
rcap	两端戴帽的全距图
rcapsym	两端加有记号的芒线全距图
rscatter	带有散点标志的全距图

（续表）

绘图类型（plottype）	含　义
rline	带有线条的全距图
rconnected	带有线条和标志的全距图
pcspike	带芒线的成对坐标图
pccapsym	两端加有记号的带芒线的成对坐标图
pcarrow	带箭头的成对坐标图
pcbarrow	带双箭头的成对的坐标图
pcscatter	带记号的成对坐标图
pci	即时参数的带芒线的成对坐标图
pcarrowi	即时参数的带箭头的成对坐标图
tsline	时间序列标绘图
tsrline	时间序列全距图
mband	以直线段连接波段内的交叉中位数
mspline	以立方样条曲线连接波段内的交叉中位数
lowess	lowess 拟合曲线
lfit	一维拟合曲线
qfit	二次拟合曲线
fpfit	分式多项式拟合线
lfitci	带置信区间的一次拟合曲线
qfitci	带置信区间的二次拟合曲线
fpfitci	带置信区间的分时多项式拟合线
function	函数的曲线标绘图
histogram	直方图
kdensity	核密度图

scatter 绘图还可以与其他类型二维制图命令放在一起，绘制重叠的复合图形，比如可以是如下形式的命令：

```
. twoway (scatter ...) (line ...) (lfit ...) ...
```

上述命令也可以等价地写成：

```
. scatter ... || line ... || lfit ... || ...
```

其中，line 或者 lfit 都是其他的二维制图命令。

scatter 命令的选项非常复杂，将逐个解析，力图通过详细的讲解使读者明白常用选项的使用，表 3-2 罗列了这些选项的分类。

表 3-2　scatter 绘图命令的选项分类

选项（options）	含　义
marker_options	关于散点外观的设置
marker_label_options	关于散点标签的设置
connect_options	关于点与点之间连接线的设置
composite_style_option	图形的整体类型
jitter_options	振荡散点的设置
axis_choice_options	关于附加坐标的设置
twoway_options	包括图题、图例、坐标线、图形文字、by 语句，以及区域（regions）选项的设置等

下面首先举一个例子来说明 scatter 命令的基本使用。

【例 3-1】数据集 uslifeexp2.dta 是一个关于美国 1900 年到 1940 年人均期望寿命的数据，这个数据只有两个变量 year 和 le，前者记录年份，后者则是该年份的美国人期望寿命（单位：年），数据的情况如表 3-3 所示。

表 3-3 数据集 uslifeexp2.dta

year	le	year	le	year	le
1900	47.3	1915	54.5	1930	59.7
1901	49.1	1916	51.7	1931	61.1
1902	51.5	1917	50.9	1932	62.1
1903	50.5	1918	39.1	1933	63.3
1904	47.6	1919	54.7	1934	61.1
1905	48.7	1920	54.1	1935	61.7
1906	48.7	1921	60.8	1936	58.5
1907	47.6	1922	59.6	1937	60
1908	51.1	1923	57.2	1938	63.5
1909	52.1	1924	59.7	1939	63.7
1910	50	1925	59	1940	62.9
1911	52.6	1926	56.7		
1912	53.5	1927	60.4		
1913	52.5	1928	56.8		
1914	54.2	1929	57.1		

利用该数据，要求完成如下 3 个任务：

（1） 使用这个数据集绘制 le 和 year 的散点图。

完成这个任务的命令如下：

```
sysuse uslifeexp2 //打开系统数据（sysuse）
scatter le year //绘制散点图，位于 scatter 后的第一个变量是 y 轴变量，第二个变量是 x 轴
变量
```

上述命令的运行结果如图 3-1 所示。

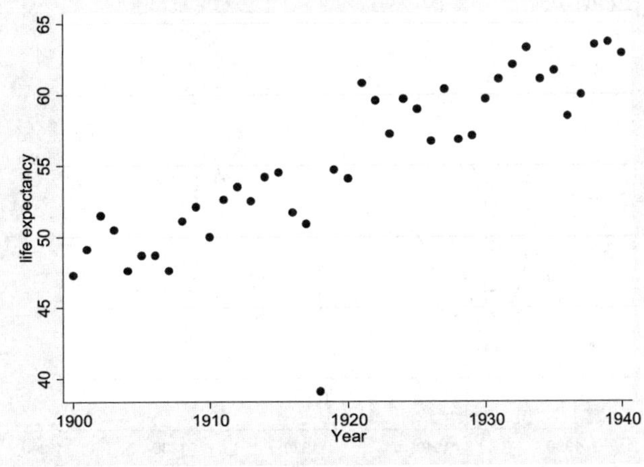

图 3-1 le 和 year 的散点图（单位 横轴：年 纵轴：年）

作为一个展示性的例子，在这里使用两个未曾讲解过的选项：

connect(l) 表明以直线的方式连接相邻的两个点。

msymbol(i) 表明散点的显示方式为“看不见”，如果我们将括号中的 i 改为 O，那么这个选项的意思就是以“黑圆”的方式显示。

（2） 绘制 le 和 year 的散点图，并将各点用直线连接起来。

利用刚刚介绍的选项 connect(l)，我们有如下的命令：

```
scatter le year, connect(l)  //表示以直线的方式连接相邻的两个点
```

这个命令绘制的图形如图 3-2 所示。

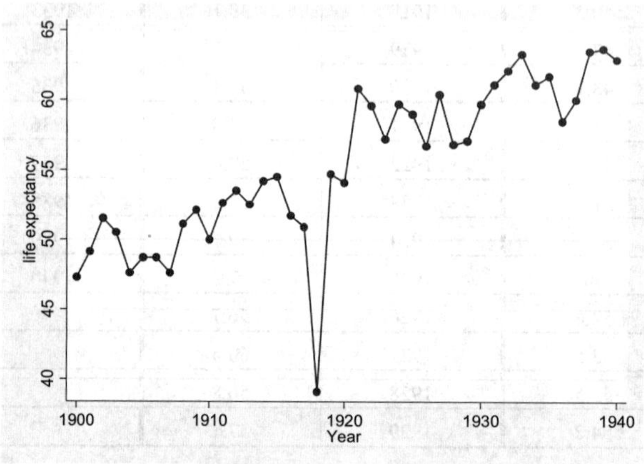

图 3-2　le 和 year 的散点连线图（单位 横轴：年 纵轴：年）

容易从上面的图观察到，随着时间的增进，人口的期望寿命不断提高，而在 1920 年前的某个时期出现了一个大衰减。

（3） 要求绘制和图 3-2 一样的图形，但是要将其中的散点去掉。

完成该任务我们必须使用 msymbol(i)这个选项，其命令如下：

```
scatter le year, connect(l) msymbol(i) //表明散点的显示方式为“看不见”
```

绘制的图形如图 3-3 所示。

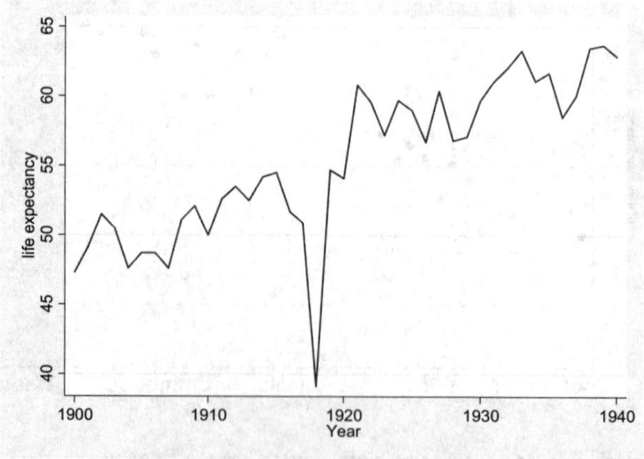

图 3-3　le 和 year 的散点连线图（单位 横轴：年 纵轴：年）

图 3-3 和图 3-2 本质上都是由最基本的散点图衍生出来的，读者可以发现，通过增加连线更容易地发现这种随时间而变化的趋势。实际上，图 3-3 和图 3-2 所示正是 twoway connected 和 twoway line 这两个命令绘制的图形，可见 scatter 也是其他二维绘制命令的“源泉”。

3.2.2 散点显示选项（marker_options）的设定

所谓“markers”就是在纸上画点的用笔手法，所以散点显示选项（marker_options）的设定包括了散点的形状、颜色、大小等，具体包括表 3-4 所示的各种选项。这其中，散点的形状 msymbol（symbolstylelist）、散点的颜色 mcolor（colorstylelist）和散点的大小 msize（markersizestylelist）是比较重要的 3 个选项，在此着重介绍。此外，用户有必要了解符合选项 msymbol( )。

表 3-4 散点显示选项（marker_options）

散点显示选项（marker_options）	含 义
msymbol(symbolstylelist)	散点的形状
mcolor(colorstylelist)	散点的颜色
msize(markersizestylelist)	散点的大小
mfcolor(colorstylelist)	散点的填充颜色
mlcolor(colorstylelist)	散点外圈的颜色
mlwidth(linewidthstylelist)	外圈的厚度
mlstyle(linestylelist)	外圈的整体类型
mstyle(markerstylelist)	散点的整体类型

1. 散点的形状 msymbol(symbolstylelist)

散点的形状选项可以简写为 ms()，括号中填充的是各种形状，表 3-5 总结了散点图形状的各种选择。这些选择既有大的，也有小的，既有实心的，也有空心的，还有英文字母的，用户可以根据自己的实际需要与自己的偏好选择使用合适的显示符号。注意表中最后一行的无显示符号（none）。由于它在图形中并不留下痕迹，我们可利用该选项隐藏散点，例 3-1 使用了该选项。

表 3-5 散点的形状 msymbol(symbolstylelist)

msymbol( )	缩 写	说 明	msymbol( )	缩 写	说 明
circle	O	圆圈	circle_hollow	Oh	空心圆点
diamond	D	钻石形	diamond_hollow	Dh	空心钻石形
triangle	T	三角形	triangle_hollow	Th	空心三角形
square	S	正方形	square_hollow	Sh	空心正方形
plus	+	加号	smcircle_hollow	oh	空心小圆点
x	X	X 号	smdiamond_hollow	dh	空心小钻石形
smcircle	o	小圆点	smtriangle_hollow	th	空心小三角形
smdiamond	d	小钻石形	smsquare_hollow	sh	空心小正方形
smsquare	s	小正方形	point	p	小圆点
smtriangle	t	小三角形	none	i	无显示符号
smplus smx	x	小加号			

2. 散点的颜色 mcolor(colorstylelist)

散点的可选颜色非常丰富，包括从黑到白的灰阶、蓝色、黄色、红色，还可以使用 RGB

或者 CMYK 进行数字调色。Stata 中可用的颜色（colorstyle）如表 3-6 所示。

表 3-6　Stata 中可用的颜色（colorstyle）一览表

颜色选项（colorstyle）	含　义
black	黑
gs0	灰度：0 = black
gs1	灰度：接近于黑色的深灰
gs2	
⋮	
gs15	灰度：接近于白色的浅灰
gs16	灰度：16 = white
white	白色
blue	蓝色
bluishgray	
brown	褐色
cranberry	
cyan	
dimgray	介于 gs14 和 gs15 之间
dkgreen	深绿
dknavy	深海军蓝
dkorange	深橘黄色
eggshell	蛋壳色
emerald	祖母绿
forest_green	森林绿
gold	金黄色
gray	等于 gs8
green	绿色
khaki	黄褐色
lavender	淡紫色
lime	石灰白
ltblue	浅蓝
ltbluishgray	浅蓝灰
ltkhaki	浅黄褐色
magenta	紫红色
maroon	栗色
midblue	淡蓝色
midgreen	淡绿色
mint	薄荷色
navy	海军蓝
olive	黄绿色
olive_teal	蓝绿色
orange	橘黄色
orange_red	橘红色
pink	粉色
purple	紫色
red	红色
sand	黄灰色
sandb	明黄灰色

（续表）

颜色选项（colorstyle）	含 义
sienna	赭色
stone	石头色
teal	蓝绿色
yellow	黄色
Economist 杂志所用颜色：	
ebg	背景色
ebblue	明蓝色
edkblue	暗蓝色
eltblue	明红色
eltgreen	浅绿色
emidblue	浅蓝色
erose	玫瑰色
none	看不到
background or bg	背景色
foreground or fg	前景色
###	RGB 数值：白色 ="255 255 255"
####	CMYK 数值：黄色 ="0 0 255 0"

在设定 RGB 或者 CMYK 数值时，需要将相关的设定参数放在英文双引号之内，如"128 128 128" 而不是 128 128 128。

为了更清楚地查看某个颜色的情况，我们可以利用“调色盘（palette）”命令来查看它们，用户既可以用如下命令查看某一种颜色的情况：

```
.palette color colorstyle [, scheme(schemename)]
```

也可以用如下命令对比两种颜色的情况：

```
.palette color colorstyle colorstyle[, scheme(schemename)]
```

其中，[, scheme(schemename)]是用来制定某种图形显示格式的，我们会在以后介绍。

例如，想要对比红色和绿色的情况，可在命令框中输入：

```
palette color red green //对比红色和绿色的情况
```

按 Enter 键后，Stata 会弹出如图 3-4 所示的窗口。输出结果中不仅有每个颜色的名称和 RGB 数值，还有各种图例：包括实心点、虚心点以及直线。

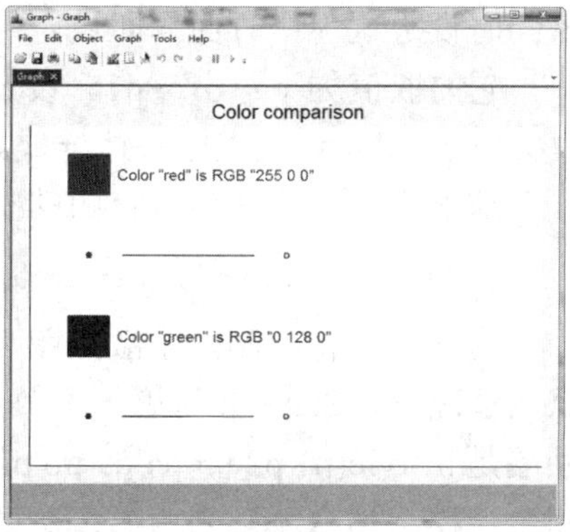

图 3-4 调色盘命令结果

其实，不论是何种颜色，都可以通过设定 RGB 数值来得到，所谓 RGB 就是通过调和红黄蓝三基色的浓度来得到各种颜色，但是要注意，每种颜色的浓度都在 0 和 255 之间，这与电脑系统中的设置是一致的。CMYK 模式主要用于印刷和文本的调色，其原理与 RGB 类似。

通过输入命令：

```
.graph query colorstyle
```

读者可以得到一份完整的 colorstyles 清单。

3. 散点的大小 msize(markersizestylelist)

msize(markersizestylelist)选项用于控制每个散点的大小，这个选项的取值从最小的 vtiny 到最大的 ehuge。这些取值都是有含义的：第一个层次是 tiny，第二个层次是 small，第三个层次是 medium，接着是 large 和 huge，具体请参见表 3-7。

表 3-7　msize(markersizestylelist)选项取值一览表

散点的大小（markersizestyle）	含　义
vtiny	最小
tiny	
vsmall	……
small	
medsmall	
medium	依次增大
medlarge	
large	
vlarge	……
huge	
vhuge	
ehuge	最大

通过输入如下命令：

```
.graph query markersizestyle
```

读者可得到一份 markersizestyles 完整的清单。

4. 散点的整体设定

实际上一个散点的设定包括以下 5 个方面：

（1）　散点的形状 symbol。

（2）　散点的大小 markersize。

（3）　整体颜色。

（4）　内部的填充颜色。

（5）　外包线的形状、厚度和颜色。

我们已经讲解了 3 个设定散点显示的关键设置，事实上，还可以通过 markerstyle( )选项来同时设定这 5 个方面，即设定散点图的整体显示效果。

它的取值如下：p1～p15 设定散点图整体样式；p1box～p15box 设定箱线图整体样式；p1dot～p15dot 设定点图整体样式。

这里我们主要考察散点图的整体样式，也就是赋值为 p1～p15。考虑如下命令：

```
.scatter y1var y2var xvar
```

这条命令将绘制两个散点图，分别是 y1var 和 xvar 的散点图与 y2var 和 xvar 的散点图。默认情况下，Stata 会为第一个散点图选定 p1，为第二个散点图选定 p2，然后以此类推，其顺序是 mstyle(p1 p2 p3 p4 p5 p6 p7 p8 p9 p10 p11 p12 p13 p14 p15)。如果用户想要两个散点图完全一样，那么就必须为第二个散点图设定其整体样式也是 p1，这就是如下的命令：

```
.scatter y1var y2var xvar, mstyle(p1 p1)
```

如果用户同时设定了整体样式和前面所讲的散点的大小、颜色、形状，那么后者会覆盖整体样式，比如我们希望 y2var 和 xvar 的散点图与 y1var 和 xvar 的散点图一样，只是前者的颜色是绿色的，由此我们必须专门为 y2var 和 xvar 的散点图指定散点的颜色，命令如下：

```
.scatter y1var y2var xvar, mstyle(p1 p1) mcolor(.green)
```

【例 3-2】这里仍然使用第 2 章中的关于就业的微观数据集 wage.dta，该数据集共有 526 个观测值，24 个变量，主要变量的情况是：wage 表示工资（百元），educ 表示教育程度，exper 表示工作经验即工作的年数，tenure 表示在当前岗位上工作的年数，变量的计量单位为年，3 个虚拟变量 nonwhite、female、married 分别表示是否是白种人、是否是女性以及是否婚配。

利用这个数据集绘制 educ 与 wage 以及 exper 与 wage 的散点图，具体要求如下：

（1） 默认情况下绘制女性的 educ 与 wage 以及 exper 与 wage 的散点图。

（2） 绘制女性的 educ 与 wage 以及 exper 与 wage 的散点图，要求前者使用整体样式 p9，后者使用整体样式 p8。

（3） 绘制女性的 educ 与 wage 以及 exper 与 wage 的散点图，要求散点图形状前者选择实心圆，后者选择大写字母 X；散点颜色前者选择绿色，后者选择蓝色；散点图大小均选择中等。

（4）绘制女性的 educ 与 wage 以及 exper 与 wage 的散点图，要求前者使用整体样式 p9，后者使用整体样式 p8。同时，散点图形状前者选择实心圆，后者选择钻石形；散点颜色前者选择红色，后者选择绿色；设置散点尺寸为小号。

绘制以上要求的散点图命令如下：

```
use wage //打开数据文件 wage.dta
keep if female==1 //保存 female 为 1 的所有数据，而舍弃 female 为 0 的数据，也就是仅保留女性数据

*绘制第一个图形
scatter  educ exper wage //绘制女性的 educ 与 wage 以及 exper 与 wage 的散点图，由于有三个变量，因此前两个变量为 y 轴变量，最后的 wage 是 x 轴变量，这里使用的是默认的整体样式类型，即前者是 p1，后者是 p2
graph export  p301.png,replace  //表示将刚刚绘制的图形保存成 p301.png，其中 p301 是名称，.png 是类型，png 这种类型可以很方便地插入到 Word 文档中。这个命令我们会在以后再次介绍，读者现在知道它的含义就足够了

*绘制第二个图形
scatter educ exper wage,mstyle(p9 p8) //绘制女性的 educ 与 wage 以及 exper 与 wage 的散点图，由于有三个变量，因此前两个变量为 y 轴变量，最后的 wage 是 x 轴变量，这里指定了整体显示效果，即前者使用整体样式 p9，后者使用整体样式 p8

*绘制第三个图形
scatter educ exper wage,msymbol(O X p) mcolor(green blue black) msize(medium medium small)
* msymbol(O X p)表示第一个图形使用实心圆，第二个图形使用大写字母 X，第三个图形使用小实心圆；mcolor(green blue black)表示三个散点的颜色依次是绿色、蓝色和黑色；最后，msize (medium medium small)表示前两个图形的散点为中等大小，最后一个图形的散点最小。另外，所有选项中的第三个取值都被忽略了，因为这里只有两个散点图，也就是 msymbol(p) mcolor(black) msize(small)都被忽略了
```

```
*绘制第四个图形
scatter educ exper wage,mstyle(p9 p8)  msymbol(O D p) mcolor(red green black)
msize(small  small  small)
```

上述命令绘制的图形如图 3-5 至图 3-8 所示。

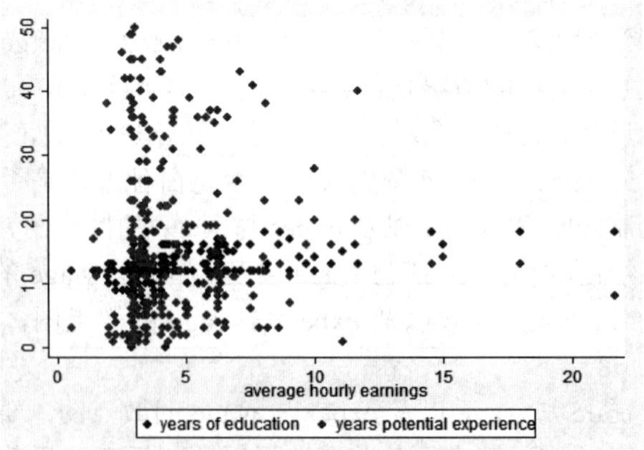

图 3-5　例 3-2 第（1）题图（单位 横轴：百元 纵轴：年）

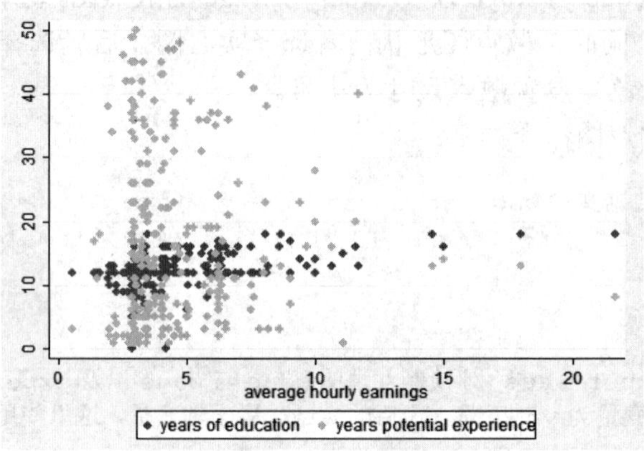

图 3-6　例 3-2 第（2）题图（单位 横轴：百元 纵轴：年）

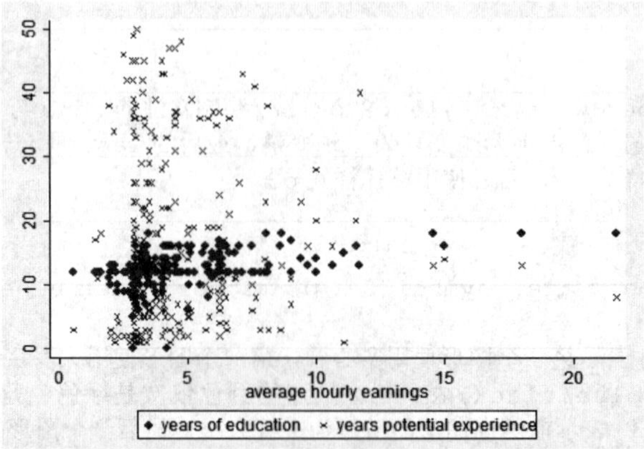

图 3-7　例 3-2 第（3）题图（单位 横轴：百元 纵轴：年）

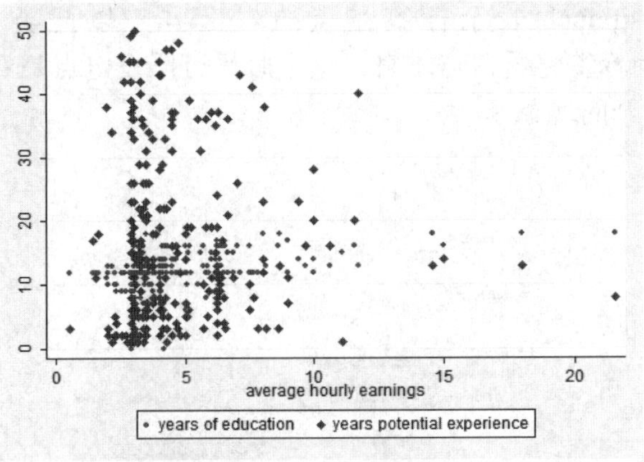

图 3-8 例 3-2 第（4）题图（单位 横轴：百元 纵轴：年）

3.2.3 散点标签选项（marker_label_options）的设定

散点标签选项（marker_label_options）用于设定散点图标签，所谓散点图标签一般是指位于每个散点旁的用于说明该散点所代表个体的文字，例如我们所绘制的图形是每个国家的期望寿命与这个国家的人均 GNP 之间的散点图，那么我们可能需要在每个散点旁放置一个“标签”说明每个散点所代表的国家。主要有 9 个具体的散点标签选项（见表 3-8）。

表 3-8 散点标签选项

选 项 名 称	含 义
mlabel(varname)	确定标签变量
mlabstyle(markerlabelstyle)	标签整体样式
mlabposition(clockposstyle)	标签位置
mlabvposition(varname)	另一种标签的方法
mlabgap(relativesize)	标签与散点的距离
mlabangle(anglestyle)	标签的角度
mlabtextstyle(textstyle)	标签文字的整体样式
mlabsize(textsizestyle)	标签的大小
mlabcolor(colorstyle)	标签的颜色

以下具体解释 mlabel(varname)、mlabstyle(markerlabelstyle)、mlabposition(clockposstyle)、mlabvposition(varname)和 mlabangle(anglestyle)这 5 个选项的含义。

选项 mlabel(varname)用于设定标签变量。比如，由命令 scatter mpg weight，mlabel(make)，得到一个关于 mpg 和 weight 的散点图，其中每个点旁边的标签标明了 make 变量的取值，如图 3-9 所示。

选项 mlabstyle(markerlabelstyle) 用于设定标签的整体样式，包括标签的位置、大小、方向等，其取值也是在 p1 到 p15 之间。

选项 mlabposition(clockposstyle)和 mlabvposition(varname)用于设定标签的位置，它们之间是可以相互替代的，前者设定一个常数应用到所有的点，比如设定 mlabposition(3)就是所有的点的标签都位于正右方（即三点钟方向）；而后者则设定一个变量指示每个变量的标签的方向，这个变量的取值应当在 0～12 之间。如果两个选项都被指定，那么后者将优先处理；如果两个选项都没有设定，那么默认情况就是 mlabposition(3)。mlabposition(12) 表示标签在点的正上方，mlabposition(1)表示标签在点的右上方，以此类推。特别要说明的是 mlabposition(0)，它表明标签将覆盖点本身，这个时候可以设定点是看不见的（msymbol(i)），就不会出现标签和点重合的现象了。

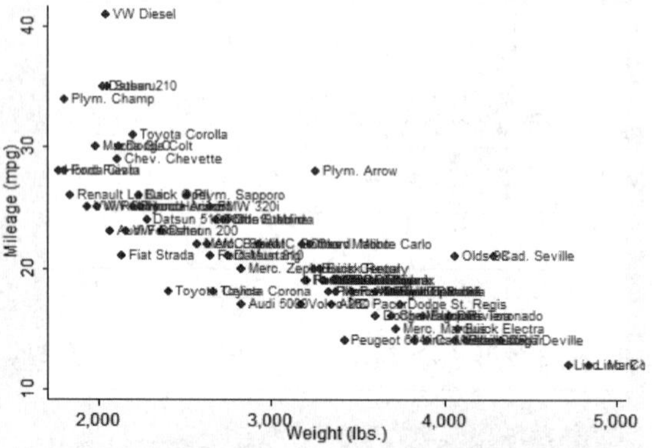

图 3-9　mpg 和 weight 的散点图（单位　横轴：磅　纵轴：千米/加仑）

选项 mlabangle(anglestyle)用于设定标签的角度，默认是水平即 mlabangle(horizontal)，其他的取值如表 3-9 所示。

表 3-9　mlabangle(anglestyle)取值概览

horizontal	水　平
vertical	垂直
rvertical	反向水平
rhorizontal	反向垂直
0	0°
45	45°
90	90°
180	180°
270 or −90	270° 或者−90°
#	其他角度

下面举两例说明这个选项组的使用方法和技巧。

【例 3-3】 数据集 lifeexp.dta 是一个关于全球 68 国人口生存状况的数据，这些国家分别来自欧亚、北美和南美四大洲，表 3-10 是所有变量的一个概览，表 3-11 列出了数据集中北美洲国家的观测值，这一部分也正是本例所需要的数据。要求使用北美洲国家的数据绘制以预期人口寿命 lexp 为 y 轴变量，以人均 GNP gnppc 为 x 轴变量的散点图，要求添加国家名称 country 作为标签，并使得这些标签可以恰当地显示而不相互重叠。

表 3-10　数据集 lifeexp.dta 变量概览

变 量 名	存储方式	显示方式	标　签	含　义
region	byte	%14.0g	region	地区，1 表示欧洲或者亚洲、2 表示北美洲、3 表示南美洲
country	str28	%28s		国家名称
popgrowth	float	%9.0g		平均人口增长率（%）
lexp	byte	%9.0g		预期人口寿命（年）
gnppc	float	%9.0g		人均 GNP（美元）
safewater	byte	%9.0g		安全饮水情况（一个从 1 到 100 的指数，部分数据有缺失）

表 3-11 数据集 lifeexp.dta 北美洲数据部分

region	country	popgrowth	lexp	gnppc	safewater
N.A.	Canada	1.2	79	19170	99
N.A.	Cuba	0.7	76		93
N.A.	Dominican Republic	2.1	71	1770	71
N.A.	El Salvador	1.5	69	1850	55
N.A.	Guatemala	2.6	64	1640	67
N.A.	Haiti	2	54	410	28
N.A.	Honduras	3	69	740	65
N.A.	Jamaica	1	75	1740	70
N.A.	Mexico	1.9	72	3840	83
N.A.	Nicaragua	2.8	68	1896	81
N.A.	Panama	1.9	74	2990	84
N.A.	Puerto Rico	1	76		97
N.A.	Trinidad and Tobago	1	73	4520	82
N.A.	United States	1	77	29240	

我们分以下四步来完成这一任务。

（1） 打开数据集 lifeexp.dta，并使用 list 命令查看北美洲国家的数据。然后使用 Stata 默认的设置绘制添加了国家名称作为标签的散点图。

命令如下：

```
sysuse lifeexp //打开数据集 lifeexp.dta
list country lexp gnppc if region==2 //列举北美洲国家的数据，由于 region 数值为 2 的国家是北美洲国家，所以这里的 if 条件采用 if region==2
scatter lexp gnppc if region==2, mlabel(country) //绘制以预期人口寿命 lexp 为 y 轴变量，以人均 GNP gnppc 为 x 轴变量的散点图，mlabel(country) 表示添加国家名称 country 作为标签
```

上述命令绘制的图形如图 3-10 所示。

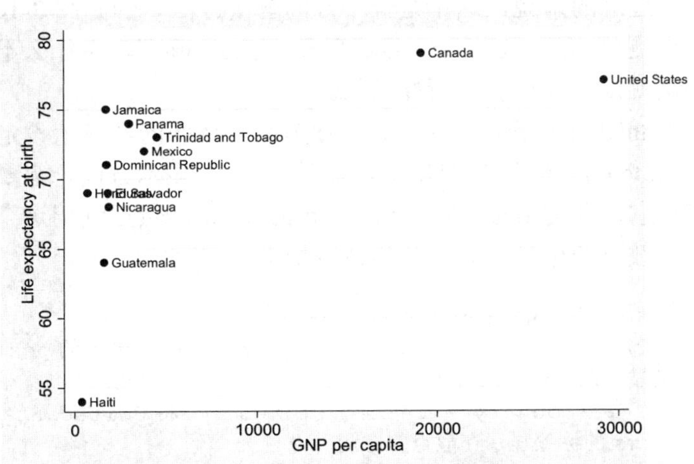

图 3-10 人口寿命与人均 GNP 的散点图（单位 横轴：美元 纵轴：年）

可以看到这个散点图并不符合我们的要求，因为标签“United States”未能完全显示，而标签“Honduras”和“El Salvador”重叠了。为了解决这个问题，我们想通过统一改变所有标签的位置来进行调整。

（2） 尝试利用 mlabpos( )选项调整标签的位置。

选项 mlabposition() 允许我们改变标签的位置，我们可以尝试如下命令：

```
scatter lexp gnppc if region==2, mlabel(country) mlabpos(9) //将所有标签移动至九点钟方向，即数据点的左方
```

该命令绘制的图形如图 3-11 所示。

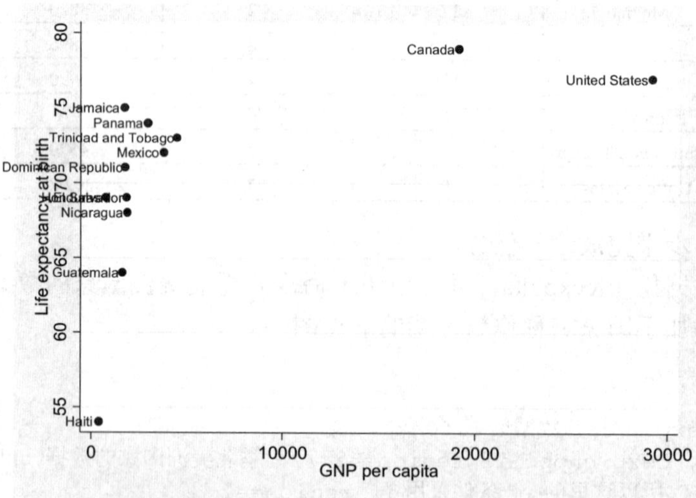

图 3-11　调整了标签方向的人口寿命与人均 GNP 散点图 1（单位　横轴：美元　纵轴：年）

观察上图，我们将所有散点的标签都移到了 9 点钟方向，也就是移到了点的左侧。然而，正如我们看到的那样，这样做不仅不利于解决问题，而且似乎带来了更多的问题。读者可以尝试其他的方向，不过总的来说，这不是一个好的解决方法。回到图 3-10，我们发现，其实出问题的只有两个观测值——“United States”和“Honduras”。为什么不单独为它们设定标签的显示方向呢？这就是第 3 个步骤所要做的。

（3） 尝试利用 mlabvposition(varname)选项为某些特殊的观测值设定标签位置。

为了单独为“United States”和“Honduras”设定标签显示方向，需要生成一个用于指示方向的变量，我们将它命名为 pos（位置 position 的简写），然后利用这个变量对每个案例的不同赋值来调整各个散点的标签位置。具体命令如下：

```
generate pos = 3 //生成一个常数变量，其赋值为 3
replace pos = 12 if country=="Honduras" //将 Honduras 的 pos 变量数值改为 12，即希望 Honduras 的标签显示在散点的正上方
replace pos = 9 if country=="United States" //将 United States 的 pos 变量数值改为 9，即希望 Honduras 的标签显示在散点的左侧
scatter lexp gnppc if region==2, mlabel(country) mlabv(pos) //在之前的基础上，以 pos 为指示变量指定每个散点的位置，即 Honduras 的标签在 12 点方向，United States 的标签在 9 点方向，而其余观测值的标签在 3 点钟方向
```

上述命令绘制的结果如图 3-12 所示。

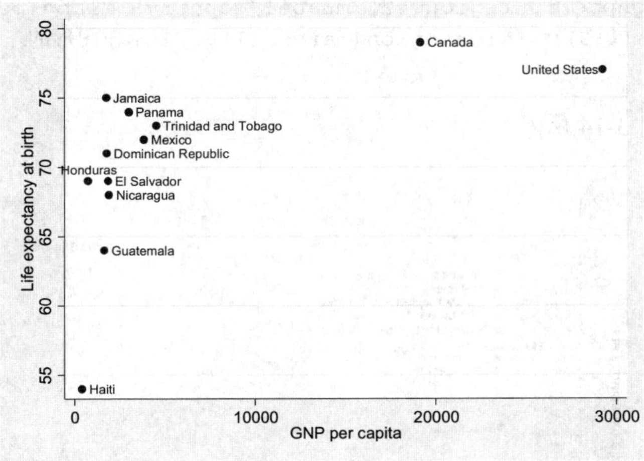

图 3-12 调整了标签方向的人口寿命与人均 GNP 散点图 2（单位 横轴：美元 纵轴：年）

观看图 3-12，我们发现这种单独为某些变量指定标签位置的方法确实可以解决大部分问题，但是仍然有瑕疵——Honduras 溢出了画图的区域，解决这个问题必须利用后边将要讲到的一些命令来扩展作图的区域。

（4） 尝试利用改变坐标轴的覆盖范围来设定标签。

这里给出两种方法做绘图区域的改变，一种是利用 xscale(range( ))指定作图的区域，另一种则是使用 plotregion(margin( ))来解决作图区域微小的变动，后者对于解决微小的变动更加合适。

第一种方法的命令如下：

```
scatter lexp gnppc if region==2, mlabel(country) mlabv(pos) xscale(range(-500 35000)) //xscale(range(-500 35000))意思是指定 x 轴从-500 到 35000
```

绘制的图形如图 3-13 所示。

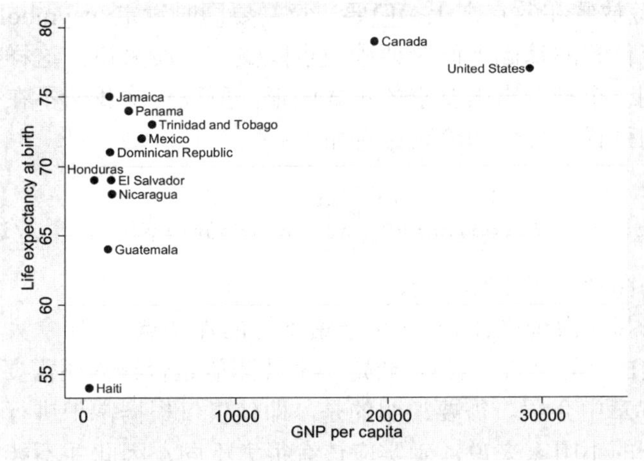

图 3-13 调整了标签方向和坐标的人口寿命与人均 GNP 散点图 1（单位 横轴：美元 纵轴：年）

第二种方法的命令如下：

```
scatter lexp gnppc if region==2, mlabel(country) mlabv(pos)
plotregion(margin(l+9)) //plotregion(margin(l+9))表示在图形的左侧边缘增加 9%的绘图区域
```

绘制的图形如图 3-14 所示。

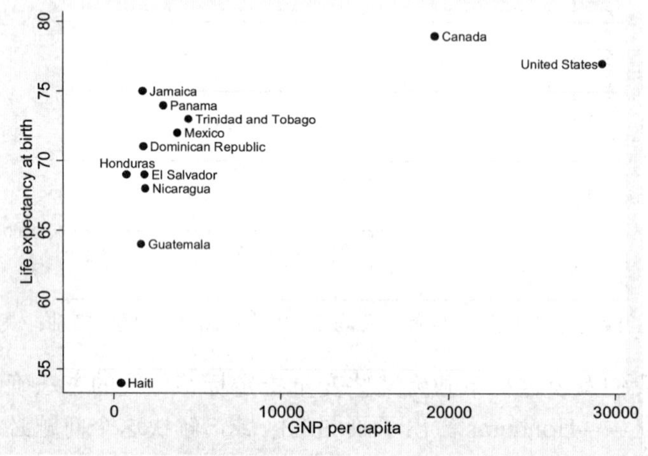

图 3-14　调整了标签方向和坐标的人口寿命与人均 GNP 散点图 2（单位　横轴：美元　纵轴：年）

这样通过上述四个步骤的不断调整和改进，最终得到的图 3-14 就比较符合要求了。当然，对图形的调整与其说是一种技术，不如说是一种艺术。改进图形的方法很多，我们期望读者可以自己动手尝试，用 Stata 这一灵巧的工具绘制符合自己和出版要求的漂亮的图形。

下面再举一例，说明另外一个常用的作图技巧。

【例 3-4】再次利用数据集 lifeexp.dta，要求用北美洲国家的数据绘制以预期人口寿命 lexp 为 y 轴变量，以人均 GNP gnppc 为 x 轴变量的散点图，要求添加国家名称 country 作为标签，并将标签放置在隐藏的散点上。

可以在之前命令的基础上完成这个任务，有两点需要注意：一是我们可以使用 mlabposition(0)将标签放置在散点之上，但要注意需要同时设定 msymbol(i)使得散点隐藏；二是可以在不改变散点位置的基础上同时要求散点隐藏。一般来说，这样做，主要是为了寻找异常值，而不是绘制一个符合出版要求的正式图形，所以这次我们不在乎标签是否重合，也就不需要调整标签的位置。具体的绘图命令如下：

```
sysuse lifeexp //打开数据集 lifeexp.dta
scatter lexp gnppc if region==2, mlabel(country) m(i) //选项 m(i)要求散点隐藏
```

上述命令绘制的图形如图 3-15 所示。

显然，上述图形显示海地（Haiti）（位于最下方的那个点）、加拿大以及美国位于最右边的两个点表现出一定的“异常”。当然，断定一个观测值是否异常还需要很多其他的工具，这些工具我们将在第 4 章中介绍。需要说明的是，即使仅仅根据常识进行判断，美国和加拿大的情况相对于中美洲的小国家来说，确实应该有很大不同，因此并不能仅仅通过上图就判断加拿大和美国是异常值。

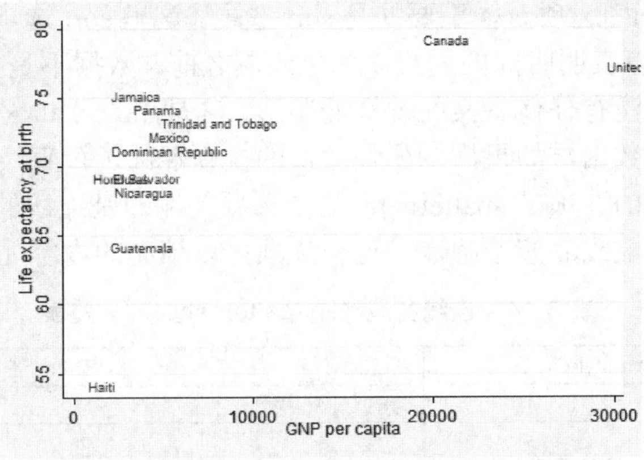

图 3-15 隐藏了散点的人口寿命与人均 GNP 散点图（单位 横轴：美元 纵轴：年）

3.2.4 连线选项（connect_options）的设定

连线选项（connect_options）用来设定如何用线将散点图上各点连接起来，这样可以更加清楚地查看变动的趋势。这一组选项包括如表 3-12 所示的 9 个选项。

表 3-12 连线选项（connect_options）一览表

选 项 名 称	选 项 含 义
connect(connectstyle)	设定如何连接相邻的两点
sort[(varlist)]	在连接之前首先对 x 轴变量进行排序
cmissing({y|n} ...)	如何对待缺失值
lpattern(linepatternstyle)	连线的类型，是实现还是虚线
lwidth(linewidthstyle)	连线的宽度
lcolor(colorstyle)	连线的颜色
lstyle(linestyle)	连线的整体样式
pstyle(pstyle)	整体的作图样式
recast(newplottype)	更高阶的选项，将绘图视为一个新的绘图类型（newplottype）

现在我们着重讲解上述选项中最重要的 3 个选项：connect(connectstyle)、sort[(varlist)]和 lpattern(linepatternstyle)。

选项 connect(connectstyle)决定了是否以及如何将相邻的两点连接起来，如果不连接，就相当于设定了(connect(i))，这也正是 scatter 散点图命令默认的情况；如果以直线连接，就相当于设定了(connect(l))，这就相当于我们后面将要介绍的直线标绘图默认的情形。connect(i)和 connect(l)只是最常见的设定，其实有很多其他连接的可能，比如 connect(J)，就表明各点以阶梯型的线条（水平然后垂直）连接起来。

连接类型如表 3-13 所示。

表 3-13 连接类型（connectstyle）一览表

连接类型（connectstyle）	缩 写	含 义
none	i	不连接
direct	l	以直线连接
ascending	L	只有当后一点大于前一点时才进行直线连接，即 x[j+1] > x[j]
stairstep	J	先水平后垂直
stepstai		先垂直后水平

另外一个和 connect( )选项一样重要的是 sort 选项。这里 sort 选项的括号中一般填写的是 x 轴变量，往往是年份以表明时间的先后。如果绘制之前，数据不是按照时间的先后排列的，那么用户将会得到一个没有任何意义的混乱的图形，这是因为 Stata 在绘制直线图形时，根据横轴变量的数值来连接数据，如果横轴变量数值的排列混乱了，直线图的连线也就混乱了。

最后一个值得一提的选项是 lpattern()，这个选项关注的是连线的外观，比如是实线还是虚线，是长虚线还是短虚线后接着圆点。这个选项可以填充的内容如表 3-14 所示。

表 3-14 连线类型（linepatternstyle）一览表

连线类型（linepatternstyle）	描　述
solid	实线
dash	虚线
dot	小圆点
dash_dot	虚线后接着圆点
shortdash	短虚线
shortdash_dot	短虚线后接着圆点
longdash	长虚线
longdash_dot	长虚线后接着圆点
blank	空白，等于无直线
"formula"	使用符号组合

要说明的是，最后一项的符号组合中可以使用如下的各种符号：“l”实线、“_”长虚线、“-”中虚线、“.”短虚线或者就是一个点以及“#”（空格，#表明空格的数目）。几个常见的例子如表 3-15 所示。

表 3-15 符号组合的实例

符号组合实例	解　释
"_-"	长虚线后面跟着一个中虚线
"_--"	长虚线后面跟着两个中虚线
"_--_#"	一条长虚线后面跟着两个中虚线，再跟着一条长虚线，最后是几个空格

3.2.5 振荡选项（jitter_options）的设定

有时候，由于数据点太密集，甚至产生了重叠，使得在观察数据中的趋势时受到影响。这时，需要将这些数据点轻微地挪动位置，使得重合的数据点相互分开，在 Stata 中振荡选项（jitter_options）就是用来达到振荡数据点的目的的。

一旦设定了振荡选项 jitter(#)，scatter 会在绘图前向数据中增加白噪声，选项中的“#”用来指定一个数字，表明振荡的程度占绘图区域的百分比。下面举例说明。

【例 3-5】使用 Stata 的系统数据 autornd.dta，这个数据在前面已经多次使用，这里不再赘述。请绘制 mpg 和 weight 的散点图，并使用振荡选项使各个散点相互分离。

首先绘制不加任何选项的默认散点图，来查看散点重合的情况，命令如下：

```
sysuse autornd, clear //打开系统数据 autornd.dta
scatter mpg weight //在默认情况下绘制 mpg 和 weight 的散点图
```

该数据集中共有 74 个观测值，且无任何缺失，所以绘制的散点图中也应该有 74 个点，但是图 3-16 显示仅有 19 个点，这是因为大量的点重复在一起造成的，要解决这个问题，我们必须使用振荡选项。

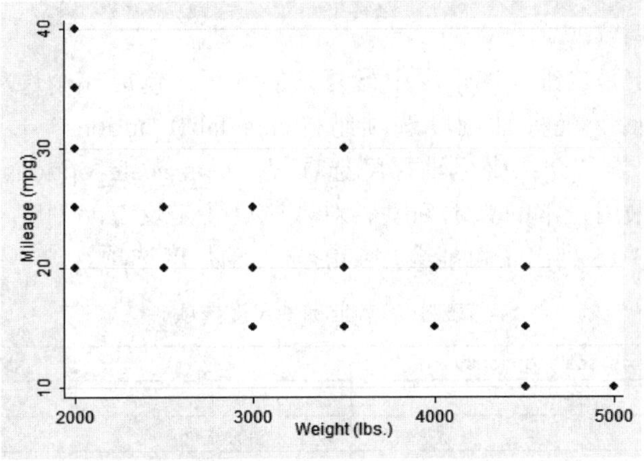

图 3-16 未加振荡选项的 mpg 和 weight 散点图（单位 横轴：磅 纵轴：千米/加仑）

使用振荡选项绘制散点图的命令如下：

```
scatter mpg weight, jitter(7) //jitter(7) 表明对散点图振荡的程度相当于整个绘图区域的 7%，读者可以增加或者减少这个数值来进行尝试
```

上述命令绘制的图像如图 3-17 所示。

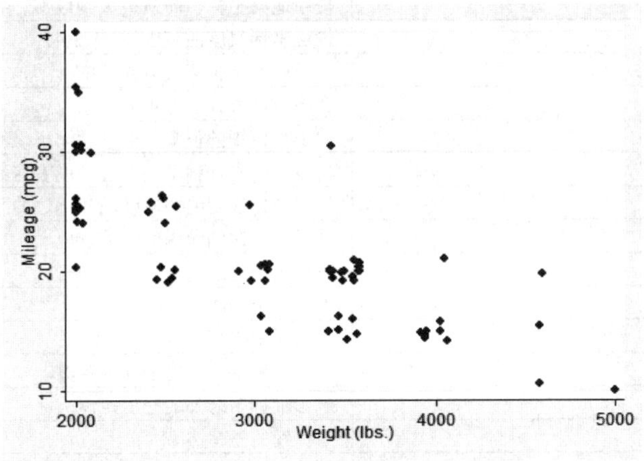

图 3-17 增加振荡选项的 mpg 和 weight 散点图（单位 横轴：磅 纵轴：千米/加仑）

可以发现，增加了振荡选项后，重叠的散点分开了，也就是绘制了符合题目要求的散点图。需要说明的是，在命令中使用的振荡程度为 7%，读者可以增减这个数字进行其他尝试。

3.3 二维绘图选项

3.2 节主要讲解了散点图绘制所特有的选项（尽管某些选项也是散点图和其他绘图类型共有的），现在我们开始讲解各种二维绘图（twoway graph）所共有的选项，这里仍然以散点图的绘制为例，但是读者一旦了解了这些选项在散点图中的运用，就可以很自然地将这些知识运用到其他绘图中。本节介绍的绘图选项包括：标题选项、坐标选项、图例选项、增加线选项、by 选项、scheme 选项、轴线选择选项、图形保存选项以及图形输出选项。

3.3.1 坐标轴尺度选项组（axis_scale_options）

坐标轴选项的设定是二维绘图选项中最复杂的一环，包括 3 个选项组：坐标轴尺度选项组（axis_scale_options）、坐标轴刻度选项组（axis_label_options）以及坐标轴标题选项组（axis_title_options）。本节介绍坐标轴尺度选项组（axis_scale_options），尺度选项的主要功能在于决定坐标轴是采用正常的算术刻度、对数刻度还是反方向刻度，坐标轴的数值范围以及坐标线的显示。表 3-16 列出了可能会用到的坐标轴尺度选项。

表 3-16 坐标轴尺度选项

坐标轴尺度选项（axis_scale_options）	含 义
yscale(axis_suboptions)	设定 y 轴的外观
xscale(axis_suboptions)	设定 x 轴的外观
tscale(axis_suboptions)	设定 t 轴（时间轴）的外观

表 3-16 中的子选项（axis_suboptions），也就是坐标轴尺度选项中可以填充的内容，如表 3-17 所示。

表 3-17 坐标轴尺度子选项

子选项（axis_suboptions）	含 义
axis(#)	选择要修改的坐标，取值在 1 到 9 之间，包括 1 和 9
[no]log	使用对数坐标
[no]reverse	使用逆向坐标，即从最大到最小
range(numlist)	扩展坐标尺度的范围
range(datelist)	扩展时间轴坐标尺度的范围，禁止在 tscale()中使用
off and on	关闭或者打开坐标轴的显示
fill	留出坐标轴的位置，即使关闭了坐标轴的显示
alt	将左边的坐标移动到右边，或者将下边的坐标轴移动到上边
fextend	扩展坐标线到绘图的区域和周边的区域
extend	扩展坐标线到绘图的区域
noextend	不扩展坐标线的范围
noline	不显示坐标线
line	强制显示坐标线
titlegap(relativesize)	坐标轴标题与刻度之间的距离
outergap(relativesize)	坐标轴标题之外的空白距离
lstyle(linestyle)	坐标线的整体类型
lcolor(colorstyle)	坐标线的颜色
lwidth(linewidthstyle)	坐标线的宽度
lpattern(linepatternstyle)	坐标线的类型，比如是实线还是虚线等

下面对 yscale()和 xscale()的典型用法进行讲解。

（1） yscale()和 xscale()是可以简写并且重复设定的。

yscale()和 xscale()用于设定 y 轴和 x 轴的外观，在括号内添加表 3-16 所示的子选项，比如如下示范命令表明 y 轴尺度从 0 到 10，坐标轴标题和坐标刻度之间的距离为 1，命令是：

```
.twoway (scatter ...) ..., yscale(range(0 10) titlegap(1))
```

上面的命令中，yscale()和 xscale()可以分别简写为 ysc()和 xsc()，而子选项 range()则可以简写为 r()，titlegap()可以简写为 titleg()，这样上述命令就可以写成：

```
.twoway (scatter ...) ..., ysc(r(0 10) titleg(1))
```

在同一个命令中可以同时设定很多个 yscale()和 xscale()选项，它们的设定将会合并在一起，所以上面的命令也可以等价地写为：

```
.twoway (scatter ...) ..., ysc(r(0 10)) ysc(titleg(1))
```

另外，同一个子选项可以被设定很多次，而以最后的设定为准，比如在下面的命令中 titlegap()将是 2，而 range()将从 0 到 10。

```
.twoway (scatter ...) ..., ysc(r(0 10)) ysc(titleg(1)) ysc(titleg(2))
```

（2） 使用 range()设定坐标轴的数值范围。

在上面的讲解中已经看到，使用 range(0 10)可以将坐标的范围设定为 0～10，但是 range 的用法不止这些。比如我们考虑如下作图：

```
.scatter yvar xvar
```

假如默认情况下，y 轴的数值范围是 1～100，而我们希望将这个范围延伸至 0～100，那么下面的命令可以实现这个想法：

```
.scatter yvar xvar, ysc(r(0))
```

类似地，假如希望将这个范围延伸至 0～105，那么可以使用如下命令：

```
scatter yvar xvar, ysc(r(0 100))
```

假如默认情况下，y 轴的数值范围是 0～99，而我们希望的结果是 0～100，那么就可以使用下面的命令：

```
.scatter yvar xvar, ysc(r(100))
```

总之，如果希望扩展坐标轴的范围，就可以将要扩展到的点包括进 range( )之中。如果 range()中是缺失值，那么坐标轴的范围将不会改变；如果 range()设定的范围小于默认的范围，坐标轴的范围也不会改变。所以对于一个默认坐标轴范围是 0～100 的散点图，使用如下命令是不能将图形限制在取值范围在 10～50 的那些点的：

```
.scatter yvar xvar, xsc(r(10 50))
```

如果要将 xvar 的范围限制在 10 和 50 之间作图，需要使用 if 语句，具体命令如下：

```
.scatter yvar xvar if xvar>=10 & xvar<=50
```

下面举例说明如何使用对数化的坐标尺度、逆向尺度以及去掉坐标轴。

【例 3-6】本例使用例 3-3 中的数据集 lifeexp.dta 和系统数据集 auto.dta 完成如下两个任务。

（1） 数据集 lifeexp.dta 是一个关于全球 68 国人口生存状况的数据，这些国家分别来自欧亚、北美和南美四大洲。本例要求绘制变量 lexp 与取对数后的变量 gnppc 的散点图。

完成这个任务可以有两种方法，一种是产生一个新变量，其赋值为 gnppc 的对数，然后做 lexp 与 gnppc 的散点图；另一种是加入选项 xscale(log)。两种方法效果是一样的。为了对比，首先绘制未加任何变动的两变量散点图，然后用上述两种方法绘制取对数后的散点图。产生的图形如图 3-18 至图 3-20 所示。

```
sysuse lifeexp, clear //打开系统数据 lifeexp.dta
scatter lexp gnppc //在默认情况下绘制 lexp 和 gnppc 的散点图
*下面使用第一种方法
```

```
generate log_gnppc = log(gnppc) //产生新变量 log_gnppc，取值为 gnppc 的对数
scatter lexp log_gnppc //对 lexp 和对数化后的 gnppc 做散点图
*下面使用第二种方法
scatter lexp gnppc, xscale(log)   //xscale(log) 表明 x 轴使用取了对数之后的尺度
```

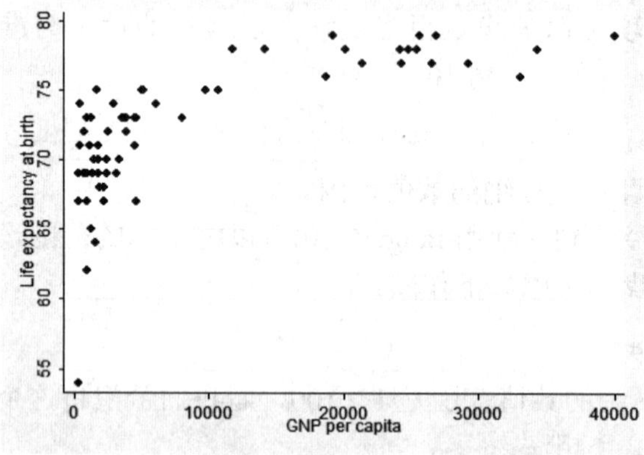

图 3-18　默认情况下的 lexp 和 gnppc 的散点图（单位 横轴：美元 纵轴：年）

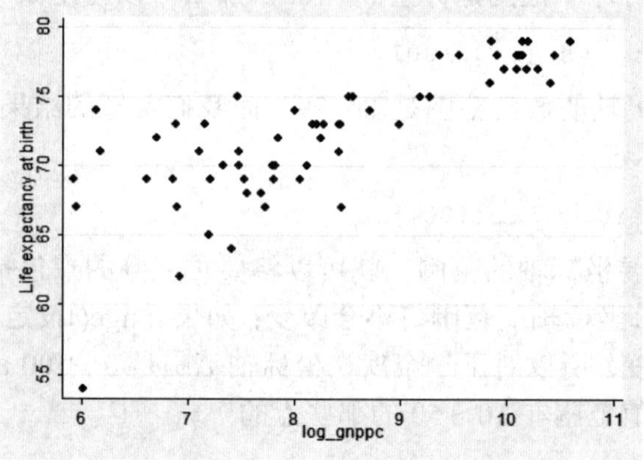

图 3-19　对 lexp 和对数化后的 gnppc 作散点图（单位 横轴：美元 纵轴：年）

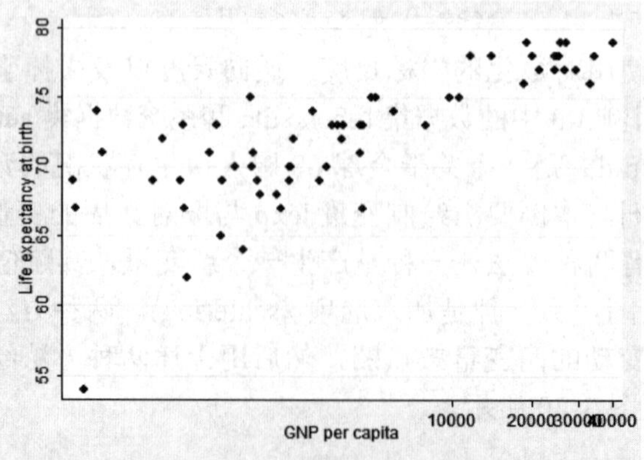

图 3-20　使用选项 xscale(log)绘制的 lexp 和 gnppc 散点图（单位 横轴：美元 纵轴：年）

可以发现除了 x 轴的刻度出现差异外，图 3-19 和图 3-20 是完全一样的，这本身也说明了 xscale(log)的意思，即通过将刻度取对数来达到绘制对数关系图形的效果。

（2） 使用系统数据集 auto.dta 对 mpg（行驶的里程数）和 weight（车身重量：吨）作散点图，并对比 y 轴刻度使用正常尺度和逆向尺度的异同。

完成上述任务的命令如下：

```
sysuse auto,replace //打开系统数据 auto.dta
scatter mpg weight //在默认情况下绘制 mpg 和 weight 的散点图
scatter mpg weight,yscale(rev) //yscale(rev) 表示 y 轴上使用逆向坐标
```

绘制的图形如图 3-21 和图 3-22 所示。

读者可以发现，所谓逆向尺度，就是正常的坐标从小到大改为从大到小的一个镜像。

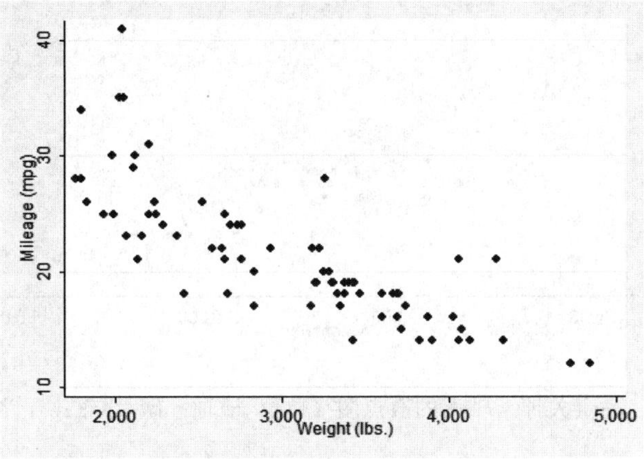

图 3-21 默认情况下绘制的散点图（单位 横轴：磅 纵轴：千米/加仑）

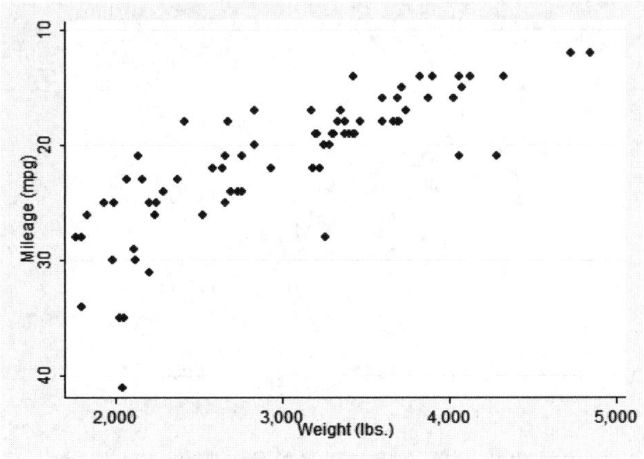

图 3-22 使用逆向尺度绘制的散点图（单位 横轴：磅 纵轴：千米/加仑）

下面的例子说明如何去掉坐标轴线以及如何去掉整个坐标包括坐标刻度等。

【例 3-7】仍然使用系统数据集 auto.dta 绘制 mpg 和 weight 的散点图，要求分别绘制完全没有任何坐标的散点图和有坐标刻度但没有坐标线的散点图。

完成这个任务需要区分两种关掉坐标的方法：如果是完全关掉坐标，应该使用 scale(off)；

如果仅仅是去掉坐标线而保留刻度等，需要使用 scale(noline)。我们在下面的命令中使用了这两种方法：

```
sysuse auto,replace //打开系统数据 auto.dta
scatter mpg weight, yscale(off) //yscale(off) 表示完全关掉所有与 y 轴坐标相关的内容
scatter mpg weight, yscale(noline) xscale(noline) // yscale(noline) xscale(noline)表示去掉 x 轴和 y 轴坐标线
```

绘制的两个图形如图 3-23 和图 3-24 所示。

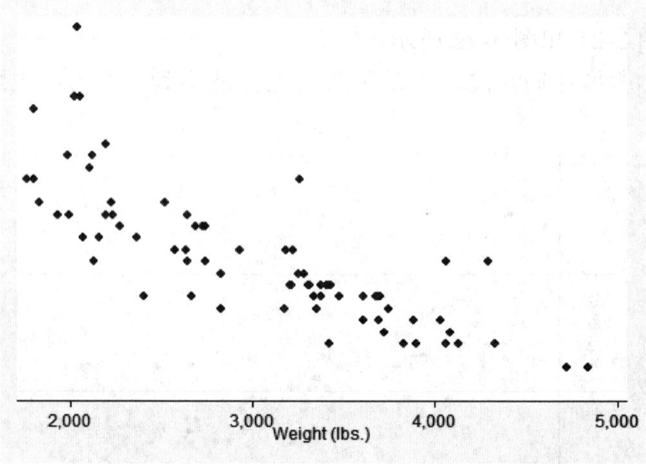

图 3-23　完全关掉 y 轴后的散点图（单位 横轴：磅 纵轴：千米/加仑）

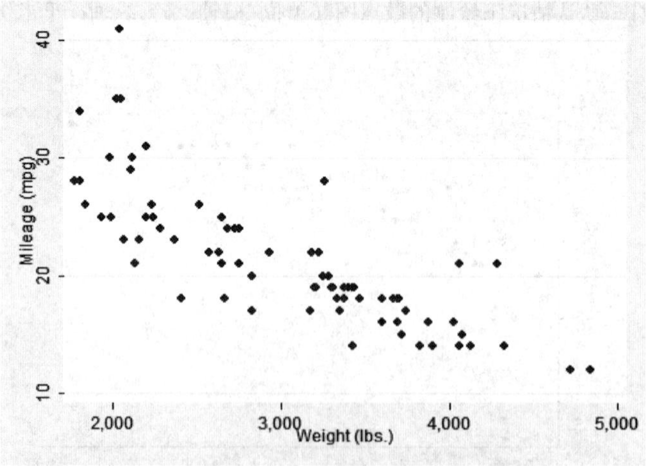

图 3-24　仅仅去掉坐标线后的散点图（单位 横轴：磅 纵轴：千米/加仑）

3.3.2 坐标轴刻度选项组（axis_label_options）的设定

坐标轴刻度选项组（axis_label_options）主要用于控制坐标轴的刻度和刻度的标识。表 3-18 是该选项组的 4 个选项。

表 3-18　坐标轴刻度选项组的选项

坐标轴刻度选项（axis_label_options）	含　义
{y|x|t}label(rule_or_values)	设定主要刻度和刻度标识
{y|x|t}tick(rule_or_values)	仅设定主要刻度
{y|x|t}mlabel(rule_or_values)	设定次要刻度和标识
{y|x|t}mtick(rule_or_values)	仅设定次要刻度

上面选项括号中的 rule_or_values 定义如下：

```
[rule] [numlist ["label" [numlist ["label" [...]]]]] [, suboptions]
```

注意　如果使用坐标轴刻度选项就必须至少定义 rule 或者 numlist，当然也可以两者同时混合使用。rule 的定义如表 3-19 所示，子选项 suboptions 的内容如表 3-20 所示。

表 3-19　rule 的定义和示例

rule	例　子	含　义
##	#6	大概 6 个左右的刻度
###	##10	每两个主要刻度之间有 10−1=9 个次要刻度，只允许在 mlabel()和 mtick()中使用
#(#)#	-4(.5)3	从−4 到 3，步长为 0.5
minmax	minmax	仅表示最小和最大值
none	none	不标识刻度
.	.	跳过这个规则

表 3-20　子选项 suboptions 的含义

子选项（suboptions）	含　义
axis(#)	选择第几条坐标轴，取值在 1 到 9 之间
add	将选项合并
[no]ticks	不显示刻度
[no]labels	不显示刻度标识
valuelabel	选用第一个变量的标签作为坐标标识
format(%fmt)	规范坐标标识的显示方式
angle(anglestyle)	坐标标识的显示角度
alternate	错开主要和次要标识
tstyle(tickstyle)	刻度的整体显示样式
labgap(relativesize)	刻度和刻度标识之间的距离
labstyle(textstyle)	刻度标识的整体显示样式
labsize(textsizestyle)	刻度标识的字体大小
labcolor(colorstyle)	刻度标识的字体颜色
tlength(relativesize)	刻度的长度
tposition(outside|crossing|inside)	刻度的位置
tlstyle(linestyle)	刻度线的样式
tlwidth(linewidthstyle)	刻度线的粗细程度
tlcolor(colorstyle)	刻度线的颜色
[no]grid	增加网格线
[no]gmin	在最小值处增加网格线
[no]gmax	在最大值处增加网格线
gstyle(gridstyle)	网格线的整体类型

（续表）

子选项（suboptions）	含　义
[no]gextend	将网格线增加到绘图区域的边缘
glstyle(linestyle)	网格线的类型
glwidth(linewidthstyle)	网格线的粗细
glcolor(colorstyle)	网格线的颜色类型
glpattern(linepatternstyle)	网格线的样式

关于坐标轴刻度选项组（axis_label_options），这里做几点说明：

1. rule 的设定

在[rule] [numlist ["label" [numlist ["label" [...]]]]] [, suboptions]中，尽管可以同时设定 rule 和 numlist 两个内容，但是通常仅仅设置 rule 就足够了，因此 rule 的设定非常重要。

最常见的 rule 的设定是：##和###。注意，##中第一个#号不能变动，第二个#号是任意的正整数；###中，前两个#号不能变动，最后一个#号可以是任意的正整数。

##表示选择#个完美的刻度，比如设定#5 就是选择 5 个值，设定#6 就是选择 6 个值。如果设定 ylabel(#5)，那么 y 轴上大概有 5 个刻度；如果你设定 ymtick(#10)，那么每两个主刻度间大概有 10 个小刻度。这里之所以叫做完美刻度，是因为 Stata 并不会完全按照你的要求去做，而是根据你的要求并略有改动地执行，执行的方式将根据 Stata 自己定义的“完美”去做，所以上面提到的刻度的数目可能会有所增减，但大体不变。如果你不同意 Stata 进行的修改，那么就需要设定更加严格的执行方法——#(#)#。

###只允许同{y|x}mlabel()和{y|x}mtick()选项使用，##5 将会放置 5 个小刻度，而##10 将会放置 10 个小刻度，这里的刻度数#将会被非常认真地对待，而不会被 Stata 以任何方式修改。

#(#)#可以同时在主要刻度和次要刻度中使用，这条规则的意思是设定第一个数字，然后以第二个数字为步长，不断增加直到达到最后一个数字，比如 ylabel(1(1)10)将会取刻度和刻度标识 1，2，…，10，而 ymtick(1(.5)10)的取值将是小刻度 1，1.5，2，2.5，…，10。如果上面的两个选项被同时设定，Stata 会甄别其中重复的部分，然后做出正确的决策，上面两个选项同时被设定后等价于设定 ymtick(1.5(1)9.5)。

minmax 设定仅仅刻度标识数据的最大值和最小值，none 则取消了一切刻度和刻度标识，“.”仅仅在和 add 一起使用时才有意义，如果仅仅使用“.”，那么它等价于 none。

2. rules 和 numlists 的设定

在设定 rule 之后（也可以不设定 rule）就可以设定 numlist 了，所谓 numlist 就是一串数字，比如“1 2 5 7”或者“3/9”，当然还有很多其他的写法，实际上某些 numlist 与 rule 是没有差别的，比如#(#)#，而且实际上它们的意思也是相同的。

设定 rule 和设定 numlist 的差别举例如下：

```
ylabel(1(1)10)                    (a rule)
ylabel(none 1(1)10)                (a numlist)
```

rule 执行起来更加迅速，而且看上去差别不大，那么我们为什么还要使用 numlist 呢？numlist 主要用于如下两种情况：

第一种是当你想不均等地标识刻度时，比如：

```
ylabel(none 1 2 5 7)
```

第二种是当你有一个或者几个其他的值要添加到坐标轴上时，比如：

```
ylabel(1(1)10 3.5 7.5)
```

3. 子选项 valuelabel 的使用

设定刻度的标识采用第一个 y 轴变量（设定 y*()options）或者 x 轴变量（设定 x*()options）。我们举个例子加以说明，假定绘制 yvar 和 xvar 的散点图，而变量 xvar 事先已经指定了变量值标签，如下：

```
.label define cat 1 "Low" 2 "Med" 3 "Hi"
.label values xvar cat
```

然后作图：

```
.scatter yvar xvar, xlabel(1 2 3, valuelabel)
```

这个图形中，刻度标识将不显示数字 1，2and 3，而显示单词 Low，Med and Hi。所以上面三句命令等价于：

```
scatter yvar xvar, xlabel(1 "Low" 2 "Med" 3 "Hi")
```

4. alternate 选项的设定

alternate 选项主要用于将相邻的刻度错开显示，比如默认情况下是:

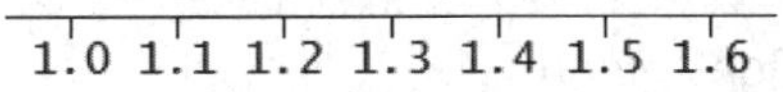

使用了 alternate 选项之后，我们将得到如下的刻度：

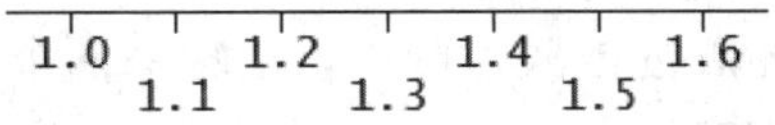

5. grid 和 nogrid 选项的设定

该选项用于设定是否在绘制图形的同时做出网格线，这个选项在{y|x}[m]label()和{y|x}[m]tick()均可以使用。一般来说，默认情况是 nogrid。

比如，如果设定：

```
ylabel(, nogrid)
```

那么在 y 轴方向的网格线将消失，如果设定：

```
xlabel(, grid)
```

则 Stata 将绘制 x 轴方向的网格线。

用户如果设定如下命令：

```
xlabel(0(1)10, grid)
```

则 Stata 会在图形上放置主要的刻度和刻度标识，以及在 x = 0，1，2，…，10 时所画的网格线。

[no]gmin and [no]gmax 只有在设定了 grid 选项时才是有用的，这两个选项表明在最小值

和最大值处绘图。考虑如下命令：

```
.scatter yvar xvar, xlabel(0(1)10, grid)
```

这个命令执行的结果中，数值 0，1，…，0 将被标识刻度，而在数值 1，2，…，9 绘制网格线，那么 0 和 10 呢？如果 0 和 10 靠近绘图的边界，你很有可能不想绘制它们，因为这样绘制的图形将非常难看，Stata 命令会自己决定要不要绘制这些靠近边界的网格，以保证绘制图形的美观。如果 Stata 自动绘制的结果不包含某些边界值的网格线，而用户又需要这些网格线，可以采用如下命令：

```
.scatter yvar xvar, xlabel(0(1)10, grid gmin gmax)
```

下面，举例说明如何运用坐标轴刻度选项组（axis_label_options）进行绘图的设定。

【例 3-8】本例使用系统自带的数据 auto.dta，这是一个关于 1978 年汽车市场的调查数据，该数据集共有 74 个观测值，12 个变量。变量的具体情况是：make 是字符型变量，表明生产厂商。其他均为数值型变量，price 是汽车的价格（万元），mpg 是行驶里程（英里），rep78 是在该年度修理次数，foreign 是虚拟变量，赋值 1 代表国外产，0 代表国产。数据用几个变量揭示了汽车的重要特征：headroom、trunk、length、turn、displacement、gea_ratio 依次代表汽车内部空间大小、后备箱空间大小、身长、转弯半径、排气量和变速比。这里我们使用 mpg 和 weight 两个变量绘制散点图，要求如下：

（1） 分别绘制 mpg 和 weight 的标有大约 5 个和 10 个刻度标识的 mpg 和 weight 散点图。

（2） 绘制 mpg 和 weight 散点图，要求 x 轴的刻度标识为 10、15、20、…、45，y 轴的刻度为 1500、2000、3000、4000、5000。

（3） 要求绘制 x 轴有大约 15 个刻度、y 轴有大约 10 个刻度的散点图，注意这里只要求有刻度，不要求对刻度标识数值。

（4） 要求绘制的 mpg 和 weight 散点图中，x 轴每两个主刻度之间有 10 个小刻度，y 轴每两个主刻度之间有 5 个小刻度标识。

（5） 要求绘制的 mpg 和 weight 散点图中，x 轴每两个主刻度之间有大约 20 个小刻度，y 轴每两个主刻度之间有 20 个小刻度标识，同时在 x 轴和 y 轴增加网格线，x 轴要求在最大值处也绘制网格线。

（6） 要求根据是否为国产汽车分别绘制 mpg 和 weight 散点图，并且要求 yzzhou 方向不出现网格线。

上述 5 个题目要求的命令和解释我们统一在下面给出：

```
*打开数据集并查看数据
sysuse auto,replace //打开系统数据 auto.dta
describe // 查看变量的大致情况
summarize //查看变量的取值情况，保证没有不合法的取值

*（1）分别绘制 mpg 和 weight 的标有大约 5 个和 10 个刻度标识的 mpg 和 weight 散点图（见图 3-25 和图 3-26）。
scatter mpg weight, ylabel(#5) xlabel(#5) //xlabel(#5) 表示 x 轴大约有 5 个刻度，ylabel(#5)表示 y 轴大约有 5 个刻度，Stata 会根据自己的原则进行适当的调整
scatter mpg weight, ylabel(#10) xlabel(#10) //xlabel(#5) 表示 x 轴大约有 10 个刻度，ylabel(#5)表示 y 轴大约有 10 个刻度，Stata 会根据自己的原则进行适当的调整
```

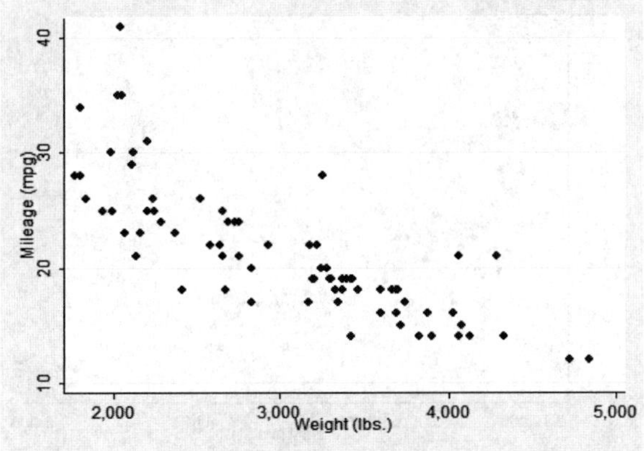

图 3-25 标有大约 5 个刻度标识的 mpg 和 weight 散点图（单位 横轴：磅 纵轴：千米/加仑）

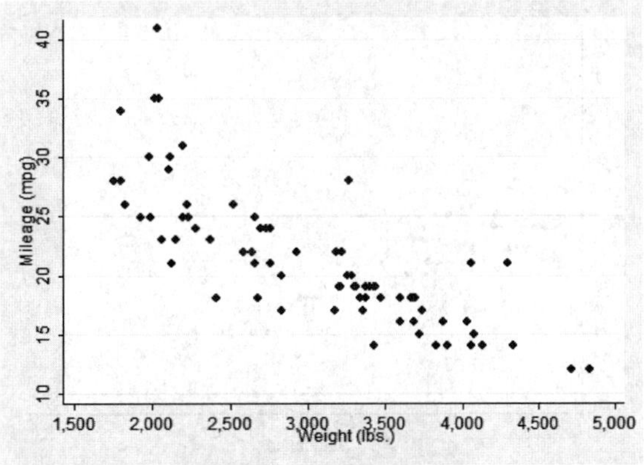

图 3-26 标有大约 10 个刻度标识的 mpg 和 weight 散点图（单位 横轴：磅 纵轴：千米/加仑）

*（2）绘制 mpg 和 weight 散点图，要求 y 轴的刻度标识为 10、15、20、…、45，x 轴的刻度为 1500、2000、3000、4000、5000（见图 3-27）。

scatter mpg weight, ylabel(10(5)45) xlabel(1500 2000 3000 4000 4500 5000) //ylabel(10(5)45)表示 y 轴刻度从 10 开始到 45 结束，步长为 5；xlabel(1500 2000 3000 4000 4500 5000)表示 x 轴刻度为 1500…5000

*（3）要求绘制 x 轴有大约 15 个刻度、y 轴有大约 10 个刻度的散点图，注意这里只要求有刻度，不要求对刻度标识数值（见图 3-28）。

scatter mpg weight, ytick(#10) xtick(#15) //ytick(#10)表示 y 轴有大约 10 个刻度、xtick(#15)表示 x 轴有大约 15 个刻度

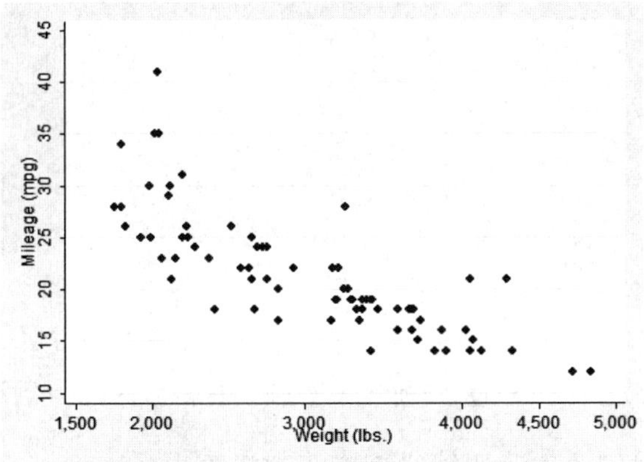

图 3-27 标识了设定刻度的 mpg 和 weight 散点图（单位 横轴：磅 纵轴：千米/加仑）

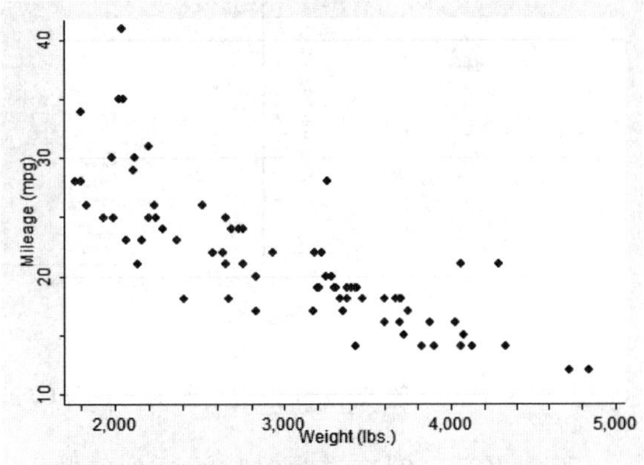

图 3-28 不显示刻度标识数值的 mpg 和 weight 散点图（单位 横轴：磅 纵轴：千米/加仑）

*（4）要求绘制的 mpg 和 weight 散点图中，x 轴每两个主刻度之间有 10 个小刻度，y 轴每两个主刻度之间有 5 个小刻度标识（见图 3-29）。

scatter mpg weight, ymlabel(##5) xmtick(##10) //ymlabel(##5)表示 y 轴每两个主刻度之间有 5 个小刻度标识，xmtick(##10)表示 x 轴每两个主刻度之间有 10 个小刻度

*（5）要求绘制的 mpg 和 weight 散点图中，x 轴每两个主刻度之间有大约 20 个小刻度，y 轴每两个主刻度之间有 20 个小刻度标识，同时在 x 轴和 y 轴增加网格线，x 轴要求在最大值处也绘制网格线（见图 3-30）。

scatter mpg weight, ymtick(#20, grid) xmtick(#20, grid gmax) //选项 grid 表示绘制网格线，这个选项同时出现在 y 轴和 x 轴的设定中，说明要同时在 x 轴和 y 轴方向绘制网格线，gmax 出现在 x 轴的设定中，说明要在 x 轴的最大值处绘制网格线

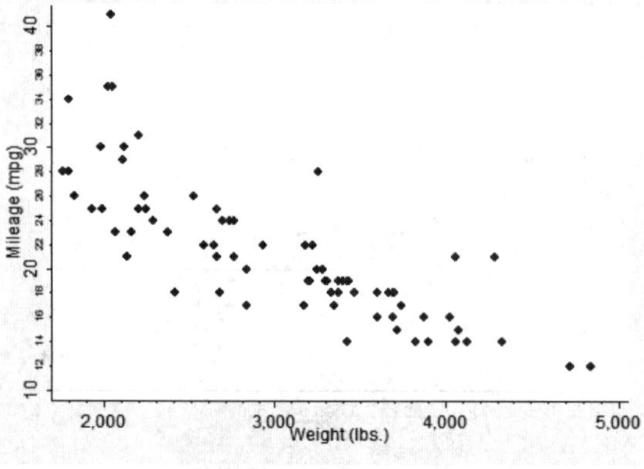

图 3-29 标有小刻度的 mpg 和 weight 散点图
（单位 横轴：磅 纵轴：千米/加仑）

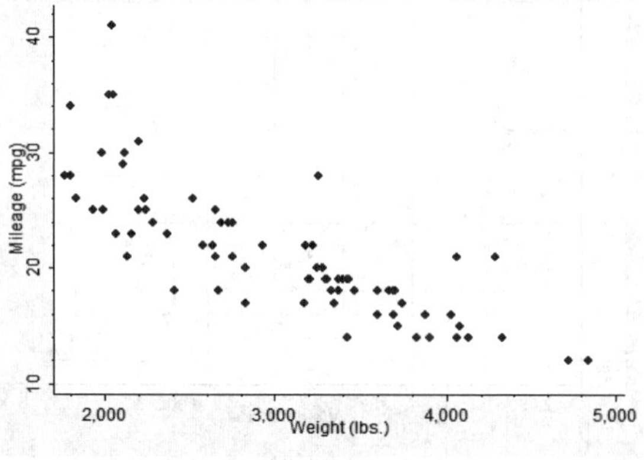

图 3-30 绘制了网格线的 mpg 和 weight 散点图
（单位 横轴：磅 纵轴：千米/加仑）

*（6）要求根据是否为国产汽车分别绘制 mpg 和 weight 散点图，并且要求 yzzhou 方向不出现网格线（见图 3-31）。

scatter mpg weight, by(foreign) ylabel(,nogrid) //如果不添加 nogrid 选项，这个图形默认会出现网格；by()会在后文介绍

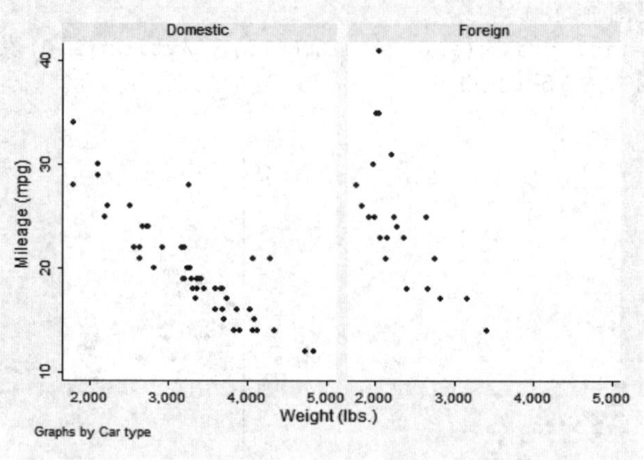

图 3-31 按照 foreign 分类绘制的 mpg 和 weight 散点图（单位 横轴：磅 纵轴：千米/加仑）

下面再举一例，说明对时间序列作散点图时应该注意的轴线刻度标识问题。

【例 3-9】数据集 uslifeexp2.dta 是一个关于美国 1900 年到 1940 年人均期望寿命的数据，这个数据只有两个变量 year 和 le，前者记录年份，后者则是该年份的美国人期望寿命（单位：年），这个数据集的部分数据见例 3-1。现在使用数据集绘制 le 对 year 的散点图，要求探索比较合适的 x 轴数值刻度标识。

我们尝试如下几种方法，并从中挑选视觉效果最好的一个，命令如下：

sysuse uslifeexp, clear //打开数据集 uslifeexp

scatter le year,c(l) xlabel(#10, grid) //在 x 轴设置大概 10 个刻度标识并绘制网格线

scatter le year,c(l) xlabel(1900(10)2000, grid) //从 1900 年以每 10 年一个刻度的方式标识到 2000 年

scatter le year,c(l) xlabel(1900 1918 1940(20)2000, grid) //从 1940 年以每 20 年一个刻度的方式标识到 2000 年，同时标注 1900 年和 1918 年两个具体的年份

从图 3-32、图 3-33、图 3-34 的绘制结果来看，显然最后的图形更能抓住关键所在，1918 年这个点可能是大部分读者所关注的对象。需要说明的是，上面的三个作图命令正是本书作者进行摸索从而得到较美观的图形的过程，读者也可以模仿这样的步骤进行绘图，即先使用默认设置或者自动设置，然后再逐步手动调整。

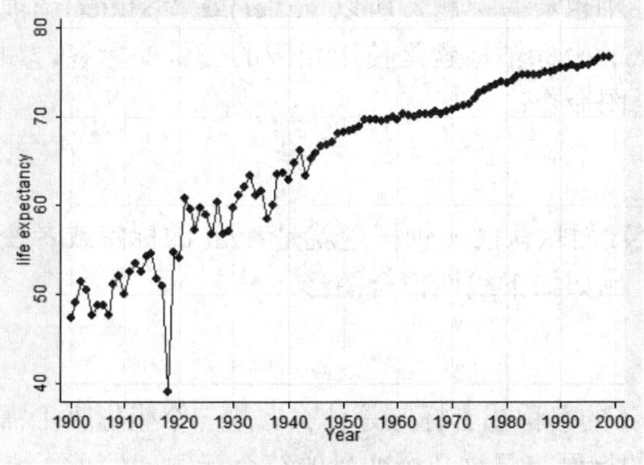

图 3-32　在 x 轴绘制 10 个刻度形成的散点连线图（单位 横轴：年 纵轴：年）

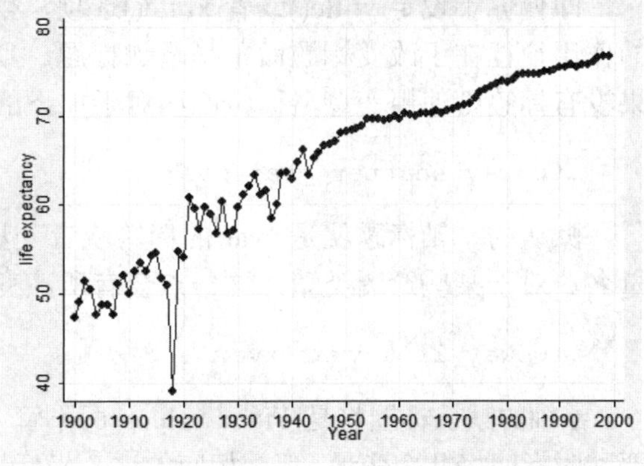

图 3-33　在 x 轴绘制每 10 年一个刻度形成的散点连线图（单位 横轴：年 纵轴：年）

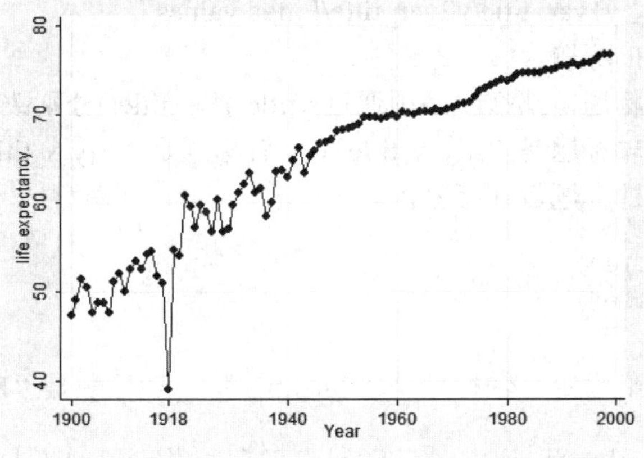

图 3-34　在 x 轴绘制特定刻度形成的散点连线图（单位 横轴：年 纵轴：年）

3.3.3　坐标轴标题选项组（axis_title_options）

坐标轴标题选项组（axis_title_options）用于设定坐标轴的标题，共有表 3-21 所列的 3 个选项。

表 3-21　坐标轴标题选项（axis_title_options）一览表

坐标轴标题选项（axis_title_options）	含　义
ytitle(axis_title)	设定 y 轴标题
xtitle(axis_title)	设定 x 轴标题
ttitle(axis_title)	设定时间轴标题

每个选项括号中的内容 axis_title 如下：

```
"string" ["string" [...]] [, suboptions]
```

其中的子选项 suboptions 如下：axis(#) 选择某个坐标轴，其中#取值在 1 和 9 之间；prefix 和 suffix 用于合并选项。

关于坐标轴标题选项组（axis_title_options）的几点说明如下：

（1） 使用默认的坐标轴标题。

即使你不设定 ytitle()或者 xtitle()选项，坐标轴也会有标题，所以 ytitle()或者 xtitle()选项的作用往往在于改变标题而不是增加标题。默认的坐标轴标题是使用相应的变量的标签，如果没有标签则使用变量名称。比如对于如下的绘图命令：

```
.twoway scatter yvar xvar
```

默认的 y 轴标题就是 yvar 的标签或者变量名，而默认的 x 轴标题就是 xvar 的标签或者变量名。对于某些绘图类型，这一点会有所改变，比如如下线性拟合图形：

```
.twoway lfit yvar xvar
```

y 轴的默认标题将是"Fitted values"而不管 yvar 的名称或者标签是什么。故一个坐标轴上需要同时标明好几个变量，那么相应的这个坐标轴的标题将是这几个变量的符合标题。比如命令：

```
.twoway scatter y1var xvar || line y2var xvar || lfit y1var xvar
```

y 轴的默认标题是“y1var_title/y2var_title/Fitted values”。

（2） 使用自定义的标题。

如果不想使用默认标题，那么就必须通过 ytitle()和 xtitle()分别改变 x 轴和 y 轴的标题。在下面的示例中设定 y 轴标题是“My y title”，x 轴标题是“My x title”。注意设定的时候需要用英文双引号将设定的标题放在括号内。

```
ytitle("My y title")
xtitle("My x title")
```

下面的例子中，我们设定 x 轴标题是“Quantity”，y 轴标题是“Price”：

```
.scatter yvar xvar, ytitle("Price") xtitle("Quantity")
```

也可以放置多行标题，其方法是将每一行标题放在一个双引号内，然后几个双引号接连放在括号内：

```
ytitle("First line" "Second line")
xtitle("First line" "Second line" "Third line")
```

如果我们希望不显示任何标题，则使用两个紧接着的英文双引号：{y|x}title("")。

（3） 如何设置重复的选项。

在同一命令中，选项 xtitle()和 ytitle()可能会被重复设定，这个时候位于最右边的选项将决定最终的结果。举个例子，加入如下的散点图默认 x 轴标题为“analysis time”，如果使用命令：

```
scatter y x, xtitle("My new title")
```

那么"My new title"将取代"analysis time"。

如果使用命令：

```
scatter y x,, xtitle("in days", suffix)
```

则 x 轴标题变为（第一行）"analysis time"（第二行）"in days"。

如果使用命令：

```
scatter y x,, xtitle("Time to failure", prefix)
```

则 x 轴标题变为（第一行）"Time to failure "（第二行）"analysis time"。

3.3.4　标题选项组（title_options）的设定

标题选项组用于设定绘图的标题以解释图像的内容，选项如表 3-22 所示。

表 3-22　标题选项组选项一览

标题选项（title_options）	含　义
title(tinfo)	总标题
subtitle(tinfo)	副标题
note(tinfo)	标注
caption(tinfo)	字幕标题
t1title(tinfo) t2title(tinfo)	很少使用
b1title(tinfo) b2title(tinfo)	很少使用
l1title(tinfo)　l2title(tinfo)	纵向标题
r1title(tinfo)　r2title(tinfo)	纵向标题

标题选项括号中的表达式（tinfo）如下：

```
"string" ["string" [...]] [, suboptions]
```

其中子选项如表 3-23 所示。

表 3-23　子选项一览表

子选项（suboptions）	含　义
prefix and suffix	不同设定的符合
position(clockposstyle)	标题位置
ring(ringposstyle)	标题距离作图区域的远近
span	标题分散

关于标题选项组，这里做如下几点讲解：

（1）　设置多行标题。

标题可以设置成很多行，比如命令

```
.graph ..., title("My title") ...
```

设置了一行的标题，而命令

```
.graph ..., title("My title" "Second line") ...
```

则设置了两行的标题。命令

```
.graph ..., title("My title" "Second line" "Third line") ...
```

设置了三行标题。可见这里设置多行标题和坐标轴标题设定是一样的。

（2） 理解重复设置的标题选项。

每一个标题选项都可以重复设置很多次，比如命令

```
.graph ..., title("One") ... title("Two") ...
```

这条命令并不会产生一个两行标题，相反，只有标题"Two"会出现在最终绘制的图形中，这说明位于最右边的同类选项将会最终起作用，而早些时候的设置将会被 Stata 忽略。

如果你使用子选项 prefix 或者 suffix 就可以将不同的设置合并起来，在命令

```
. graph ..., title("One") ... title("Two", suffix) ...
```

中，最终结果将会是第一行是"One"，第二行是"Two"。而在命令

```
.graph ..., title("One") ... title("Two", prefix) ...
```

中，第一行是"Two"，第二行是"One "。

为什么会重复设置同样的选项呢？大多数时候，用户并不是故意为之的，考虑命令：

```
.twoway (sc y1 x1, title("x1 vs. y1")) (sc y2 x2, title("x2 vs. y2"))
```

实际上，title()是 twoway 的选项而不是 scatter 的，因为一个图形只能有一个标题，所以 title 应该加在最后，不过 Stata 足够聪明，它自动将 title 从括号中拉出来，容易看到这样的结果就使得上述命令等价于：

```
.twoway (sc y1 x1) (sc y2 x2), title("x1 vs. y1") title("x2 vs. y2")
```

这样 Stata 会忽略第一个 title 选项而采用"x2 vs. y2"作为最终的绘图标题。

（3） 标题位置的设定。

标题位置的设定是初学者很头痛的问题，这里对此做一个详尽的解释。标题的位置是由用户所采用的 scheme 设定的，关于 scheme 在后面还会介绍。选项 position(clockposstyle) 和 ring(ringposstyle)可以覆盖 scheme 默认的选择，其中 position()根据时钟的 12 个方向来设定文本所在的方向，而选项 ring()则用于设定文本距离作图区域的远近。

图 3-35 显示了 position 的设定，其中内圈是 ring 为 0 时的设定，而外圈是 ring(k)，k>0 时的设定。可以看出 position 的设定与普通的时钟无异。

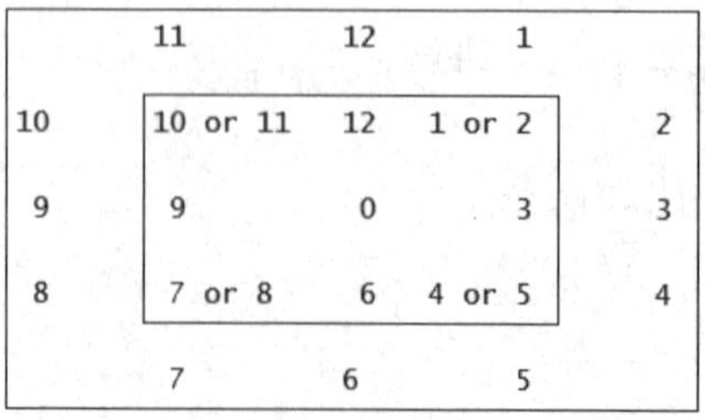

图 3-35 position()的设定示意

图 3-36 显示了 ring()选项的设定，可见当 ring(k)中 k 的取值为 0 时，文本位于作图区域（plot region）内，当 k 大于 0 时，文本在作图区域之外，k 越大，距离作图区域越远。以下对照表 3-24 说明了 k 的数值所代表的距离相当于哪一类标题距作图区域的距离。

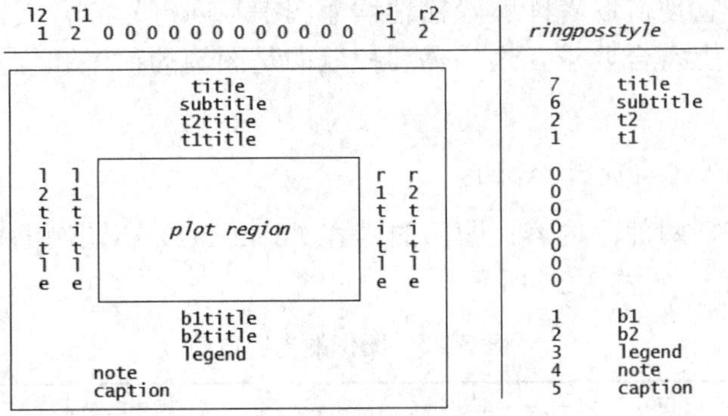

图 3-36 ring()选项的设定示例

表 3-24 ring()值距离作图区域对照表

对比标准	k 的取值	备　注
plot region	0	ring(0) =作图区域
{t|b|l|r}1title()	1	
{t|b|l|r}2title()	2	ring(k), k>0, 位于作图区域之外
legend()	3	
note()	4	
caption()	5	ring()数值越大距离作图区域越远
subtitle()	6	
title()	7	

选项 position()有两层含义，一个对应了 ring(0)，另一个对应了 ring(k)，k>0。其中，ring(0)表示将标题放在绘制的图形上，这时，一点钟和两点钟、四点钟和五点钟、七点钟和八点钟、十点钟和十一点钟方向被看成是相同的。除去这种特殊情况，标题通常出现在作图区域的外面，那么每个时点方向都是不同的。例如 position(12)表示标题位于图形的正上方，position(3)表示标题位于图形的正右方，而 position(1)则表示标题位于图形的右上方。

现在考虑两个标题，分别是 title()和 subtitle()。假如它们均被放置在十二点钟方向，也就是 position(12)，那么它们的位置将如何判断呢？这就取决于相应的 ring()取值了。比如，图例 legend()比字幕标题 caption()距离作图区域更近，这是因为默认情况下，前者的 ring 取值为 4 而后者为 5，尽管两者都默认在七点钟方向 position(7)，也就是都出现在作图区域的左下方，但是由于 4<5，图例出现在字幕标题的上方。

如果希望将图例放在字幕标题的下面，可以设定如下命令：

```
.graph ..., legend(... ring(5.5)) caption("My caption")
```

或者

```
.graph ..., legend(...) caption("My caption", ring(3.5))
```

其中，前者提高了图例距离作图区域的距离，而后者减少了字幕标题距作图区域的距离，效果都是一样的。

3.3.5 图例选项（legend_option）的设定

当图形中包含多个组别的相似的内容时，Stata 将会生成图例。图例表示图形当中的不同符号对应着的内容，它使得读者能够轻松地读懂图中不同符号的含义，很多时候，Stata 生成的图例符号已经基本上符合要求，用户需要控制的是图例的秩序和位置等。legend 选项的语法如下：

```
legend([contents] [location])
```

图例的设置共包括两部分内容：图例的内容（contents）和图例的位置（location）。其中，图例的内容（contents）如表 3-25 所示。

表 3-25　图例的内容说明

order(orderinfo)	设定图例次序
label(labelinfo)	设定图例的标签
holes(numlist)	图例内部的位置设定
all	为每一种符号都生成一个图例
style(legendstyle)	图例的整体样式
cols(#)	每行放置几个图例
rows(#)	每列放置几个图例
stack	图例纵向排列
rowgap(relativesize)	每一行的距离设定
colgap(relativesize)	每一列之间的距离设定
symplacement(compassdirstyle)	图例标识的对齐方式
keygap(relativesize)	设定图例标识和文字之间的距离
symysize(relativesize)	每条图例的高度
symxsize(relativesize)	每条图例的宽度
textwidth(relativesize)	每条图例的说明文字的宽度
forcesize	必须按照 symysize()，symxsize()和 textwidth()的设定绘制图形
bmargin(marginstyle)	图例周围留白

图例的位置（location）如表 3-26 所示。

表 3-26　图例的位置说明

off 或 on	图例是否显示
position(clockposstyle)	图例方位
ring(ringposstyle)	图例距离作图区域的位置
span	图例是否向两边延伸
at(#)	仅和 by()共同使用

关于图例选项（legend_option）的设定，做以下几点说明。

（1） 选项 order(orderinfo) 用于设定哪些图例将出现在图中，以及这些图例的顺序。

通常的语法是 order(# # ...)。比如 order(1 2 3)将设定第一条图例出现在第一个位置上，第二条图例出现在第二个位置上，最后是第三条图例，这种设置也有三条图例时的默认设置，如果有四条图例，那么默认设置就是 order(1 2 3 4) ，以此类推。如果共有四条图例，而用户的设定是 order(1 2 3)，那么第四条图例将不会出现。如果用户的设定是 order(2 1 3)，那么第二条图例将会首先出现，然后紧跟着图例 1 和图例 3，第四条图例不出现。

在 order()中一条短线“-”意味着将文本插入到图例中。比如默认的图例是：

```
 o   Observed
——   Linear
---  Quadratic
```

设定 order(1 - "Predicted:" 2 3)将会产生如下的图例：

```
o    Observed
     Predicted:
——   Linear
---  Quadratic
```

而如果我们设定 order(1 - " " "Predicted:" 2 3)，则将产生如下图例：

```
o    Observed

     Predicted:
——   Linear
---  Quadratic
```

注意 上面图例中的第二条空白图例的设定是" "而非""，即双引号之间必须有空格才有效。

（2） 选项 label(# "text" ["text" ...])用于设定每条图例的标签。

每个数字后面紧跟一个字符串，字符串将成为前面数字所指定的图例的标签说明。比如，设定 label(1 "Observed 1992")将改变第一条图例的文字说明为"Observed 1992"；设定 label(1 "Observed" "1992-1993") 将改变说明文字为一个两行的说明，第一行是"Observed"，第二行是"1992-1993"。注意每一个 label()选项只能更改一条图例的说明文字，用户必须设定多个 label 选项才能更改多条图例。

（3） 选项 cols(#) and rows(#) 用于设定整个图例分几行或者几列显示。

默认的设置是 cols(2)，这意味着整个图例用两行显示，如下所示：

```
 o   Observed                   ——  Linear fit
---  Quadratic fit
```

cols(1)设定图例采用纵向的方式显示，如下所示：

```
o    Observed
——   Linear fit
---  Quadratic fit
```

设定 rows(1)将使图例以水平的方式显示，如下所示：

```
o   Observed        ——   Linear fit      ---    Quadratic fit
```

（4） 选项 stack 用于设定图例的显示方式，使图例说明位于图例标识的正下方。

比如 legend(stack)将会产生如下图例：

```
       o                        ————————————————
Observed                        Linear fit
-----------------
Quadratic fit
```

设定 legend(stack symplacement(left) symxsize(13) forcesize rowgap(4))将会产生如下图例：

```
o                               ——
Observed                        Linear fit

---
Quadratic fit
```

设定 legend(cols(1) stack symplacement(left) symxsize(13) forcesize rowgap(4)) 将会产生如下的图例：

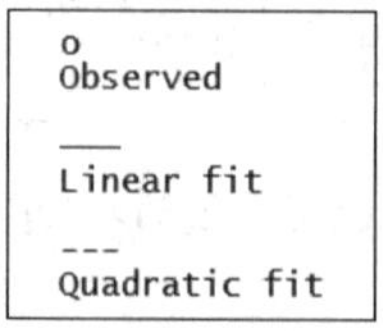

（5） 选项 rowgap(relativesize) 和 colgap(relativesize) 用于设定行与行以及列与列之间的距离，默认的设置是 rowgap(1.4)和 colgap(4.9)。

（6） 选项 symplacement(compassdirstyle)用于设置图例中标识的对齐方式，默认是居中对齐 symplacement(center)，另外两个常用的选择是右对齐 symplacement(right)和左对齐 symplacement(left)。

（7） 选项 keygap(relativesize)、symysize(relativesize)、symxsize(relativesize)和 textwidth (relativesize)用于设定每条图例、图例的符号以及图例的文字的高度和宽度，每一个选项代表的意思如下所示：

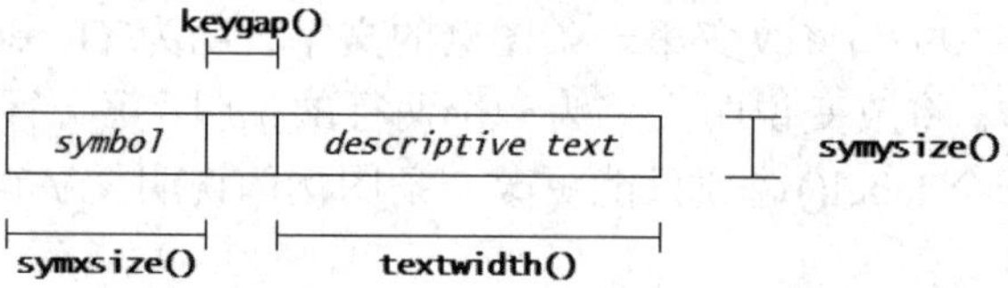

默认的设置是：symxsize() 13；keygap()2；textwidth() 根据最长的描述性文字；symysize() 根据字体的高度。

（8） 选项 off 和 on 决定图例的开关。默认情况是显示图例，如果要关掉图例应该设定 legend(off)。

（9） 选项 position(clockposstyle)和 ring(ringposstyle)用于设定图例的位置，默认情况下是位于作图区域的正下方。position() 依据十二点钟的方向设定图例在作图区域的方向，而选项 ring()用于设定图例距作图区域的距离。这一点前文已有详细介绍，这里不再赘述。

【例 3-10】本例使用美国预期寿命数据集 uslifeexp.dta，变量情况如表 3-27 所示，部分数据如表 3-28 所示。

表 3-27　数据集 uslifeexp.dta 的变量情况

变 量 名	存储类型	显示格式	含 义
year	int	%9.0g	年份
le	float	%9.0g	全体人口预期寿命
le male	float	%9.0g	男性预期寿命
le female	float	%9.0g	女性预期寿命
le w	float	%9.0g	白人预期寿命
le wmale	float	%9.0g	白人男性预期寿命
le wfemale	float	%9.0g	白人女性预期寿命
le b	float	%9.0g	黑人预期寿命
le bmale	float	%9.0g	黑人男性预期寿命
le bfemale	float	%9.0g	黑人女性预期寿命

表 3-28 数据集 uslifeexp.dta（部分数据）

year	le	le_male	le_female	le_w	le_wmale	le_wfemale	le_b	le_bmale	le_bfemale
1981	74.1	70.4	77.8	74.8	71.1	78.4	68.9	64.5	73.2
1982	74.5	70.8	78.1	75.1	71.5	78.7	69.4	65.1	73.6
1983	74.6	71	78.1	75.2	71.6	78.7	69.4	65.2	73.5
1984	74.7	71.1	78.2	75.3	71.8	78.7	69.5	65.3	73.6
1985	74.7	71.1	78.2	75.3	71.8	78.7	69.3	65	73.4
1986	74.7	71.2	78.2	75.4	71.9	78.8	69.1	64.8	73.4
1987	74.9	71.4	78.3	75.6	72.1	78.9	69.1	64.7	73.4
1988	74.9	71.4	78.3	75.6	72.2	78.9	68.9	64.4	73.2
1989	75.1	71.7	78.5	75.9	72.5	79.2	68.8	64.3	73.3
1990	75.4	71.8	78.8	76.1	72.7	79.4	69.1	64.5	73.6
1991	75.5	72	78.9	76.3	72.9	79.6	69.3	64.6	73.8
1992	75.8	72.3	79.1	76.5	73.2	79.8	69.6	65	73.9
1993	75.5	72.2	78.8	76.3	73.1	79.5	69.2	64.6	73.7
1994	75.7	72.4	79	76.5	73.3	79.6	69.5	64.9	73.9
1995	75.8	72.5	78.9	76.5	73.4	79.6	69.6	65.2	73.9
1996	76.1	73.1	79.1	76.8	73.9	79.7	70.2	66.1	74.2
1997	76.5	73.6	79.4	77.2	74.3	79.9	71.1	67.2	74.7
1998	76.7	73.8	79.5	77.3	74.5	80	71.3	67.6	74.8
1999	76.7	73.9	79.4	77.3	74.6	79.9	71.4	67.8	74.7

本例要求利用该数据集完成如下任务：

① 绘制 le 与 year 的散点连线图并添加图例。

② 绘制 le_m、le_f 与 year 的散点连线图，并要求将图例分别改成"male"和"female"。

③ 绘制 le_m、le_f 与 year 的散点连线图，要求将图例分别改成"male"和"female"并放置在五点钟方向，同时图例排成一列。

④ 为第三步绘制的图形图例添加标题"Legend"。

上述 4 个任务的命令如下：

```
sysuse uslifeexp, clear //打开数据集 uslifeexp

*绘制 le 与 year 的散点连线图并添加图例
scatter le year,c(l) xlabel(1900 1918 1940(20)2000, grid) legend(on) //在 x 轴设置大概 10 个刻度标识并绘制网格线,legend(on)标识打开图例

*绘制 le_m、le_f 与 year 的散点连线图，并要求将图例分别改成"male"和"female"
scatter le year,c(l) legend(label(1 "Males") label(2 "Females"))
// legend(label(1 "Males") label(2 "Females"))表示第一条图例的文字说明是 male，第二条图例的文字说明是 female

*绘制 le_m、le_f 与 year 的散点连线图，要求将图例分别改成"male"和"female"并放置在五点钟方向，同时图例排成一列
scatter le year,c(l) legend(pos(5) ring(0) col(1) lab(1 "Males") lab(2 "Females")) // pos(5)表示图例放置在五点钟方向，ring(0)表示图例在作图区域之内，lab(1 "Males") lab(2 "Females")表示第一条图例的文字说明是 male，第二条图例的文字说明是 female

*为第三步绘制的图形图例添加标题"Legend"
```

```
line le_m le_f year, legend(pos(5) ring(0) col(1) lab(1 "Males") lab(2 "Females")
legend(subtitle("Legend"))  //subtitle("Legend")表示为图例添加标题，之所以选择
subtitles 而不是 title 是因为后者字体过大
```

上述命令绘制的图形见图 3-37 至图 3-40。

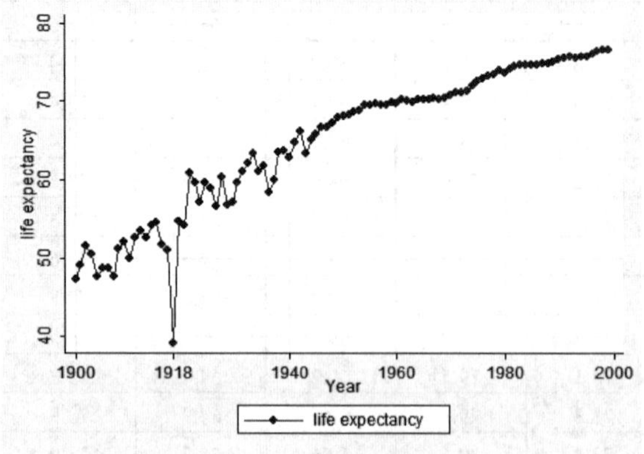

图 3-37　le 与 year 的散点连线图
（单位　横轴：年　纵轴：年）

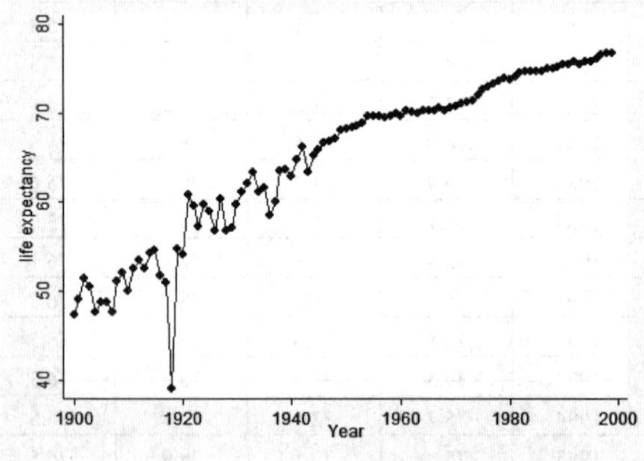

图 3-38　le_m、le_f 与 year 的散点连线图 1
（单位　横轴：年　纵轴：年）

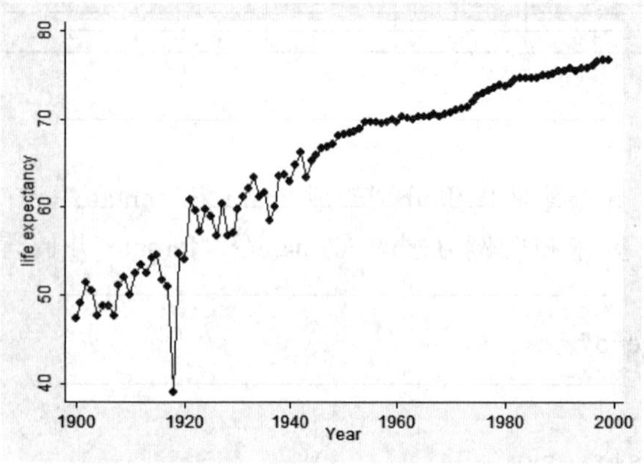

图 3-39　le_m、le_f 与 year 的散点连线图 2
（单位　横轴：年　纵轴：年）

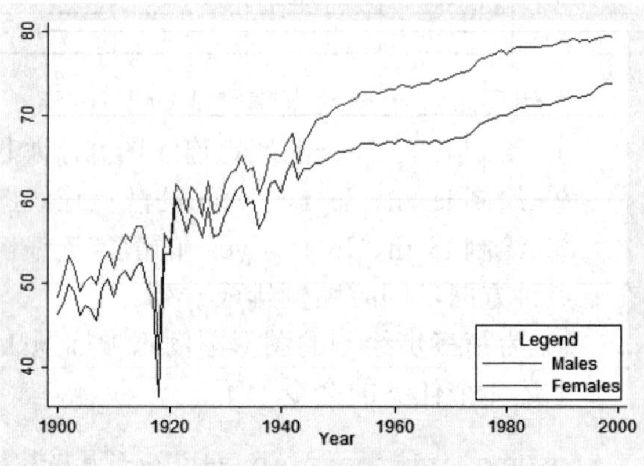

图 3-40　le_m、le_f 与 year 的散点连线图 3
（单位　横轴：年　纵轴：年）

3.3.6　by 选项的设定

一旦设定选项 by()，Stata 会根据括号中变量的不同取值重复作图，因此 by 的依据往往是分类变量，比如性别、民族、国内国外等。by 选项的语法如下：

```
by(varlist[, byopts])
```

其中，varlist 是作图的根据变量，而 byopts 是子选项，具体如表 3-29 所示。

表 3-29　by 选项的子选项说明

total	增加样本总体的绘图
missing	为缺失的样本绘图
colfirst	首先填充绘图矩阵的列，再填充行
rows(#) or cols(#)	替代变量，设定绘图的行或者列数目

（续表）

total	增加样本总体的绘图
holes(numlist)	留白的位置
iscale([*]#)	文本和标记的大小
compact	style(compact)的简写
style(bystyle)	总体样式设定
[no]edgelabel	设定 x 轴的样式
[no]rescale	为每一个组别分别设定 x 轴和 y 轴的尺度
[no]yrescale	为每一个组别分别设定 y 轴的尺度
[no]xrescale	为每一个组别分别设定 x 轴的尺度
[no]iyaxes	显示每个小图的 y 轴
[no]ixaxes	显示每个小图的 x 轴
[no]iytick	显示每个小图的 y 轴刻度
[no]ixtick	显示每个小图的 x 轴刻度
[no]iylabel	显示每个小图的 y 轴标签
[no]ixlabel	显示每个小图的 x 轴标签
[no]iytitle	显示每个小图的 y 轴标题
[no]ixtitle	显示每个小图的 x 轴标题
imargin(marginstyle)	图形之间的空白大小
legend_option	图例选项
title_options	标题选型

关于 by 选项的设定，着重说明如下：

（1） 选项 total 表示除了对每一个组别分别作图外，还要添加一个含有全部样本的图形。

选项 colfirst 设定小图的排列顺序首先是第一列，然后是第二列。比如对于一个有四组分类的散点图而言，默认情况和设置了 colfirst 的排列顺序如下：

```
default        colfirst
1  2           1  3
3  4           2  4
```

（2） 选项 rows(#)和 cols(#)是相互替代的，它们的意思是设定所有图形共排列#行或者#列，两个选项只能设定一个。

默认情况是 cols(c), c = ceil(sqrt(G))，其中 G 是所有需要排列的图形数目。sqrt 表示开平方，ceil 表示比输入的数字大的最小的整数。比如，共有 4 个图形需要显示，那么结果将是一个 2×2 的矩阵，如果有 5 个图形要显示，那么结果是一个 2×3 的矩阵，因为 ceil(sqrt(5))=3。

（3） 选项 holes(numlist)用来设定留白的位置。

考虑我们要绘制一个含有三个组别的图形，假设这三个组别被分配在一个 2×2 的矩阵中，默认情况下，第一张图会在左上方的位置，第二张图在右上方的位置，第三张图在左下方的位置，最后右下方是空白的。如果设定 holes(3)将会导致左下方空白，而第三张图出现在右下方。这就是选项 holes(numlist)设定留白位置的作用。

那么在 holes()中设定的数字是如何与具体的位置对应起来的呢？默认情况下，位置对应情况如下：

```
1 2      1 2 3       1  2  3  4      1  2  3  4  5
3 4      4 5 6       5  6  7  8      6  7  8  9 10
         7 8 9       9 10 11 12     11 12 13 14 15
                    12 14 15 16     16 17 18 19 20
                                    21 22 23 24 25    etc.
```

如果设定了 colfirst，那么位置的对应情况如下：

```
1 3      1 4 7      1 5  9 13      1  6 11 16 21
2 4      2 5 8      2 6 10 14      2  7 12 17 22
         3 6 9      3 7 11 15      3  8 13 18 23
                    4 8 12 16      4  9 14 19 24
                                   5 10 15 20 25     etc.
```

下面举例说明 by()选项的使用。

【例 3-11】使用 Stata 系统自带的数据集 auto.dta 完成下列绘图任务。

auto.dta 是 Stata 系统自带的关于 1978 年汽车市场的调查数据，包含 74 个观测值，12 个变量。变量的具体情况是：make 是字符型变量，表明生产厂商。其他均为数值型变量，price 是汽车的价格（万元），mpg 是行驶里程（英里），rep78 是在该年度修理次数，foreign 是虚拟变量，赋值 1 代表国外产，0 代表国产。数据用几个变量揭示了汽车的重要特征：headroom、trunk、length、turn、displacement、gea_ratio 依次代表汽车内部空间大小、后备箱空间大小、身长、转弯半径、排气量和变速比。

（1） 按照是否为国产（相关的变量是 foreign）分组绘制 mpg 和 weight 的散点图。

（2） 按照是否为国产（相关的变量是 foreign）分组绘制 mpg 和 weight 的散点图，并添加一张包含全部观测值的散点图。

（3） 将第（2）题绘制的图形改为一行排列。

（4） 将第（2）题绘制的图形中的留白放在左下方。

（5） 为第（2）题绘制的图形添加一个全图标题“My Title”。

（6） 将第（2）题绘制的图形中每个小图的标题去掉。

（7） 将第（2）题绘制的图形中每个小图的标题位置改为 ring(0)、pos(1)，属性设置为 nobexpand。

上述 7 个图形的绘制命令如下：

```
sysuse auto //打开系统自带数据 auto.dta
*按照是否为国产（相关的变量是 foreign）分组绘制 mpg 和 weight 的散点图
scatter mpg weight, by(foreign) //by(foreign)表明按照 foreign 分组绘制
*按照是否为国产（相关的变量是 foreign）分组绘制 mpg 和 weight 的散点图，并添加一张包含全部观测值的散点图
scatter mpg weight, by(foreign, total) //by(foreign, total) 表明按照 foreign 分组绘制添加一张包含全部观测值的散点图
*将第（2）题绘制的图形改为一行排列
scatter mpg weight, by(foreign, total rows(1)) //rows(1)表示将图形排列成一行
*将第（2）题绘制的图形中的留白放在左下方
scatter mpg weight, by(foreign, total holes(3)) //holes(3)表示将留白放在左下方
*为第（2）题绘制的图形添加一个全图标题"My Title"
scatter mpg weight, by(foreign, total title("My title")) //注意将 title("My title")放在 by()内，否则将会把每个小图的标题都设置为 My title
*将第（2）题绘制的图形中每个小图的标题去掉
scatter mpg weight, subtitle("") by(foreign, total) //subtitle("")表示每个小图的标题都是空白
*为第（2）题绘制的图形中每个小图的标题位置改为 ring(0)、pos(1)，属性设置为 nobexpand
scatter mpg weight, subtitle(, ring(0) pos(1) nobexpand) by(foreign, total)
```

这些命令绘制的图形如图 3-41 至图 3-47 所示。

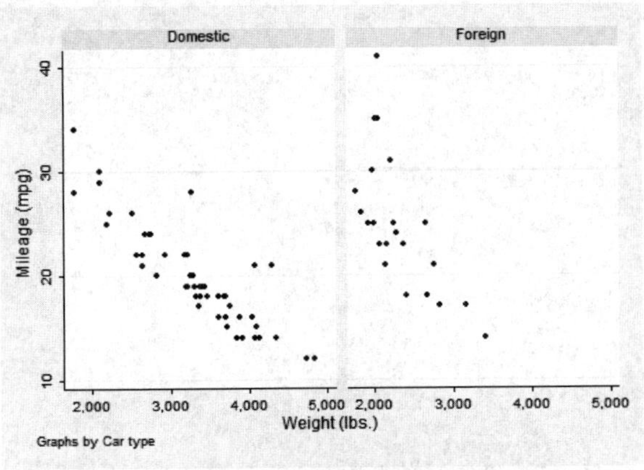

图 3-41 第（1）题图示
（单位 横轴：磅 纵轴：千米/加仑）

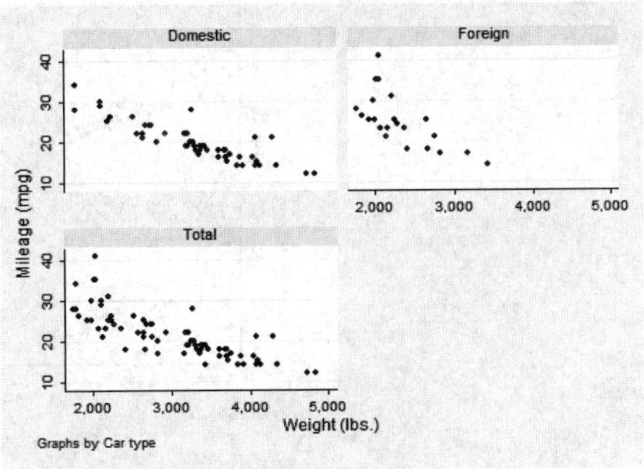

图 3-42 第（2）题图示
（单位 横轴：磅 纵轴：千米/加仑）

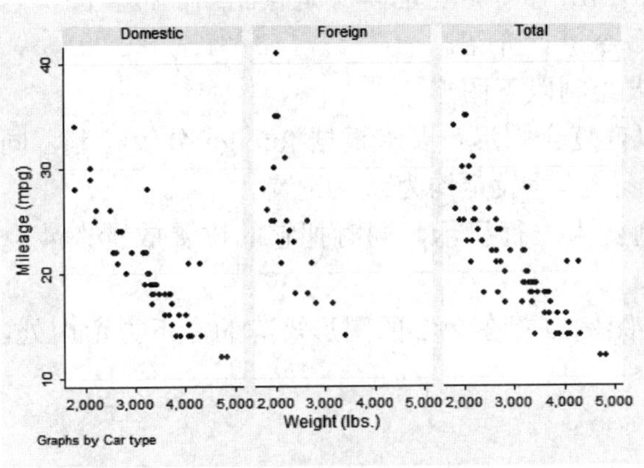

图 3-43 第（3）题图示
（单位 横轴：磅 纵轴：千米/加仑）

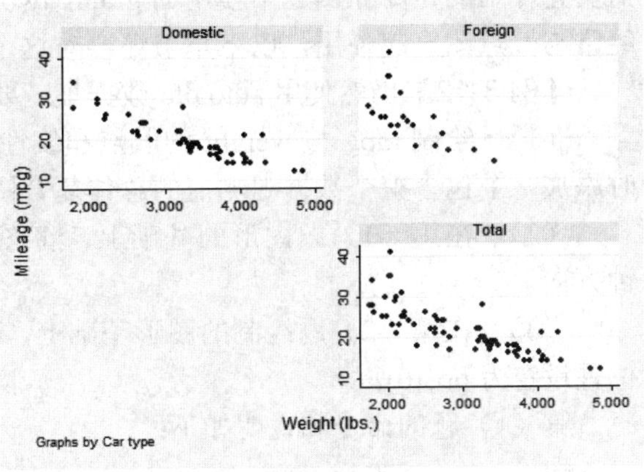

图 3-44 第（4）题图示
（单位 横轴：磅 纵轴：千米/加仑）

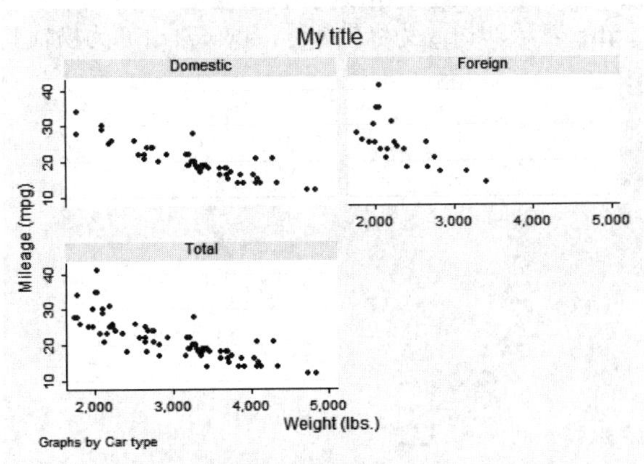

图 3-45 第（5）题图示
（单位 横轴：磅 纵轴：千米/加仑）

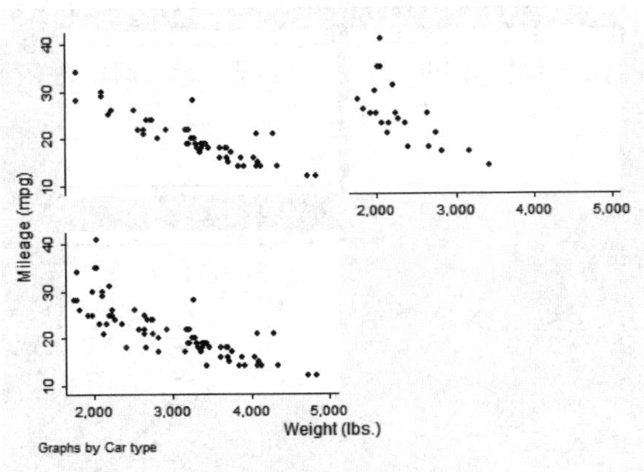

图 3-46 第（6）题图示
（单位 横轴：磅 纵轴：千米/加仑）

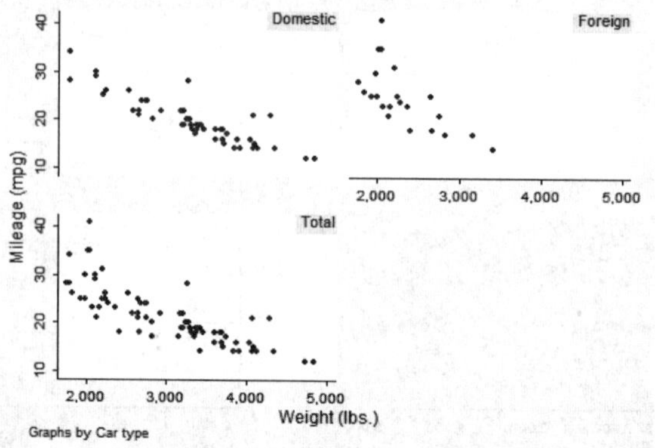

图 3-47　第（7）题图示（单位 横轴：磅 纵轴：千米/加仑）

下面的例子说明如何将 by()选项与图例 legend 选项组共同使用，为每一个子图设置图例，需要先介绍的是要在例题中使用的 graph twoway lfit 命令，它的含义是绘制线性拟合图，它经常与散点图一起使用，以下章节还会对这个命令进行介绍。

【例 3-12】仍然使用 auto.dta 数据集，要求绘制以下图形：

（1） 绘制 mpg 与 weight 的散点和线性拟合复合图形，要求根据 foreign 分组绘制，同时添加一个包含整个数据观测值的总体复合图形，其他设定均为默认设置。

（2） 在第（1）题图形的基础上，将图例变为一行显示，同时把它的位置放置在 4 点钟方向。

（3） 在第（2）题绘制的图形基础上，将图例放置在 2×2 的图形矩阵的右下方留白处，位置设定为 pos(0)。

第（1）题的命令和说明如下：

```
sysuse auto //打开数据文件 auto.dta
*绘制 mpg 与 weight 的散点和线性拟合复合图形，要求根据 foreign 分组绘制，同时添加一个包含整个数据观测值的总体复合图形，其他设定均为默认设置
scatter mpg weight || lfit mpg weight ||, by(foreign, total row(1)) //复合作图，两个作图命令之间使用||隔开，lfit mpg weight 表示以 mpg 为纵轴变量，以 weight 为横轴变量绘制线性拟合图形，row(1)表示将子图排成一行
```

上述命令的结果如图 3-48 所示。

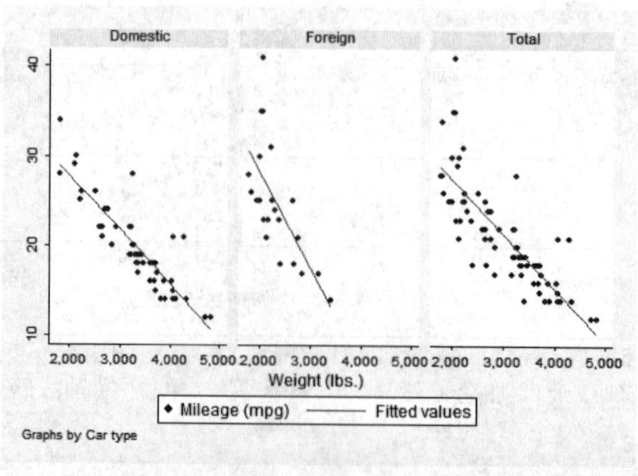

图 3-48　第（1）题绘图结果（单位 横轴：磅 纵轴：千米/加仑）

第（2）题的命令和说明如下：

```
*在第（1）题图形的基础上，将图例变为一行显示，同时把它的位置放置在 4 点钟方向
scatter mpg weight || lfit mpg weight ||, legend(cols(1)) by(foreign, total
legend(pos(4))) //注意要区分 legend(contents)和 legend(location)，前者放在 by()外，
而后者要放在 by()内。这里 cols()子选项属于图例的 contents，所以应该放在 by()外，而 pos(4)
属于图例的 location。这里的逻辑是这样的：当 Stata 产生每一个小图形时，它必须知道将产生何种形
式的图例，所以对于每一个 by 选项的分组都要使用；而一旦所有的图形都已经产生，图例放在哪里只是一
个如何拼合图形的问题，因而只需要最后执行一次
```

上述命令的结果如图 3-49 所示。

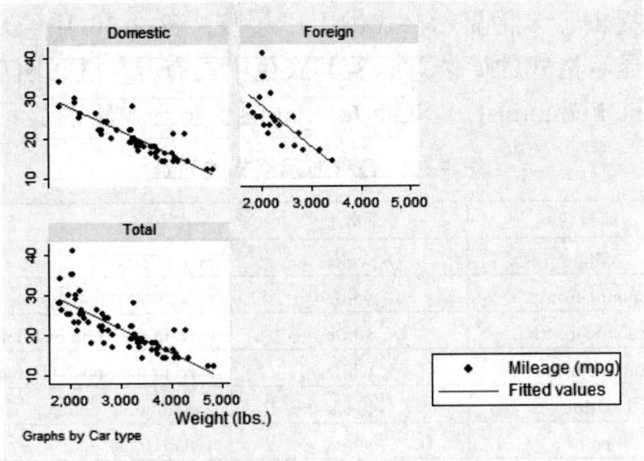

图 3-49 第（2）题绘图结果（单位 横轴：磅 纵轴：千米/加仑）

第（3）题的命令和说明如下：

```
*在第（2）题绘制的图形基础上，将图例放置在 2×2 的图形矩阵的右下方留白处，位置设定为 pos(0)
scatter mpg weight || lfit mpg weight ||, legend(cols(1)) by(foreign, total
legend(at(4) pos(0)))  //legend(at(4) pos(0))表示将图例放置在 2×2 的图形矩阵的右下方
留白处，并且在绘图区域内
```

上述命令的结果如图 3-50 所示。

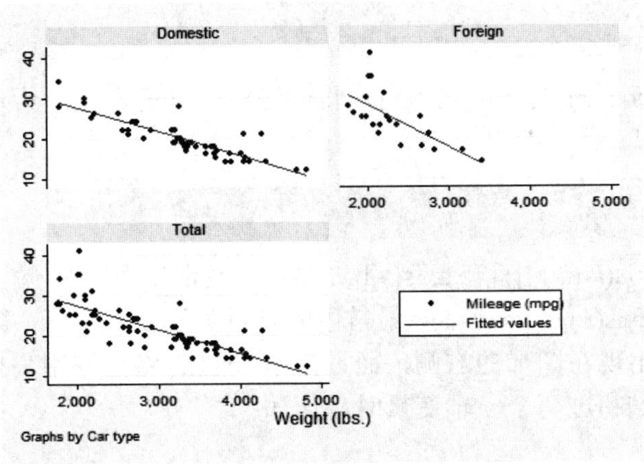

图 3-50 第（3）题绘图结果（单位 横轴：磅 纵轴：千米/加仑）

3.3.7 scheme 选项的设定

新版本 Stata 在制图功能上最大的改进之一，就是升级了图形显示格式。图形的显示格式包括有关 Stata 如何呈现图形的各个方面。例如，图形的底色、字体的大小、轴线的自动分段、横轴纵轴的位置等，在不同的显示格式中都各不相同。

举例来讲，显示格式 s2color 是 Stata 的出厂设置（即默认格式），而显示格式 economist 是杂志 The Economist 使用的图形格式。与格式 s2color 相比，格式 economist 将纵轴（y 轴）移到了右侧，图形名称采用了左对齐的方式，默认图形栅格化，底色可以设定为彩色，注释放在图形的右上。

Stata 的制图引擎提供了多种显示格式供用户选择。表 3-30 中给出了各种显示格式的对比。其中，s1 系列的显示格式的简洁意味着其底色中没有 s2 格式图形中的淡色的边框。而 economist 与 sj 则是 The Economist 和 Stata Journal 两个杂志设定的显示格式。

表 3-30 各种显示格式的对比

scheme 方案	前景色	后景色	含 义
s2color	colour	white	factory setting
s2mono	monochrome	white	s2color in monochrome
s2manual	monochrome	white	used in the Stata manuals
s2gmanual	monochrome	white	used in the Stata [G] manual
s1rcolor	color	black	a plain look on black background
s1color	color	white	a plain look
s1mono	monochrome	white	a plain look in monochrome
s1manual	monochrome	white	a plain look, but smaller；used in some Stata manuals
economist	color	white	The Economist magazine
sj	monochrome	white	Stata Journal

用户可以尝试不同的显示格式下图形的呈现情况，并根据这些情况及个人偏好选择要使用的显示格式。用户输入以下命令查看有哪些显示格式可供选择：

```
.graph query, scheme
```

在确定了显示格式后，用户可以输入以下命令设定制图的显示格式：

```
.set scheme schemename [,permanently]
```

如果加上选项 permanently，则表示用户将制图格式永远设定为所选的格式，直到下一次用户重新设定显示格式。

3.3.8 轴线选择选项（axis_choice_options）的设定

轴线选择选项 yaxis(# [# ...])和 xaxis(# [# ...])用来设定使用的是哪一个坐标，其中#取值为 1 到 9，默认设置是 yaxis(1)和 xaxis(1)，最常用的是对于 y 轴的选择，第一个 y 轴出现在图形的左侧，第二个 y 轴出现在图形的右侧，而设定 yaxis(1 2)将允许用户拥有两个相同的轴线。

一般来说，当绘制超过两个 y 轴变量时，比如：

```
.scatter y1 y2 x
```

或者等价的：

```
.twoway (scatter y1 x) (scatter y2 x)
```

这两个图形将共用同一个 y 轴和 x 轴。如果要将它们的 y 轴分开标示，那么就需要轴线选择选项进行设定。用以下例题说明如何使用轴线选择选项。

【例 3-13】使用系统数据 auto.dta 绘制以 mpg、price 为 y 轴变量，以 weight 为 x 轴变量的散点图。具体要求如下：

（1） 在默认情况下绘制 mpg、price 与 weight 的散点图，要求两个 y 轴变量共用一个 y 轴。

（2） 绘制 mpg、price 与 weight 的散点图，要求两个 y 轴变量分别使用两个 y 轴。

（3） 在第二小题的基础上为每一个坐标轴添加刻度和刻度标识，要求 x 轴分位大约 10 个刻度，左边的 y 轴分位大约 8 个刻度，右边的 y 轴分位大约 10 个刻度并且不必显示刻度标识。

完成上述 3 个要求的命令、命令说明以及绘制的图形如下：

```
*在默认情况下绘制 mpg、price 与 weight 的散点图，要求两个 y 轴变量共用一个 y 轴
sysuse auto //载入系统数据集 auto.dta
scatter mpg price weight //在默认的情况下绘制散点图，此时 mpg 和 price 共用同一个 y 轴

*绘制 mpg、price 与 weight 的散点图，要求两个 y 轴变量分别使用两个 y 轴
twoway (scatter mpg weight) (scatter price weight,yaxis(2)) //要求为 price 和
weight 的散点图添加第二条 y 轴，即位于图形右侧的 y 轴
*上面的命令等价于下面这条命令
scatter mpg weight || scatter price weight,yaxis(2)

*在第二小题的基础上为每一个坐标轴添加刻度和刻度标识，要求是 x 轴分位大约 10 个刻度，左边的
y 轴分位大约 8 个刻度，右边的 y 轴分位大约 10 个刻度并且不必显示刻度标识
scatter mpg weight || scatter price weight,yaxis(2) || ,xlabel(#10)
ytick(#10,axis(2)) ylabel(#8,axis(1)) //大部分均在前面介绍过了，需要注意的是在 ytick
和 ylabel 为了表示设置的是哪一个坐标，使用了 axis(2)和 axis(1)这两个坐标选择选项
```

上述命令绘制的图形如图 3-51、图 3-52 和图 3-53 所示。

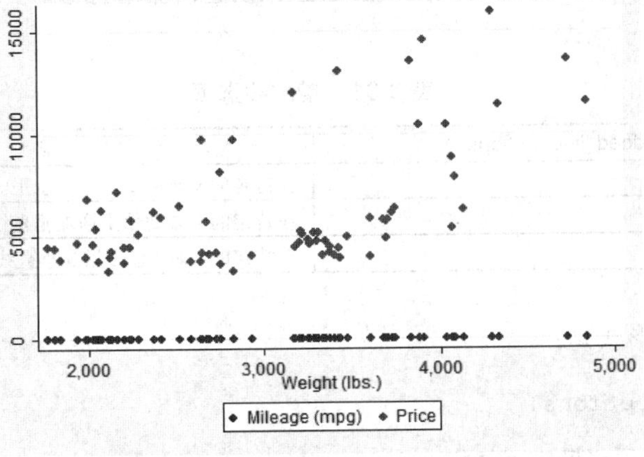

图 3-51 第（1）题绘制图形（单位 横轴：磅 纵轴：千米/加仑；美元）

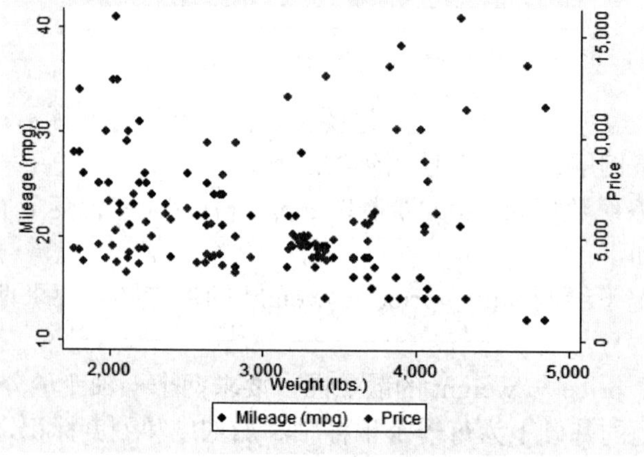

图 3-52　第（2）题绘制图形（单位 横轴：磅 纵轴：千米/加仑；美元）

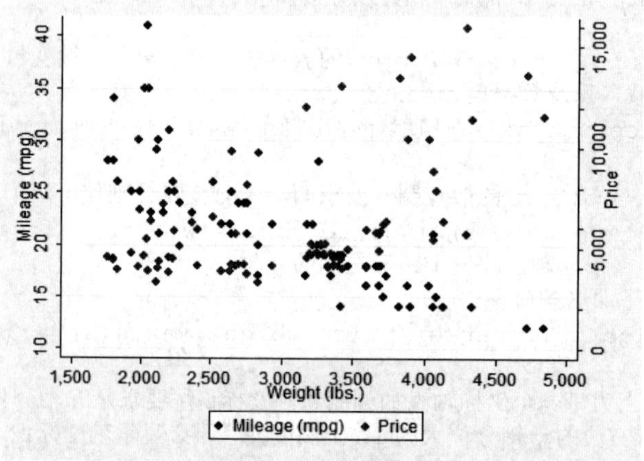

图 3-53　第（3）题绘制图形（单位 横轴：磅 纵轴：千米/加仑；美元）

3.3.9 增加线选项（added_line_options）的设定

增加线选项(added_line_options)用于在二维图形上添加增加线，3 个增加线选项如表 3-31 所示。

表 3-31　增加线选项

增加线选项（added_line_options）	含　义
yline(linearg)	在特定的 y 轴数值上增加水平线
xline(linearg)	在特定的 x 轴数值上增加垂直线
tline(time_linearg)	在特定的 t 轴数值上增加垂直线

其中，linearg 的形式是：

```
numlist [, suboptions]
```

子选项（suboptions）见表 3-32。

表 3-32 子选项及其含义

子选项（suboptions）	含 义
axis(#)	选择需要设定的坐标轴，取值在 1 到 9 之间
style(addedlinestyle)	增加线的总体样式
[no]extend	将增加线扩展至整个作图区域
lstyle(linestyle)	增加线的样式
lpattern(linepatternstyle)	增加线的粗细
lwidth(linewidthstyle)	增加线的颜色
lcolor(colorstyle)	

增加线选项（added_line_options）的设定比较容易掌握，我们仅示范性地举例说明。yline()和 xline()典型的用法是增加一条参考项，比如如下命令：

```
.scatter yvar xvar, yline(10)
.scatter yvar year, xline(1944 1989)
```

前者增加了一条 yvar=10 的水平参考线，而后者增加了两条 year=1944 和 1989 的两条年代参考线。

子选项 lstyle(foreground)表示设置的增加线与坐标轴样式相同，比如如下命令：

```
.scatter yvar xvar, yline(10, lstyle(foreground))
```

子选项 lstyle(grid)表示设置的增加线与网格线样式相同，比如如下命令：

```
.scatter yvar year, xline(1944 1989, lstyle(grid))
```

选项 yline()和 xline()可以被重复设定，并且每一个设定都有效，都会分别执行，比如如下两条命令是等价的：

```
scatter yvar year, xline(1944 1989)
scatter yvar year, xline(1944)  xline(1989)
```

3.3.10 scale 选项的设定

scale(#)选项设定一个数字以便调整整个图像包括文本、标记和线段的大小，这个选项实际上是整个图形的放大镜或者缩小镜。scale(1)是默认设置，表示不改变图像大小。为了使整个图像增大 20%可以设置 scale(1.2)，为了使整个图像减少 20%，可以设置 scale(.8)。下面我们结合前面各种选项的介绍，举一个复杂的例子说明 scale(#)选项的作用。

【例 3-14】系统数据集 lifeexp.dta 是一个关于全球 68 国人口生存状况的数据，这些国家分别来自欧亚、北美和南美四大洲，表 3-33 是所有变量的一个概览。

表 3-33 数据集 lifeexp.dta 变量概览

变 量 名	存储方式	显示方式	标 签	含 义
region	byte	%14.0g	region	地区，1 表示欧洲或者亚洲、2 表示北美洲、3 表示南美洲
country	str28	%28s		国家名称
popgrowth	float	%9.0g		平均人口增长率（%）
lexp	byte	%9.0g		预期人口寿命
gnppc	float	%9.0g		人均 GNP（美元）
safewater	byte	%9.0g		安全饮水情况（一个从 1 到 100 的指数，部分数据有缺失）

本例的作图要求是使用南美洲和北美洲的数据（即 region=2 和 3 的观测值）绘制如下两幅图形并将它们复合在一张图形上。

（1） 绘制 lexp 和 gnppc 的散点图，每个散点的标签为相应的国家名，并利用 mlabv() 选项恰当地安排标签的位置，x 轴使用对数化后的尺度。

（2） 用 lexp 对 gnppd 的对数做回归，将拟合值命名为 hat。绘制 hat 与 gnppc 的连线图。

（3） 在 x 轴上标注 0.5、5、10、15、20、25、30 以及网格线，关闭图例，设定总的标题是“Life expectancy vs. GNP per capita”，副标题是“North, Central, and South America”，备注是“Data source: World bank, 1998”，y 轴标题是“Life expectancy at birth (years)”。

完成上述要求绘图的命令如下：

```
sysuse lifeexp, clear //打开系统数据集 lifeexp.dta
keep if region==2 | region==3 //仅保留北美洲和南美洲的数据
replace gnppc = gnppc / 1000 //将变量 gnppc 缩小 1000 倍以便作图更美观
label var gnppc "GNP per capita (thousands of dollars)"   //为变量 gnppc 添加变量标签

generate lgnp = log(gnp) //生成 lgnp 其赋值是 gnp 的对数值
qui reg lexp lgnp //用 lexp 对 lgnp 做回归，qui 要求这个过程不显示结果
predict hat //生成上述回归的预测值
label var hat "Linear prediction" //为这个预测值添加标签

replace country = "Trinidad" if country=="Trinidad and Tobago" //改变 country 的内容以便后期绘图调整标签
replace country = "Para" if country == "Paraguay"   //改变 country 的内容以便后期绘图调整标签

generate pos = 3 //生成一个赋值为 3 的新变量，这个变量用于调整标签的位置
replace pos = 9 if lexp > hat //本句及以后几句都是对设定标签位置的变量 pos 进行调整，这种调整是经过反复尝试得到的
replace pos = 3 if country == "Colombia"
replace pos = 3 if country == "Para"
replace pos = 3 if country == "Trinidad"
replace pos = 9 if country == "United States"

twoway (scatter lexp gnppc, mlabel(country) mlabv(pos)) //绘制 lexp 与 gnppc 的散点图
(line hat gnppc, sort) //绘制 hat 与 gnppc 的连线图
, xscale(log) xlabel(.5 5 10 15 20 25 30, grid) //设定 x 轴的标尺和刻度
legend(off) //关闭图例
title("Life expectancy vs. GNP per capita") //增加标题
subtitle("North, Central, and South America") //增加副标题
note("Data source:  World bank, 1998") //增加备注——数据来源
ytitle("Life expectancy at birth (years)") //增加 y 轴的标题
```

上述命令生成的图形如图 3-54 所示。

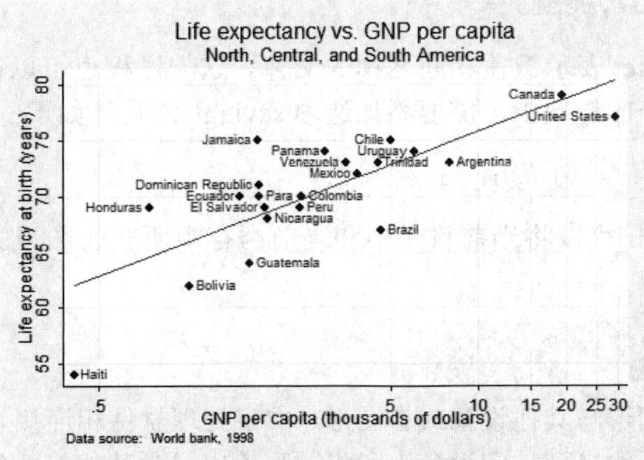

图 3-54 lexp 和 gnppc 的线性拟合图（单位 横轴：千美元 纵轴：年）

如果我们在最后的绘图命令中加入 scale(1.3)，那么绘制的图像将是上面图形的 1.3 倍大小，如图 3-55 所示。

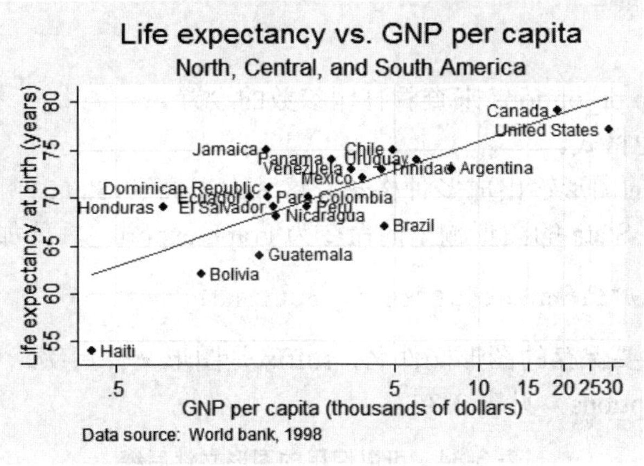

图 3-55 加入了 scale(1.3)后的 lexp 和 gnppc 线性拟合图（单位 横轴：千美元 纵轴：年）

3.3.11 图形保存选项

与处理数据文件一样，Stata 将本身生成的图形存储分为两种形式：一种是内存中的激活状态，另一种是存入硬盘的状态。在用户把当前文件存入硬盘之前，用户所绘制的图形均在内存中。用户可以选择是清除或者是存储，如果用户绘制另外一个图形，则自动清除之前保留在内存中的图形。

Stata 中的图形格式是一种以.gph 为扩展名的图形文件，这一文件中包含了图形、数据甚至是绘制该图形的命令。例如，使用如下命令就可以将保存在内存中的图形的基本信息显示出来：

```
graph describe
```

对于处于内存激活模式的图形，可以使用命令 graph save 将文件存储到硬盘中。例如，对于上面的图形，在绘制完毕后，输入下面的命令将图形保存成 myfile 文件：

```
graph save myfile,replace
```

这里的选项 replace 表示覆盖相同名称的文件。这一过程也可以在绘制图形的过程中完成。这时，其绘制命令的选项中，需要添加选项 saving()，具体如下：

```
.graph ... , ... saving(myfile) ...
```

使用命令 graph dir 可以将当前目录中和当前内存中所有的图形文件与已命名的图形列出来。

3.3.12 图形输出选项

为了使得生成的图形与其他设备或者图形、文字处理软件相连接，Stata 还提供了图形输出的工具，包括将图形输出到打印设备上和将图形输出成为其他格式的文件。

（1） 图形的打印。

对于在制图窗口的图形，可以直接使用命令 graph print 将图形送到打印机打印。

对于已经存储到硬盘上的图形文件，需要先将图形读取出来，然后再打印，命令如下：

```
graph use filename
graph print
```

用户可以输入 help pr_options 来查看打印参数的设置。

（2） 存储为其他格式。

Stata 可以将生成的图形输出成多种格式。这大大提高了 Stata 制图引擎与其他图形、文字处理软件的兼容性。Stata 的图形输出的命令为 graph export，具体如下：

```
graph export newfilename.suffix [, options]
```

其中，filename 是要保存的图形文件名，suffix 是图形文件后缀，可以使用的图形文件后缀见表 3-34，选项（options）见表 3-35。

表 3-34 可以使用的图形文件后缀

后 缀 名	选项指明	格式说明
.ps	as(ps)	PostScript
.eps	as(eps)	EPS (Encapsulated PostScript)
.wmf	as(wmf)	Windows Metafile
.emf	as(emf)	Windows Enhanced Metafile
.pict	as(pict)	Macintosh PICT format
.pdf	as(pdf)	PDF
.png	as(png)	PNG (Portable Network Graphics)
.tif	as(tif)	TIFF

表 3-35 选项（options）一览表

选 项 名	含　义
name(windowname)	要输出的图形文件名
as(fileformat)	输出文件的文件格式（一般省略）
replace	新文件覆盖原有的同名文件

现在分 3 种情况讲解如何将文件输出 Stata。

（1） 输出显示在图形窗口中的绘图。

完成这一任务有 3 种方法：① 在图形窗口上右击，选择 save graph，然后选择合适的保存类型；② 选择 File 下拉菜单，在出现的菜单中选择 save graph 按钮，然后选择合适的保存类型；③ 在命令窗口输入"graph export filename.suffix"。

这 3 种方法是等价的，最后一种方法的优势在于你可以将命令放入到一个 DO 文件中，比如：

```
.graph ... //绘制图形的命令
.graph export filename.suffix //将这个文件输出
```

一般情况下，输出文件的类型是由 filename.suffix 中的后缀名.suffix 决定的。

（2） 输出一个存储在硬盘上的图形。

要输出一个存储在硬盘上的图形，可以在命令窗口中输入：

```
.graph use gph_filename
.graph export output_filename.suffix
```

（3） 输出一个存储在内存中的图形。

要输出一个存储在内存中的图形，可以在命令窗口中输入：

```
.graph display name
.graph export filename.suffix
```

3.4 Stata 操作习题

文件 CEOSAL2.dta 包含了 177 位首席执行官的数据，可以用来考察企业业绩对 CEO 薪水的影响。表 3-36 是这个数据中的变量介绍。

表 3-36 CEOSAL2.dta 变量说明

变　量	变量说明
salary	工资（千美元）
age	年龄（年）
college	=1 如果大学毕业
grad	=1 如果研究生毕业
comten	在公司的时间（年）
ceoten	担任 CEO 的时间（年）
sales	1990 年的公司销售额（万元）
profits	1990 年公司的利润（万元）
mktval	1990 年末公司的市场价值（万元）
lsalary	log(salary)
lsales	log(sales)
lmktval	log(mktval)
comtensq	comten 的平方
ceotensq	ceoten 的平方
profmarg	利润占销售额的百分比（%）

表 3-37 列出了部分变量和数据。

表 3-37　CEOSAL2.dta 部分数据

salary	age	comten	sales	profits	mktval
1161	49	9	6200	966	23200
600	43	10	283	48	1100
379	51	9	169	40	1100
651	55	22	1100	-54	1000
497	44	8	351	28	387
1067	64	7	19000	614	3900
945	59	35	536	24	623
1261	63	32	4800	191	2100
503	47	4	610	7	454
1094	64	39	2900	230	3900
601	54	26	1200	34	533
355	66	39	560	8	477
1200	72	37	796	35	678
697	51	25	8200	234	5700
1041	63	21	4300	91	1400
245	44	7	135	24	558
817	68	38	1300	55	847
1675	71	31	674	115	1200
971	72	33	1400	69	609
609	58	36	1100	69	880
470	60	20	2300	210	2200
867	59	36	884	81	1500
752	54	32	1600	193	3200
246	51	8	78	13	458
825	56	4	10700	295	5900
358	50	23	99	25	2300
1162	58	24	3800	226	1800
270	43	15	150	28	713
829	56	14	2200	184	1500
300	77	45	6900	483	4700

请利用本章所学内容完成以下操作：

（1） 默认情况下绘制 salary 和 sales 的散点图。

（2） 绘制 salary 和 sales 以及 salary 与 profits 的散点图，要求前者使用整体样式 p9，后者使用整体样式 p8。

（3） 绘制 salary 和 sales 以及 salary 与 profits 的散点图，要求散点图形状前者选择实心圆，后者选择大写字母 X；散点颜色前者选择绿色，后者选择蓝色；散点大小均选择中等。

（4） 绘制 salary 和 sales 散点图，对比 y 轴刻度使用正常尺度和逆向尺度的异同。

（5） 绘制 salary 和 sales 以及 salary 与 profits 的散点图，要求将图例放置在五点钟方向，同时图例排成一列。

第 4 章　其他图形绘制

第 3 章详细讲解了关于二维绘图命令族的设置，本章重点介绍其他几种常见的二维绘图命令，包括曲线标绘图、连线标绘图和拟合图形等。此外，非二维绘图命令也将有所涉及，将介绍条形图的绘制。

4.1　绘制曲线标绘图和连线标绘图

曲线标绘图和连线标绘图是二维绘图命令族（twoway graph）中直接来源于散点图的图形，从外表上看，连线标绘图就是将每个散点连接了起来，而曲线标绘图则是在连接各个散点的同时将散点隐藏起来，因此它们之间存在着一些转换关系，本节重点分析这两种图形。

4.1.1　绘制曲线标绘图

机械地看，所谓曲线标绘图，就是其中的点用线段连接起来的散点图，和散点图一样，曲线标绘图的不同类型也属于 Stata 功能强大的 graph twoway 族命令。散点图中控制添加坐标轴标签和标识的选项对曲线标绘图同样起作用，新的选项可以控制曲线本身的特征。

与散点图相比，曲线标绘图往往有不同的用法。比如和时间图一样，它们也可以用于描述一个变量随时间而发生的变化。曲线标绘图的命令语法如下：

```
[twoway] line varlist [if] [in] [, options]
```

其中，twoway 可以省略，varlist 包括参加绘图的变量名称，选项 options 包括 connect_options、axis_choice_options 和各种其他的 twoway_options，例如控制标题、图例、坐标轴、增加线的选项，所有这些选项都在 3.1 节和 3.2 节中详细介绍过。

关于曲线标绘图，我们给出如下说明：

（1）　以下几个曲线标绘图命令是等价的：

```
.graph twoway line ...
.twoway line ...
.line ...
```

作为二维绘图命令族中的一员，曲线标绘图可以与其他二维绘图命令混合使用，如下的两种方式都是被允许的：

```
.twoway (line ...) (scatter ...) (lfit ...) ...
```

或者

```
.line ... || scatter ... || lfit ... || ...
```

（2）　曲线标绘图和散点图的等价性。

曲线标绘图类似于散点图，不同之处在于前者的默认设置是散点不显示且各点用直线连接起来的。以下两条命令的结果是一样的：

```
.line yvar xvar
.scatter yvar xvar, msymbol(none) connect(l)
```

所以用户可以用散点图来取代曲线标绘图，但是曲线标绘图却不可以取代散点图，因为如下的两条命令并不是等价的：

```
.line yvar xvar, msymbol(O) connect(none)
.scatter yvar xvar
```

这是因为尽管 line 命令允许但实际上忽略了用户设置的选项 marker_option msymbol()。

下面的例子给出了 line 命令的一个基本的使用方法。

【例 4-1】使用系统自带的数据集 auto.dta 中的变量 mpg 和 weight，通过散点图和曲线图的复合来绘制 mpg 对 weight 一元线性回归的 95%的预测置信区间。

完成这个任务的命令如下：

```
.sysuse auto, clear //将数据集 auto.dta 载入 Stata 中
.quietly regress mpg weight //以 mpg 为因变量，weight 为自变量做回归，quietly 要求不显示回归的结果
.predict hat //得到预测值 hat
.predict stdf, stdf //得到预测的标准差
.generate lo = hat - 1.96*stdf //构建置信区间的下界，其中 1.96 是置信度为 95%的双侧检验的 t 值
.generate hi = hat + 1.96*stdf//构建置信区间的上界，其中 1.96 是置信度为 95%的双侧检验的 t 值
.scatter mpg weight || line hat lo hi weight, pstyle(p2 p3 p3) sort //scatter mpg weigh 要求以 mpg 为 y 轴变量，weight 为 x 轴变量绘制散点图；line hat lo hi weight, pstyle(p2 p3 p3) 要求以 hat lo 和 hi 为 y 轴变量，weight 为 x 轴变量绘制散点图；选项 sort 要求对 weight 进行排序，需要强调的是 sort 必须加上否则会得到没有意义的图形
```

上述命令的运行结果如图 4-1 所示。

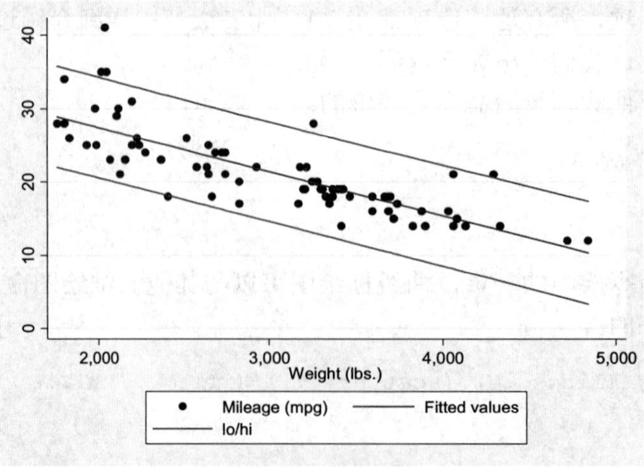

图 4-1　mpg 对 weight 一元线性回归的 95%的预测置信区间（单位 横轴：磅 纵轴：公里/加仑）

需要再次强调选项 sort 的重要性，这个选项的意思是对 x 轴变量进行排序，如果没有这

个选项，那么用户得到的结果将是没有意义的。比如如下命令中没有添加 sort 选项：

```
.sysuse auto, clear
.line mpg weight
```

那么绘制的结果完全没有意义，如图 4-2 所示。

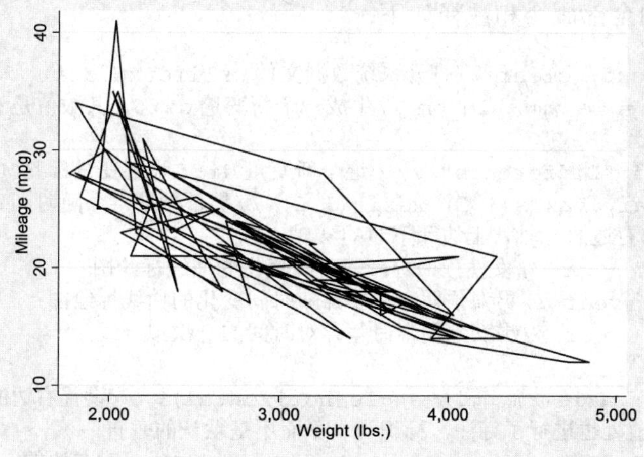

图 4-2 没有意义的曲线标绘图（未加 sort 选项）（单位 横轴：磅 纵轴：千米/加仑）

下面给出一个更加复杂的例子，这个例子囊括了之前所讲的大部分选项的使用。

【例 4-2】使用系统数据集 uslifeexp.dta，该数据集已经多次使用，这里不再重复介绍。要求读者使用这个数据集完成如下要求的绘图。

（1） 绘制美国全体人口预期寿命随时间变化的曲线标绘图。

完成这个任务的命令如下：

```
.sysuse uslifeexp
.line le year
```

上述命令绘制的结果如图 4-3 所示。

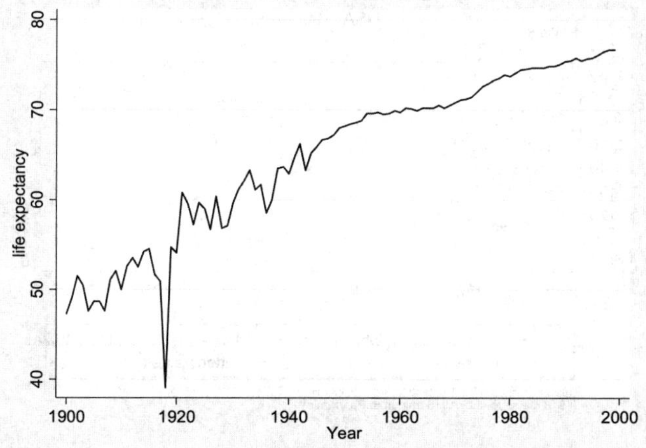

图 4-3 美国全体人口预期寿命随时间变化的曲线标绘图（单位 横轴：年 纵轴：年）

（2） 要求在同一图形中绘制如下四条曲线：

a. 美国男性预期寿命随时间变化的曲线标绘图。

b. 美国女性预期寿命随时间变化的曲线标绘图。

c. 美国男女预期寿命差异随时间变化的曲线标绘图。

d. 美国男女预期寿命差异对时间的一次拟合线。

完成这个任务的全部命令和注释如下：

```
sysuse uslifeexp, clear //打开系统数据文件 uslifeexp.dta
generate diff = le_wm - le_bm //生成一个新变量 diff，其数值是女性的预期寿命减去男性的预期寿命
label var diff "Difference" //为这个新变量 diff 设置变量标签"Difference"
line le_wm year, yaxis(1 2) xaxis(1 2) //男性预期寿命随时间变化的曲线标绘图，并设置两个坐标轴，左边和右边的 y 轴，上边和下边的 x 轴
 || line le_bm year //女性预期寿命随时间变化的曲线标绘图
 || line diff  year //男女预期寿命差异随时间变化的曲线标绘图
 || lfit diff  year //男女预期寿命差异对时间的一次拟合线
 ||,
ylabel(0(5)20, axis(2) gmin angle(horizontal)) //设置右边的 y 轴刻度标识从 0 到 20 以 5 为步长，最小值处也进行了标注，标识为水平而不是默认的垂直
ylabel(0 20(10)80,    gmax angle(horizontal)) //对左边的 y 轴刻度进行标识，包括数字 0 以及从 20 到 80 步长为 10 的所有点，其他同右边的 y 轴设置相同
ytitle("", axis(2)) //省略右边 y 轴的标题
xlabel(1918, axis(2)) xtitle("", axis(2)) //对上面的 x 轴进行设置，要求标注 1918 这个点，并省略 x 轴标题
ylabel(, axis(2) grid)
ytitle("Life expectancy at birth (years)")
title("White and black life expectancy")
subtitle("USA, 1900-1999")
note("Source: National Vital Statistics, Vol 50, No. 6"
    "(1918 dip caused by 1918 Influenza Pandemic)")
```

上述命令绘制的结果如图 4-4 所示。

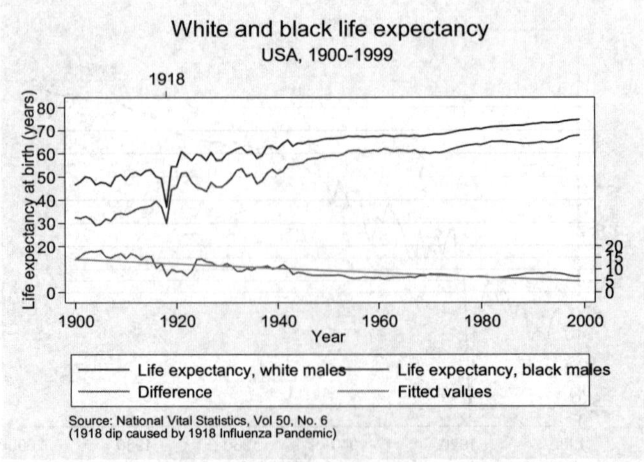

图 4-4 四条曲线复合图形（单位 横轴：年 纵轴：年）

尽管在细节上下了很大的功夫，上面的图形还存在瑕疵：如图例的文字说明超出了方框，还有可以改变图例的位置让图形整体更加美观。因此我们加入如下两个选项：

```
legend(label(1 "White males") label(2 "Black males"))
legend(col(1) pos(3))
```

前者要求将第一条图例的文字说明改为"White males"，第二条图例的文字说明改为"Black males"；后者要求将图例放置在图形的三点钟方向，同时每条图例排成一列。下面是做了上述改动后的全部命令（省略注释）：

```
line le_wm year, yaxis(1 2) xaxis(1 2)
|| line le_bm year
|| line diff  year
|| lfit diff  year
||,
   ylabel(0(5)20, axis(2) gmin angle(horizontal))
   ylabel(0 20(10)80,     gmax angle(horizontal))
   ytitle("", axis(2))
   xlabel(1918, axis(2)) xtitle("", axis(2))
   ylabel(, axis(2) grid)
   ytitle("Life expectancy at birth (years)")
   title("White and black life expectancy")
   subtitle("USA, 1900-1999")
   note("Source: National Vital Statistics, Vol 50, No. 6"
        "(1918 dip caused by 1918 Influenza Pandemic)")
   legend(label(1 "White males") label(2 "Black males"))
         legend(col(1) pos(3))
```

上述命令的绘制结果如图 4-5 所示。

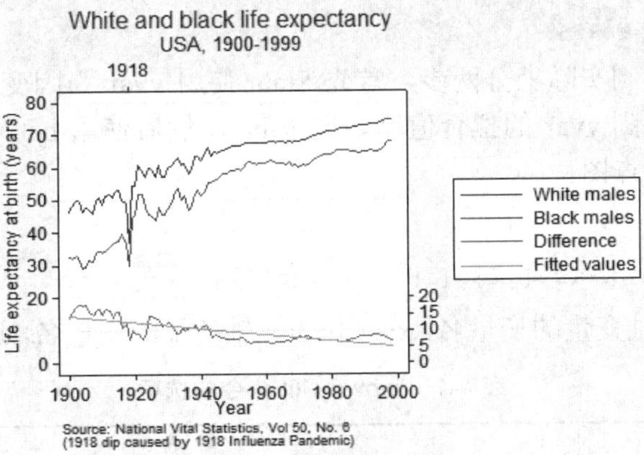

图 4-5　改动后的四条曲线复合图形（单位 横轴：年 纵轴：年）

4.1.2　绘制连线标绘图

在曲线标绘图中，数据点是看不见的，只能看到连线，但是下面命令的绘制结果，图中的数据点是由散点图加号加以标记的，这就是连线标绘图，其命令如下：

```
twoway connected varlist [if] [in] [weight] [, scatter_options]
```

这个命令的选项与散点图绘制命令 scatter 完全一致，这里不再赘述。

如下两种形式的绘图命令是等价的：

```
.graph twoway connected ...
.twoway connected ...
```

连线标绘图命令也可以与其他二维绘图命令族的命令结合形成复合图形，比如连线标绘图可以和散点图以及直线拟合图相结合形成下面的命令：

```
.twoway (connected ...) (scatter ...) (lfit ...) ...
```

需要说明的是，连线标绘图与散点图本质上是一样的，下面两条命令的结果是一致的：

```
.twoway connected yvar xvar
.scatter yvar xvar, connect(l)
```

同样地，下面两条命令的结果也是一致的：

```
.scatter yvar xvar
.twoway connected yvar xvar, connect(none)
```

这说明连线标绘图完全可以和默认情况下的散点图相互转换。

4.2 绘制拟合图形

Stata 提供了多种拟合图形，最常用的是一次拟合图形、二次拟合图形、lowess 拟合图形，这些拟合图形的作用在于快速地给予数据分析者数据背后的直觉和关系，对于探索数据有着重要的作用。

4.2.1 绘制一次拟合图形

一次拟合图形的绘制实际上分两步，首先 Stata 使用 yvar 为因变量，xvar 为自变量进行一元线性回归，然后得到 yvar 的拟合值比如说是 hat，然后使用 hat 对 xvar 做曲线标绘图，同时复合原始数据的散点图。

一次拟合的命令如下：

```
twoway lfit yvar xvar [if] [in] [weight] [, options]
```

其中，yvar 作为 y 轴变量的变量名，xvar 作为 x 轴变量的变量名，选项（options）见表 4-1。

表 4-1 twoway lfit 命令的选项

选项（options）	含 义
range(# #)	计算预测值的 x 区域
n(#)	计算预测值的点的数目
atobs	在 xvar 的赋值处计算 yvar 的预测值
estopts(regress_options)	regress 命令的选项
predopts(predict_options)	predict 命令的选项
cline_options	改变连线的外形
axis_choice_options	选择需要的坐标轴
twoway_options	各种二维作图族的选项，包括标题选项、图例选项、坐标轴选项、增加线选项等

下面举例说明如何使用 twoway lfit 这个命令。

【例 4-3】使用数据集 auto.dta 中的 mpg 和 weight 两个变量，绘制如下要求的图形。

（1） 绘制复合图形，包括 mpg 和 weight 的散点图以及 mpg 和 weight 的一次拟合图。

完成这个任务的命令如下：

```
.sysuse auto
.scatter mpg weight || lfit mpg weight
```

上述命令绘制的图形如图 4-6 所示。

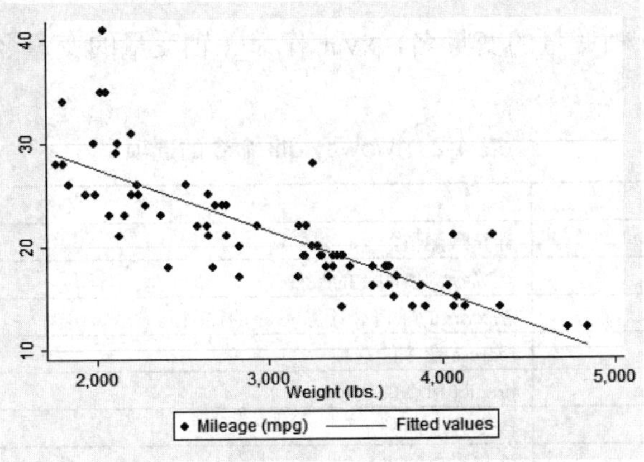

图 4-6 mpg 和 weight 的一次拟合图（单位 横轴：磅 纵轴：千米/加仑）

实际上，上面的命令也可以用以下的语句来完成：

```
.regress mpg weight
.predict fitted
.scatter mpg weight || line fitted weight
```

（2） 根据分类变量 foreign 绘制复合图形，包括 mpg 和 weight 的散点图以及 mpg 和 weight 的一次拟合图。

完成这个任务的命令如下：

```
scatter mpg weight || lfit mpg weight ||, by(foreign, total row(1))
```

上述命令绘制的图形如图 4-7 所示。

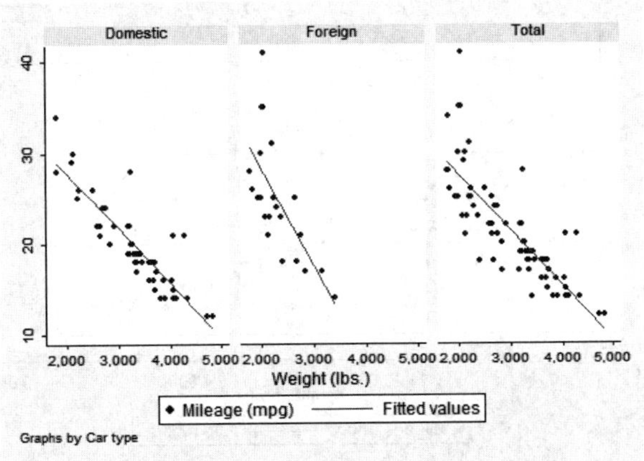

图 4-7 mpg 和 weight 的分类一次拟合图（单位 横轴：磅 纵轴：千米/加仑）

4.2.2 绘制二次拟合图形

二次拟合图形的绘制实际上分两步，首先 Stata 使用 yvar 为因变量，xvar 和 xvar 的平方为自变量进行二元线性回归，得到 yvar 的拟合值如取名为 hat，然后使用 hat 对 xvar 做曲线标绘图，同时复合原始数据的散点图。

二次拟合的命令如下：

```
twoway qfit yvar xvar [if] [in] [weight] [, options]
```

其中，yvar 作为 y 轴变量的变量名，xvar 作为 x 轴变量的变量名。选项（options）见表 4-2。

表 4-2 twoway qfit 命令的选项

选项（options）	含　义
range(# #)	计算预测值的 x 区域
n(#)	计算预测值的点的数目
atobs	在 xvar 的赋值处计算 yvar 的预测值
estopts(regress_options)	regress 命令的选项
predopts(predict_options)	predict 命令的选项
cline_options	改变连线的外形
axis_choice_options	选择需要的坐标轴
twoway_options	各种二维作图族的选项，包括标题选项、图例选项、坐标轴选项、增加线选项等

下面我们举例说明如何使用 twoway qfit 这个命令。

【例 4-4】使用数据集 auto.dta 中的 mpg 和 weight 两个变量，绘制如下要求的图形。

（1） 绘制复合图形，包括 mpg 和 weight 的散点图以及 mpg 和 weight 的二次拟合图。完成这个任务的命令如下：

```
.sysuse auto
.scatter mpg weight || qfit mpg weight
```

上述命令绘制的图形如图 4-8 所示。

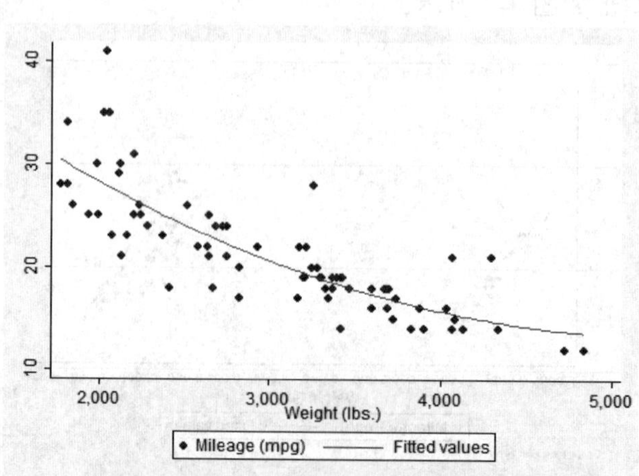

图 4-8 mpg 和 weight 的二次拟合图（单位 横轴：磅 纵轴：千米/加仑）

实际上，以下的语句也可完成分析：

```
.generate tempvar = weight^2
.regress mpg weight tempvar
.predict fitted
.scatter mpg weight || line fitted weight
```

（2） 根据分类变量 foreign 绘制复合图形，包括 mpg 和 weight 的散点图以及 mpg 和 weight 的二次拟合图。

完成这个任务的命令如下：

```
scatter mpg weight || qfit mpg weight ||, by(foreign, total row(1))
```

绘制的图形如图 4-9 所示。

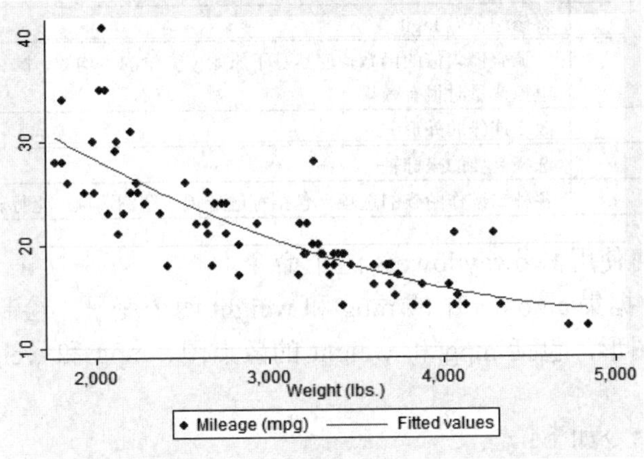

图 4-9 mpg 和 weight 的分类二次拟合图（单位 横轴：磅 纵轴：千米/加仑）

4.2.3 绘制 lowess 拟合图形

命令 lowess 和 graph twoway lowess 可实现一种被称做“lowess 修匀”的非参数拟合图的绘制。由于具有可对拟合过程进行控制的选项，lowess 命令总的来说更为专业也更为强大。

lowess 方法的原理是：n 个观测案例的 lowess 预测（修匀）y 值由 n 个加权回归得到。设 k 表示波段总宽度的一半，并被平截成一个整数。对于每一 y_i，修匀值 y_i^s 通过只涉及那些位于从 i=max(i,i−k)到 i=min(i+k,n)区间内的观测案例的加权回归得到。根据一个局部加权函数（tricube），这一区间内的第 j 个观测案例的权数为 w_j：

$$w_j = (1-\left|u_j\right|^3)^3$$

这里

$$u_j = (x_i - x_j) / \Delta$$

Δ代表同一区间内 x_i 与其最远的观测案例之间的距离。当 x_i=x_j 时，权数等于 1；但是在区间的边界处，权数下降到零。有关 lowess 方法的更详细的讨论和举例请见 Chambers 等

（1983）或 Cleveland（1993）。

graph twoway lowess 具有简洁的优点，并遵循 graph twoway 这一族命令的习惯语法。lowess 命令的语法如下：

```
twoway lowess yvar xvar [if] [in] [, options]
```

lowess 命令选项的含义见表 4-3。

表 4-3　lowess 命令选项

选项（options）	含　义
bwidth(#)	设定波段宽度。除了接近端点处采用更小的非对中的波段之外，约有 bwidth×n 个观测案例的对中子集被用于修匀。默认选项是 bwidth（0.8）
mean	用移动平均数法修匀。默认的情况是移动线性最小二乘法修匀
noweight	未加权的修匀。默认为局部加权函数
logit	将修匀值做 logit 变换
adjust	调整修匀值的函数，使其等于原始 y 变量的平均数；像 logit 变换一样，adjust 对 y 是虚拟变量时很有效果
cline_options	改变连线的外形
axis_choice_options	选择需要的坐标轴
twoway_options	各种二维作图族的选项，包括标题选项、图例选项、坐标轴选项、增加线选项等

下面举例说明如何使用 twoway lowess 这个命令。

【例 4-5】使用数据集 auto.dta 中的 mpg 和 weight 两个变量，绘制如下要求的图形。

（1） 绘制复合图形，包括 mpg 和 weight 的散点图、mpg 和 weight 的一次拟合图以及 lowess 修匀拟合图。

完成这个任务的命令如下：

```
.sysuse auto
twoway scatter mpg weight ||
              lfit mpg weight     ||
              lowess mpg weight
```

上述命令绘制的图形如图 4-10 所示。

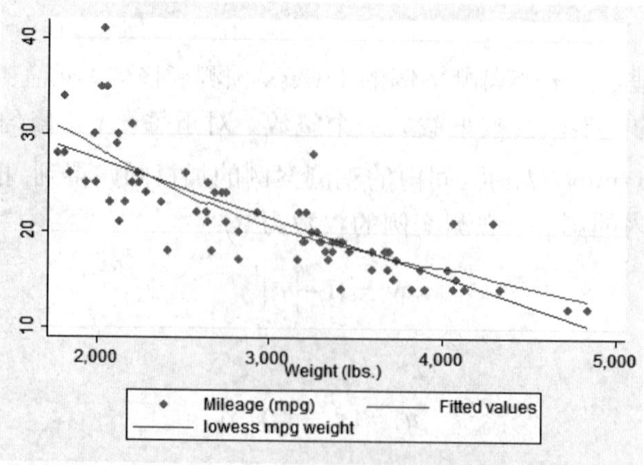

图 4-10　mpg 和 weight 的 lowess 修匀拟合图（单位 横轴：磅 纵轴：千米/加仑）

（2） 根据分类变量 foreign 绘制复合图形，包括 mpg 和 weight 的散点图、mpg 和 weight 的一次拟合图以及 lowess 修匀拟合图。

完成这个任务的命令如下：

```
.sysuse auto, clear
.twoway scatter mpg weight ||
      lfit   mpg weight ||
      lowess  mpg weight ||, by(foreign)
```

上述命令绘制的图形如图 4-11 所示。

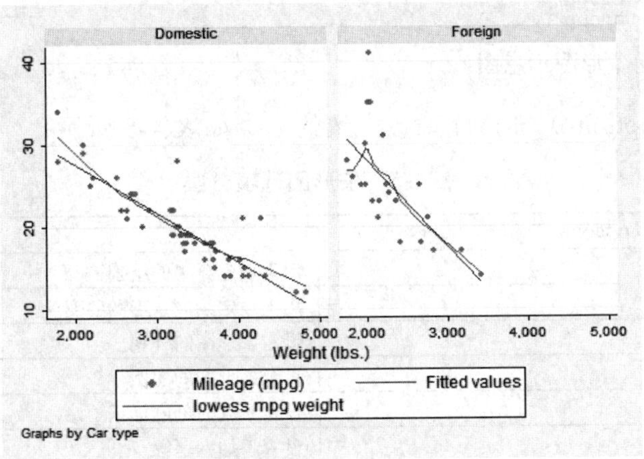

图 4-11 mpg 和 weight 的分类修匀拟合图（单位 横轴：磅 纵轴：千米/加仑）

4.3 绘制条形图

条形图显示较为直观，但它所包含的信息却是非常庞杂的。它可以显示众多的描述性统计量，同时，同一个条形图中可以显示多个变量的统计量。条形图显示的描述性统计量见表 4-4。

表 4-4 条形图显示的描述性统计量

统 计 量	Stata 写法
均值	mean
中位数	median
和	sum
计数	count
标准差	sd
最大值	max
最小值	min
各种百分位数	p1…p99

Stata 可以绘制的条形图种类繁多，既显示了条形图的广泛用途，也说明了 Stata 制图功能的强大。Stata 绘制条形图的命令是：

```
graph bar yvars [if] [in] [weight] [, options]
graph hbar yvars [if] [in] [weight] [, options]
```

前者用于绘制纵向的条形图，在纵向条形图中，y 轴是数值型的，x 轴是分类变量，如图 4-12 所示。后者用于绘制横向条形图，如图 4-13 所示。在横向条形图中，数值型的坐标轴仍被称之为 y 轴，分类变量坐标轴仍被称之为 x 轴，但是 y 轴变成了水平的，x 轴变成了垂直的。

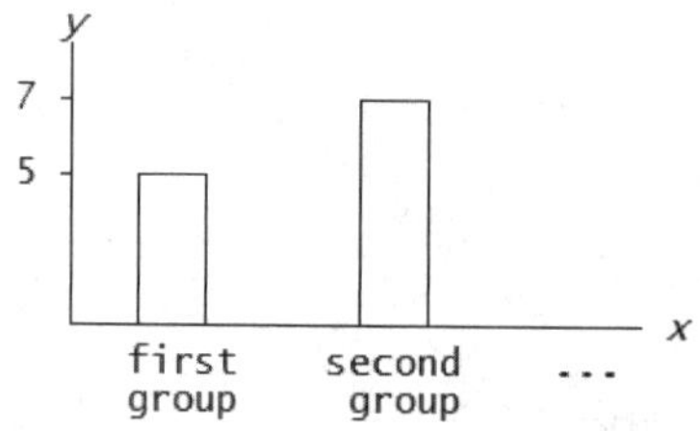

图 4-12　纵向条形图示意图

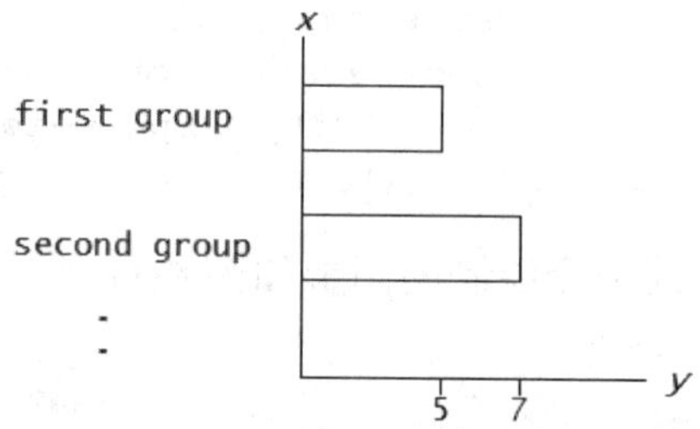

图 4-13　横向条形图示意图

条形图的选项（options）非常庞杂，大致的分类如表 4-5 所示。

表 4-5　条形图选项分类

选项（options）	含　义
group_options	用于设定分类的组别
yvar_options	用于设定绘制条形图的变量
lookofbar_options	设定条形图的外观
legending_options	设定条形图的图例
axis_options	设定 y 轴的刻度标识
title_and_other_options	设置添加标题等

表 4-6 到表 4-12 显示了每个选项组的具体选项及其含义。

表 4-6　group-options 选项组

Group-options 选项组	含　义
over(varname[, over_subopts])	设定用于分类的变量
nofill	设置忽略有缺失值的分类
missing	设置保持缺失值为一独立变量组
allcategories	设置包含数据集中的所有分类

表 4-7　yvar_options 选项组

yvar_options 选项组	含　义
ascategory	设置将 yvars 视做已经进行了 over()分类
asyvars	设置将 over()分类视做多个 y 轴变量
percentages	设置显示 y 轴变量内部的百分比
stack	设置叠加 y 轴变量
cw	忽略 y 轴变量缺失值

表 4-8　lookofbar_options 选项组

lookofbar_options 选项组	含　义
outergap([*]#)	设置第一个条形以及最后一个条形与绘图边界之间的距离
bargap(#)	设置每两个条形之间的距离，默认是 0
intensity([*]#)	设置填充的密度
lintensity([*]#)	设置外包线的密度
pcycle(#)	设置条形的外观样式
bar(#, barlook_options)	设置第#个条形的样式

表 4-9 legending_options 选项组

legending_options 选项组	含 义
legend_option	设置图例选项，前面已经介绍
nolabel	设置图例中直接使用 yvar 的变量名，而不使用它们的标签
yvaroptions(over_subopts)	yvar 的 over 子选项，很少使用
showyvars	设置显示 yvar 的标签
blabel(...)	设置增加标签到条形图上

表 4-10 axis_options 选项组

axis_options 选项组	含 义
yalternate	设置 y 轴交错显示
xalternate	设置 x 轴交错显示
exclude0	设置不强制 y 轴显示 0
yreverse	设置 y 轴为逆向坐标轴
axis_scale_options	设置 y 轴的尺度和外观
axis_label_options	设置 y 轴的标识
ytitle(...)	设置 y 轴的标题

表 4-11 title_and_other_options 选项组

title_and_other_options 选项组	含 义
text(...)	设置添加标签到 x 轴
yline(...)	设置 y 轴增加线
aspect_option	绘图区域相关系数设置选项组
std_options	标题、作图大小等
by(varlist, ...)	by 选项

表 4-12 over_subopts 选项组

over_subopts 选项组	含 义
relabel(# "text" ...)	改变坐标轴的标签
label(cat_axis_label_options)	重新设置标签
axis(cat_axis_line_options)	重新设置坐标线
gap([*]#)	条形图之间的距离
sort(varname)	根据 varname 进行排序
sort(#)	根据高度进行条形图的排序
sort((stat) varname)	根据 varname 的相关统计量进行排序
descending	变升序排列为降序排列

4.3.1 关于分类变量的讲解

设置据以分类的变量的选项是 over()，下面以示范举例的方式予以讲解。

```
graph bar revenue
```

上述命令将绘制一个关于变量 revenue 平均数的条形图。

```
graph bar revenue profit
```

上述命令将绘制两个条形图，分别显示变量 revenue 和 profit 的平均数。

```
graph bar revenue, over(division)
```

假设变量 division 共有#个分类，则上述命令将绘制#个条形图，每一个对应 division 的一个分类，每一个都显示该分类的 revenue 的均值。

```
graph bar revenue profit, over(division)
```

假设变量 division 共有#个分类，则上述命令将绘制 2#个条形图，每个条形图对应于一个分类的 revenue 或者 profit 的均值。

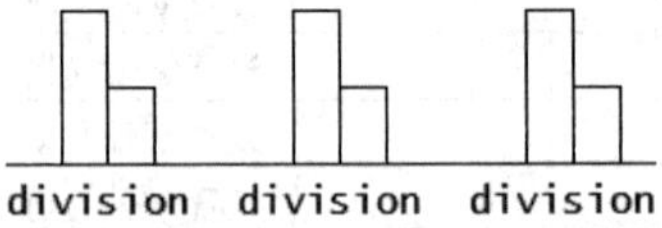


```
graph bar revenue, over(division) over(year)
```

假设变量 division 共有 3 个分类，变量 year 有 2 个分类，则上述命令将绘制 2×3 个条形图，如下所示：

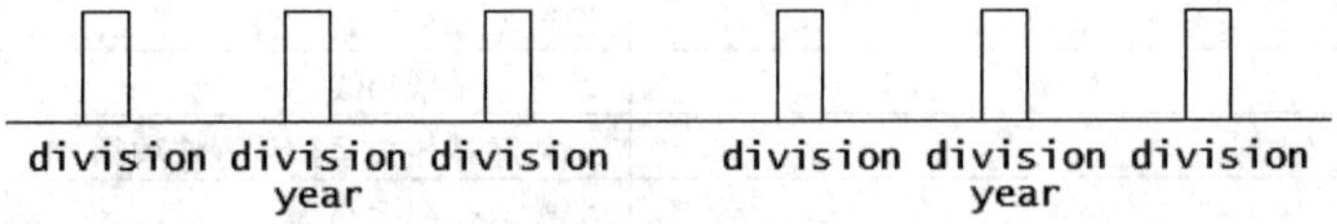


```
graph bar revenue, over(year) over(division)
```

上述命令仍然绘制 6 个条形图，只是分类的秩序有变化，如下所示：

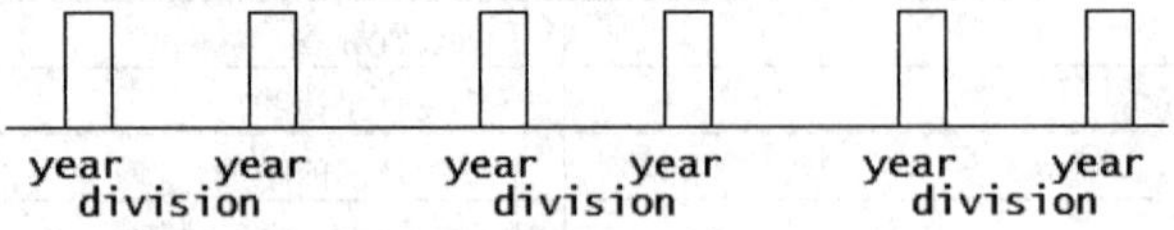

4.3.2 关于条形图外观的讲解

如果用户已经知道一月份东北气温是 27.9 degrees Fahrenheit，北部和中部气温是 27.1 degrees，南部是 46.1，西部是 46.2，那么可以输入如下命令绘制条形图：

```
input ne nc south west
27.9 21.7 46.1 46.2
end
graph bar (asis) ne nc south west
```

上述命令绘制的结果如图 4-14 所示。

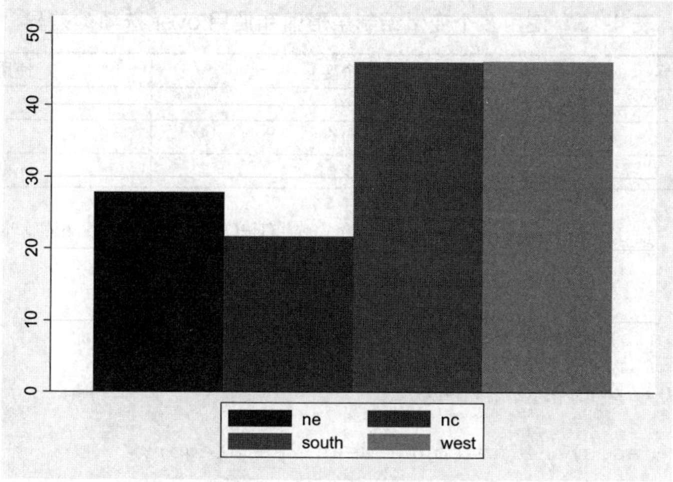

图 4-14　一月份各地区气温条形图 1（单位 纵轴：华氏度）

上面的条形图并不美观，主要问题是：每个条形之间没有距离、不同的条形有不同的颜色、图例上显示的文字说明不够精确。上述问题可以通过如下方法来解决，请输入如下命令：

```
clear
input  str10 region  float tempjan
     region  tempjan
N.E. 27.9
"N. Central" 21.7
South 46.1
West 46.2
end
graph bar (asis) tempjan, over(region)
```

上述命令绘制的图像如图 4-15 所示。

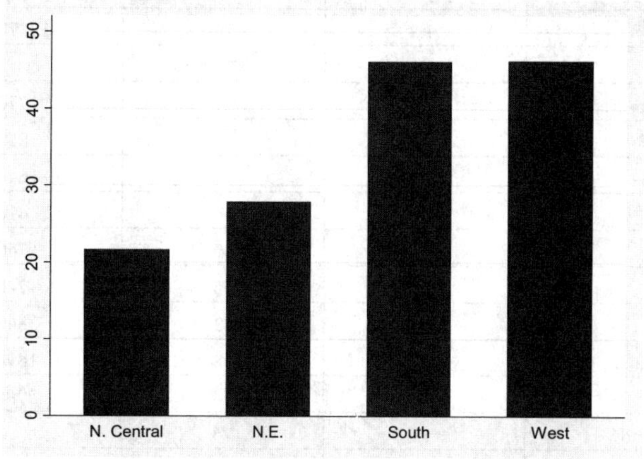

图 4-15　一月份各地区气温条形图 2（单位 纵轴：华氏度）

读者可以体会以上两种方法——使用多个变量绘图以及使用 over()选项的差异，这个差异在表 4-13 中进行了总结。

表 4-13　使用多个变量绘制条形图和使用 over 选项的差异

条形图的差异	多个变量	使用 over()选项
条形图之间是否接触	是	否
条形图颜色不同	是	否
条形图通过……说明	图例	坐标轴表示

还要说明的是，选项 ascategory 可以将前者转化为后者，也就是说下面的命令可以绘制第一个图形：

```
.graph bar (asis) tempjan, over(region)
```

而下面的命令可以绘制第二个图形：

```
.graph bar (asis) ne nc south west, ascategory
```

下面举例说明如何使用 over()选项进行合适的分类。

【例 4-6】数据集 citytemp.dta 是 Stata 系统自带的数据集，该数据集共有 6 个变量和 956 个观测值，其中主要变量如表 4-14 所示，部分数据罗列在了表 4-15 中。

表 4-14　数据集 citytemp.dta 变量情况

变 量 名	存储类型	显示类型	变量含义
division	int	%8.0g	调查区域划分
region	int	%8.0g	地理区域
heatdd	int	%8.0g	最热的天数
cooldd	int	%8.0g	最冷的天数
tempjan	float	%9.0g	一月份气温
tempjuly	float	%9.0g	七月份气温

表 4-15　数据集 citytemp.dta（部分数据）

region	country	popgrowth	lexp	gnppc	safewater
N.A.	Canada	1.2	79	19170	99
N.A.	Cuba	0.7	76		93
N.A.	Dominican Republic	2.1	71	1770	71
N.A.	El Salvador	1.5	69	1850	55
N.A.	Guatemala	2.6	64	1640	67
N.A.	Haiti	2	54	410	28
N.A.	Honduras	3	69	740	65
N.A.	Jamaica	1	75	1740	70
N.A.	Mexico	1.9	72	3840	83
N.A.	Nicaragua	2.8	68	1896	81
N.A.	Panama	1.9	74	2990	84
N.A.	Puerto Rico	1	76		97
N.A.	Trinidad and Tobago	1	73	4520	82
N.A.	United States	1	77	29240	

（1） 本例要求利用该数据，使用 region 为分类变量，绘制 tempjuly 和 tempjan 的条形图。完成这个任务的命令如下：

```
        graph bar (mean) tempjuly tempjan, over(region) //表明对 tempjuly 和
tempjan 绘制条形图，over(region)表示以变量 region 为分类变量
             legend( label(1 "July") label(2 "January") ) //对图例的文字说明
进行重新定义，对第一个条形图的文字说明是“July”，对第二个条形图的文字说明是“January”
             ytitle("Degrees Fahrenheit")
             title("Average July and January temperatures")
             subtitle("by regions of the United States")
             note("Source:  U.S. Census Bureau, U.S. Dept. of Commerce")
```

上述命令绘制的结果如图 4-16 所示。

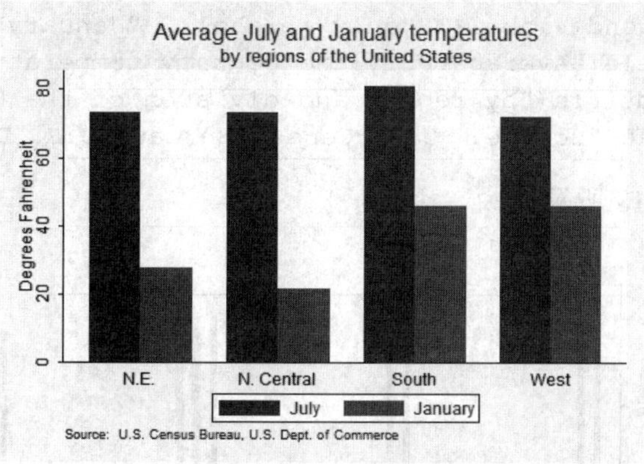

图 4-16 tempjuly 和 tempjan 的条形图 1（单位 纵轴：华氏度）

通过加入 bargap(-30)，我们可以对上述条形图做出改进，具体来说，执行下述命令：

```
      . graph bar (mean) tempjuly tempjan, over(region)
    bargap(-30) //每两个条形图之间距离降为-30
            legend( label(1 "July") label(2 "January") )
            ytitle("Degrees Fahrenheit")
            title("Average July and January temperatures")
            subtitle("by regions of the United States")
            note("Source:  U.S. Census Bureau, U.S. Dept. of Commerce")We can
make one more improvement to this chart by overlapping the bars.  Below
```

上述命令绘制的图形如图 4-17 所示。

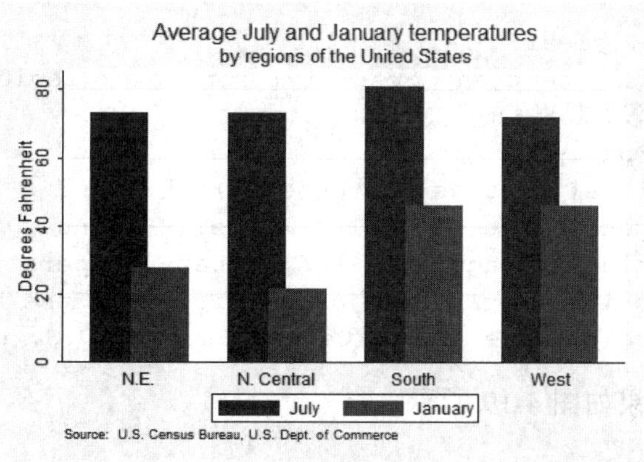

图 4-17 tempjuly 和 tempjan 的条形图 2（单位 纵轴：华氏度）

（2）本例要求利用该数据，使用 division 和 region 为分类变量，绘制 tempjuly 和 tempjan 的条形图。

完成这个任务的命令如下：

```
sysuse citytemp, clear
graph bar tempjuly tempjan, over(division) over(region) ////表明对 tempjuly
和 tempjan 绘制条形图，over(division) over(region)表示先以 division 为分类变量，再以变
量 region 为分类变量
                bargap(-30) ///
                ytitle("Degrees Fahrenheit") ///
                legend( label(1 "July") label(2 "January") ) //
                title("Average July and January temperatures") ///
                subtitle("by region and division of the United States") ///
                note("Source:  U.S. Census Bureau, U.S. Dept. of Commerce")
```

绘制的图形如图 4-18 所示。

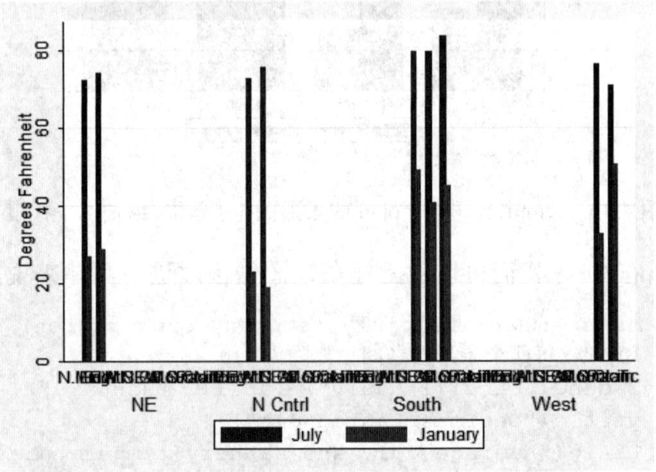

图 4-18　tempjuly 和 tempjan 的条形图 3（单位 纵轴：华氏度）

这个图形并不美观，原因在于分类过多，而很多分类并不存在观测值，这时需要加入 nofill 这个选项，去掉那些没有观测值的分类，因此，如果执行下面的命令就可以避免这个问题：

```
.sysuse citytemp, clear
.graph bar tempjuly tempjan, over(division) over(region)
nofill //去掉那些没有观测值的分类
                bargap(-30)
                ytitle("Degrees Fahrenheit")
                legend( label(1 "July") label(2 "January") )
                title("Average July and January temperatures")
                subtitle("by region and division of the United States")
                note("Source:  U.S. Census Bureau, U.S. Dept. of Commerce")
```

上述命令的执行结果如图 4-19 所示。

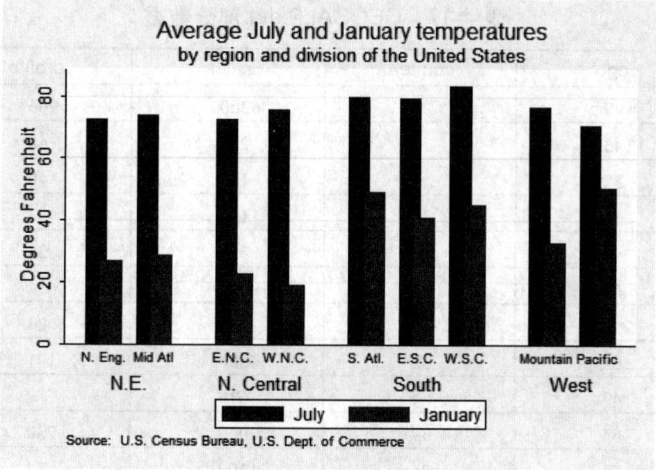

图 4-19　tempjuly 和 tempjan 的条形图 4（单位 纵轴：华氏度）

4.4　Stata 操作习题

文件 CEOSAL2.dta 包含了 177 位首席执行官的数据，可以用来考察企业业绩对 CEO 薪水的影响。表 4-16 是这个数据中的变量介绍。

表 4-16　CEOSAL2.dta 变量说明

变　　量	变量说明
salary	工资（千美元）
age	年龄（年）
college	=1 如果大学毕业
grad	=1 如果研究生毕业
comten	在公司的时间（年）
ceoten	担任 CEO 的时间（年）
sales	1990 年的公司销售额（万元）
profits	1990 年公司的利润（万元）
mktval	1990 年末公司的市场价值（万元）
lsalary	log(salary)
lsales	log(sales)
lmktval	log(mktval)
comtensq	comten 的平方
ceotensq	ceoten 的平方
profmarg	利润占销售额的百分比（%）

表 4-17 列出了部分变量和数据。

表 4-17　CEOSAL2.dta 部分数据

salary	age	comten	sales	profits	mktval
1161	49	9	6200	966	23200
600	43	10	283	48	1100
379	51	9	169	40	1100
651	55	22	1100	-54	1000
497	44	8	351	28	387
1067	64	7	19000	614	3900
945	59	35	536	24	623
1261	63	32	4800	191	2100
503	47	4	610	7	454
1094	64	39	2900	230	3900
601	54	26	1200	34	533
355	66	39	560	8	477
1200	72	37	796	35	678
697	51	25	8200	234	5700
1041	63	21	4300	91	1400
245	44	7	135	24	558
817	68	38	1300	55	847
1675	71	31	674	115	1200
971	72	33	1400	69	609
609	58	36	1100	69	880
470	60	20	2300	210	2200
867	59	36	884	81	1500
752	54	32	1600	193	3200
246	51	8	78	13	458
825	56	4	10700	295	5900
358	50	23	99	25	2300
1162	58	24	3800	226	1800
270	43	15	150	28	713
829	56	14	2200	184	1500
300	77	45	6900	483	4700

请利用本章所学内容完成以下操作：

（1）通过散点图和曲线图的复合来绘制 salary 对 sales 一元线性回归的 95%的预测置信区间。

（2）绘制复合图形，包括 salary 对 sales 的散点图以及 salary 对 sales 的一次拟合图。

（3）绘制复合图形，包括 salary 对 sales 的散点图以及 salary 对 sales 的二次拟合图。

（4）绘制复合图形，包括 salary 对 sales 的散点图以及 salary 对 sales 的 lowess 拟合图。

（5）使用 college 为分类变量，绘制 salary 和 sales 的条形图。

第 5 章　描述性统计分析

描述统计是一套用以整理、描述、解释数据的系统方法和统计技术。量化研究所搜集的数据十分庞大，描述性统计分析致力于以简单明白的统计量来描述庞大的数据。通常，对数据的分析都从基本的统计分析入手。通过统计分析，能够使分析者了解数据的基本统计特征，把握数据的总体分布形态。这是进行后续统计分析前至关重要的一步。

由样本所计算推导出来的统计数据称为统计量，是描述原始数据特性的最佳指标，可以大致分成三类：（1）描述中心位置的度量，（2）描述波动情况的度量，（3）描述数据集中一个观测值相对位置的度量。描述性统计的另一个重要的功能是在进一步分析之前侦测隐含在数据集中的异常值，异常值或者由于观测、录入数据时的错误，或者来源于一个稀有事件的发生，建立在描述性统计基础上的异常值侦测方法可以迅速锁定可疑观测值。

本章的内容主要包括：基本的描述统计量及其在 Stata 中的实现，数据的正态性检验和常见的数据转换方法以及相关性分析。我们还特别分析了如何使用 z 得分和箱线图来探测数据中的异常值，这些异常值往往会在统计分析中造成巨大的偏误。

5.1　描述性统计的原理

首先回顾一下统计学的基础知识，这里的回顾重在描述概念的直觉，并不十分严格，更详细的资料可以参考任何一本统计学的教科书。这里分为定性变量和定量变量介绍。

5.1.1　定性变量

在描述定性观测值时，我们以这样一种方式来定义类：每个观测值能落入一类并且只能落入一类（或组），然后给出每一类的观测值个数或相对于观测值总数的比例，用这种数值方法来描述数据集合。

定义 5.1：对给定的类，类（或组）频数是指落入这个类中的观测值的个数。

定义 5.2：对给定的类，类（或组）相对频率是指落入这个类中的观测值的个数相对于观测值总数的比例。

因此，频率和频数是描述定性变量的两个重要指标。

5.1.2　定量变量

数值描述性统计量是由数据集计算得到的数值，帮助我们在脑海中建立它的相对频率直方图的印象。我们将给出 3 种类型的度量：（1）帮助确定相对频率分布中心位置的度量，（2）围绕中心波动的度量，（3）描述数据集中一个观测值相对位置的度量。这些类型分别称作中心趋势度量、变异的度量和相对位置的度量。在以下定义中，将用符号 y 表示产生数据集的观测变量，y_1，y_2，…，y_n 表示数据集的 n 个观测值。

由样本数据计算得到的数值描述性度量通常称作统计量。相反，总体的数值描述性度量称作参数，它们的值基本上是未知的，通常用希腊字母表示。例如，将看到总体的平均值用希腊字母μ表示。

定义 5.3：统计量是由样本数据计算得到的数值描述性度量。

定义 5.4：参数是总体的数值描述性度量。

1. 集中趋势的度量

算术平均、中位数和众数是三种最常用的中心趋势度量。三者之中，算术平均（通常称为均值）是实际问题中使用最频繁的。

定义 5.5：n 个测量值 y_1，y_2，…，y_n 集合的算术平均是测量值的平均值

$$\bar{y}=\frac{\sum_{i=1}^{n} y_i}{n}$$

一般用符号 $\bar{y}$ 表示样本均值（即 n 个测量值样本的平均值），而希腊字母μ表示总体均值。

定义 5.6：n 个测量值 y_1，y_2，…，y_n 集合的中位数是测量值按升序（或降序）排列后位于中间的那个数，即这样一个位置上的 y 值，使得在相对频率直方图中一半的面积位于它的左边，一半的面积位于它的右边。我们用符号 m 表示样本中位数，符号 τ 表示总体中位数。

定义 5.7：n 个测量值 y_1，y_2，…，y_n 集合的众数是以最大频率数出现的 y 值。

尽管均值是比较常用的中心趋势的度量，但是它对非常大的或非常小的观测值敏感。因此均值将移向偏度的方向（即分布的尾部），有些情况下可能产生误导。例如，数据集由土木工程毕业生的第一年起始薪水组成，几个毕业生的高起始薪水将对均值产生比中位数更大的影响。由于这个原因，有时称中位数为中心趋势的耐抵性度量。因为与均值不一样，它不受极端观测值的影响。对于偏度极大的数据集（如土木工程毕业生的起始薪水数据），中位数能较好地描述数据分布的“中心”。

很少用众数作为中心趋势的度量，只有当对 y 出现的相对频率感兴趣时，才用众数而不是均值或中位数。例如，一个土木原料供应商只对他所卖钉子长度的众数感兴趣。

2. 变异程度的度量

下面介绍衡量数据波动情况的统计量，主要有极差、方差和标准差。

定义 5.8：极差等于一个数据集合中最大观测值和最小观测值的差。

定义 5.9：n 个测量值 y_1，y_2，…，y_n 的样本方差定义为：

$$s^2=\frac{\sum_{i=1}^{n}(y_i-\bar{y})^2}{n-1}$$

对一个有 n 个观测值的有限总体，总体方差定义为：

$$\sigma^2=\frac{\sum_{i=1}^{n}(y_i-\mu)^2}{n-1}$$

定义 5.10：n 个观测值的样本标准差等于方差的平方根：

$$s=\sqrt{s^2}=\sqrt{\frac{\sum_{i=1}^{n}(y_i-\overline{y})^2}{n-1}}$$

总体的标准差等于 $(\sigma=\sqrt{\sigma^2})$。

一个很有用的经验法则是**切比雪夫法则**，切比雪夫法则可用于任一数据集，无论数据的频数分布是什么形状。它的具体内容可以概括为如下四点：

a．可能有很少的观测值落在平均值的 1 个标准差范围内，即对于样本在区间 $(\overline{y}\pm s)$ 范围内，对于总体在区间 $(\mu\pm\sigma)$ 范围内。

b．至少有 $\frac{3}{4}$ 的观测值落在平均值的 2 个标准差范围内，即对于样本在区间 $(\overline{y}\pm 2s)$ 范围内，对于总体在区间 $(\mu\pm 2\sigma)$ 范围内。

c．至少有 $\frac{8}{9}$ 的观测值落在平均值的 3 个标准差范围内，即对于样本在区间 $(\overline{y}\pm 3s)$ 范围内，对于总体在区间 $(\mu\pm 3\sigma)$ 范围内。

d．通常，对于任意大于 1 的数 k，至少有 $1-\frac{1}{k^2}$ 的观测值落在平均值的 k 个标准差范围内，即对于样本在区间 $(\overline{y}\pm ks)$ 范围内，对于总体在区间 $(\mu\pm k\sigma)$ 范围内。

3. 相对位置的度量

测验分数与一些社会学和健康状况数据通常是以一个观测值在分布中相对于其他测验分数位置的方式来描述的。观测值相对位置的两个度量是百分位数和 z 得分。

定义 5.11：数据集的第 $100p$ 百分位数是这样一个 y 值：使得在数据集的相对频率分布中有 $100p$%的面积位于它的左边，有 $100(1-p)$%的面积位于它的右边（注：$0\leqslant p\leqslant 1$）。

相对位置的另一个有用度量是 z 得分。假定两个水平类似的班级（一班和二班）上同一门课，但是由于两位任课老师的评分标准不同，使得两个班成绩的均值和标准差都不一样。一班分数的均值和标准差分别为 78.53 和 9.43，而二班的均值和标准差分别为 70.19 和 7.00。那么得到 90 分的一班的张颖是不是比得到 82 分的二班的刘疏成绩更好呢？怎么比较才能合理呢？

虽然这种均值和标准差不同的数据不能够直接比较，但是可以把它们进行标准化，然后再比较标准化后的数据。一个标准化的方法是把某样本原始观测值（亦称得分，score）和该样本均值之差除以该样本的标准差；得到的度量称为标准得分（standard score，又称为 z-score）。即，某观测值 x_i 的标准得分定义为

$$z_i=\frac{x_i-\overline{x}}{s}$$

把各个样本的观测值都转换成相应的标准得分，就可以进行比较了。在我们的例子中，张颖的标准得分为（90−78.53）/9.43=1.22，而刘疏的标准得分为（82−70.19）/7=1.69。显然如

果两个班级水平差不多，刘琉的成绩应该优于张颖的成绩；这是在标准化之前的数据中不易看到的。

定义 5.12：一个数据集中的 y 值的 z 得分是以标准差为单位度量 y 位于均值之上或之下的距离。

样本 z 得分：$z=\frac{y-\bar{y}}{s}$

总体 z 得分：$z=\frac{y-\upsilon}{\sigma}$

由定义，z 得分描述了以标准差为单位，观测值 y 相对于均值的位置。负的 z 得分表明观测值位于均值的左边，正的 z 得分表明观测值位于均值的右边。由经验法则可知，一个数据集中大部分观测值都在距离均值 2 个标准差内（即 z 得分绝对值小于 2），且几乎所有的观测值都在距离均值 3 个标准差之内（即 z 得分绝对值小于 3）。

4. 偏度和峰度

最后我们介绍偏度和峰度。偏度是对数据对称性的测度，测量偏度的统计量是偏度系数，计算公式如下：

$$SK=\frac{n\sum(x_i-\bar{x})^3}{(n-1)(n-2)s^3}$$

其中，s^3 是样本标准差的三次方。

如果数据的分布是对称的，则偏度系数为 0；如果偏度系数明显不等于 0，表明分布是非对称的；如果偏度系数大于 1 或者小于-1，被称为高度偏态分布。

峰度是对数据分布平峰或尖峰程度的测度，测度峰度的统计量是峰度系数，计算公式如下：

$$K=\frac{n(n+1)\sum(x_i-\bar{x})^4-3[\sum(x_i-\bar{x})^2]^2(n-1)}{(n-1)(n-2)(n-3)s^4}$$

峰度通常是与标准正态分布比较的，Stata 计算的峰度系数未减 3，故是与 3 作比较而不是与 0 作比较。若峰度系数等于 3 则服从标准正态分布，反之则意味着其分布比正态分布更尖或者更平。

5.2 描述性统计量的 Stata 实现

在 Stata 的命令操作中，table 和 tabulate 命令可以实现对定性变量的频数和频率的统计，tabstat 和 summarize 命令可以实现连续变量的统计描述，本节将详细介绍后两个命令，table 和 tabulate 将在列联表一章中详细介绍。

1. 数据的概要

首先向读者简要介绍本章使用的数据集 wage.dta，在查看这个数据集的过程中应用前面介绍的 describe 和 codebook 命令了解数据内容。该数据的样本容量为 526，其中的变量包括工资（wage）、教育水平（educ）、经验（exper）、现职任期（tenure）、有色人种（nonwhite）、女性（female）、婚姻状况（married）、工资的对数（lwage）等，表 5-1 列举了其中的部分数据。

表 5-1 小时工资数据集

wage	educ	exper	tenure	nonwhite	female	married	lwage
3.1	11	2	0	0	1	0	1.13
3.2	12	22	2	0	1	1	1.18
3	11	2	0	0	0	0	1.10
6	8	44	28	0	0	1	1.79
5.3	12	7	2	0	0	1	1.67
8.8	16	9	8	0	0	1	2.17
11	18	15	7	0	0	0	2.42
5	12	5	3	0	1	0	1.61
3.6	12	26	4	0	1	0	1.28
18	17	22	21	0	0	1	2.90
6.3	16	8	2	0	1	0	1.83
8.1	13	3	0	0	1	0	2.10
8.8	12	15	0	0	0	1	2.17
5.5	12	18	3	0	0	0	1.70
22	12	31	15	0	0	1	3.10
17	16	14	0	0	0	1	2.85
7.5	12	10	0	0	1	1	2.01
11	13	16	10	0	1	0	2.36
3.6	12	13	0	0	1	1	1.28
4.5	12	36	6	0	1	1	1.50
6.9	12	11	4	0	1	0	1.93
8.5	12	29	13	0	0	1	2.14
6.3	16	9	9	0	1	0	1.85
0.53	12	3	1	0	1	0	−0.63
6	11	37	8	1	1	0	1.79
9.6	16	3	3	1	0	1	2.26
7.8	16	11	10	0	0	1	2.05
……	……	……	……	……	……	……	……
13	16	31	0	0	0	1	2.53

下面首先用 use 命令导入数据文件 wage.dta，然后使用 describe 和 codebook 命令了解数据的情况。

```
.use wage.dta,clear
.describe
```

describe 命令输出的结果如下：

```
Contains data from F:\图书升级\STATA\data&logfiles\c5\例题数据\WAGE - 副本.DTA
  obs:           526
 vars:             8                          26 Nov 2015 14:04
 size:         7,364
--------------------------------------------------------------------------------
              storage   display    value
variable name   type    format     label      variable label
--------------------------------------------------------------------------------
wage            float   %8.2g                 average hourly earnings
educ            byte    %8.0g                 years of education
exper           byte    %8.0g                 years potential experience
tenure          byte    %8.0g                 years with current employer
nonwhite        byte    %8.0g                 =1 if nonwhite
female          byte    %8.0g                 =1 if female
married         byte    %8.0g                 =1 if married
lwage           float   %9.0g                 log(wage)
--------------------------------------------------------------------------------
```

describe 命令输出的结果中包含每个变量的名称、存储方式（byte，float，double 和 int）、显示格式、变量标签和变量值标签，这些在前面均已介绍过。这个数据中，诸如 female、married、nonwhite 均为虚拟变量，lwage 是对 wage 取对数后的数值。根据变量标签说明，在结果中可以清晰地得到这些内容。

接着使用 codebook 命令详细地观察 wage 这个变量的相关情况，本章将围绕这个变量做一系列的分析：

```
.codebook wage
```

codebook 命令的执行结果如下：

```
. codebook wage

--------------------------------------------------------------------------------
wage                                                     average hourly earnings
--------------------------------------------------------------------------------

                  type:  numeric (float)

                 range:  [.53,24.98]                  units:  .01
         unique values:  241                      missing .:  0/526

                  mean:   5.8961
              std. dev:  3.69309

           percentiles:        10%       25%       50%       75%       90%
                              2.92      3.33      4.65      6.88        10
```

codebook 输出的结果中表明：wage 采用的是浮点格式存储（float），取值范围为[0.53,24.98]，没有缺失值（0/526 说明 526 个观测值中有 0 个缺失），均值是 5.8961，方差是 3.6931，最后一行是 5 种常用的百分位数。

2. 使用 summarize 命令计算和导出描述性统计量

对于任何的数据分析，使用 summarize 命令进行数据的核对都是很有必要的，尤其对于缺失值、无效值、奇异值的探测都大有裨益。在专业论文中，summarize 所输出的内容也是实证部分所必须的。summarize 命令可以输出本章第一节中所介绍的所有统计量，可以在 summarize 后加上想要进行统计描述的变量名称，如果未加任何变量，则默认对数据中的所有变量进行描述统计。

下面是 summarize 命令的格式，同所有的 Stata 命令一样，中括号为可选项目。summarize 命令中可以使用 if 和 in 限定范围，也可以使用 weight 添加权重。

```
.summarize [varlist] [if] [in] [weight] [, options]
```

summarize 命令的选项及其含义如表 5-2 所示。

表 5-2 summarize 命令的选项

detail	产生更加详细的统计变量，包括偏度、峰度、最小和最大的四个值以及各种百分位数
meanonly	仅计算和显示平均数，本选项在编程中比较有用
format	使用变量的显示格式
separator(#)	每#个变量画一条分界线，默认为 separator(5)，separator(0)禁止使用分界线

【例 5-1】现在我们利用小时工资数据集举例说明 summarize 的使用。要求使用 summarize 命令对 wage.dta 执行如下操作：

（1） 对 wage、educ、exper、tenure、nonwhite、female、married 做基本的统计分析，命令如下：

```
.summarize wage educ exper tenure nonwhite female married, separator(3)
//其中 separator(3) 选项是使输出结果每三个分成一栏，读者可以将其去掉作对比
```

上述命令执行的结果如下：

Variable	Obs	Mean	Std. Dev.	Min	Max
wage	526	5.896103	3.693086	.53	24.98
educ	526	12.56274	2.769022	0	18
exper	526	17.01711	13.57216	1	51
tenure	526	5.104563	7.224462	0	44
nonwhite	526	.1026616	.3038053	0	1
female	526	.4790875	.500038	0	1
married	526	.608365	.4885804	0	1

输出结果从左到右每列分别显示了变量名、观测值个数、均值、方差、最小值和最大值。例如，wage 变量的观测值个数是 526 个，平均数为 5.89，标准差为 3.69，最小值和最大值分别为 0.53 和 24.98。从结果来看，所有的变量的取值都“中规中矩”，工资没有负值，教育的取值从 1 到 18 年，3 个虚拟变量 nonwhite、female、married 取 1 的概率分别是 0.10、0.48 和 0.61，这些都有合乎情理的解释。

（2） summarize 命令加上 detail 选项容许我们对某些重要的变量做更加详尽的分析，在此仅演示对 wage 和 log(wage)的分析，该命令和输出结果如下：

```
.summarize wage lwage, detail
```

```
                       average hourly earnings
-------------------------------------------------------------
      Percentiles      Smallest
 1%         1.67            .53
 5%         2.75           1.43
10%         2.92            1.5       Obs                 526
25%         3.33            1.5       Sum of Wgt.         526

50%         4.65                      Mean           5.896103
                        Largest       Std. Dev.      3.693086
75%         6.88          21.86
90%           10           22.2       Variance       13.63888
95%           13          22.86       Skewness       2.007325
99%           20          24.98       Kurtosis       7.970083

                            log(wage)
-------------------------------------------------------------
      Percentiles      Smallest
 1%     .5128236      -.6348783
 5%     1.011601       .3576744
10%     1.071584       .4054651       Obs                 526
25%     1.202972       .4054651       Sum of Wgt.         526

50%     1.536867                      Mean           1.623268
                        Largest       Std. Dev.      .5315382
75%     1.928619       3.084659
90%     2.302585       3.100092       Variance       .2825329
95%     2.564949       3.129389       Skewness       .3909038
99%     2.995732       3.218076       Kurtosis       3.386529
```

结果最左边一列显示了从 1%到 99%的分位数的取值，第二列显示了最小和最大的 5 个取值，第三列是观测值数目、平均数、标准差、方差、偏度和峰度。标准正态分布的偏度和峰度分别是 0 和 3。wage 偏度为 2，与标准正态分布相比存在右偏；峰度为 7.9，与标准正态分布相比存在尖峰分布。这种分布情况在个人层面的诸如工资、收入、支出和住房价格等中经常出现，一个标准的做法是取对数，这样可以迅速消除偏度和尖峰。log(wage)的输出结果说明取对数后，峰度变为 3.38，偏度变为 0.39，偏度和尖峰问题都有很大的改善。关于改善 wage 分布的问题，还会在本章第 4 节中具体阐述。

（3）在 summarize 后使用 in 或者 if 来限制条件，可以获得对某个子样本的描述性统计。如果想查看女性的 wage，可以使用

```
.summarize wage if female==1
```

或者使用 by 前缀，对男女的工资进行对比分析：

```
.bysort female: summarize wage
```

如果想分别查看工资在前二百位和二百位之后的统计特征，可以先使用 sort 命令对 wage 从低到高进行排序：

```
.sort wage
```

然后使用 in 对观测值的范围进行设定：

```
.summarize wage in 1/200
.summarize wage in 201/l
```

这几条命令的结果从略，读者可以自行尝试。类似于上面的分析技巧在数据的分析工作中往往有不错的效果。

（4） 使用 outreg2 命令导出描述性统计量。

得到的这些统计量如何输入到 Word 或者 Excel 等常用的文档中呢？Stata 本身并未提供这方面的命令。但是 Stata 的特色也正可由此体现出来：Stata 内置的浏览器可以寻找很多用户自己编写的程序，它们可以解决 Stata 未完善的地方，甚至最前沿的统计方法也可以从这里获得。

一个很好用的输出命令是 outreg2，它是 outreg 的升级版本。顾名思义，outreg 是"导出回归（out regression）"的意思，现在这个命令也可以导出描述性统计指标。

为了将这个程序安装到用户的软件，需要执行以下命令：

```
.findit outreg2
```

然后在打开的窗口中寻找 outreg2，单击并选择 click here to install，Stata 会自动安装，安装好后可以输入：

```
.help outreg2
```

来查看这个命令的帮助文件。这个命令非常有用，建议读者仔细阅读它的帮助文件。在这里我们介绍如何使用它将 summarize 的结果导入到 Word 中去。首先我们仅在文件中保存我们需要进行统计的 4 个变量：

```
.keep wage lwage educ exper
```

下面这条命令要求将不加 details 选项的 summarize 所产生的结果保存在 myfiel1.doc 中，并且去掉观测值数目和平均数两个指标：

```
.outreg2 using myfile1.doc, word sum(log) replace eqdrop(N mean) see
```

用户可以在工作目录下寻找这个 Word 文件打开，有如下结果，如表 5-3 所示。

表 5-3 回归结果报告

	（1）	（2）	（3）
VARIABLES	sd	min	max
wage	3.693	0.530	24.98
educ	2.769	0	18
exper	13.57	1	51
lwage	0.532	-0.635	3.218

作为一个扩展，读者可以尝试如下两条命令。下面的命令要求对变量进行 summarize, detail 统计，并分别保存在 myfile2.doc 和 myfile3.doc 文件中，其中前者仅包含观测值数目、最大最小值和 25 分位数，后者包含所有的统计指标：

```
.outreg2 using myfile2.doc, word sum(detail) replace eqkeep(N max min p25) see
.outreg2 using myfile3.doc, word sum(detail) replace see
```

3. 使用 tabstat 命令计算描述性统计量

命令 tabstat 与 summarize 相似，但提供了更加灵活的统计量组合。如果不加 by()选项，那么 tatstat 是 summarize 的一个很好的替代，因为你可以通过 stat()添加各种所需要的统计量。by()选项允许对 by()中变量不同的取值分别做描述性统计。

下面是 tabstat 的命令格式，与 summarize 基本一致：

```
.tabstat varlist [if] [in] [weight] [, options]
```

这个命令常用的选项及含义如表 5-4 所示。

表 5-4　tabstat 命令的选项说明

by(varname)	Stata 将根据 varname 的不同取值分别计算各变量的描述性统计量。比如 tabstat height 将报告样本中所有观测的平均身高，加上 by(sex)，Stata 将分别报告男性、女性和所有人的平均身高
statistics(statname [...])	设定所需要的统计量，可以使用的统计量见表 5-5
format 和 format(%fmt)	设定统计量的显示格式，默认为%9.0g。其中 format 命令要求每个变量的统计量的显示格式与该变量一致；format(%fmt)则是设定所有统计量的显示格式
nototal	与 by()一起使用，它要求 Stata 不显示所有样本的统计量
col(stat)	将结果报表转置，即统计变量作为列头，变量作为行头
long	与 by()一起使用，它要求 Stata 显示相应的变量名

表 5-5　tabstat 命令报告的统计量

选　项	含　义
mean	平均数
count / n	观测值数目
sum	加总
max/ min	最大值、最小值
range	极差
sd	标准差
var	方差
cv	变异系数（sd/mean）
semean	平均标准误（sd/sqrt(n)）
skewness	偏度
kurtosis	峰度
median	中位数
p#	#%百分位数
iqr	四分位数间距（p75 - p25）
q	等价于写 p25　p50　p75

【例 5-2】这里使用的是 wage.dta 数据集，我们说明使用 tabstat 计算变量 wage 和 log（wage）的相关统计量。

（1）　使用 stat()要求定制输出的统计指标：观测值的个数、平均数、中位数、标准差、偏度、峰度，命令和执行结果如下：

```
.tabstat wage lwage,stat(count mean p50 sd skew kurt)

   stats |      wage     lwage
---------+--------------------
       N |       526       526
    mean |  5.896103  1.623268
     p50 |      4.65  1.536867
      sd |  3.693086  .5315382
skewness |  2.007325  .3909038
kurtosis |  7.970083  3.386529
------------------------------
```

从上到下依次是 wage 和 log(wage)的观测值个数、平均数、中位数、标准差、偏度和峰度。从结果不难看出，通过对 wage 取对数，该变量的偏度由 2 变为 0.39，峰度由 7.97 变为 3.39，峰度和偏度的数值都向正态分布靠拢了。

（2） 如果在命令中加入选项 col(stat)通过让统计量以列的方式呈现，可以使结果更便于分析和对比，具体的命令是：

```
.tabstat wage lwage,stat(count mean p50 sd skew kurt) col(stat)
```

输出结果如下：

variable	N	mean	p50	sd	skewness	kurtosis
wage	526	5.896103	4.65	3.693086	2.007325	7.970083
lwage	526	1.623268	1.536867	.5315382	.3909038	3.386529

上面输出的结果与未加 col(stat)之前一致，只是将表格进行了转置，更便于分析。

（3）下面，加入 by(female)选项和 long 选项，要求 Stata 根据性别分别统计 wage 和 lwage 两个变量，并且标注变量名称：

```
.tabstat wage lwage,by(female) stat(count mean p50 sd skew kurt) col(stat)long
```

输出结果如下：

female	variable	N	mean	p50	sd	skewness	kurtosis
0	wage	274	7.099489	6	4.160858	1.575794	5.828708
	lwage	274	1.81357	1.791759	.5348107	.2109881	2.677425
1	wage	252	4.587659	3.75	2.529363	2.818724	15.02116
	lwage	252	1.416353	1.321756	.4442354	.3874667	5.331479
Total	wage	526	5.896103	4.65	3.693086	2.007325	7.970083
	lwage	526	1.623268	1.536867	.5315382	.3909038	3.386529

与之前的结果相比，这条命令分男女性别作统计描述，最后还有全部数据（total）的统计描述，每一个分类对 wage 和 lwage 分别计算相关统计量。结果显示，样本中男性 274 名，女性 252 名，男性工资平均数为 7.1，中位数为 6，远高于女性的 4.59 和 3.75；但是男性工资的标准差也高于女性，前者是 4.16，后者是 2.53。值得注意，所有这些差别在取对数后都相应缩小了。

最后，作为练习，读者不妨自行执行并对比以下两个命令，以此区分 by()选项和 by 前缀的不同效果：

```
.tabstat wage lwage,by(female) stat(count mean p50 sd skew kurt) col(stat)long
.bysort female: tabstat wage lwage stat(count mean p50 sd skew kurt)
```

5.3 探测异常值

一个数据集中有时包含了不一致的观测值。例如，当讨论学士学位大学毕业生的起始薪水时，通常想到的传统的大学毕业生——那些 22 岁左右具有 4 年大学教育的毕业生。但是假设有一个毕业生是 34 岁的化学工程学博士，他重返大学，又获得了冶金学的学士学位。很明显，由于这名学生附加的教育和经历使得他的起始年薪比其他学生高很多。对于这样一个位于我们想要描述的数据范围之外的不规则的观测值，我们称之为异常值。如何探测异常值呢？在这里我们介绍两个简单的方法，一种是 z 得分，另一种是箱线图。

5.3.1 计算 z 得分

确定一个观测值是否异常最方便的方法是就是算它的 z 得分，z 得分的概念已经在第一节详细介绍过。根据切比雪夫法则，不论数据的分布是什么形状，都至少有 3/4 的测量值落在平均值的两个标准差的范围内，至少有 8/9 的测量值落在均值的 3 个标准差范围内。下面以 wage 为例说明，依次执行以下三条命令：

```
.quietly summarize wage
.gen z=(wage-r(mean))/r(sd)
.list wage z if z>3
```

第一个命令要求 summarize wage，但是不显示结果（“悄悄地”，quietly），第二个命令中调用了 summarize 的输出结果计算 z，r(mean)和 r(sd)都是标量，代表了 wage 的均值和标准差，第三个命令要求将 z>3 的观测值列出来，每条观测值显示 wage 和 z 得分。3 个命令执行的结果如下：

	wage	z
10.	18	3.326188
15.	22	4.414709
16.	17	3.096028
59.	22	4.260365
66.	20	3.813585
112.	25	5.167466
186.	22	4.322645
229.	23	4.593421
245.	18	3.320772
260.	18	3.277448
278.	19	3.518439
326.	18	3.320772
440.	20	3.819
476.	18	3.14206
505.	18	3.198923

在结果中，值得注意的是第 15、59、112、186 和 229 这 5 个观测值，他们的 z 得分都远远超过了 3，很有可能是异常值，需要分析者在以后的数据使用中注意。

5.3.2 箱线图

箱线图比 z 得分更加直观，在数据探索中有巨大的作用。我们首先介绍箱线图构造的基本知识，再说明如何在 Stata 中绘制箱线图。

1. 箱线图的构造

箱线图的构造可以分为如下三步。

（1） 以画在下四分位数和上四分位数（Q_L 和 Q_U）的直线为边界（关键点）画一个长

方形（盒子），在盒子中标出数据的中位数，常用直线表示。

（2） 将距每一关键点 1.5 倍四分位距处的点标记为数据集的内篱笆，所谓四分位数间距 IQR 是 75%分位数（p75）与 25%分位数的距离（p25）。把每一关键点到内篱笆之内的末端测量值用线连接。

$$下侧内篱笆= Q_L -1.5（IQR）$$

$$上侧内篱笆= Q_U +1.5（IQR）$$

（3） 第二对篱笆——外篱笆，出现在从关键点 3 倍的四分位间距 3（IQR）处。但外篱笆一般不给出，除非有一个或几个测量值超出了它们。

$$下侧内篱笆= Q_L -3（IQR）$$

$$上侧内篱笆= Q_U +3（IQR）$$

如何使用箱线图呢？利用箱线图，建立类似于经验法则“平均数±2×标准差、平均数±3×标准差”的区间，这里用四分位数间距代替标准差。区间[p25−1.5(IQR), p75+1.5(IQR)]和[p25−3(IQR), p75+3(IQR)]是箱线图检验异常值的关键。位于内外篱笆之间的点可以考虑为异常值，位于外篱笆之外的点则很有可能是异常值，但是外篱笆一般不给出，除非有一个或几个观测值超出了它们。

箱线图还可以用于对比不同组别相同变量的分布情况，图 5-1 是用 Stata 画出的对比治疗前后男女患者血压的变化情况。可以看出对于男性而言，尽管血压的中位数并未发生变化，但是整体分布向下移动；对于女性而言，中位数下降，整体分布也向下移动，治疗效果更好。值得关注的是治疗后的女性患者中，有三名患者效果不佳，处于箱线图上侧内篱笆之外，属于可疑的异常值。

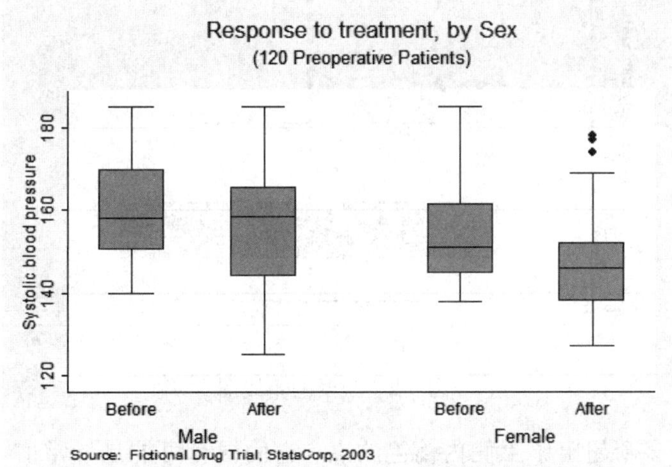

图 5-1 不同性别治疗前后血压对比图

2. 在 Stata 中绘制箱线图

Stata 绘制的箱线图有纵向和横向之分，但两种图形的绘制方法大同小异，下面我们首先介绍这两条命令，然后举例演示它们的使用。

下面的第一个命令绘制纵向图，第二个命令绘制横向图。

```
graph box  yvars [if] [in] [weight] [, options]
graph hbox yvars [if] [in] [weight] [, options]
```

graph box 命令的选项及其含义见表 5-6 所示。

表 5-6　graph box 命令的选项说明

选　　项	含　　义
over(varname[, over_subopts])	设定分组变量，变量可以是数值型或者字符型变量，可以设置多达 3 个的分组变量。[, over_subopts]可以指定用于排序的变量名称，也可以使用 sort(1)，则表明按照第一个分组变量排序。默认排序方式为从小到大，在[, over_subopts]加入 descending 则指定为按照中位数从大到小降序排列
by( )	另一种设置分组的方法，当分组变量过多时，利用该选项可以使图形更加美观明了
nooutsides	不画出在内测篱笆之外的所谓可疑的异常值
ytitle(" ")	y 轴标注。类似有 xtitle(" ")表明 x 轴标注
title(" ")	图形总标题
subtitle(" ")	图形副标题
note(" ")	图形脚注

【例 5-3】我们仍以 wage 数据集为例，说明箱线图绘制命令的使用。

（1）　在不加入任何选项的情况下绘制箱线图：

```
.graph box wage
```

绘制的结果如图 5-2 所示。

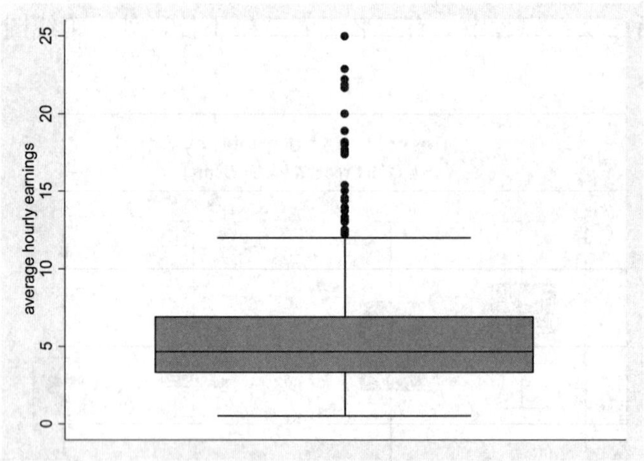

图 5-2　工资的箱线图

图 5-2 中有 10 多个超出了上侧内篱笆的点，它们很有可能是异常值。重要的是要找出这些点，可以使用如下命令：即首先对 wage 从小到大排序，然后列出最大的 5 个可疑点。这里假定认为最大的 5 个点比较可疑。具体命令如下：

```
.sort wage
.list wage in 522/l
```

list 命令要求列出从第 522 个到最后一个观测值的 wage 数值，最后的记号不是数字 1 而是字母 L 的小写，表明最后的意思（last）。

（2）利用箱线图还可以比较不同性别的工资分布情况，如图 5-3 所示。下面的命令中 graph hbox 要求对箱线图进行水平布局，选项 over(female,sort(1))要求对不同的性别分别作图，并根据中位数进行升序排列：

```
.graph hbox wage, over(female,sort(1))
```

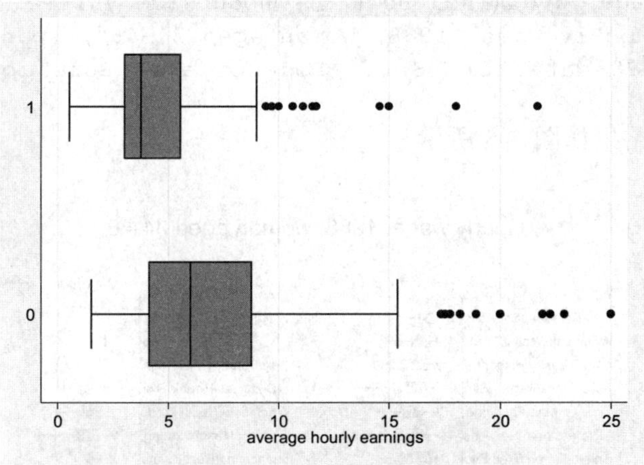

图 5-3　工资性别差异的箱线图

下面是 Stata 文献中提供的两个复杂的例子，可以充分地利用我们所介绍的各种选项画出美观大方的图形，希望读者能够用心揣摩。这里使用的数据是 Stata 系统自带的数据文件，使用命令 sysuse nlsw88, clear 调入数据集，然后通过加入各种选项绘制横向或者纵向的箱线图。

```
.sysuse nlsw88, clear
.graph hbox wage, over(ind, sort(1)) nooutside
            ytitle("")
            title("Hourly wage, 1988, woman aged 34-46", span)
            subtitle(" ")
            note("Source:  1988 data from NLS, U.S. Dept of Labor,
                 Bureau of Labor Statistics", span)
```

这个命令绘制的图像如图 5-4 所示。

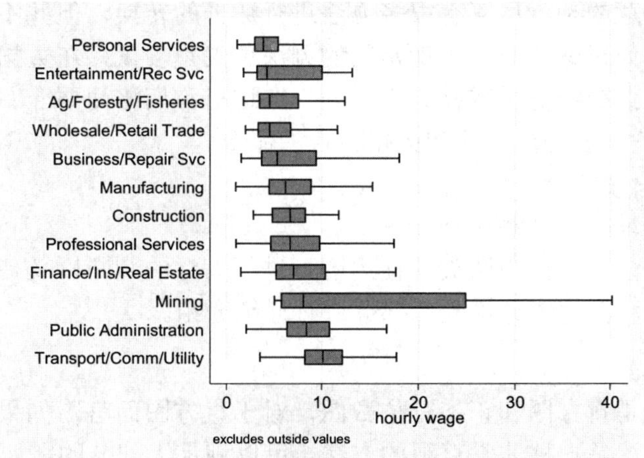

图 5-4　分行业的妇女工资对比

下面的例子演示的是当分类过多时，可以使用 by 选项来部分替代 over 选项，具体来说就是首先使用 by 对是否参加工会（union）进行分类，然后在每种分类中再使用 over()根据行业（ind）分类作图。

```
    .sysuse nlsw88, clear
    . graph hbox wage, over(ind, sort(1)) nooutside ytitle("")
by( union,title("Hourly wage, 1988, woman aged 34-46", span) subtitle("
")note("Source:  1988 data from NLS, U.S. Dept. of Labor, Bureau of Labor Statistics",
span))
```

上述命令运行的结果如图 5-5 所示。

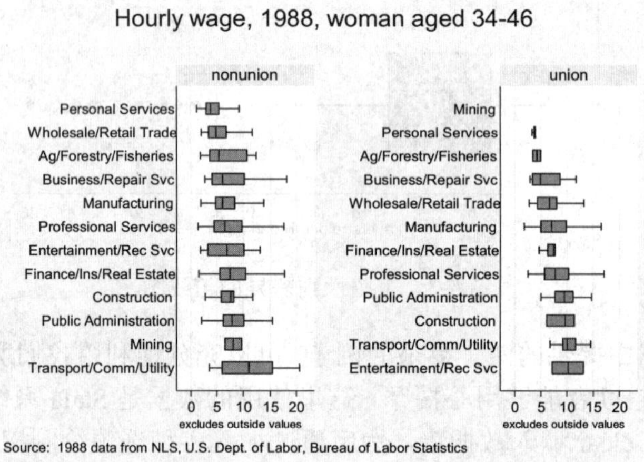

图 5-5　是否加入工会的不同行业妇女工资对比

5.4　数据的正态性检验和数据转换

很多统计检验都要求数据满足正态分布，甚至对数据分布要求最为宽松的回归分析中，如果解释变量不能很好地包含被解释变量的偏度和峰度，也有可能导致有限样本性质中的统计推断有误。需要注意的是，尽管有很多方法进行数据的转换，但并不一定存在一个恰当的方法将某一变量转换为正态分布，一切常用的方法仅仅是尝试，在数据转换的同时我们还必须注意这样转换后数据的经济学或社会学含义。在这里我们将简要介绍正态性检验的原理，并展示 Stata 提供的关于正态性检验和数据转换的命令。

5.4.1　正态性检验的原理

正态性的检验方法可以分为两类：使用图形进行大致的判断以及使用统计检验。下面分图形检验、卡方检验和其他统计检验三部分进行详细介绍。

1.　图形检验

常用的图形检验是直方图和正态分位数图，对于直方图而言，如果直方图和钟形相差很大，则拒绝正态性，这是一种非常直观的方法，可以满足大部分的需要。例如，图 5-6 是用 Stata 绘制的标准普尔指数直方图，可以看出基本上与正态分布曲线一致。

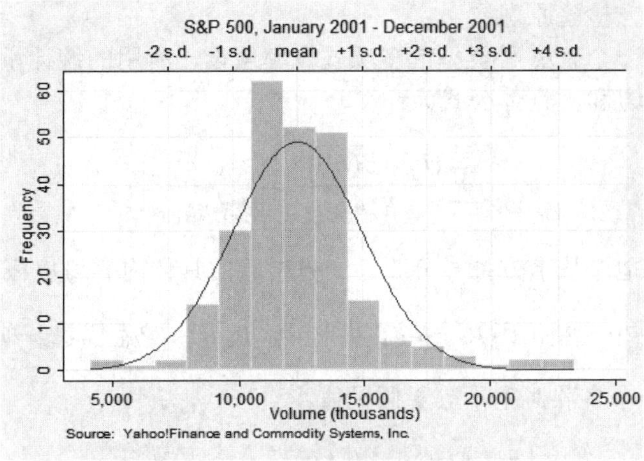

图 5-6 标准普尔指数直方图示例

如果直方图基本上是对称的，则可以考虑绘制一个正态分位数图。正态分位数图按照以下步骤进行绘制：

（1） 先对数据进行排序，将数据从小到大排列。

（2） 对于容量为 n 的样本，每个值都代表样本的 $1/n$ 的比例，因此，使用标准正态分布计算对应于正态曲线下的这些面积值的 z 值，从最左边开始延伸，依次为：$1/2n$，$3/2n$，$5/2n$，$7/2n$，以此类推。

（3） 描绘点（x，y），其中每个 x 都是一个原始样本值，y 是（2）中算出的相应的 z 值。

考察正态分位数图的要点在于：如果这些点的位置不是接近于一条直线，或者呈某种对称图案，而不是一条直线图案，则认为数据不服从正态分布。图 5-7 是利用 Stata 绘制的正态分位数图，可以看出该变量大致分布在图中直线上，说明基本符合正态分布。

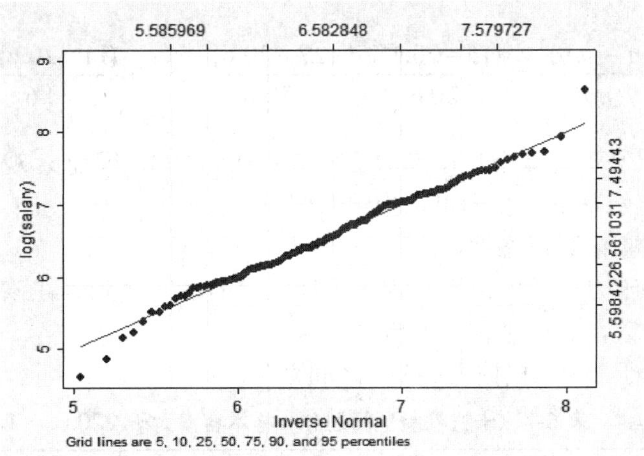

图 5-7 正态分位数图示例

2. 卡方检验

卡方检验可以比图形更加精确地检测数据的分布，用于检验正态分布的卡方统计量源于基本的卡方检验，这里首先介绍基本的卡方检验的原理。

（1） 基本的卡方检验原理。

卡方检验是检验一个有 k 种类型的多项式概率假设，所用的统计量是基于观测和期望单元计数离差的加权平方和，具体公式为：

$$\chi^2=\sum_{i=1}^{k}\frac{\left[n_i-E(n_i)\right]^2}{E(n_i)}=\left(\sum_{i=1}^{k}\frac{n_i^2}{np_{i,0}}\right)-n$$

这个统计量近似地服从卡方抽样分布。卡方检验的具体内容可以概括如下：

- $H_0: p_1=p_{1,0}, p_2=p_{2,0}, \cdots, p_k=p_{k,0}$，其中 $p_{1,0}, p_{2,0}, \cdots, p_{k,0}$ 代表多项式概率的假设值。

  H_a:至少有一个多项概率不等于假设值。

- 检验统计量：$\chi^2=\sum_{i=1}^{k}\frac{\left[n_i-E(n_i)\right]^2}{E(n_i)}=\left(\sum_{i=1}^{k}\frac{n_i^2}{np_{i,0}}\right)-n$

其中 $E(n_i)=np_{i,0}$ 是在 H_0 成立的条件下，得到类型 i 的期望个数，总的样本大小为 n。

- 拒绝域：$\chi^2>\chi_\alpha^2$，这里 χ_α^2 有（k−1）个自由度。
- 假定：为了卡方近似的有效性，对所有 n_i 有 $E(n_i)\geqslant 5$。

下面举例说明卡方检验的实施，考虑 5 条生产线 A、B、C、D 和 E 上生产叶轮的电动风扇叶片公司，假定每条生产线以相同的速度和产量生产叶轮。在 103 个不合格的叶轮样本中，15 个由 A 生产，27 个由 B 生产、31 个由 C 生产、19 个由 D 生产，11 个由 E 生产，对于这样一个多项试验，想要知道的是，5 条生产线的不合格叶轮的比率是否存在差异，即原假设是 H_0:$p_1=p_2=p_3=p_4=p_5$。

已经计算出 $E(n_i)=np_i=103\times0.2=20.6$，可以构建如下卡方统计量：

$$\chi^2=\sum_{i=1}^{k}\frac{(n_i-np_i)^2}{np_i}=\frac{(15-20.6)^2}{20.6}+\frac{(27-20.6)^2}{20.6}+\ldots+\frac{(11-20.6)^2}{20.6}=13.36$$

而 0.05 显著性水平下有 4 个自由度的临界值是 9.48 773，因而 x^2 观测值超过了这个临界值，在 0.05 的显著性水平下，我们可以拒绝原假设。

（2） 用卡方检验检测正态性。

进行正态分布的卡方检验实质上是根据下面划定的区间找到落在该区间内的实际观测值个数和期望观测值个数，然后进行卡方检验。

如果样本容量大于 220，根据表 5-7 的区间划分。

表 5-7　卡方检验区间划分（样本容量大于 220）

区　间	概　率
$Z\leqslant-2$	0.0228
$-2<Z\leqslant-1$	0.1359
$-1<Z\leqslant0$	0.3413
$0<Z\leqslant1$	0.3413
$1<Z\leqslant2$	0.1359
$Z\geqslant2$	0.0228

如果样本容量小于等于 220，依据表 5-8 划分区间。

表 5-8 卡方检验区间划分（样本容量小于 220）

区 间	概 率
$Z \leqslant -1.5$	0.0228
$-1.5 < Z \leqslant -0.5$	0.1359
$-0.5 < Z \leqslant 0.5$	0.3413
$0.5 < Z \leqslant 1.5$	0.3413
$Z > 1.5$	0.1359

上述列表中的 Z 是标准正态分布的数值，需要对手头的数据进行标准化后计算相应的区间。

下面举例说明具体如何实施，比如对于一个样本容量是 240，均值为 2.0904，标准差为 0.4148 的数据集，表 5-4 对应的第一个区间应该是 $x \leqslant 1.2608$（即 $\frac{1.2608-2.0904}{0.4148}=-2$），这样我们可以计算 $n \times p_1 = 240 * 0.0228 = 5.47$，而不妨假设实际的数据集中，落在这个区间的观测值的个数是 $n_1=7$，其他的几个区间的情况见表 5-9 所示。

表 5-9 区间划分和卡方统计量的计算

标准正态分布区间	期望概率	期望观测值个数	实际样本区间	实际观测值个数
$Z \leqslant -2$	0.0228	5.47	$X \leqslant 1.2608$	7
$-2 < Z \leqslant -1$	0.1359	32.62	$1.2608 < Z \leqslant 1.6756$	31
$-1 < Z \leqslant 0$	0.3413	81.91	$1.6756 < Z \leqslant 2.0904$	76
$0 < Z \leqslant 1$	0.3413	81.91	$2.0904 < Z \leqslant 2.5052$	90
$1 < Z \leqslant 2$	0.1359	32.62	$2.5052 < Z \leqslant 2.9200$	32
$Z \geqslant 2$	0.0228	5.47	$X \geqslant 2.920$	4

这样就可以计算出卡方统计量：

$$
\begin{aligned}
\chi^2 &= \sum_{i=1}^{k} \frac{(n_i - np_i)^2}{np_i} \\
&= \frac{(7-5.47)^2}{5.47} + \frac{(31-32.62)^2}{5.47} + \frac{(76-81.91)^2}{5.47} \\
&+ \frac{(90-81.91)^2}{5.47} + \frac{(32-32.62)^2}{5.47} + \frac{(4-5.47)^2}{5.47} = 2.1412
\end{aligned}
$$

而自由度为 3 显著性水平为 0.05 的临界值是 7.8147，所以不能拒绝原假设，即不能拒绝该数据是正态分布的假设。

3. 正态性的其他统计检验

正态性的其他统计检验包括：偏度-峰度检验（sktest）、D' Agostino 检验、Shapiro-Wilk W 检验和 Shapiro-Francia W'检验，在对这些检验进行具体讨论之前，务须牢记两点：一是随着样本量的增大，所有的统计检验趋于拒绝原假设，这时图形、偏度峰度的数值可能更有利于判断正态性；二是接下来的数据分析是否要求总体的正态性，比如方差分析就对数据的分布做出了要求，而回归分析可以完全不依赖于正态性假设，如果你进行回归分析，那么正态性检验就不重要了。

下面的介绍来源于 William Gould 和 William Rogers 在 1991 年发表在《Stata Technical Bulletin》的《正态性检验的总结》一文。我们引用该文中的资料来对比上述各种检验的优劣，如表 5-10 所示。

表 5-10　正态性检验对比分析

原本的分布	检验	1%	5%	10%	原本的分布	1%	5%	10%
正态分布					扰乱的正态分布			
	sktest	.024	.054	.084		.967	.971	.973
	Bera-Jarque	.020	.044	.070		.967	.970	.972
	D'Agostino	.018	.059	.100		.965	.970	.973
	swilk	.010	.048	.098		.949	.956	.959
	sfrancia	.010	.057	.108		.963	.970	.973
均匀分布					厚尾正态分布			
	sktest	.007	.652	.938		.130	.216	.283
	Bera-Jarque	.002	.567	.914		.118	.197	.259
	D'Agostino	.985	.997	.999		.081	.179	.263
	swilk	.998	1.000	1.000		.027	.071	.119
	sfrancia	.767	.970	.993		.089	.229	.343
t(5)					t(20)			
	sktest	.549	.641	.693		.096	.151	.198
	Bera-Jarque	.535	.624	.677		.088	.135	.179
	D'Agostino	.453	.595	.673		.069	.137	.197
	swilk	.239	.334	.394		.018	.055	.098
	sfrancia	.466	.629	.712		.055	.142	.215
chi2(5)					chi2(10)			
	sktest	.926	.985	.995		.667	.834	.906
	Bera-Jarque	.892	.972	.992		.609	.786	.873
	D'Agostino	.883	.977	.995		.606	.806	.895
	swilk	.988	.998	1.000		.753	.891	.940
	sfrancia	.974	.996	.998		.711	.880	.933

表 5-10 中报告了相应的显著性水平下被拒绝的样本比例。它们从表中标示的分布的总体中抽取了样本容量为 100 的 10 000 个样本，每个样本进行如表所示的检验，然后计算被拒绝的样本比例。可以得到如下结论：在均匀分布之下，显然 D'Agostino 检验、Shapiro–Francia 和 Shapiro–Wilk 检验表现很好；对于 t(5)分布而言，sktest（偏度-峰度检验）的表现超过 D'Agostino 检验，而 Shapiro–Francia 检验同样表现良好。另外，对于诸如国内生产总值 GDP、工业产值等由个体单位加总而得到的所谓“加总性数据”，作者则推荐 sktest 检验和 D'Agostino 检验作为正态性检验的方法。

在这里，我们对这些统计检验的使用策略总结如下。

（1） sktest 检验和 D'Agostino 检验通常能获得较好的效果，但是 sktest 不够稳定，因而 D'Agostino 检验更胜一筹。

（2） sktest 检验和 D'Agostino 检验适用于加总性的数据。

（3） Shapiro–Francia (sfrancia)检验不适用于加总性的数据，但是对于个体数据非常合适。

（4） 不推荐使用 Shapiro–Wilk(swilk)检验。

5.4.2 正态性检验的 Stata 实现

进行正态性检验主要有两种方法，一种是使用分位正态图进行大致的判断，一种是使用统计检验如卡方检验，下面依次介绍这两种方法如何在 Stata 中实现。

1. 分位正态图

利用一些基本的统计量（可以由 summarize 命令得出），或者前面介绍的直方图、核密度图都可以判断一个变量的分布是否近似于正态。其中直方图、核密度图的绘制已在第 3 章中介绍了，这里我们仅介绍分位正态图的绘制。

分位正态图的绘制的命令格式如下：

```
qnorm varname [if] [in] [, options]
```

该命令的大部分选项都是绘图命令所共有的，读者可以参见第 3 章的相关内容，这个命令独有的选项是 grid。加入 grid 选项可以在图中依次标注 0.05、0.10、0.25、0.50、0.75、0.90、0.95 百分位数的坐标刻度。分位正态图将观测变量分布的分位数（y 轴）与一个具有相同平均数和标准差的理论正态分布的分位数进行比较（x 轴），这样可以就变量分布的每个部分对正态性的偏离进行直观的审查。根据 wage 的峰度和偏度数值，已经得到的结论是，变量 wage 右偏态且存在厚尾，现在可以用这个新的工具来验证这一点。下面的命令要求 Stata 绘制 wage 的分位正态图，并且标注坐标刻度，命令执行的结果如图 5-8 所示。

```
.qnorm wage,grid
```

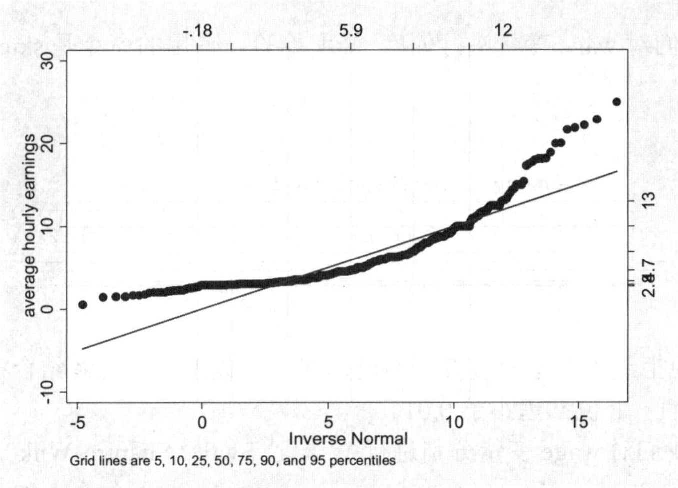

图 5-8 wage 的分位正态图

与完全正态分布相比（即图中标明的对角线），图 5-8 呈现中间基本吻合，两边翘起的形态，说明在 25%分位数以下和 90%百分位数以上存在厚尾，与之前的判断一致。

2. 正态性统计检验

这里介绍进行偏度-峰度检验（sktest）、D'Agostino 检验、Shapiro-Wilk W 检验和 Shapiro-Francia W'检验的 Stata 命令。

各种正态性统计检验的命令格式和选项如下：

① 偏度-峰度检验。

```
sktest varlist [if] [in] [weight] [, noadjust]
```

noadjust 选项用未经调整过的检验结果代替 Royston (1991)对整体卡方检验和显著性水平做调整后的结果，可能会降低检验的显著性水平，使拒绝原假设的可能下降。

② Shapiro-Wilk W 检验。

```
swilk varlist [if] [in] [, options]
```

该命令的选项及其含义是：generate(newvar)产生包含 W 检验系数的新变量；lnnormal 对 ln(X-k)做正态性检验，其中 k 使得 ln(X)偏度为 0。我们使用 lnskew0 来确定 k 的取值。

③ Shapiro-Francia W'检验。

```
sfrancia varlist [if] [in]
```

该命令没有选项。

④ D' Agostino 检验。

这个命令需要使用 findit sktestdc 通过连接网络下载得到。命令格式如下：

```
sktestdc varlist [=exp] [if exp] [in range] [, noadjust]
```

noadjust 选项同 sktest 命令。

【例 5-4】下面依次举例说明这 4 个命令的使用，这里用到的数据仍然是小时工资数据集 wage.dta。

（1） 首先我们对 wage 变量进行偏度-峰度检验，使用的命令是 sktest：

```
.sktest wage
```

Skewness/Kurtosis tests for Normality

Variable	Obs	Pr(Skewness)	Pr(Kurtosis)	joint adj chi2(2)	joint Prob>chi2
wage	526	0.0000	0.0000	.	0.0000

偏度-峰度检验拒绝了正态性假设，不论是峰度、偏度或者两者结合在一起，wage 均表现出显著的非正态性，P 值都远小于 0.01。

（2）接下来我们对 wage 变量分别进行 W 检验 Swilk（Shapiro-Wilk W test for normality）和 W'检验 Sfrancia（Shapiro-Francia W' test for normality），执行的命令如下：

```
.lnskew0 wage2=wage
.swilk wage
.swilk wage2,lnnormal
.sfrancia wage // lnskew0 命令是为 wage 找一个 k 使得 ln(wage-k)的偏度为 0，并定义这个新的变量为 wage2；当对完成这一变换的变量进行 swilk 检验时，需要加入 lnnormal 选项
```

结果输出如下：

```
. lnskew0 wage2=wage

       Transform |         k     [95% Conf. Interval]       Skewness
-----------------+--------------------------------------------------
     ln(wage-k)  |  .3972285       (not calculated)        -.0004045

. swilk wage

                   Shapiro-Wilk W test for normal data

    Variable |       Obs       W           V         z       Prob>z
-------------+-----------------------------------------------------
        wage |       526    0.80353     69.183    10.208    0.00000

. swilk wage2,lnnormal

           Shapiro-Wilk W test for 3-parameter lognormal data

    Variable |       Obs       W           V         z       Prob>z
-------------+-----------------------------------------------------
       wage2 |       526    0.96273     13.123     6.837    0.00000

. sfrancia wage

                  Shapiro-Francia W' test for normal data

    Variable |       Obs       W'          V'        z       Prob>z
-------------+-----------------------------------------------------
        wage |       526    0.80270     74.185     8.807    0.00001
```

这两个检验的结果与 sktest 一样，均拒绝了总体是正态分布（对数正态分布）的原假设。

（3） 最后演示 D'Agostino 检验，使用的命令是 sktest，这里我们使用未经调整过的卡方检验，即添加 noadjust 选项。

```
. sktest wage lwage,noadjust


                    Skewness/Kurtosis tests for Normality
                                                     ------- joint -------
    Variable |  Pr(Skewness)    Pr(Kurtosis)        chi-sq(2)   Pr(Chi-sq)
-------------+------------------------------------------------------------
        wage |     0.000           0.000             228.10        0.0000
       lwage |     0.000           0.086              15.81        0.0004
```

可以看到，这个检验的结果同之前的检验一致：拒绝 wage 或者 lnwage 是正态分布的原假设。

5.4.3 改变数据的分布

经过检验，如果一个变量不符合正态分布可以考虑对数据进行非线性转换，常用的转换包括取平方、三次方、自然对数等。Stata 提供了一个非常强大的工具“幂阶梯”（ladder of powers）可以尝试表 5-11 所列的 9 种转换的可能，然后依次进行偏度-峰度检验。

表 5-11　幂转换阶梯

转换（tansfermation）	公　式	作　用
立方（cube）	x^3	缓解负偏态
平方（square）	x^2	同上
原始（raw）	x	无
平方根（square-root）	$x^{0.5}$	缓解正偏态
对数（log）	log(x)	同上
平方根负倒数（negatine reciprocal root）	$-x^{0.5}$	同上
负倒数（negatine reciprocal）	$-x$	同上
平方负倒数（nagatine reciprocal quare）	$-x^2$	同上
立方负倒数（nagatine reciprocal cube）	$-x^3$	同上

幂阶梯共有 3 个相关的命令，第一个命令 ladder 尝试表 5-11 所涉及到的 9 种转换，然后分别进行正态性检验，这是幂阶梯最基本的命令：

```
ladder varname [if] [in]
```

接下来两个命令可以对这 9 种转换分别作直方图和分位正态图，以便直观地判断各种转换的可行性，它们的格式是：

```
gladder varname [if] [in]
qladder varname [if] [in]
```

这 3 个命令都可以使用 in 或者 if 限定变量的取值。

【例 5-5】下面我们具体说明这 3 个命令的使用，这里仍然使用 wage.dta 数据集。

（1）　对 wage 尝试表 5-11 中的各种转换，命令如下：

```
.ladder wage
```

输出结果如下：

```
Transformation         formula                chi2(2)      P(chi2)
------------------------------------------------------------------
cubic                  wage^3                       .        0.000
square                 wage^2                       .        0.000
identity               wage                         .        0.000
square root            sqrt(wage)                   .        0.000
log                    log(wage)                13.99        0.001
1/(square root)        1/sqrt(wage)                 .        0.000
inverse                1/wage                       .        0.000
1/square               1/(wage^2)                   .        0.000
1/cubic                1/(wage^3)                   .        0.000
```

可以发现，对于 wage 变量的一系列转换都不能够使得它通过卡方检验，因此并不能找到一种方法使得 wage 服从正态分布。本章习题中有利用幂阶梯方法转换数据使其服从正态分布的例子，读者可以尝试一下。就目前的数据而言，对 wage 取对数后不论在偏度或是峰度上都更加近似于正态分布，而且有很好的解释涵义，所以 log(wage)是一个不错的选择。

（2）　尝试命令 gladder 以及分位正态图的幂阶梯版本 qladder，通过这两个命令可以非常轻松地比较每种转换的直方图和正态分布曲线。

下面是这些命令的演示和执行结果：

```
.qladder wage
```

qladder 的执行结果如图 5-9 所示。

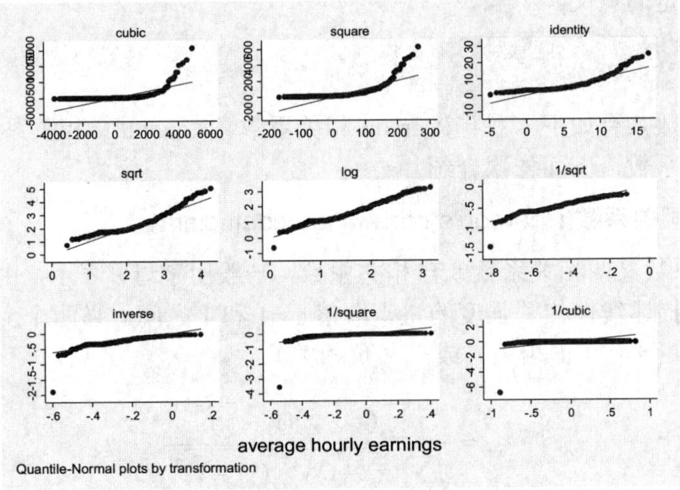

图 5-9　散点图矩阵

```
.gladder wage
```

gladder 的执行结果如图 5-10 所示。

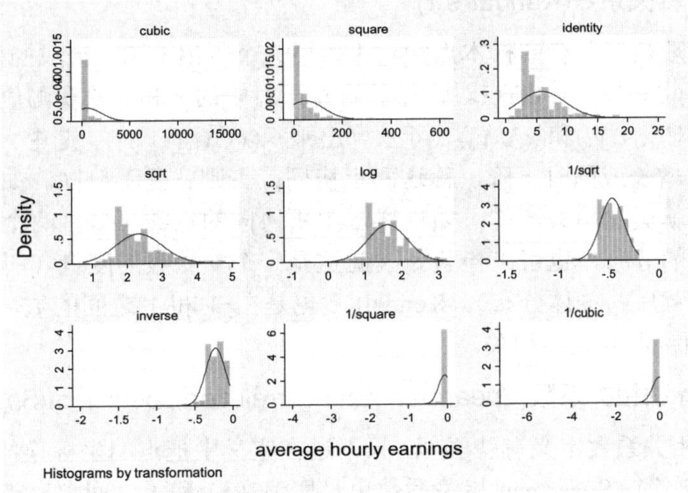

图 5-10　直方图矩阵

5.5　相关系数

一般来说，变量之间的关系可以分为两类，一类是确定性的关系，即通常的函数关系，另一类是非确定性的关系，即相关关系，例如身高与体重的关系，身高不同的人体重有差异，但是身高相同的人，体重又不一样，这说明身高与体重并不存在确定的函数关系。相关分析的主要目的是研究变量之间关系的密切程度。回归方程的斜率系数在一定程度上也是反映两个变量之间关系的密切程度，斜率系数的平方根就是相关系数，所以在进行回归分析之前进行相关性分析有一定的意义。

5.5.1 相关系数概述

常用的相关系数共有如下 4 种：Pearson 相关系数、Kendall τ 相关系数、Spearman 秩相关系数以及偏相关系数，下面依次介绍。

1. Pearson 相关系数(Pearson's correlation coefficient)

Pearson 相关系数又叫相关系数或自相关系数，一般用字母 r 表示，由两个变量的样本取值得到。这是一个描述线性相关强度的量，取值于-1 和 1 之间。当两个变量有很强的线性相关时，相关系数接近于 1（正相关）或-1（负相关）。

$$r_{xy}=\frac{\sum(x_i-\bar{x})(y_i-\bar{y})}{\sqrt{\sum(x_i-\bar{x})^2\sum(y_i-\bar{y})^2}}$$

在总体的正态性假设下，可以建立相关的统计量来检验线性相关性。在两个变量定义了相关系数之后，一组变量可以定义相关阵(correlation matrix)。假定共有 p 个变量，它们的相关阵为一个 $p\times p$ 矩阵，其第 ij 个元素为第 i 个变量和第 j 个变量的相关系数。对角线元素是变量和自己的相关系数，等于 1。

2. Kendall τ 相关系数(Kendall's τ)

这里的度量原理是把所有的样本点配对［如果一个点由 x 和 y 组成的坐标$(x，y)$代表，一对点就是诸如$(x_1，y_1)$和$(x_2，y_2)$的点对，然后看每一对中的 x 和 y 的观测值是否同时增加（或减少）］。比如由点对$(x_1，y_1)$和$(x_2，y_2)$，可以算出乘积$(x_2-x_1)(y_2-y_1)$、是否大于 0；如果大于 0，则说明 x 和 y 同时增长或同时下降，称这两点协同；否则就是不协同。如果样本中协同的点数目多，两个变量就更加相关一些；如果样本中不协同的点数目多，两个变量就不很相关。这里不用假设总体的分布，也可以检验。因此这是一个非参数的度量（所谓非参数方法，就是它不依赖于变量背后的总体分布）。Kendall τ 也是在-1 和 1 之间的数，也就是越接近于 1 或-1 就越相关，而接近 0 就不相关。

3. Spearman 秩相关系数(Spearman rank correlation coefficient/Spearman's ρ)

它和 Pearson 相关系数定义有些类似，只不过在定义中把点的坐标换成各自样本的秩（即样本点大小的“座次”）。Spearman 相关系数也是取值在-1 和 1 之间也有类似的解释。通过它也可以进行不依赖于总体分布的非参数检验。

人们可能会问，上面的 3 种对相关的度量都是在其值接近 1 或-1 时相关，而接近于 0 时不相关。到底如何才能够称为“接近”呢？这很难一概而论。但在计算机输出中都有和这些相关度量相应的检验和 p 值；因此可以根据这些结果来判断是否相关。

4. 偏相关分析

双变量相关分析是研究两个变量之间的相关关系，有时在分析两个变量之间相关关系时，往往会有其他变量的影响因素混合在里面，此时计算出来的相关系数可能并不能真正反映两个变量之间的关系。比如，在教育研究中经常作多学科成绩之间的相关分析，但是相关性大小往往会受到很多混杂因素如智商、认知水平等的影响，这样其真正的相关性会被扩大或缩小。在研究语文成绩和数学成绩的关系时，人们发现智商高者数学和语文成绩往往都好，因此数学成绩和语文成绩的相关中隐含着智商这一混杂因素。为了研究数学成绩和语文成绩之间的关系，可以将智商作为控制变量，在保持智商不变的情况下，研究数学成绩和语文成绩之间的相关性，这样的相关分析就是偏相关分析。

假设有 3 个随机变量 X、Y 和 Z，如果以变量 Z 为控制变量，那么变量 X 和 Y 之间的偏相关系数计算公式为：

$$r_{XY,Z}=\frac{r_{XY}-r_{XZ}r_{YZ}}{\sqrt{1-r_{XZ}^2}\sqrt{1-r_{YZ}^2}}$$

$r_{XY,Z}$ 又称为一阶相关系数，其中，r_{XY} 为变量 X 和 Y 之间的零阶相关系数，r_{XZ} 为变量 X 和 Z 之间的零阶相关系数，r_{YZ} 为变量 Y 和 Z 之间的零阶相关系数。

为了检验偏相关系数 $r_{XY,z}$ 是否显著地不等于 0，提出下面的假设：

$$H_0:r_{XY,Z}=0,H_1:r_{XY,Z}\neq 0$$

对于大样本数据，在原假设成立的条件下，使用 $t=\frac{\sqrt{n-k-2}\cdot r}{\sqrt{1-r^2}}$ 进行检验，其中，k 为控制变量的个数。如果 t 统计量对应的伴随概率 $p<\alpha$（或显著性水平 Sig.<α），则拒绝假设，两个随机变量之间的偏相关显著。

如果变量 X 和 Y 之间的控制变量有两个，比如 Z_1 和 Z_2，那么 X 和 Y 之间的偏相关系数计算公式为：

$$r_{XY,Z_1Z_2}=\frac{r_{XY,Z_1}-r_{XZ_2,Z_1}r_{YZ_2,Z_1}}{\sqrt{1-r_{XZ_2,Z_1}^2}\cdot\sqrt{1-r_{YZ_2,Z_1}^2}}$$

r_{XY,Z_1Z_2} 又称为二阶相关系数。公式中 r_{XY,Z_1} 是以 Z_1 为控制变量，变量 X 和 Y 的偏相关系数；r_{XZ_2,Z_1} 是以 Z_1 为控制变量，变量 X 和 Z_2 的偏相关系数；r_{YZ_2,Z_1} 是以 Z_1 为控制变量，变量 Y 和 Z_2 的偏相关系数。多于两个控制变量的偏相关系数可以采用上面的类似公式进行计算。

5.5.2 相关系数在 Stata 中的实现

Stata 的相关系数命令不仅可以得到通常的相关系数，还可以计算协方差矩阵，更为有用的是它还提供了对缺失值的不同处理方法。

1. Pearson 相关系数

correlate 命令计算变量之间的 Pearson 相关系数或者协方差矩阵，如果不指定变量，则默认对数据集中的所有变量计算相应的矩阵。pwcorr 命令的好处是尽可能使用两两变量中所有没有缺失的数据，而不像 correlate 只采用没有任何缺失数据的完整的观测值。

这两个命令的完整格式如下：

```
correlate [varlist] [if] [in] [weight] [, correlate_options]
pwcorr [varlist] [if] [in] [weight] [, pwcorr_options]
```

这两个命令的选项如表 5-12 所示。

表 5-12　correlate 和 pwcorr 命令选项说明

correlate 命令的选项	
_coef	显示回归估计的系数的相关系数矩阵或者协方差矩阵
means	显示变量的均值、标准差、最大最小值
covariance	显示协方差矩阵
pwcorr 命令的选项	
obs	显示计算每个相关系数时使用的观测值个数
sig	显示显著性检验的 p 值
print(#)	在屏幕上仅显示达到相应显著性水平的相关系数
star(#)	在显著的相关系数上打上星号
listwise	使用 listwise 的方法处理缺失值，这样 pwcorr 就退化成 correlate 命令了。所谓 listwise 方法是说，如果某一观测值中某个或者多个变量出现缺失，则将整个观测值删掉，这也正是 correlate 命令使用的方法。对于没有缺失值的数据集，这两种方法没有区别

【例 5-6】使用数据集 wage.dta，完成如下任务：

（1） 得到的 wage、educ、exper、tenure 之间的相关系数矩阵，完成这个任务的命令如下：

```
.correlate wage educ exper tenure
```

执行结果如下：

```
             |     wage     educ    exper   tenure
-------------+------------------------------------
        wage |   1.0000
        educ |   0.4059   1.0000
       exper |   0.1129  -0.2995   1.0000
      tenure |   0.3469  -0.0562   0.4993   1.0000
```

相关系数矩阵仅显示了下三角，对应两个变量名的数值便是这两个变量的相关系数，比如 wage 与 educ 的相关系数就是 0.4059。

（2） 得到的 wage、educ、exper、tenure 之间的协方差矩阵，完成这个任务的命令如下：

```
.correlate wage educ exper tenure, covariance //添加 covariance 选项可以得到这些变量的协方差矩阵
```

上述命令的执行结果如下：

```
             |     wage     educ    exper   tenure
-------------+------------------------------------
        wage |  13.6389
        educ |  4.15086  7.66749
       exper |  5.65908 -11.2573  184.204
      tenure |  9.25521 -1.12372  48.9563  52.1929
```

这个结果读取的方法同上，只是在相关系数的位置显示的是两个变量的协方差。

（3） sig 选项给每一个相关系数做显著性检验，这个检验的原假设是总体相关系数为 0，在每一个相关系数下方标明了检验的 p 值。star(.05)是为显著性超过 0.05 的相关系数打上星号，print(.05)则是仅显示这些显著的相关系数，在下面的命令中我们添加这 3 个选项：

```
. pwcorr wage educ exper tenure, sig star(.05) print(.05)
```

执行结果如下：

```
             |     wage     educ    exper   tenure
-------------+------------------------------------
        wage |   1.0000
             |
             |
        educ |   0.4059*  1.0000
             |   0.0000
             |
       exper |   0.1129* -0.2995*  1.0000
             |   0.0096   0.0000
             |
      tenure |   0.3469*           0.4993*  1.0000
             |   0.0000            0.0000
             |
```

可以看出其他所有的变量都与 wage 有显著正相关关系，说明用它们来解释 wage 也许是可行的。

（4） 相关系数数字背后的图形直觉可以用 graph matrix 来方便地实现，命令如下：

```
.graph matrix wage educ exper tenure
```

执行结果如图 5-11 所示。

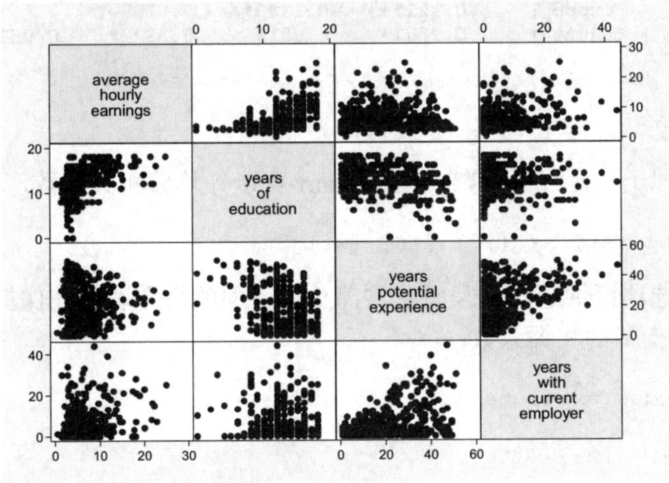

图 5-11　散点图矩阵

2. Spearman 和 Kendall 相关系数

spearman 命令可以计算 spearman 相关系数，ktau 命令用来计算 Kendall 相关系数，这两个命令与 correlate 和计算 Pearson 相关系数的两个命令 correlate 和 pwcorr 大同小异，这里就不再详细列出它们的选项了，感兴趣的读者可以输入 help spearman 和 help Ktau 查看帮助文件。

需要说明的是，这两条命令中 pw 选项与 pwcorr 的作用是一样的，都是计算两两相关的系数，star(.05)也是为显著性超过 0.05 的相关系数标上星号，这里的统计结果与 Pearson 相关系数的结果一致，因而不再赘述。这里仅举两例来说明这两个命令的使用。

使用 wage.dta 数据集计算 wage、educ、exper、tenure 之间的 sperman 相关系数的命令如下：

```
.spearman wage educ exper tenure, pw //pw 选项与 pwcorr 的作用是一样的，都是计算两两相关的系数
```

执行结果如下：

	wage	educ	exper	tenure
wage	1.0000			
educ	0.4578	1.0000		
exper	0.1744	-0.1990	1.0000	
tenure	0.3808	0.0485	0.4872	1.0000

使用 wage.dta 数据集计算 wage、educ、exper、tenure 之间的 ktau 相关系数的命令如下：

```
.ktau wage educ exper tenure, star(.05)
```

执行结果如下：

	wage	educ	exper	tenure
wage	0.9867			
educ	0.3055*	0.8147		
exper	0.1215*	-0.1300*	0.9709	
tenure	0.2551*	0.0310	0.3327*	0.8647

3. 偏相关系数

偏相关系数类似于多元线性回归，使用 pcorr 可以计算偏相关系数，其命令格式如下：

```
pcorr varname1 varlist [if] [in] [weight]
```

这个命令没有选项可供选择，因而非常简单。下面的命令表明在保持其他变量不变的情况下，wage 与每个变量的相关系数：

```
.pcorr wage educ exper tenure
```

命令的执行结果如下：

Partial correlation of wage with

Variable	Corr.	Sig.
educ	0.4552	0.000
exper	0.0808	0.064
tenure	0.3238	0.000

结果分三列显示，第一列是变量名，第二列和第三列依次是相关系数和显著性检验的 p 值。三个相关系数的 p 值都在 0.1 以下，说明在控制其他变量的情况下，wage 与 educ、exper、tenure 都是在 0.1 的显著性水平下相关的。

需要说明的是，偏相关系数值的大小与多元线性回归的系数成比例，在实际中可操作性不如回归技术，因此我们不鼓励使用，完全可用回归的方法来取代它。

5.6 Stata 操作习题

文件 CEOSAL2.dta 包含了 177 位首席执行官的数据，可以用来考察企业业绩对 CEO 薪水的影响。表 5-13 是这个数据中的变量介绍。

表 5-13 CEOSAL2.dta 变量说明

变　量	变量说明
salary	工资（千美元）
age	年龄
college	=1 如果大学毕业
grad	=1 如果研究生毕业
comten	在公司的时间
ceoten	担任 CEO 的时间
sales	1990 年的公司销售额
profits	1990 年公司的利润
mktval	1990 年末的公司的市场价值
lsalary	log(salary)
lsales	log(sales)
lmktval	log(mktval)
comtensq	comten 的平方
ceotensq	ceoten 的平方
profmarg	利润占销售额的百分比

表 5-14 列出了部分变量和数据。

表 5-14 CEOSAL2.dta 部分数据

salary	age	comten	sales	profits	mktval
1161	59	9	6200	966	23200
600	43	10	283	48	1100
379	51	9	169	40	1100
651	55	22	1100	-54	1000
497	44	8	351	28	387
1067	64	7	19000	614	3900
945	59	35	536	24	623
1261	63	32	4800	191	2100
503	47	4	610	7	454
1094	64	39	2900	230	3900
601	54	26	1200	34	533
355	66	39	560	8	477
1200	72	37	796	35	678
697	51	25	8200	234	5700
1041	63	21	4300	91	1400
245	44	7	135	24	558

（续表）

salary	age	comten	sales	profits	mktval
817	68	38	1300	55	847
1675	71	31	674	115	1200
971	72	33	1400	69	609
609	58	36	1100	69	880
470	60	20	2300	210	2200
867	59	36	884	81	1500
752	54	32	1600	193	3200
246	51	8	78	13	458
825	56	4	10700	295	5900
358	50	23	99	25	2300
1162	58	24	3800	226	1800
270	43	15	150	28	713
829	56	14	2200	184	1500
300	77	45	6900	483	4700

请利用本章所学内容完成以下操作：

（1） 描述整个数据文件，获得对变量的基本理解。

（2） 对 salary、age、comten、sales、profits、mktval 等 5 个变量进行统计描述，并将结果保存至 CEO.doc 文件中，要求必须包含最大值、最小值和平均数 3 个统计量。

（3） 要求对研究生和非研究生（变量是 grade）CEO 进行对比描述，其他要求同上。

（4） 用统计量和图形的方法检验 salary 的正态性，并使用幂阶梯的方法说明如何转换会得到较好的结果。

（5） 用偏度-峰度检验（sktest）、Shapiro-Wilk W 检验和 Shapiro-Francia W'检验证实 log（salary）符合正态分布，并作它的 Kernel 密度图。

（6） 利用箱线图找出 salary 和 log（salary）位于上下侧内篱笆之外的可疑异常值，并将它们找出来。

（7） 做 salary、age、comten、sales、profits、mktval 等 5 个变量的相关系数矩阵，并将在 0.05 显著性水平上显著的相关系数标上星号。

第 6 章　列联表分析

列联表分析主要用于对分类数据进行描述和分析，不仅可以生动地展示分类数据，更重要的是可以利用统计的手段对分类变量之间的相关性进行假设检验和度量。本章主要介绍分类数据的列联表分析方法，以及如何用 Stata 生成列联表和进行关联性检验。

6.1　列联表分析

本节将扼要地介绍列联表分析的基础知识，包括进行独立性检验的卡方统计量和各种相关测量系数。

6.1.1　列联表概述

列联表是分析两个分类变量（名义变量或者定序变量）之间关系的基本统计方法。设两个变量 A 和 B 分别有 r 和 c 个类型，则它们可以构成一个 $r \times c$ 的列联表。

	B_1	B_2	…	B_c	$r_i=\sum_{j=1}^{c} n_{ij}$
A_1	n_{11}	n_{12}	…	n_{1c}	r_1
A_2	n_{21}	n_{22}	…	n_{2c}	r_2
…	…	…	…	…	…
A_r	n_{r1}	n_{r2}	…	n_{rc}	r_r
$c_j=\sum_{i=1}^{r} n_{ij}$	c_1	c_2	…	c_c	$N=\sum_{i=1}^{r} r_i=\sum_{j=1}^{c} c_j$

表中，n_{ij} 代表列联表中第（i，j）个单元中的观测频数，r_i 代表行方向的频数合计，c_j 代表列方向上的频数合计，N 代表总的观测频数。列联表中第（i,j）个单元的期望频数 $E_{ij}=\frac{r_i c_j}{N}$。在列联表分析的时候要注意区分名义变量和定序变量，常见的情形是行变量和列变量都是名义变量或者都是定序变量。

6.1.2　独立性检验统计量

在对两变量进行列联表分析时，首先要检验它们的独立性，这就涉及到独立性检验统计量，常用的统计量有皮尔逊卡方统计量（Pearson Chi-Square）和似然比统计量（Likelihood Ratio）。

（1）　皮尔逊卡方统计量：$\chi_p^2=\sum_{i=1}^{r}\sum_{j=1}^{c}\frac{(n_{ij}-E_{ij})^2}{E_{ij}}$，该统计量服从自由度为（$r$−1）（$c$−1）的卡方分布。

（2） 似然比统计量：$\chi_{LR}^2=-2\sum_{i=1}^{r}\sum_{j=1}^{c}n_{ij}\ln(\frac{E_{ij}}{n_{ij}})$，该统计量也服从自由度为（$r$−1）（$c$−1）的卡方分布。

上述的独立性检验统计量基本上都属于卡方检验，它们具有一定的局限性，如果卡方统计量对应的伴随概率 $p<\alpha$，只能说明行变量与列变量存在关联，而不能具体说明某行与某列有关联。另外，卡方检验对于列联表中的单元频数有一定的要求：对于 2×2 的列联表，每个单元中的期望频数都要大于 5，否则就要使用 Fisher 精确检验；对于 2×2 以上的列联表，要求 20%以上的单元期望频数大于 5，否则就不能使用卡方检验。

Fisher 精确检验仍采用卡方统计量作为检验统计量，只是在计算统计量的分布时，利用概率论中的超几何分布来计算每一种情况发生的概率，然后才能得到 P 值。当样本量较大，或者列联表的行数及列数较大时，Fisher 检验的计算量会变得很大，以至于无法承受。

6.1.3 列联表中的相关测量统计量

经过独立性检验可以判别出两个变量之间的关联是否显著，但还没有办法确定两个变量之间的关联强度。为了度量它们的关联强度，可以考察各种相关测量统计量，对于名义变量而言，这些统计量有 Phi 系数、列联系数、Cramer's V 系数；对于定序变量而言，可以使用γ统计量、Kendallτ_b统计量、Stuartτ_c统计量，它们的数值越大就表明行变量和列变量之间的关联越强。下面着重介绍 Stata 可以提供的几个相关测量统计量。

对于名义变量，通常采用基于卡方统计量 x^2 的各种统计量来进行关联性度量，最常用的是 Cramer's V 系数：

$$V=\sqrt{\frac{x^2}{n(k-1)}}\text{，其中，}k=\min(r,c)\text{，}\quad 0\leqslant V\leqslant 1\text{。}$$

Cramer's V 系数是针对 Phi 系数没有上限，列联系数最大值小于 1 而提出来的关联系数，当行变量和列变量完全相关时，Cramer's V 系数取得最大值 1。

对于有序变量，关联性度量的统计量通常是基于观测中的一致对和不一致对的个数。给定一对观测 (x_1,y_1) 和 (x_2,y_2)，则一致对和不一致对的定义为：

如果 $x_1<x_2$ 且 $y_1<y_2$，或者 $x_1>x_2$ 且 $y_1>y_2$，则称观测对 (x_1,y_1) 和 (x_2,y_2) 是一致的。

如果 $x_1<x_2$ 且 $y_1>y_2$，或者 $x_1>x_2$ 且 $y_1<y_2$，则称观测对 (x_1,y_1) 和 (x_2,y_2) 是不一致的。

我们记 P 为所有观测对中一致对的个数，Q 为所有观测对中不一致对的个数，则可以定义以下统计量来描述有序变量之间的有序关联性的大小：

γ统计量：$\gamma=\frac{P-Q}{P+Q}$

Kendallτ_b 统计量：$\tau_b=\frac{P-Q}{\sqrt{\omega_r\omega_c}}$

其中，$\omega_r=n^2-\sum_{i=q}^{r}n_{i\cdot}^2$，$\omega_c=n^2-\sum_{j=1}^{c}n_{\cdot j}^2$，$m=\min(r,c)$。

在一个正方形的列联表中，τ_b 的取值范围在-1 和 1 之间，所有的观测频数都落在主对角线上时，$\tau_b = 1$，此时行变量与列变量完全正相关，$\tau_b = -1$ 时，两变量完全负相关。如果列联表不是正方形的，则无法取到极端值-1 和 1。

γ统计量的取值也是在-1 到 1 之间，越接近于 1 表明变量之间的正关联性越强，越接近于-1 则表明变量之间的负关联性越强。对于同一个样本数据，γ统计量一般都大于其他的关联统计量。

6.2 Stata 的列联表分析——table 和 tabulate 命令

现在我们介绍用于列联分析的两个 Stata 命令——table 和 tabulate，其中 table 命令可以很方便地生成列联表，而 tabulate 可以进行独立性检验。

6.2.1 使用 table 命令生成列联表

table 命令可以用于生成一维到多维的列联表，表中不仅可以包含常见的频数，还可以包含任意其他变量的描述性统计量。

table 命令的格式如下：

```
table rowvar [colvar [supercolvar]] [if] [in] [weight] [, options]
```

其中，rowvar 代表行变量，colvar 代表列变量，supercolvar 代表更高阶的列变量，与之前一样，in 和 if 用于选择样本或者选择范围，weight 用于添加权重。

常用的选项（options）见表 6-1。

表 6-1 table 选项说明

选　项	含　义
contents(clist)	规定单元格中显示的统计量，最多可以选择 5 个，默认选择是 contents(freq)即频数
contents()	选项可以放入如表 6-2 所示的统计量
by(superrowvarlist)	规定用于分类的变量，即 superrow variables
center	将表格内容置中，默认为右对齐
left	将表格内容左对齐，默认为右对齐
row	增加一行以显示各行加总起来的情况
col	增加一列以显示各列加总起来的情况
scol	增加附加的行加总
format(%fmt)	规定单元格中显示的数值格式，默认是 format(%9.0g)

表 6-2 table 命令可以报告的统计量

选　项	含　义
freq	频数
mean	平均数
sd	标准差
semean	标准误(sd/sqrt(n))
sum	总和
count	观测值个数

（续表）

选　项	含　义
n	观测值个数
max	最大值
min	最小值
median	中位数
p#	各种百分位数
iqr	IQR 四分位距

现在，使用两个数据集 auto.dta 和 byssin1.dta 说明这个命令。

【例 6-1】数据集 auto.dta 是 Stata 系统自带的关于 1978 年汽车市场的一个调查数据，该数据集共有 74 个观测值，12 个变量。变量的具体情况是：make 是字符型变量，表明生产厂商。其他均为数值型变量，price 是汽车的价格（万元），mpg 是行驶里程（英里），rep78 是在该年度修理次数，foreign 是虚拟变量，赋值 1 代表国外产，0 代表国产。数据用几个变量揭示了汽车的重要特征：headroom、trunk、length、turn、displacemen、gea_ratio 依次代表汽车内部空间大小、后备箱空间大小、身长、转弯半径、排气量和变速比。

表 6-3 列举了该数据集的部分数据。

表 6-3　1978 年汽车市场的调查数据（部分数据）

price	mpg	rep78	headroom	trunk	weight	length	turn	gear_ratio	foreign
4099	22	3	2.5	11	2930	186	40	3.58	Domestic
4749	17	3	3	11	3350	173	40	2.53	Domestic
3799	22		3	12	2640	168	35	3.08	Domestic
4816	20	3	4.5	16	3250	196	40	2.93	Domestic
7827	15	4	4	20	4080	222	43	2.41	Domestic
5788	18	3	4	21	3670	218	43	2.73	Domestic
4453	26		3	10	2230	170	34	2.87	Domestic
5189	20	3	2	16	3280	200	42	2.93	Domestic
10372	16	3	3.5	17	3880	207	43	2.93	Domestic
4082	19	3	3.5	13	3400	200	42	3.08	Domestic
11385	14	3	4	20	4330	221	44	2.28	Domestic
14500	14	2	3.5	16	3900	204	43	2.19	Domestic
15906	21	3	3	13	4290	204	45	2.24	Domestic
3299	29	3	2.5	9	2110	163	34	2.93	Domestic
5705	16	4	4	20	3690	212	43	2.56	Domestic
4504	22	3	3.5	17	3180	193	31	2.73	Domestic
5104	22	2	2	16	3220	200	41	2.73	Domestic
3667	24	2	2	7	2750	179	40	2.73	Domestic
3955	19	3	3.5	13	3430	197	43	2.56	Domestic
3984	30	5	2	8	2120	163	35	3.54	Domestic
4010	18	2	4	17	3600	206	46	2.47	Domestic
5886	16	2	4	17	3600	206	46	2.47	Domestic

读者也可以利用 describe 命令了解该数据的概貌，describe 命令的输出结果如下：

```
Contains data from F:\图书升级\STATA\data&logfiles\c6\案例数据\auto.dta
  obs:            74                          1978 Automobile Data
 vars:            12                          10 Oct 2010 10:16
 size:         3,182                          (_dta has notes)
-------------------------------------------------------------------------------
              storage  display     value
variable name   type   format      label      variable label
-------------------------------------------------------------------------------
make            str18  %-18s                  Make and Model
price           int    %8.0gc                 Price
mpg             int    %8.0g                  Mileage (mpg)
rep78           int    %8.0g                  Repair Record 1978
headroom        float  %6.1f                  Headroom (in.)
trunk           int    %8.0g                  Trunk space (cu. ft.)
weight          int    %8.0gc                 Weight (lbs.)
length          int    %8.0g                  Length (in.)
turn            int    %8.0g                  Turn Circle (ft.)
displacement    int    %8.0g                  Displacement (cu. in.)
gear_ratio      float  %6.2f                  Gear Ratio
foreign         byte   %8.0g       origin     Car type
-------------------------------------------------------------------------------
Sorted by: foreign
```

本例演示如何利用 table 命令完成如下两个任务。

（1） 使用 table 命令创建关于 rep78 的频数表，并在表中显示 mpg 的观测值个数、平均数、标准差和中位数。

为完成这个任务，在命令框中键入如下命令：

`.table rep78, contents(n mpg mean mpg sd mpg median mpg)` ///contents 选项要求表中显示各种类型汽车的行驶里程数（mpg）的相关统计量，包括 mpg 的观测值个数、平均数、标准差和中位数。

输出结果如下：

```
----------------------------------------------------------
Repair    |
Record    |
1978      |     N(mpg)   mean(mpg)     sd(mpg)   med(mpg)
----------+-----------------------------------------------
        1 |          2          21     4.24264         21
        2 |          8      19.125    3.758324         18
        3 |         30     19.4333    4.141325         19
        4 |         18     21.6667     4.93487       22.5
        5 |         11     27.3636    8.732385         30
----------------------------------------------------------
```

表中显示，除了修理次数为 1 次的例外情况，随着修理次数的增多，行驶里程数的中位数和平均数都逐渐增大，而标准差也逐渐增大。值得注意的是，修理一次的汽车并不低于修理三次的汽车的平均行驶里程，这说明 mpg 并不能解释全部的 reg78 变异，修理次数很可能与汽车本身的质量有关系。

（2） 使用 table 命令创建关于 foreign 和 rep78 的二维表格，并在表中显示 mpg 的平均数。

完成第二个任务，可以在命令框中键入如下命令：

`.table foreign rep78, c(mean mpg) format(%9.2f) center` ///该命令要求 Stata 以纵轴为 foreign，横轴为 rep78，表格内容为 mpg 均值的方式生成二维列联表，format(%9.2f) 要求显示的数字格式有两位小数，center 要求表格内容中间对齐。

输出结果如下：

```
----------------------------------------------
          |           Repair Record 1978
 Car type |    1       2       3       4       5
----------+-----------------------------------
 Domestic | 21.00   19.13   19.00   18.44   32.00
  Foreign |                 23.33   24.89   26.33
----------------------------------------------
```

上表说明国产汽车行驶里程数与修理次数并没有明显的正相关关系，修理次数从 1 增加到 3，而 mpg 均值从 21 减小到 19；与国产汽车不同，国外产汽车修理次数均在 3 次以上，且与 mpg 密切正相关。

在上面命令的基础上，我们添加 row 和 col 两个选项，row 和 col 选项可以在输出的表格中添加一列和一行，分别对行和列进行加总，键入如下命令：

```
.table foreign rep78, c(mean mpg) format(%9.2f) center row col /// row和col
选项可以在输出的表格中添加一列和一行，分别对行和列进行了加总。
```

结果如下：

```
----------------------------------------------------------
           |              Repair Record 1978
  Car type |     1       2       3       4       5   Total
-----------+----------------------------------------------
  Domestic | 21.00   19.13   19.00   18.44   32.00   19.54
   Foreign |                 23.33   24.89   26.33   25.29
           |
     Total | 21.00   19.13   19.43   21.67   27.36   21.29
----------------------------------------------------------
```

【例 6-2】本例使用一个关于肺炎的调查数据集 byssin1.dta 来说明 table 命令创建多维表格，表 6-4 列出了部分数据，该数据具体的变量结构如下：

```
Contains data from byssin1.dta
  obs:            72                          Byssinosis incidence
 vars:             6                          2 Jun 2010 12:39
 size:         1,728 (99.9% of memory free)
-------------------------------------------------------------------------------
              storage  display     value
variable name   type   format      label      variable label
-------------------------------------------------------------------------------
smokes          int    %8.0g       smokes     Smokes
race            int    %8.0g       race       Race
workplace       int    %8.0g       wrkplace   Dustiness of workplace
pop             int    %8.0g                  Population size
prob            float  %9.0g                  Prob. of byssinosis
sex             float  %9.0g       sex        Sex
-------------------------------------------------------------------------------
```

数据集中每个观测值代表了一类人，变量 prob 是该类人罹患肺炎的概率，smokes 是代表是否吸烟的虚拟变量，race 是关于是否是白人的虚拟变量，workplace 按照工作场所的烟尘等级划分为三类，1 为最少，3 为最多，sex 是性别，1 代表男性。最关键的变量是 pop，表示具有该观测值的个体的数量，比如，pop=3，则意味着样本中有 3 个人具有该观测值所揭示的性质。在这个数据集中，pop 的取值从 0 到 507 不等，其中 0 说明没有任何个体具有该观测值所揭示的性质，507 则说明有 507 个个体具有同样的性质。我们鼓励读者使用 codebook 命令对这些变量的具体赋值更深入地考察。

表 6-4　数据集 byssin1.dta（部分数据）

smokes	race	workplace	pop	prob	sex
yes	white	most	40	0.075	Male
yes	white	less	74	0	Female
yes	white	least	260	0.007692	Male
yes	other	most	164	0.152439	Female
yes	other	less	88	0	Female
yes	other	least	245	0.012245	Female
yes	white	most	5	0	Male
yes	white	less	94	0.010638	Female

（续表）

smokes	race	workplace	pop	prob	sex
yes	white	least	183	0.016393	Female
yes	other	most	24	0.083333	Female
yes	other	less	147	0.013605	Female
yes	other	least	263	0.011407	Male
no	white	most	16	0	Male
no	white	less	35	0	Male
no	white	least	134	0	Female
no	other	most	81	0.074074	Male
no	other	less	48	0.020833	Female
no	other	least	123	0.00813	Female
no	white	most	4	0	Male

下面我们演示如何完成如下两个创建多维表格的任务。

（1） 创建一个关于 workplace、smokes 和 race 的三维列联表。

完成该任务，在命令框中键入如下命令：

```
.table workplace smokes race [fw=pop], c(mean prob) format(%9.3f) sc
```

///使用[fw=pop]告诉 Stata 每个观测值代表的个体个数，使用 c(mean prob) 告诉 Stata 表中内容是 prob 这个变量的均值，format(%9.3f)规范了表格内容的显示，sc 要求增加一个加总的列

输出结果如下：

```
----------------------------------------------------------
Dustiness |               Race and Smokes
of        | --- other --    --- white --    --- Total --
workplace |    no    yes       no    yes       no    yes
----------+-----------------------------------------------
    least | 0.011  0.010    0.008  0.016    0.009  0.014
     less | 0.020  0.008    0.014  0.014    0.016  0.012
     most | 0.082  0.168    0.083  0.230    0.083  0.193
----------------------------------------------------------
```

生成的表格呈现了非常丰富的含义，可以看到，随着单位空气质量的下降，一方面患肺炎的概率大幅增加，另一方面，似乎只有在某些特殊的分类中，吸烟才与患肺炎的概率有关。

（2） 创建一个关于 workplace、smokes、race 和 sex 的四维列联表。

下面的命令在之前的基础上加入了 by(sex)形成四维列联表，在命令框中输入如下命令：

```
.table workplace smokes race [fw=pop], by(sex) c(mean prob) format(%9.3f) ///
```

加入了 by(sex) 形成四维列联表。

该命令的输出结果如下：

```
----------------------------------------
Sex and   |
Dustiness |        Race and Smokes
of        | --- other --    --- white --
workplace |    no    yes       no    yes
----------+-----------------------------
Female    |
    least | 0.006  0.009    0.009  0.021
     less | 0.020  0.008    0.015  0.015
     most | 0.057  0.154
----------+-----------------------------
Male      |
    least | 0.013  0.011    0.006  0.007
     less | 0.020  0.000    0.000  0.013
     most | 0.091  0.244    0.083  0.230
----------------------------------------
```

输出结果整体划分为两大部分，上面的部分是女性的情况，下面的部分是男性的情况。需要说明的是，这里的表格仅仅罗列了数字的差异，更严格的推断则有必要进行统计检验。

6.2.2 使用 tabulate 命令进行列联表分析

tabulate 命令主要用于生成一维或者二维的表格，对于二维表格还可以进行独立性检验。由于两种情况下，命令的选项有很大差异，在此我们分别介绍。

1. 一维 tabulate 命令

tabulate 的一维命令主要用于生成含有频数的一维表格，使用比较简单，当我们想查看某个变量的赋值情况时，也可以使用 tabulate 来得到大体的印象。下面是这个命令的标准结构：

```
tabulate varname [if] [in] [weight] [, tabulate1_options]
```

与之前一样，in 和 if 用于选择样本或者选择范围，weight 用于添加权重。

常用的选项（options）如表 6-5 所示。

表 6-5 tabulate 选项说明

选　项	含　义
nofreq	不显示频数
nolabel	显示赋值而不是标签
sort	按照频数下降的顺序显示表格

tabulate 一维命令还有一个配套的方便工具——tab1，在其后可以添加多个变量，然后 stata 会对每个变量创建一维表格，也就是相当于多次执行 tabulate 命令。tab1 的结构如下：

```
tab1 varlist [if] [in] [weight] [, tab1_options]
```

tab1 的选项与 tabulate 一样，这里不再赘述。

下面使用 auto.dta 数据说明命令的使用，这个数据集已经被我们使用过，因而不再重复介绍，读者可以使用 des 命令查看数据集的内容。

【例 6-3】使用 auto.dta 数据创建 rep78 和 foreign 的一维频数表。

依次创建 rep78 和 foreign 的一维频数表，在命令框中键入如下命令：

```
.sysuse auto,clear ///导入数据集
.tabulate rep78,sort ///创建 rep78 的一维频数表
```

命令中的 sort 选项使得结果按照频数的降序显示，执行结果如下：

```
     Repair
Record 1978 |      Freq.     Percent        Cum.
------------+-----------------------------------
          3 |         30       43.48       43.48
          4 |         18       26.09       69.57
          5 |         11       15.94       85.51
          2 |          8       11.59       97.10
          1 |          2        2.90      100.00
------------+-----------------------------------
      Total |         69      100.00
```

显然维修次数为 3 次的频率最高，其次是 4 次，而维修次数为 1 次的最低。
接着创建 foreign 的一维频数表，并且要求直接显示赋值：

```
.tabulate foreign,nolabel ///创建 foreign 的一维频数表
```

该命令输出结果是：

Car type	Freq.	Percent	Cum.
0	52	70.27	70.27
1	22	29.73	100.00
Total	74	100.00	

如果不加入 nolabel 选项，则 car type 一栏会显示 0 和 1 的标签值。
上面的两个命令可以使用 tab1 一次完成，在命令框中键入如下命令：

```
.tab1 rep78 foreign, sort
```

输出结果与两次使用 tabulate 一样：

-> tabulation of rep78

Repair Record 1978	Freq.	Percent	Cum.
3	30	43.48	43.48
4	18	26.09	69.57
5	11	15.94	85.51
2	8	11.59	97.10
1	2	2.90	100.00
Total	69	100.00	

-> tabulation of foreign

Car type	Freq.	Percent	Cum.
Domestic	52	70.27	70.27
Foreign	22	29.73	100.00
Total	74	100.00	

2. 二维 tabulate 命令

二维 tabulate 命令在生成二维表格的同时，可以计算多种独立性检验统计量和相关测量统计量，包括常用的 Pearson's chi-squared、likelihood-ratio chi-squared、Cram 's V、Fisher's exact test、Goodman and Kruskal's gamma、Kendall's tau-b，这些统计量在前面均介绍过。下面是该命令的标准格式：

```
tabulate varname1 varname2 [if] [in] [weight] [, options]
```

in 和 if 选项用于选择样本或者选择范围，weight 用于添加权重。
常用的选项（options）及其含义如表 6-6 所示。

表 6-6　tabulate 选项说明

选　项	含　义
chi2	报告 Pearson's chi-squared
exact[(#)]	报告 Fisher's 精确检验统计量
gamma	报告 Goodman and Kruskal's gamma 统计量
lrchi2	报告 report likelihood-ratio chi-squared 统计量
taub	报告 report Kendall's tau-b 统计量
V	报告 Cram's V 统计量
column	增加每个单元格在列中的相对频率
row	增加每个单元格在行中的相对频率
expected	报告每个单元格中的期望频率

与 tabulate 的一维表格一样，二维 tabulate 命令也有 tab2，可用于快速生成 varlist 中所罗列的变量所有可能的二维表格，tab2 的标准格式如下：

```
tab2 varlist [if] [in] [weight] [, options]
```

tab2 的选项与 tabulate 相同，唯一的例外在于 firstonly 选项，这个选项表明只生成包含 varlist 中第一个变量的所有可能的二维表格。

对于打印出来的表格，即使没有表格背后的数字，仅仅依据现成的表格也可以进行独立性检验，这个任务可以通过 tabi，其中的 i 是 immediate“立即”的意思。tabi 命令我们将在下面举例说明。

下面使用关于肺炎的调查数据 byssin1 和泰坦尼克号沉船数据来说明二维 tabulate 命令的使用。

【例 6-4】利用关于肺炎的调查数据 byssin1.dta 来检验得肺炎概率与是否抽烟、工作场所空气质量这两个变量之间的独立性（当然，凭借常识，它们应该是有关系的），即分别对 probcat 和 smokes 以及 probcat 和 workplace 做标准的列联分析。

为了检验得肺炎概率与是否抽烟，我们在 Stata 命令框中依次输入如下命令：

```
.use byssin1,replace ///导入数据集 byssin1.dta
.sort prob ///按照 prob 的数值升值排列各观测值
.gen probcat=group(5) ///将所有的数据平均分成 5 组，从而将连续型变量 prob 转换成具有从 1 到 5 的定序变量 probcat
.tabulate probcat smokes [fw=pop], chi2 ///[fw=pop]表明每个观测值都代表了若干个个体的信息，chi2 表示使用普通的卡方检验对得肺炎的概率（probcat）和是否吸烟（smoke）做独立性检验
```

上述命令输出的结果如下：

```
           |        Smokes
   probcat |        no        yes |     Total
-----------+----------------------+----------
         1 |       173         93 |       266 
         2 |       531        357 |       888 
         3 |     1,065      1,513 |     2,578 
         4 |       423        846 |     1,269 
         5 |        38        380 |       418 
-----------+----------------------+----------
     Total |     2,230      3,189 |     5,419 

          Pearson chi2(4) = 399.6270   Pr = 0.000
```

如果仅仅直观地观察表格，也可以感觉到吸烟使得肺炎概率升高，因为纵向观察中间两列，同样是中间高两边低的拱形分布，不吸烟的人群分布明显在 probcat=1 处出现厚尾的情况，而吸烟人群的分布在 probcat=5 处出现厚尾的情况。卡方检验确实验证了我们的直觉——两个之间确实存在一定的关联。

然而，我们想更加明确地了解这种关联度的正负，可以加入 all 选项要求 Stata 输出所有的统计量和关联系数。在命令框中键入：

```
.tabulate probcat smokes [fw=pop], all ///输出所有的统计量和关联系数
```

输出结果如下：

```
           |        Smokes
   probcat |        no        yes |     Total
-----------+----------------------+----------
         1 |       173         93 |       266
         2 |       531        357 |       888
         3 |     1,065      1,513 |     2,578
         4 |       423        846 |     1,269
         5 |        38        380 |       418
-----------+----------------------+----------
     Total |     2,230      3,189 |     5,419

          Pearson chi2(4) = 399.6270   Pr = 0.000
 likelihood-ratio chi2(4) = 434.9207   Pr = 0.000
               Cramer's V =   0.2716
                    gamma =   0.4044  ASE = 0.019
          Kendall's tau-b =   0.2356  ASE = 0.012
```

表格下方报告了除卡方统计量之外的关联系数，所有的系数都是显著为正，具体来说 V =0.2716，gamma=0.4044，Kendall's tau-b =0.2356，这说明 probcat 与 smokes 存在显著的正关联。

类似地，读者可以输入以下命令来验证 probcat 与 workplace 之间的独立性：

```
.tabulate probcat workplace [fw=pop], chi2 ///验证 probcat 与 workplace 之间的
独立性
```

对于已经打印的表格，手头又没有具体的数据，可以使用 tabi 做即时的独立性检验。例 6-5 演示了这种使用方式。

【例 6-5】表 6-7 汇总了 1912 年 4 月 15 日泰坦尼克号沉没时，乘客们和船员的命运，请检验性别和存活之间在统计上是否关联。

表 6-7 泰坦尼克号的死亡统计

项目	男人	女人	男孩	女孩	总计
幸存	332	318	29	27	706
死亡	1360	104	35	18	1517
总计	1692	422	64	45	2223

要完成上面的任务，可以输入如下命令：

```
.tabi 332 318 29 27\ 1360 104 35 18,all
```

命令结果如下：

```
           |                       col
       row |         1          2          3          4 |     Total
-----------+--------------------------------------------+----------
         1 |       332        318         29         27 |       706
         2 |     1,360        104         35         18 |     1,517
-----------+--------------------------------------------+----------
     Total |     1,692        422         64         45 |     2,223

          Pearson chi2(3) = 507.0797   Pr = 0.000
 likelihood-ratio chi2(3) = 483.4394   Pr = 0.000
               Cramer's V =   0.4776
                    gamma =  -0.7624  ASE = 0.022
          Kendall's tau-b =  -0.4427  ASE = 0.020
```

结果显示，卡方检验的 P 值小于 0.001，我们可以在 1%的显著性水平上拒绝原假设：一个人是否幸存于这个人是男人、女人、男孩还是女孩是独立的。可以看出，在泰坦尼克号上，一个人能否生活，与这个人的性别是相互依赖的。

6.3 利用 Stata 生成包含描述性统计量的列表

Stata 不仅可以进行标准的列联分析，还可以生成多种形式的表格，这些表格可以包含诸如平均数、方差等常见的统计量，下面介绍 tabstat 和 tabulate,sum()命令。

6.3.1 tabstat

tabstat 可以在一个表格中显示多个变量的多种描述性统计量，这些统计量包括平均数、最大最小值、极差、方差、标准差、偏度、峰度以及各种百分位数。tabstat 是 summarize 命令的替代选择，前者比后者更加灵活，可以自由选择表格中包含的统计量种类。通过添加 by()，tabstat 对每类观测值报告各自的统计量。

tabstat 的标准格式如下：

```
tabstat varlist [if] [in] [weight] [, options]
```

与之前一样，in 和 if 用于选择样本或者选择范围，weight 用于添加权重。

常用的选项（options）见表 6-8 所示。

表 6-8　table 选项说明

选　项	含　义
by( )	按照括号中指定的变量，分类做统计描述
statistics(statname [...])	指定报告的统计量
columns(variables)	变量显示在表格的列中，这是默认选择
columns(statistics)	统计量显示在表格的列中
format[(%fmt)]	统计量的显示格式设定，默认是%9.0g
nototal	不报告总体的统计量，这个选项与 by()共同使用
statistics()	可以包含的统计量见表 6-9

表 6-9 可以包含的统计量

选 项	含 义
range	range = max - min
mean	平均数
sd	标准差
variance	方差
semean	标准误 (sd/sqrt(n))
sum	总和
count	观测值个数
n	观测值个数
max	最大值
min	最小值
median	中位数
p#	各种百分位数
p	相当于 p25 p50 p75
iqr	IQR 四分位距

下面我们使用 auto.dta 数据集来说明 tabstat 的使用，这个数据集在之前已经多次采用，因此这里不再对结果做过多的解读。

● 利用 auto.dta 数据集完成如下两个任务。

（1） 生成包含 price、weight、mpg、rep78 的均值的表格。

为完成上述任务，可在命令框中键入：

```
.tabstat price weight mpg rep78 ///计算 price、weight、mpg、rep78 的均值
```

命令结果如下：

```
   stats |     price    weight       mpg     rep78
---------+----------------------------------------
    mean |  6165.257  3019.459   21.2973  3.405797
--------------------------------------------------
```

（2） 对上述 4 个变量按照 foreign 分类报告平均数、标准差和最小值、最大值。

在命令中加入 by(foreign)选项，可以分国内和国外报告各种统计量，命令如下：

```
.tabstat price weight mpg rep78, by(foreign) stat(mean sd min max) ///对上述 4 个变量按照 foreign 的分类报告平均数、标准差和最小值最大值
```

这条命令的输出结果是：

```
 foreign |     price    weight       mpg     rep78
---------+----------------------------------------
Domestic |  6072.423  3317.115  19.82692  3.020833
         |  3097.104  695.3637  4.743297   .837666
         |      3291      1800        12         1
         |     15906      4840        34         5
---------+----------------------------------------
 Foreign |  6384.682  2315.909  24.77273  4.285714
         |  2621.915  433.0035  6.611187  .7171372
         |      3748      1760        14         3
         |     12990      3420        41         5
---------+----------------------------------------
   Total |  6165.257  3019.459   21.2973  3.405797
         |  2949.496  777.1936  5.785503  .9899323
         |      3291      1760        12         1
         |     15906      4840        41         5
--------------------------------------------------
```

如果希望标明各种统计量的名称，可以加入 long 选项；如果希望将 total 一行去掉，可以加入 nototal 选项；结果中的统计量保留的位数较多，不便于观察，我们可以自己设定数据的显示格式，这里直接使用 format 选项来规范数据输出格式，经过这三处改动形成如下的命令：

```
.tabstat price weight mpg rep78, by(foreign) stat(mean sd min max) nototal long
format ///经过三处改动后的命令：long 选项标明各种统计量的名称；nototal 选项将 total 一行去掉；format 选项来规范数据输出格式。
```

命令的结果如下：

```
foreign      stats |     price    weight       mpg     rep78
-------------------+----------------------------------------
Domestic      mean |   6,072.4   3,317.1   19.8269   3.02083
                sd |   3,097.1   695.364    4.7433   .837666
               min |     3,291     1,800        12         1
               max |    15,906     4,840        34         5
-------------------+----------------------------------------
Foreign       mean |   6,384.7   2,315.9   24.7727   4.28571
                sd |   2,621.9   433.003   6.61119   .717137
               min |     3,748     1,760        14         3
               max |    12,990     3,420        41         5
------------------------------------------------------------
```

6.3.2 tabulate, summarize ()

tabulate, summarize()用于生成一维或者二维的包含均值和标准差的表格，事实上，table 比 tabulate, summarize()更加灵活，它可以生成一维到多维的包含更多统计量的表格，因此 table 命令更好，而 tabulate, summarize()的特点在于运行更快。

tabulate, summarize()命令的标准格式如下：

```
tabulate varname1 [varname2] [if] [in] [weight] [, options]
```

该命令的常用选项如表 6-10 所示。

表 6-10 tabulate, summarize()命令选项说明

选　项	含　义
summarize(varname3)	报告 varname3 的统计量
[no]means	结果中包含或不包含均值
[no]standard	结果中包含或不包含标准差
[no]freq	结果中包含或不包含频数
[no]obs	结果中包含或不包含观测值

这里使用第 4 章的 wage.dta 数据演示这个命令，请读者参见第 4 章对这个数据的介绍。

【例 6-6】利用数据集 wage.dta 完成如下任务：

（1） 按照性别报告 wage 的各种统计量。

完成上述任务需要加入 sum(wage)选项，表明在每一个单元格中总结 wage 的相关统计量，在 Stata 中键入：

```
.tabulate female, sum(wage) ///sum(wage)选项，表明在每一个单元格中总结 wage 的相关统计量。
```

Stata 输出结果如下：

```
    =1 if | Summary of average hourly earnings
   female |        Mean   Std. Dev.       Freq.
----------+------------------------------------
        0 |         7.1         4.2         274
        1 |         4.6         2.5         252
----------+------------------------------------
    Total |         5.9         3.7         526
```

（2） 在一个由 female 和 construc 构成的二维表格中报告 wage 的相关统计量。

完成上述任务在 Stata 中键入：

```
.tabulate female construc, sum(wage)
```

命令输出结果如下：

```
Means, Standard Deviations and Frequencies of average hourly earnings

           |   =1 if work in
     =1 if |  construc. indus.
    female |         0          1 |     Total
-----------+----------------------+----------
         0 |       7.1        6.4 |       7.1
           |       4.2        3.5 |       4.2
           |       257         17 |       274
-----------+----------------------+----------
         1 |       4.6          5 |       4.6
           |       2.5        2.9 |       2.5
           |       245          7 |       252
-----------+----------------------+----------
     Total |       5.9          6 |       5.9
           |       3.7        3.3 |       3.7
           |       502         24 |       526
```

从结果来看，若以平均值来计量，在建筑业工作的女性工资高于其他行业的女性，而男性的情况恰恰相反，在建筑业工作的男性工资低于其他行业的男性，但是女性的工资始终低于男性的工资。

（3） 在一个由 female、married 和 construc 构成的二维表格中报告 wage 的相关统计量。

tabulate 仅能最多生成二维表格，为了包含 3 种变量，可以使用 by 前缀。下面的命令加入了 bysort female，表明把 female 作为第 3 个变量。在命令框中键入：

```
.bysort female: tabulate construc married,sum(wage) mean /// bysort female，表明把 female 作为第 3 个变量；sum(wage) mean，表明仅显示 wage 的均值，而不显示其他统计量。
```

可以得到如下输出结果：

```
-------------------------------------------------------------------------------
-> female = 0

                     Means of average hourly earnings

=1 if work |
        in |
  construc. |    =1 if married
    indus. |         0          1 |     Total
-----------+----------------------+----------
         0 |       5.2        8.1 |       7.1
         1 |       5.2        6.9 |       6.4
-----------+----------------------+----------
     Total |       5.2          8 |       7.1

-------------------------------------------------------------------------------
-> female = 1

                     Means of average hourly earnings

=1 if work |
        in |
  construc. |    =1 if married
    indus. |         0          1 |     Total
-----------+----------------------+----------
         0 |       4.6        4.5 |       4.6
         1 |         4        6.2 |         5
-----------+----------------------+----------
     Total |       4.6        4.6 |       4.6
```

结果被明显地分成了上下两个表格，上面的表格是男性的情况，下面的表格是女性的情况。我们可以做出如下解读：从事建筑业工作的未婚男性工资与其他行业无异，均值均为 5.2，而从事建筑业工作的已婚男性，平均工资为 6.9，明显低于总体的平均水平 8；对于女性而言，未婚女性在建筑业工作工资更低为 4，而已婚女性工资比其他行业更高为 6.2。

6.4 Stata 操作习题

文件 CEOSAL2.dta 包含了 177 位首席执行官的数据，可以用来考察企业业绩对 CEO 薪水的影响。对于这个数据的具体介绍请参见第 4 章 Stata 操作习题。请利用该数据完成下列操作：

（1） 将 salary 分成三组（分组的方式可以自由设定，变量名设定为 salarygroup），然后利用 salarygroup 和 graduate 两变量做二维列联表，并作卡方检验。

（2） 利用 salarygroup 和 graduate 两变量生成二维表格，要求表中数值为 lsalary 的均值。

（3） 将 mktval 分成三组（分组方式同上），利用 salarygroup、mktvalgroup 和 graduate 三个变量做三维列联表，要求分别使用 table 和 tabulate 命令完成。

（4） 请利用 tabstat 命令生成一个报告 salary 和 age 的均值、方差的表格，并按照 grad 变量分类。

第7章 方差分析

方差分析（Analysis of Variance, ANOVA）始于20世纪20年代。1923年英国统计学家R.A.Fisher首先提出了这个概念。方差分析是基于样本方差对总体均值进行统计推断的方法，它是通过实验观察某一种或多种因素的变化对实验结果是否带来显著影响，进而鉴别各种因素的效应，从而选取一种最优方案。方差分析包括单因素方差分析、多因素方差分析和协方差分析。本章主要介绍方差分析的基本理论和方法以及如何用Stata实现方差分析。

7.1 t检验

在介绍方差分析内容之前，先对t检验的基本原理和相应Stata操作应用进行说明。t检验，亦称student t检验（Student's ttest），t检验是用于小样本（样本容量小于30）的两个平均值差异程度的检验方法。它是用t分布理论来推断差异发生的概率，从而判定两个平均数的差异是否显著。t检验包括单样本t检验、两样本t检验，其中两样本t检验又包括配对样本t检验和两独立样本t检验。在本节中将依次进行介绍。

7.1.1 单样本t检验的基本思想与理论

单样本检验目的是比较样本均数所代表的未知总体均数μ和已知总体均数μ_0是否相等。其前提假设有三点：第一，已知一个总体均数；第二，可得到一个样本均数及该样本标准误；第三，样本来自正态或近似正态总体。

1. 单样本检验的步骤

第一步：建立假设，确定检验水准。

H_0：未知总体与已知总体的均数相同（$\mu=\mu_0$）。

H_1：未知总体与已知总体的均数不同（$\mu\neq\mu_0$）。

确定检验水准为α。

第二步：计算统计量。

第三步：确定P值，得出结论。通过查t界值表得到临界值，比较临界值与统计量的大小来判定原假设是否成立，或根据P值与α的关系来判断原假设是否成立。

2. 单样本t检验的计算公式

单样本t检验的计算公式为：$t=\dfrac{\overline{X}-\mu_0}{s/\sqrt{n}}$，在$H_0$成立时，统计量t服从自由度$n$-1的t分布。

7.1.2 双样本t检验的基本思想与理论

双样本t检验包括配对样本t检验和两独立样本t检验。

1. 配对样本 t 检验

配对样本 t 检验又称非独立两样本均数 t 检验，适用于配对设计计量资料均数的比较，其比较目的是检验两相关样本均数所代表的未知总体均数是否有差别。配对设计（paired design）是将受试对象按某些重要特征相近的原则配成对子，然后按随机化方法将每个对子内的两个个体安排两种处理，观察结果。应用配对设计可以减少实验的误差和控制非处理因素，提高统计处理的效率。

配对设计的使用条件有 3 个：第一，假定样本来自同分布的总体，即同质性；第二，不同对子间的测量值要相互独立；第三，研究变量的差值应服从正态分布（或近似正态分布）。

配对样本计算的统计量为：$t=\dfrac{\overline{d}}{S_d/\sqrt{n}}$，当两样本均值相等的原假设成立时，该统计量服从自由度 $n-1$ 的 t 分布。

2. 两独立样本 t 检验

两独立样本 t 检验又称成组 t 检验，适用于完全随机设计的两样本均数的比较，其目的是检验两样本所来自总体的均数是否相等。完全随机设计是将受试对象随机地分配到两组中，每组对象分别接受不同的处理，分析比较处理的效应，或分别从不同总体中随机抽样进行研究。

两组完全随机设计的资料进行比较的条件有以下 3 点：第一，两样本随机独立；第二，两样本所在总体服从正态分布或近似服从正态分布；第三，两样本来自的总体方差相等（homogeneity of variance）。当满足总体方差齐性时可以用 t 检验检验，总体方差不齐时采用 t'检验或秩和检验。

因此进行 t 检验之前，需先对两样本进行方差齐性检验。方差齐性检验的前提假设如下：

H_0：$\sigma_1^2=\sigma_2^2$（两总体的方差相等）

H_1：$\sigma_1^2\neq\sigma_2^2$（两总体的方差不等）

确定检验水准为 α。

方差齐性检验的计算公式为：$F=\dfrac{\max(s_1^2,s_2^2)}{\min(s_1^2,s_2^2)}$，当原假设 H_0 成立时，该统计量服从于自由度为 (n_1-1,n_2-1) 的 F 分布。查出 F 临界值与统计值进行比较，如果统计值大于临界值，则拒绝原假设，说明两总体方差不等，反之则两总体方差相等。

当方差齐即两总体的方差相等时，t 检验的计算公式为：

$$t=\frac{\overline{X_1}-\overline{X_2}}{\sqrt{S_c^2(\frac{1}{n_1}+\frac{1}{n_2})}}$$

，其中 $S_c^2=\dfrac{(n_1-1)S_1^2+(n_2-1)S_2^2}{n_1+n_2-2}$，当两总体均值相等的假设成立时，该统计量服从自由度为（n_1+n_2-2）的 t 分布。

当方差不齐时，可采用 t'检验，或进行变量变换，或用秩和检验方法处理。其中 t'检验的计算公式为：

$t' = \dfrac{\overline{X_1} - \overline{X_2}}{\sqrt{\dfrac{S_1^2}{n_1} + \dfrac{S_2^2}{n_2}}}$，其临界值为 $t_\alpha' = \dfrac{\dfrac{S_1^2}{n_1} \cdot t_\alpha(n_1 - 1) + \dfrac{S_2^2}{n_2} \cdot t_\alpha(n_2 - 1)}{\dfrac{S_1^2}{n_1} + \dfrac{S_2^2}{n_2}}$，若计算得到的统计值大于临界值，即 $t' > t_\alpha'$，则两总体的均值不相等，反之则相等。

7.1.3 t 检验的 Stata 基本命令

1. 单样本 t 检验的 Stata 操作

单样本 t 检验有两种用法。一是检验样本平均数是否显著地不同于某个假设值；二是检验同一套观察值中的两个变量的统计指标是否显著地不同。这等价于两者的差值的平均数是否等于零。在 Stata 应用中使用 ttest 命令来完成，单样本 ttest 有两种命令格式：

命令格式 1（通过样本进行 t 检验）：

```
ttest varname == # [if] [in] [, level(#)]
```

命令格式 2（通过样本的统计指标进行 t 检验）：

```
ttesti #obs #mean #sd #val [, level(#)]
```

其中，#obs 为样本容量，#mean 为样本均值，#sd 为标准差，#val 为待检验数值，level 为置信度水平。

2. 两样本 t 检验的 Stata 操作

两样本 t 检验的 Stata 操作有 3 种基本命令格式，如下所示：

命令格式 1（通过样本进行双变量 t 检验）：

```
ttest varname1 == varname2 [if] [in], [options]
```

命令格式 2（通过样本进行分组 t 检验）：

```
ttest varname [if] [in] , by(groupvar) [options]
```

命令格式 3（通过样本的统计指标进行 t 检验）：

```
ttesti #obs1 #mean1 #sd1 #obs2 #mean2 #sd2 [, options]
```

其中，#obs 为样本容量，#mean 为样本均值，#sd 为标准差，#val 为待检验数值，level 为置信度水平。选项（options）的相关描述如表 7-1 所示。

表 7-1　options 的相关描述

主要选项	描　述
* by(groupvar)	通过定义组变量
unequal	非配对的数据含有不同变量
welch	使用 Welch 近似
level(#)	置信水平默认 95%

3. 实例说明

【例 7-1】使用文件“减肥.dta”的数据来对样本 ttest 命令的应用进行说明。该例子是通过减肥茶前后的体重数据来评估减肥茶是否有效果。部分数据如表 7-2 所示。

表 7-2 减肥茶服用前后体重对比表

喝减肥茶前体重（公斤）	喝减肥茶后体重（公斤）
90	63
95	71
82	79
91	73
100	74
87	65
91	67
90	73
86	60
87	76
98	71
88	72
82	75
87	62

本例要求用单样本 t 检验验证在服用减肥药之前，体重的均值是否为 90 公斤。以及使用减肥药前后，体重是否有显著变化。具体操作步骤如下。

首先读者可以在命令框中键入如下命令，来获得对整个数据的了解：

```
describe
```

输出结果如下：

```
Contains data from F:\图书升级\STATA\data&logfiles\c7\案例数据\减肥.dta
  obs:            35
 vars:             2                        14 Oct 2010 07:36
 size:            70
------------------------------------------------------------------------
              storage  display     value
variable name   type   format      label      variable label
------------------------------------------------------------------------
cq              byte   %8.0g                  □¢□ʲ□ǰ□□□□
ch              byte   %8.0g                  □¢□ʲ□□□□□□
------------------------------------------------------------------------
Sorted by:
```

其中，cq 代表减肥前体重，ch 代表减肥后体重。

（1） 进行单样本检验。

假定知道如果我们通过经验认为购买药品的男性的平均体重是 90 公斤。那么首先检验这部分数据抽样是否也满足以往的一般情况。在进行单样本 t 检验时，原假设是样本均值等于90，键入命令：

```
ttest cq=90///检验样本均值是否为 90
```

输出结果如下：

```
One-sample t test
```

Variable	Obs	Mean	Std. Err.	Std. Dev.	[95% Conf. Interval]	
cq	35	89.25714	.9022315	5.337673	87.42359	91.0907

```
    mean = mean(cq)                                         t =  -0.8234
Ho: mean = 90                              degrees of freedom =       34

    Ha: mean < 90              Ha: mean != 90              Ha: mean > 90
 Pr(T < t) = 0.2080      Pr(|T| > |t|) = 0.4160       Pr(T > t) = 0.7920
```

我们也可以获得其他水平的置信区间，比如 90%，只需要在命令后面键入 level（90）即可，键入命令：

```
ttest cq=90, level(90)///在置信度为 90%的水平下，检验样本均值是否为 90
```

输出结果如下：

```
One-sample t test
```

Variable	Obs	Mean	Std. Err.	Std. Dev.	[90% Conf. Interval]	
cq	35	89.25714	.9022315	5.337673	87.73154	90.78275

```
    mean = mean(cq)                                         t =  -0.8234
Ho: mean = 90                              degrees of freedom =       34

    Ha: mean < 90              Ha: mean != 90              Ha: mean > 90
 Pr(T < t) = 0.2080      Pr(|T| > |t|) = 0.4160       Pr(T > t) = 0.7920
```

所标注的 $\Pr(T>t)$意味着“获得更大 t 值的可能性”，是指单侧检验概率。双侧检验概率则表示为 $\Pr(|T|>|t|)$，表明取到更大 t 值的绝对值的概率。在上例中，样本的体重水平是否为 90 公斤是一种双侧检验，因此查看 $\Pr(|T|>|t|)=0.4160$，可以得知不拒绝原假设，因此这里样本的平均体重也是在 90 公斤。

（2） 进行符号检验。

对于非参数检验，比如说符号检验，采用二项分布来检验关于某一中位数的假设。此命令为 signtest。键入命令：

```
signtest cq=90
```

输出结果如下：

```
Sign test

        sign     observed    expected

    positive           14          16
    negative           18          16
        zero            3           3

         all           35          35

One-sided tests:
  Ho: median of cq - 90 = 0 vs.
  Ha: median of cq - 90 > 0
      Pr(#positive >= 14) =
         Binomial(n = 32, x >= 14, p = 0.5) =  0.8115

  Ho: median of cq - 90 = 0 vs.
  Ha: median of cq - 90 < 0
      Pr(#negative >= 18) =
         Binomial(n = 32, x >= 18, p = 0.5) =  0.2983

Two-sided test:
  Ho: median of cq - 90 = 0 vs.
  Ha: median of cq - 90 != 0
      Pr(#positive >= 18 or #negative >= 18) =
         min(1, 2*Binomial(n = 32, x >= 18, p = 0.5)) =  0.5966
```

signtest 也包括左、右和双侧概率。ttest 使用的是对称的 t 分布，而 signtest 是二项分布。检验的是中位数。从上面的结果可以看出双侧检验结果是说明不拒绝原假设。减肥前平均数为 90 公斤成立。

（3） 进行双样本 t 检验。

此例是配对样本的均值差异的 t 检验，我们需要检验减肥药是否有所帮助，将运用 ttest 命令。键入命令：

```
ttest cq=ch///检验变量 cq 和 ch 的均值是否相等
```

输出结果如下：

```
Paired t test

Variable     Obs        Mean    Std. Err.   Std. Dev.   [95% Conf. Interval]

      cq      35    89.25714    .9022315    5.337673    87.42359     91.0907
      ch      35    70.02857    .9574877    5.664574    68.08272    71.97442

    diff      35    19.22857    1.349189    7.981912    16.48669    21.97045

     mean(diff) = mean(cq-ch)                                      t =  14.2519
 Ho: mean(diff) = 0                               degrees of freedom =       34

 Ha: mean(diff) < 0           Ha: mean(diff) != 0           Ha: mean(diff) > 0
 Pr(T < t) = 1.0000       Pr(|T| > |t|) = 0.0000          Pr(T > t) = 0.0000
```

我们检验的目的是减肥药是否具有减肥的效果，因此是单侧检验。欲证明 $cq - ch > 0$，结果 $\text{Ha: mean}(\text{diff}) > 0, \Pr(T > t) = 0.0000$ 表明了减肥药的确具有减肥效果，体重显著下降。我们有 95%的概率说体重减轻了 16.48669 到 21.97045 公斤。

【例 7-2】使用文件“职工信息表.dta”来对两独立样本 ttest 命令的应用进行说明。该文件给出了某厂职工的性别、年龄、职称及文化程度的信息。数据如表 7-3 所示。

表 7-3 某厂职工信息表

职 工 号	性 别	年 龄	基本工资	职 称	文化程度
1	男职工	48	1014	高级工程师	本科
2	男职工	49	984	工程师	专科
3	男职工	54	1044	高级工程师	高中
4	男职工	41	866	助理工程师	高中
5	男职工	38	848	助理工程师	本科
6	女职工	41	824	无技术职称	高中
7	女职工	42	824	无技术职称	高中
8	女职工	41	824	无技术职称	高中
9	女职工	42	859	工程师	专科
10	男职工	35	827	助理工程师	本科
11	男职工	56	1014	高级工程师	专科
12	男职工	59	989	工程师	专科
13	男职工	59	938	助理工程师	初中
14	男职工	41	889	工程师	本科
15	男职工	55	887	助理工程师	初中
16	男职工	45	887	助理工程师	初中
17	男职工	51	887	助理工程师	初中
18	男职工	43	879	工程师	专科
19	女职工	50	867	助理工程师	初中
20	男职工	35	879	工程师	专科
21	男职工	37	879	工程师	专科
22	男职工	37	827	助理工程师	高中
23	男职工	39	847	助理工程师	初中
24	女职工	49	887	助理工程师	初中
25	女职工	53	867	助理工程师	高中
26	女职工	50	867	助理工程师	高中
27	男职工	36	830	助理工程师	专科
28	男职工	42	847	助理工程师	初中
29	男职工	33	827	助理工程师	高中
30	女职工	44	867	助理工程师	初中

本例要求检验不同性别的职工工资是否相同，使用的方法包括一般的 t 检验，消除同方差假定的 t 检验。

为了使读者对这个问题有一个更加直观的了解，我们实现采用箱线图描述不同性别职工工资的区别，输入命令：

```
graph bar (mean) wage, over (gender) ///采用箱线图观测由性别引起的工资的变化
```

绘制的箱线图如图 7-1 所示。

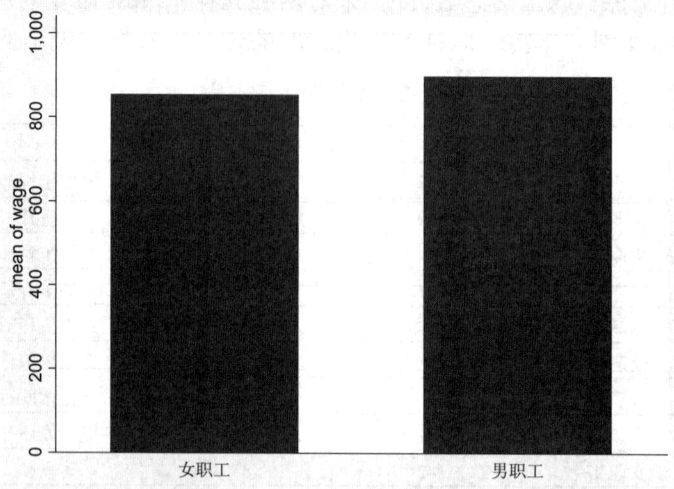

图 7-1　工资性别差异的箱线图

（1） 使用 t 统计量检验不同性别的职工工资是否相同，完成这个任务的命令是：

```
ttest wage,by(gender)///检验工资是否会因性别不同而存在差异
```

输出结果如下：

```
Two-sample t test with equal variances

   Group |     Obs        Mean    Std. Err.   Std. Dev.   [95% Conf. Interval]
---------+--------------------------------------------------------------------
  女职工 |       9         854    7.896905    23.69072    835.7897    872.2103
  男职工 |      21    899.4762    15.07594    69.08663    868.0283     930.924
---------+--------------------------------------------------------------------
combined |      30    885.8333    11.39561    62.41633    862.5267      909.14
---------+--------------------------------------------------------------------
    diff |           -45.47619    23.80348               -94.23541    3.283028
------------------------------------------------------------------------------
    diff = mean(女职工) - mean(男职工)                             t =  -1.9105
Ho: diff = 0                                     degrees of freedom =       28

    Ha: diff < 0                 Ha: diff != 0                 Ha: diff > 0
 Pr(T < t) = 0.0332         Pr(|T| > |t|) = 0.0664          Pr(T > t) = 0.9668
```

从上面的结果可以看到男职工工资大于女职工工资显著成立。

t 检验有赖于同方差假定。如果不假定同方差，那么加上 unequal 选项。输入命令：

```
ttest wage,by(gender) unequal///在不假定方差相同的情况下，检验工资是否因性别不同而存在差异。
```

输出结果如下：

```
Two-sample t test with unequal variances

   Group │     Obs        Mean    Std. Err.   Std. Dev.   [95% Conf. Interval]
─────────┼────────────────────────────────────────────────────────────────────
  女职工  │       9         854    7.896905    23.69072    835.7897    872.2103
  男职工  │      21    899.4762    15.07594    69.08663    868.0283     930.924
─────────┼────────────────────────────────────────────────────────────────────
combined │      30    885.8333    11.39561    62.41633    862.5267      909.14
─────────┼────────────────────────────────────────────────────────────────────
    diff │           -45.47619    17.01896               -80.37615   -10.57624
─────────┴────────────────────────────────────────────────────────────────────
    diff = mean(女职工) - mean(男职工)                             t =  -2.6721
Ho: diff = 0                       Satterthwaite's degrees of freedom =  27.3359

    Ha: diff < 0                 Ha: diff != 0                 Ha: diff > 0
 Pr(T < t) = 0.0063         Pr(|T| > |t|) = 0.0126          Pr(T > t) = 0.9937
```

从上面的结果可以看到男职工工资大于女职工工资显著成立。消除同方差假定，并没有改变男女员工工资显著不同的结论。

7.2 单因素方差分析

本节首先介绍单因素方差分析的原理，然后介绍实现单因素方差分析的两个命令 oneway 和 longway。

7.2.1 单因素方差分析原理

1. 单因素方差分析的基本模型

设因素 A 有 s 个水平 A_1，A_2，…，A_s，在水平 A_j（j=1，2，…，s）下，进行 n_j（$n_j \geqslant 2$）次独立试验，得到如表 7-4 的结果。

表 7-4 独立试验结果

观察结果 \ 水平	A_1	A_2	…	A_s
	X_{11}	X_{12}	…	X_{1S}
	X_{21}	X_{22}	…	X_{2S}
	⋮	⋮		⋮
	$X_{n_1 1}$	$X_{n_2 2}$	…	$X_{n_s S}$
样本总和	$T_{\cdot 1}$	$T_{\cdot 2}$	…	$T_{\cdot s}$
样本均值	$\overline{X}_{\cdot 1}$	$\overline{X}_{\cdot 2}$	…	$\overline{X}_{\cdot s}$
总体均值	μ_1	μ_2	…	μ_s

我们假定：因素的各个水平 $A_j(j=1,2,\cdots,s)$ 下的样本 $X_{1J},X_{2J},\cdots,X_{n_j j}$ 来自具有相同方差 σ^2，均值分别为 $\mu_j(j=1,2,\cdots,s)$ 的正态分布总体 N（μ_j,σ^2），μ_j 与 σ^2 未知。且设不同水平 A_j 下的样本之间相互独立。

由于 $X_{ij} \sim N(\mu_j,\sigma^2)$，即有 $X_{ij}-\mu_j \sim N(0,\sigma^2)$，故有 $X_{ij}-\mu_j$ 可看成是随机误差。记 $X_{ij}-\mu_j=\varepsilon_{ij}$，则 X_{ij} 可写成

$$
\left.\begin{array}{l}
X_{ij} = \mu_j + \varepsilon_{ij}, \\
\varepsilon_{ij} \sim \mathrm{N}\ (0,\sigma^2), \text{各}\varepsilon_{ij}\text{成立}, \\
i=1,2\cdots,s,
\end{array}\right\} \tag{7.1}
$$

其中，μ_j 与 σ^2 均为未知参数。式（7.1）称为单因素试验方差分析的数学模型。方差分析的任务是对该模型：

（1） 检验 s 个总体 $N(\mu_1,\sigma^2)$，…，$N(\mu_s,\sigma^2)$的均值是否相等，即检验假设

$$
\begin{array}{l}
\mathrm{H}_0 : \mu_1 = \mu_2 = \cdots = \mu_s, \\
\mathrm{H}_1 : \mu_1, \mu_2, \cdots, \mu_s \text{不全相等}
\end{array} \tag{7.2}
$$

（2） 作出未知参数 $\mu_1,\mu_2,\ldots,\mu_s$，σ^2 的估计。

2. 平方和的分解

引入总偏差平方和

$$S_{\mathrm{T}} = \sum_{j=1}^{s}\sum_{i=1}^{n_j}(X_{ij} - \overline{X})^2 \tag{7.3}$$

其中

$$\overline{X} = \frac{1}{n}\sum_{j=1}^{s}\sum_{i=1}^{n_j}X_{ij} \tag{7.4}$$

是数据的总平均。S_{T} 能反映全部试验数据之间的差异。因此 S_{T} 又称为总变差，又记水平 A_j 下的样本水平均值为 $\overline{X}_{\cdot j}$，即

$$\overline{X}_{\cdot j} = \frac{1}{n_j}\sum_{i=1}^{n_j}X_{ij} \tag{7.5}$$

将 S_{T} 写成

$$S_{\mathrm{T}} = \sum_{j=1}^{s}\sum_{i=1}^{n_j}[(X_{ij} - \overline{X}_{\cdot j}) + (\overline{X}_{\cdot j} - \overline{X})]^2$$

$$= \sum_{j=1}^{s}\sum_{i=1}^{n_j}(X_{ij} - \overline{X}_{\cdot j})^2 + \sum_{j=1}^{s}\sum_{i=1}^{n_j}(\overline{X}_{\cdot j} - \overline{X})^2 + 2\sum_{j=1}^{s}\sum_{i=1}^{n_j}(X_{ij} - \overline{X}_{\cdot j})(\overline{X}_{\cdot j} - \overline{X})$$

注意到上式第三项（即交叉项）

$$2\sum_{j=1}^{s}\sum_{i=1}^{n_j}(X_{ij} - \overline{X}_{\cdot j})(\overline{X}_{\cdot j} - \overline{X}) = 2\sum_{j=1}^{s}(\overline{X}_{\cdot j} - \overline{X})[\sum_{i=1}^{n_j}(X_{ij} - \overline{X}_{\cdot j})]$$

$$= 2\sum_{j=1}^{s}(\overline{X}_{\cdot j} - \overline{X})(\sum_{i=1}^{n_j}X_{ij} - n_j\overline{X}_{\cdot j}) = 0$$

于是我们就将 S_T 分解成为

$$S_T = S_E + S_A \tag{7.6}$$

其中

$$S_E = \sum_{j=1}^{s}\sum_{i=1}^{n_j}(X_{ij} - \overline{X}_{\cdot j})^2 \tag{7.7}$$

$$\begin{aligned} S_A &= \sum_{j=1}^{s}\sum_{i=1}^{n_j}(\overline{X}_{\cdot j} - \overline{X})^2 \\ &= \sum_{j=1}^{s} n_j(\overline{X}_{\cdot j} - \overline{X})^2 = \sum_{j=1}^{s} n_j \overline{X^2}_{\cdot j} - n\overline{X}^2 \end{aligned} \tag{7.8}$$

S_E 衡量的是在水平 A_j 下，样本观察值与样本均值的差异，这是由随机误差所引起的，叫做误差平方和。S_A 衡量的是在水平 A_j 下，样本均值与总体均值的差异，这是由水平 A_j 的效应的差异以及随机误差所引起的，叫做因素 A 的效应平方和。式（7.6）就是平方和的分解式。

3. 单因素方差分析表

平方和分解的各项统计特性如下：

$$S_E / \sigma^2 \sim \chi^2(n-s) \tag{7.9}$$

当 H_0 为真时，

$$S_A / \sigma^2 \sim \chi^2(s-1) \tag{7.10}$$

当 H_0 为真时，

$$\frac{S_A/(s-1)}{S_E/(n-s)} = \frac{S_A/\sigma^2}{(s-1)} \bigg/ \frac{S_E/\sigma^2}{(n-s)} \sim F(s-1, n-s)$$

由此可得原假设的拒绝域为

$$F = \frac{S_A}{(s-1)} \bigg/ \frac{S_E}{(n-s)} \geqslant F_\alpha(s-1, n-s) \tag{7.11}$$

上述分析的结果可以用下表来概括，称为方差分析表。见表 7-5 所示。

表 7-5 单因素方差分析表

方差来源	平方和	自由度	均方	F 比
因素 A	S_A	$s-1$	$\overline{S}_A = \frac{S_A}{(s-1)}$	$F = \frac{\overline{S}_A}{\overline{S}_E}$
误差	S_E	$n-s$	$\overline{S}_E = \frac{S_E}{(n-s)}$	
总和	S_T	$n-1$		

7.2.2 单因素方差分析 Stata 实现

在 Stata 中，单因素方差分析是用 oneway 和 longway 两个命令来实现，其一般格式为：检验 y 的平均数是否在 x 的多个类别上都相等。单因素方差分析相比 ttest 命令有自己独特的优势，如可以进行多重比较检验。但 ttest 命令则可以加入 unequal，忽略同方差假设。下面分别介绍 oneway 命令和 longway 命令。

1. oneway 命令

（1） Oneway 命令的基本格式如下：

```
oneway response_var factor_var [if] [in] [weight] [, options]
```

其中，选项（options）的相关描述如表 7-6 所示。

表 7-6 options 的相关描述

主要选项	描　述
bonferroni	bonferroni 多重比较检验
scheffe	scheffe 多重比较检验
sidak	sidak 多重比较检验
tabulate	产生列表
[no]means	[不]显示均值
[no]standard	[不]显示标准差
[no]freq	[不]显示频数
[no]obs	[不]显示观测个数
noanova	不显示方差分析表
nolabel	以数值形式显示，而不是以标签形式
wrap	列表不隔开
missing	将缺失值作为一类

（2） 实例说明。

【例 7-3】使用文件“大学生信息表.dta”的数据来对单因素方差分析 oneway 命令的应用进行说明。表 7-7 来自于 Ward 和 Ault（1990）对在校大学生的抽样调查表，其中 year 代表所处的大学年级，gender 代表性别，drink 用一个 33 级别表来衡量学生喝酒频度和程度，gpa 代表学分积点，belong 表示是否是大学生联谊会的会员，employed 为是否就业。部分数据如表 7-7 所示。

表 7-7 大学生信息表

year	gender	drink	gpa	belong	employed
Freshman	Male	5	3.2	nonmembe	No
Freshman	Female	9	3	nonmembe	Yes
Freshman	Male	29	2.85	nonmembe	No
Freshman	Female	22		nonmembe	No
Freshman	Female	19		nonmembe	No
Freshman	Male	19		nonmembe	No
Freshman	Male	24		nonmembe	No
Freshman	Male	6	3	nonmembe	No
Freshman	Female	17	2.41	nonmembe	No
Freshman	Female	12	3.5	nonmembe	Yes
Freshman	Male	12	2.95	nonmembe	Yes
Freshman	Female	14		nonmembe	No
Freshman	Female	26		nonmembe	Yes

（续表）

year	gender	drink	gpa	belong	employed
Freshman	Female	25		nonmembe	No
Freshman	Female	25		nonmembe	Yes
Freshman	Male	22		nonmembe	No
Freshman	Female	16	4	nonmembe	No
Freshman	Female	29		nonmembe	No
Freshman	Female	24	3.5	nonmembe	Yes
Freshman	Male	31	2.1	member	No
Freshman	Female	18		nonmembe	No
Freshman	Female	16		nonmembe	No
Freshman	Male	20	3	nonmembe	Yes
Freshman	Male	23		nonmembe	No
Freshman	Female	5	3.32	nonmembe	No
Freshman	Female	15		nonmembe	Yes
Freshman	Female	4		nonmembe	No
Freshman	Female	20	1.45	nonmembe	No

本例中，我们检验大学生饮酒行为平均数是否会因为是否就业而有所变化。

为完成该任务，可以在命令框中键入命令：

oneway drink employed,tabulate scheffe ///其中 tabulate 可以产生方差分析表，以及平均数和标准差表。Scheffe 选项生成了一个表来显示在每一对平均数之间的差异

输出结果如下：

```
    Are you  | Summary of 33-point drinking scale
  employed?  |        Mean   Std. Dev.       Freq.
-------------+------------------------------------
        Yes  |   18.160305   6.5783056         131
         No  |        20.3   6.7382926         110
-------------+------------------------------------
      Total  |   19.136929   6.7232437         241

                        Analysis of Variance
    Source              SS         df      MS            F     Prob > F
------------------------------------------------------------------------
Between groups      273.74774      1   273.74774      6.19     0.0136
 Within groups     10574.7336    239   44.2457472
------------------------------------------------------------------------
    Total          10848.4813    240   45.2020055

Bartlett's test for equal variances:  chi2(1) =   0.0683  Prob>chi2 = 0.794

          Comparison of 33-point drinking scale by Are you employed?
                                (Scheffe)
Row Mean-|
Col Mean |        Yes
---------+-----------
      No |    2.13969
         |      0.014
```

上面的结果显示，被雇佣者的 drink 平均数等于 18.160305，未被雇佣者 drink 的平均数等于 20.3，因此两种类型的差值为 2.13969，统计上显著地不为 0 成立（P=0.0136），因此拒绝平均数相等的原假设。当因素的样本比较在两个之上时，scheffe 的作用得到更大的发挥。

oneway 命令不能消除同方差假定，但是可以通过 bartlett 的卡方值来正规检验等方差假设。较低的 bartlett 概率意味着方差分析中的同方差假定不大可能成立。在此例中，bartlett 的 *P* 值为 0.794，这验证了不能拒绝同方差的假定。

如果怀疑方差分析的等方差假定或正态分布假定，或者怀疑特异值带来的问题，那么 kruskal-wallis 检验通常要比方差分析更为可靠。Kwallis 检验的是不同总体中位数相等的原假设。输入命令：

```
kwallis drink, by(employed)///检验是否被雇佣能否导致饮酒量的中位数不同
```

输出结果如下：

```
Kruskal-Wallis equality-of-populations rank test
```

employed	Obs	Rank Sum
Yes	131	14542.50
No	110	14618.50

```
chi-squared =      5.892 with 1 d.f.
probability =      0.0152

chi-squared with ties =      5.907 with 1 d.f.
probability =      0.0151
```

如上所示 kwallis 的分析结果（*P*=0.0151）和用 oneway 分析的结果一致，即 drink 这个变量因是否就业而存在显著差异。

2. longway 命令

longway 命令的基本格式如下：

```
loneway response_var group_var [if] [in] [weight] [, options]
```

其中，选项（options）的相关描述如表 7-8 所示。

表 7-8　options 的相关描述

主要选项	描　述
mean	F 分布的期望值，默认是 1
median	F 分布的中位数，默认是 1
exact	精确置信区间
level	置信度，默认 95%

oneway 和 longway 的主要差异如表 7-9 所示。

表 7-9　oneway 和 longway 的主要差异表

特　征	oneway	loneway
单因素方差模型	×	×
水平数小于 376	×	×
水平数大于 376		×
Bartlett 同方差检验	×	
多重比较检验	×	
组内相关系数和标准差		×
组内相关系数的置信区间		×
组平均得分的可靠性估计		×
组间效应的标准差		×

7.3 双因素和多因素方差分析

本节首先介绍双因素和多因素方差分析的基本原理，然后讲解如何在 Stata 中进行双因素和多因素的方差分析。

7.3.1 双因素方差分析原理

1. 双因素重复试验的方差分析

设有两个因素 A，B 作用于试验的指标。因素 A 有 r 个水平 A_1，A_2，…，A_r，因素 B 有 s 个水平 B_1，B_2，…，B_s。现对因素 A，B 的水平的每对组合（A_i，B_j），i=1，2，…，r，j=1，2，…，s 都作 t（$t\geqslant 2$）次试验（称为等重复试验），得到如表 7-10 的结果。

表 7-10 双因素重复试验结果

因素 B / 因素 A	B_1	B_2	…	B_s
A_1	X_{111}，X_{112}，…，X_{11t}	X_{121}，X_{122}，…，X_{12t}	…	X_{1s1}，X_{1s2}，…，X_{1st}
A_2	X_{211}，X_{212}，…，X_{21t}	X_{221}，X_{222}，…，X_{22t}	…	X_{2s1}，X_{2s2}，…，X_{2st}
⋮	⋮	⋮		⋮
A_r	X_{r11}，X_{r12}，…，X_{r1t}	X_{r21}，X_{r22}，…，X_{r2t}	…	X_{rs1}，X_{rs2}，…，X_{rst}

并设：$X_{ijk}\sim N(\mu_{ij},\sigma^2)$，$i$=1，2，…，$r$，$j$=1，2，…，$s$，$k$=1，2，…，$t$，各 X_{ijk} 独立。这里，μ_{ij} 和 σ^2 均为未知参数，或写成

$$\left.\begin{array}{l} X_{ijk}=\mu_{ij}+\varepsilon_{ijk}, \\ \varepsilon_{ijk}\sim \int N(0,\sigma^2)\text{，各}\varepsilon_{ijk}\text{独立}, \\ i=1,2,\cdots,r, j=1,2,\cdots, s, k=1,2,\cdots, t。\end{array}\right\} \quad (7.12)$$

引入记号：

$$\mu=\frac{1}{rs}\sum_{i=1}^{r}\sum_{j=1}^{s}\mu_{ij}\text{，}$$

$$\mu_{i\cdot}=\frac{1}{s}\sum_{j=1}^{s}\mu_{ij}, \qquad i=1,2,\cdots,r,$$

$$\mu_{\cdot j}=\frac{1}{r}\sum_{i=1}^{r}\mu_{ij}, \qquad j=1,2,\cdots, s,$$

$$\alpha_i=\mu_{i\cdot}-\mu, \qquad i=1,2,\cdots,r,$$

$$\beta_j=\mu_{\cdot j}-\mu, \qquad j=1,2,\cdots,s,$$

易见 $$\sum_{i=1}^{r}\alpha_i=0, \qquad \sum_{j=1}^{s}\beta_j=0\text{。}$$

称 μ 为总平均，称 α_i 为水平 A_i 的效应，称 β_j 为水平 B_j 的效应。这样可将 μ_{ij} 表示为

$$\mu_{ij}=\mu+\alpha_i+\beta_j+(\mu_{ij}-\mu_{i\cdot}-\mu_{\cdot j}+\mu) \quad i=1,2,\cdots,r,\ j=1,2,\cdots,s, \tag{7.13}$$

记

$$\gamma_{ij}=\mu_{ij}-\mu_{i\cdot}-\mu_{\cdot j}+\mu, \tag{7.14}$$

$$i=1,2,\cdots,r,\ j=1,2,\cdots,s,$$

此时

$$\mu_{ij}=\mu+\alpha_i+\beta_j+\gamma_{ij} \quad i=1,2,\cdots,r,j=1,2,\cdots,s, \tag{7.15}$$

γ_{ij} 称为水平 A_i 和水平 B_j 的交互效应，这是由 A_i，B_j 搭配起来联合起作用而引起的。易见

$$\sum_{i=1}^{r}\gamma_{ij}=0, \qquad j=1,2,\cdots,s,$$

$$\sum_{j=1}^{s}\gamma_{ij}=0, \qquad i=1,2,\cdots,r,$$

这样（7.12）可写成

$$\left.\begin{array}{l} X_{ijk}=\mu_{ij}+\varepsilon_{ijk}, \\ \varepsilon_{ijk}\sim N(0,\sigma^2)\text{ ,各}\varepsilon_{ijk}\text{ 独 立,} \\ i=1,2,\cdots,r,\ j=1,2,\cdots,s,\ k=1,2,\cdots,t, \\ \sum_{i=1}^{r}\alpha_i=0,\sum_{j=1}^{s}\beta_j=0,\sum_{i=1}^{r}\gamma_{ij}=0,\sum_{j=1}^{s}\gamma_{ij}=0 \end{array}\right\} \tag{7.16}$$

其中，μ，α_i，β_j，γ_{ij} 以及 σ^2 都是未知参数。

式（7.16）就是要研究的双因素试验方差分析的数学模型，对于这一模型要检验以下 3 个假设：

$$\begin{cases} H_{01}:\alpha_1=\alpha_2=\cdots=\alpha_r=0 \\ H_{11}:\alpha_1,\alpha_2,\cdots,\alpha_r\text{不全为零} \end{cases} \tag{7.17}$$

$$\begin{cases} H_{02}:\beta_1=\beta_2=\cdots=\beta_s=0 \\ H_{12}:\beta_1,\beta_2,\cdots,\beta_s\text{不全为零} \end{cases} \tag{7.18}$$

$$\begin{cases} H_{03}:\gamma_{11}=\gamma_{12}=\cdots=\gamma_{rs}=0 \\ H_{13}:\gamma_{11},\gamma_{12},\cdots,\gamma_{rs}\text{不全为零} \end{cases} \tag{7.19}$$

与单因素情况相类似，对这些问题的检验方法也是建立在平方和的分解上的。先引入以下记号：

$$\overline{X}=\frac{1}{rst}\sum_{i=1}^{r}\sum_{j=1}^{s}\sum_{k=1}^{t}X_{ijk},$$

$$\overline{X}_{ij\cdot}=\frac{1}{t}\sum_{k=1}^{t}X_{ijk},\qquad i=1,2,\cdots,r,\qquad j=1,2,\cdots,s,$$

$$\overline{X}_{i\cdot\cdot}=\frac{1}{st}\sum_{j=1}^{s}\sum_{k=1}^{t}X_{ijk},\qquad i=1,2,\cdots,r,$$

$$\overline{X}_{\cdot j\cdot}=\frac{1}{rt}\sum_{i=1}^{r}\sum_{k=1}^{t}X_{ijk},\qquad j=1,2,\cdots,s,$$

再引入总偏差平方和（称为总变差）：

$$S_{\mathrm{T}}=\sum_{i=1}^{r}\sum_{j=1}^{s}\sum_{k=1}^{t}(X_{ijk}-\overline{X})^2$$

可将其写成：$S_T=\sum_{i=1}^{r}\sum_{j=1}^{s}\sum_{k=1}^{t}(X_{ijk}-\overline{X})^2$

$$=\sum_{i=1}^{r}\sum_{j=1}^{s}\sum_{k=1}^{t}(X_{ijk}-\overline{X}_{ij\cdot})^2+st\sum_{i=1}^{r}(\overline{X}_{i\cdot\cdot}-\overline{X})^2$$

$$+rt\sum_{j=1}^{s}(\overline{X}_{\cdot j\cdot}-\overline{X})^2+t\sum_{i=1}^{r}\sum_{j=1}^{s}(\overline{X}_{ij\cdot}-\overline{X}_{i\cdot\cdot}-\overline{X}_{\cdot j\cdot}+\overline{X})^2$$

即得平方和的分解式：

$$S_{\mathrm{T}}=S_{\mathrm{E}}+S_{\mathrm{A}}+S_{\mathrm{B}}+S_{\mathrm{A\times B}}$$

$$S_{\mathrm{E}}=\sum_{i=1}^{r}\sum_{j=1}^{s}\sum_{k=1}^{t}(X_{ijk}-\overline{X}_{ij})^2$$

$$S_{\mathrm{B}}=\mathrm{rt}\sum_{i=1}^{r}(\overline{X}_{.i.}-\overline{X})^2$$

$$S_{\mathrm{A\times B}}=t\sum_{i=1}^{r}\sum_{j=1}^{s}(\overline{X}_{ij.}-\overline{X}_{j..}-\overline{X}_{.j.}+\overline{X})^2$$

S_{E} 称为误差平方和，S_{A}、S_{B} 分别称为因素 A、因素 B 的效应平方和，$S_{\mathrm{A\times B}}$ 称为 A、B 交互效应平方和。

可以证明 S_{T}、S_{E}、S_{A}、$S_{\mathrm{A\times B}}$ 的自由度依次为 $rst-1$、$rs(t-1)$、$r-1$、$s-1$、$(r-1)(s-1)$。

当 $H_{01}:\alpha_1=\alpha_2=\cdots=\alpha_r=0$ 成立时，可以证明：

$$F_{\mathrm{A}}=\frac{S_{\mathrm{A}}/(r-1)}{S_{\mathrm{E}}/(rs(t-1))}\sim F(r-1,rs(t-1))$$

在显著性水平为 α 的情况下，得假设 H_{01} 的拒绝域为：

$$F_A = \frac{S_A/(r-1)}{S_E/(rs(t-1))} \geqslant F_\alpha(r-1, rs(t-1))$$

在显著性水平为 α 的情况下，得假设 H_{02} 的拒绝域为：

$$F_B = \frac{S_B/(s-1)}{S_E/(rs(t-1))} \geqslant F_\alpha(r-1, rs(t-1))$$

在显著性水平为 α 的情况下，得假设 H_{03} 的拒绝域为

$$F_{A\times B} = \frac{S_{A\times B}/(r-1)(s-1)}{S_E/(rs(t-1))} \geqslant F_\alpha((r-1)(s-1), rs(t-1))$$

上述结果汇总成表可以显示为表 7-11。

表 7-11　双因素重复试验的方差分析表

方差来源	平方和	自由度	均　方	F 比
因素 A	S_A	r−1	$\bar{S}_A = \frac{S_A}{r-1}$	$F_A = \frac{\bar{S}_A}{\bar{S}_E}$
因素 B	S_B	s−1	$\bar{S}_B = \frac{S_B}{s-1}$	$F_B = \frac{\bar{S}_B}{\bar{S}_E}$
交互作用	$S_{A\times B}$	(r−1)(s−1)	$\bar{S}_{A\times B} = \frac{S_{A\times B}}{(r-1)(s-1)}$	$F_{A\times B} = \frac{\bar{S}_{A\times B}}{\bar{S}_E}$
误差	S_E	rs(t−1)	$\bar{S}_E = \frac{S_E}{rs(t-1)}$	
总和	S_T	rst−1		

2. 双因素无重复试验的方差分析

在以上讨论中，考虑了双因素试验中两个因素的交互作用。为了检验交互作用的效应是否显著，对于两个因素的每一个组合 (A_i, B_j) 至少要做 2 次试验。这是因为在模型中，若 $k=1$，$\gamma_{ij}+\varepsilon_{ij}$ 总以结合在一起的形式出现。这样就不能将交互作用与误差分离开来。如果在处理现实问题中，我们已经知道不存在交互作用，或已知交互作用很小，则可以不考虑交互作用，此时，即使 $k=1$，也能对因素 A，因素 B 的效应进行分析。现对于两个因素的每一个组合 (A_i, B_j) 只做一次试验，结果如表 7-12 所示。

表 7-12　双因素无重复试验结果

	B_1	B_2	…	B_s
A_1	X_{11}	X_{12}	…	X_{1s}
A_2	X_{21}	X_{22}	…	X_{2s}
⋮	⋮	⋮		⋮
A_r	X_{r1}	X_{r2}	…	X_{rs}

假设条件还是与双因素等重复试验的假设条件一样，只是现在不存在交互作用。因此 $\gamma_{ij}=0$ i=1,2,⋯, r, j=1,2,⋯, s, 对这个模型要检验的假设有以下两个：

$$\begin{cases} H_{01}:\alpha_1=\alpha_2=\cdots=\alpha_r=0, \\ H_{11}:\alpha_1,\alpha_2,\cdots,\alpha_r \text{不全为零} \end{cases} \tag{7.20}$$

$$\begin{cases} H_{02}:\beta_1=\beta_2=\cdots=\beta_s=0, \\ H_{12}:\beta_1,\beta_2,\cdots,\beta_s \text{不全为零} \end{cases} \tag{7.21}$$

双因素无重复试验的方差分析如表 7-13 所示。

表 7-13 双因素无重复试验方差分析

方差来源	平 方 和	自 由 度	均 方	F 比
因素 A	S_A	$r-1$	$\overline{S}_A=\dfrac{S_A}{r-1}$	$F_A=\dfrac{\overline{S}_A}{\overline{S}_E}$
因素 B	S_B	$s-1$	$\overline{S}_B=\dfrac{S_B}{s-1}$	$F_B=\dfrac{\overline{S}_B}{\overline{S}_E}$
误差	S_E	$(r-1)(s-1)$	$\overline{S}_E=\dfrac{S_E}{rs(t-1)}$	
总和	S_T	$rs-1$		

取显著性水平为 α，得到假设 $H_{01}:\alpha_1=\alpha_2=\cdots=\alpha_r=0$ 的拒绝域为：

$$F_A=\frac{\overline{S}_A}{\overline{S}_E}\geqslant F_\alpha(r-1,(r-1)(s-1))$$

得假设 $H_{02}:\beta_1=\beta_2=\cdots=\beta_s=0$ 的拒绝域为：

$$F_B=\frac{\overline{S}_B}{\overline{S}_E}\geqslant F_\alpha(s-1,(r-1)(s-1))$$

7.3.2 多因素方差分析原理

多因素方差分析用来研究两个及两个以上控制变量是否对观测变量产生显著影响。这里，由于研究多个因素对观测变量的影响，因此称为多因素方差分析。多因素方差分析不仅能够分析多个因素对观测变量的独立影响，更能够分析多个控制因素的交互作用能否对观测变量的分布产生显著影响，进而最终找到利于观测变量的最优组合。

7.3.3 双因素和多因素方差分析 Stata 实现

多因素方差分析处理的就是两个或者更多 x 分类变量的情况。在 Stata 中用命令 anova 实现，其基本命令格式如下：

```
anova response_var  [if] [in] [weight] [,options]
```

要在 anova 中纳入任何交互项，只需要指定有关变量的名称，并用*号连接即可。其中，options 的相关描述如表 7-14 所示。

表 7-14　options 的相关描述

主要选项	描　述
category(varlist)	分类变量
class(varlist)	分类变量，与上同义。如不注明，Stata 默认所有变量都是分类变量
repeated(varlist)	重复观测因子
partial	使用边际平方和，默认选项
sequential	使用序列平方和
noconstant	没有常数项
regress	显示回归结果
[no]anova	不显示 ANOVA 表

【例 7-4】使用文件“员工信息表.dta”的数据来对多因素方差分析 anova 命令的应用进行说明。表 7-15 介绍了某单位的员工信息表，其中 minority 代表是否属于少数民族，这里的 0 是非少数民族，1 表示为少数民族，educ 代表教育年限，salary 为年薪，beginsalary 为起始年薪，gender 为性别。部分数据如表 7-15 所示。

表 7-15　员工信息表

minority	educ	salary	beginsalary	gender
0	8	15750	10200	Female
0	8	15900	10200	Female
0	8	16200	9750	Female
0	8	16650	9750	Female
0	8	16800	10200	Female
0	8	16950	10200	Female
0	8	17400	10200	Female
0	8	17700	10200	Female
0	8	19650	13050	Female
0	8	19800	10200	Female
0	8	20100	13200	Female
0	8	20850	12000	Female
0	8	21150	12000	Female
0	8	21600	13500	Female
0	8	21600	13500	Female
0	8	21750	12450	Female
0	8	21900	13200	Female

使用该例子我们可以考察工资的多少不仅仅因为性别，还同时因为民族是否是少数民族不同而变化。

（1）　我们先检查一下平均数的双因素表，输入命令：

```
table minority gender,contents(mean salary) row col///做二维交互表，分别以民族和性别为分类指标，显示不同类别的薪水均值。
```

输出结果如下：

minority	gender Female	Male	Total
0	26706.78977	44475.41237	36023.31081
1	23062.5	32246.09375	28713.94231
Total	26031.9213	41441.78295	34419.56751

（2） 接下来使用 anova 命令，检验平均数之间是否可以显著地归结于性别差异和民族差异，以及性别和民族的交互效应。输入命令：

```
anova salary gender minority gender#minority///检验薪水的差异是否因性别差异、民族差异或者两者的交互效应而造成的
```

输出结果如下：

```
                 Number of obs =        474    R-squared     =  0.2578
                 Root MSE      =    14758.2    Adj R-squared =  0.2530
```

Source	Partial SS	df	MS	F	Prob>F
Model	3.555e+10	3	1.185e+10	54.40	0.0000
gender	1.412e+10	1	1.412e+10	64.81	0.0000
minority	4.896e+09	1	4.896e+09	22.48	0.0000
gender#minority	1.432e+09	1	1.432e+09	6.58	0.0106
Residual	1.024e+11	470	2.178e+08		
Total	1.379e+11	473	2.916e+08		

gender#minority 就是交互选项。结果从 *P* 值可以看出，性别 gender，是否是少数民族 minority，以及交互项对工资 salary 都有显著影响。

7.4 协方差分析

本节介绍协方差分析的基础知识以及如何在 Stata 中进行协方差分析。

7.4.1 协方差分析原理

不论是单因素方差分析还是多因素方差分析，控制因素都是可控的，其各个水平可以通过人为的努力得到控制和确定。但在许多实际问题中，有些控制因素很难人为控制，但它们的不同水平确实对观测变量产生了较为显著的影响。

协方差分析将那些人为很难控制的控制因素作为协变量，并在排除协变量对观测变量影响的条件下，分析控制变量（可控）对观测变量的作用，从而更加准确地对控制因素进行评价。

协方差分析仍然沿承方差分析的基本思想，并在分析观测变量方差时，考虑了协变量的影响，人为观测变量的变动受四个方面的影响：即控制变量的独立作用、控制变量的交互作用、协变量的作用和随机因素的作用，并在扣除协变量的影响后，再分析控制变量的影响。

方差分析中的原假设是：协变量对观测变量的线性影响是不显著的；在协变量影响扣除的条件下，控制变量各水平下观测变量的总体均值无显著差异，控制变量各水平对观测变量的效应同时为零。检验统计量仍采用 F 统计量，它们是各均方与随机因素引起的均方比。

7.4.2 协方差分析 Stata 实现

协方差分析拓展了多因素方差分析，使之可以包含分类变量和连续变量的情况。当出现连续变量时，定义此变量，方差分析便可进行。Anova 具有处理连续变量和分类变量的能力。其基本命令格式如下：

```
anova response_var  [if] [in] [weight] [,options]
```

要在 anova 中纳入任何交互项，只需要指定有关变量的名称，并用#号连接即可。其中，options 的相关描述如表 7-16 所示。

表 7-16　options 的相关描述

主要选项	描　　述
c.varlist	定义连续变量，如不注明，Stata 默认所有变量都是分类变量
repeated(varlist)	重复观测因子
partial	使用边际平方和，默认选项
sequential	使用序列平方和
noconstant	没有常数项
[no]anova	不显示 ANOVA 表

【例 7-5】本例中继续使用上例中的数据来对 Stata 中协方差分析的操作进行说明。首先，在上例的基础上，检验薪水水平的差异是否还由起始薪水的差异所引起，其中起始薪水为连续变量，以协变量引入，可以在命令框中输入命令：

```
anova salary gender minority gender#minority c.beginsalary/// 检验薪水水平的
差异是否由性别、民族、性别与民族的交互影响，以及起始薪水的差异所引起
```

输出结果如下：

```
                    Number of obs =        474     R-squared     =  0.7803
                    Root MSE      =    8037.97     Adj R-squared =  0.7784

          Source | Partial SS         df         MS           F    Prob>F
  ---------------+-------------------------------------------------------
           Model |  1.076e+11          4   2.690e+10     416.41    0.0000
                 |
          gender |  2.608e+08          1   2.608e+08       4.04    0.0451
        minority |  2.788e+08          1   2.788e+08       4.32    0.0383
 gender#minority |   52910806          1    52910806       0.82    0.3660
     beginsalary |  7.207e+10          1   7.207e+10    1115.42    0.0000
                 |
        Residual |  3.030e+10        469    64608890
  ---------------+-------------------------------------------------------
           Total |  1.379e+11        473   2.916e+08
```

根据结果我们可以由 p 值看出，起始薪水的差异也是造成薪水差异的原因之一。

方差分析通常并不提供很多变量之间如何联系的描述信息。回归分析（regress）通过模

型和参数估计，更为详尽地描述变量之间的情况，可以通过在 anova 命令中加上 regress 选项来达到这个目的。例如在本案例中，可以在分析薪水差异的原因之后，对变量进行回归分析，得到回归方程。

输入命令：

```
anova salary gender minority gender#minority c. beginsalary /// 检验薪水水平的差异是否由性别、民族、性别与民族的交互影响，以及起始薪水的差异所引起

regress//做薪水关于性别、民族、性别与民族的交互影响，以及起始薪水的回归方程
```

输出结果如下：

Source	SS	df	MS
Model	1.0761e+11	4	2.6904e+10
Residual	3.0302e+10	469	64608889.7
Total	1.3792e+11	473	291578214

Number of obs	=	474
F(4, 469)	=	416.41
Prob > F	=	0.0000
R-squared	=	0.7803
Adj R-squared	=	0.7784
Root MSE	=	8038

salary	Coef.	Std. Err.	t	P>|t|	[95% Conf.	Interval]
gender						
Male	2788.918	949.3698	2.94	0.003	923.3731	4654.463
1.minority	-1100.047	1410.008	-0.78	0.436	-3870.761	1670.668
gender#minority						
Male#1	-1660.743	1835.171	-0.90	0.366	-5266.918	1945.431
beginsalary	1.817353	.0544151	33.40	0.000	1.710426	1.924281
_cons	2442.901	945.9968	2.58	0.010	583.9841	4301.818

现在得到回归表格形式的 anova 输出结果检验。顶部是标准的方差分析表，给出了 F 和拟合优度。这里的示例相当于对 salary 进行 4 个 x 变量的回归分析。我们构建单独的虚拟变量，用 0、1 表示每个类别，序次最高的类别被剔除。

（1） 虚拟变量 gender，编码为 1=女性，0=其他（男性）；男性作为 gender 的最高序次的类别而被剔除。

（2）虚拟变量 minority，编码 1=非少数民族，0=其他（少数民族）；少数民族作为 minority 的最高序次的类别而被剔除。

（3） 连续变量，beginsalary 起始工资。

（4） 交互项，编码 1=非少数民族的女性，0=其他情况。

这里把单个虚拟变量的回归系数理解为其对被解释变量的预测值或条件平均值的效应。在上表中，我们可以看到 gender 的第二类别（男性）的系数是 2788.918。这表明具有同样的民族和同样初始工资的男性比女性多 2788.918 的工资。Beginsalary 的系数则告诉我们，在相同的性别和民族的情况下，初始工资每增加 1，工资增加 1.82 左右。在输出结果中，我们还得到了每个系数的置信区间和单项 t 检验结果。可以看到 regress 的输出结果信息含量是较丰富的。

7.5 Stata 操作习题

请应用本章所介绍的知识完成下列操作习题。

1. 根据 30 个城市 2000 年和 2005 年的废气排放量，检验空气环境是否有所改善，数据如表 7-17 所示。

表 7-17 废气排放量

area	exhaust	year	area	exhaust	year
北 京	3005	2000	北 京	3198	2005
天 津	4360	2000	天 津	3058	2005
河 北	15768	2000	河 北	21696	2005
山 西	12849	2000	山 西	13351	2005
内蒙古	7961	2000	内蒙古	13518	2005
辽 宁	12774	2000	辽 宁	13015	2005
吉 林	3869	2000	吉 林	4316	2005
黑龙江	4841	2000	黑龙江	4968	2005
上 海	7799	2000	上 海	8834	2005
江 苏	14633	2000	江 苏	17818	2005
浙 江	10432	2000	浙 江	11749	2005
安 徽	5383	2000	安 徽	5934	2005
福 建	4189	2000	福 建	5020	2005
江 西	3202	2000	江 西	3972	2005
山 东	16139	2000	山 东	20357	2005
河 南	11992	2000	河 南	13103	2005
湖 北	6707	2000	湖 北	8838	2005
湖 南	4603	2000	湖 南	5527	2005
广 东	11075	2000	广 东	12543	2005
广 西	6636	2000	广 西	10656	2005
海 南	533	2000	海 南	634	2005
重 庆	2277	2000	重 庆	3541	2005
四 川	6634	2000	四 川	7466	2005
贵 州	3477	2000	贵 州	4182	2005
云 南	4197	2000	云 南	4940	2005
西 藏	14	2000	西 藏	16	2005
陕 西	3861	2000	陕 西	4374	2005
甘 肃	4033	2000	甘 肃	3690	2005
青 海	1002	2000	青 海	1238	2005
宁 夏	1727	2000	宁 夏	2338	2005
新 疆	2934	2000	新 疆	3806	2005

2. 考察不同药品、不同疾病和年龄对血压的影响。其中，药品和疾病为分类变量，年龄为连续变量。根据表 7-18 中的数据做如下分析：

（1） 做多因素方差分析，考察不同药品、不同疾病，以及两者的交互影响对血压的影响。

（2） 做协方差分析，考察不同药品、不同疾病、两者的交互影响以及不同年龄对血压的影响，并且做出回归方程。

表 7-18　病例数据表

drug	disease	systolic	age	drug	disease	systolic	age
1	1	42	39	2	3	16	24
1	1	44	66	3	1	1	22
1	1	36	70	3	1	29	70
1	1	13	44	3	1	19	51
1	1	19	35	3	2	11	48
1	1	22	26	3	2	9	40
1	2	33	43	3	2	7	50
1	2	26	33	3	2	1	62
1	2	33	48	3	2	−6	27
1	2	21	43	3	3	21	52
1	3	31	63	3	3	1	28
1	3	−3	39	3	3	9	62
1	3	25	43	3	3	3	48
1	3	25	64	4	1	24	31
1	3	24	43	4	1	9	30
2	1	28	30	4	1	22	33
2	1	23	55	4	1	−2	25
2	1	34	63	4	1	15	46
2	1	42	69	4	2	27	73
2	1	13	20	4	2	12	39
2	2	34	38	4	2	12	44
2	2	33	48	4	2	−5	34
2	2	31	63	4	2	16	43
2	2	36	41	4	2	15	45
2	3	3	26	4	3	22	47
2	3	26	47	4	3	7	36
2	3	28	51	4	3	25	67
2	3	32	67	4	3	5	49
2	3	4	43	4	3	12	33

其中，drug 代表药品，共有 4 种类型；disease 代表疾病，有 3 种类型；systolic 为血压水平，age 为年龄。

第 8 章　经典假设下的横截面数据单方程线性回归模型的 Stata 实现

到目前为止，我们详尽地介绍了 Stata 基本操作。从本章开始，我们将介绍使用 Stata 进行回归分析。所谓回归分析，是一种分析感兴趣的变量之间的关系的统计学方法，它的十分丰富的实际应用，Stata 在回归分析方面有非常强大的功能。为了便于读者对 Stata 回归分析实现方法的学习，将 Stata 回归分析丰富的内容分为四个部分（第 8 章到第 11 章）来介绍。本章和第 9 章主要介绍线性回归模型的 Stata 实现。本章将介绍最基本的 Stata 回归分析的操作，即如何用 Stata 实现经典假设下的横截面数据单方程线性回归模型。在第 9 章中，将拓展本章的内容，分别就模型不符合经典假设、估计方程组而非单个方程、数据集为面板数据而非横截面数据来介绍 Stata 回归分析。在第 10 章中，我们将介绍关于 Stata 做回归分析的高级专题，包括非线性模型的处理和回归诊断的内容。最后，在第 11 章，我们将介绍用 Stata 实现时间序列的回归分析。

本章的内容分成两部分：第一部分简要介绍本章内容的基本知识，第二部分介绍 Stata 的实现方法。第一部分首先介绍线性回归分析的基本知识，然后介绍横截面数据的特性，最后介绍线性模型的经典假设。这些基本知识，不仅对本章而言是重要的，而且对后续章节的内容理解也很有帮助，因此花了比较多的篇幅介绍它们。本章的第二部分将为读者介绍 Stata 做线性回归分析的各种基本命令，包括 regress、predict、test、sw regress 这些回归命令的基本语法、选项和应用。

8.1　线性回归分析

本节我们简要介绍线性回归分析的基本知识。我们首先介绍回归分析，然后介绍线性回归分析。

8.1.1　回归分析简介

所谓回归分析，就是利用我们手上的数据，回答一些我们感兴趣的问题。比如，经济学家关心人们的工资水平与他们所受的教育有没有关系，是不是受教育越多工资越高，因而他们就要收集人们的工资、教育年限、年龄、经验等数据；教育部门关心学生的成绩与班级的规模有没有关系，是不是小班化教学有利于提高学生成绩，因而他们就要收集学生的成绩，每个班级学生的人数、父母的教育、学校的位置等数据；政府关心培训政策的效果，参加了培训是否更容易找到工作，因而他们就要收集有关的就业率、是否参加了培训、教育年限、经验等数据；心理学家可能关心被告外表的美丑是否会影响法官的判决，这就需要收集判罚坐牢的年限、美貌程度的度量、罪犯犯案的历史等。

下面举个例子，来说明怎样进行建立回归分析模型。

【例 8-1】犯罪的计量经济学模型。

在一篇开创性的论文中，诺贝尔经济学奖得主加里·贝克尔（Gary Becker）系统地阐述了一个效用最大化框架，用于描述个人对犯罪行为的选择。虽然每一特定的犯罪都有明显的经济回报，但大多数犯罪行为也有其成本。犯罪的机会成本使得犯罪不能参加诸如合法就业之类的其他活动。此外，还存在与犯罪可能被抓住相联系的成本，以及犯罪被抓后，如果被证明有罪，与监禁相关的成本。从贝克尔的视角来看，决定进行非法活动的决策是配置资源的方式之一，并且是在充分考虑了各种可选择行为的成本和收益后做出的。

在一般化的假定之下，我们便能推导出一个方程，把花在犯罪活动上的时间描述成各种影响因素的一个函数。可以把这个方程表示为

$$y = f(x_1, x_2, x_3, x_4, x_5, x_6, x_7) \tag{8.1}$$

式中：

y—花在犯罪活动上的小时数；

x_1—从事犯罪活动每小时的“工资”；

x_2—合法就业的小时工资；

x_3—犯罪或就业之外的收入；

x_4—犯罪被抓住的概率；

x_5—犯罪被抓后被证明有罪的概率；

x_6—被证明有罪后预期的宣判；

x_7—年龄。

虽然还有其他因素通常会影响个人参与犯罪的决策，但上述因素从规范的经济分析来看可能具有代表性。遵照经济理论的惯常做法，我们没有对式（1.1）中的函数 $f(\cdot)$ 进行任何设定。这个函数取决于一个很少有人知道的潜在效用函数。尽管如此，我们还是可以用经济理论（或反思）来预测每个变量对犯罪活动可能具有的影响。这正是对个人犯罪行为进行计量经济分析的基础。

从上面的例子可以看出，建立回归分析的模型，就是将关心的问题具体化。比如，对个人的犯罪行为感兴趣，就要思考犯罪行为可能跟哪些因素有关（根据经济理论或者日常经验），然后用数据来估计因变量与自变量之间的关系。

8.1.2 线性回归分析简介

正如上一节所介绍的，进行回归分析需要使用数据估计因变量与自变量之间的关系，如果不具体化函数 $f(.)$ 的形式，是无法估计因变量与自变量之间的关系的。如果将 $f(.)$ 具体化成线性形式 $\beta_0 + \beta_1 x_1 + \cdots + \beta_k x_k + u$，就得到了线性回归模型；如果将 $f(.)$ 具体化成非线性函数，就得到了非线性回归模型（将在第 9 章介绍非线性回归模型）。

线性回归模型拥有 $y = \beta_0 + \beta_1 x_1 + \cdots + \beta_k x_k + u$ 的形式，其中 $1, x_1, x_2 \cdots x_k$ 表示我们用来解释 y 的变量（如例 8.1 中的合法就业的小时工资、从事犯罪活动每小时的“工资”、犯罪或就业之外的收入等），u 表示误差项（也就是 y 中不能由 $1, x_1, x_2 \cdots x_k$ 解释的部分）。在例 8.1 中的模

型是 $\text{crime} = \beta_0 + \beta_1 \text{wage}_m + \beta_2 \text{wage}_c + \cdots + \beta_7 \text{othinc} + u$，其中 crime 表示一个人花在犯罪上的时间，$\text{wage}_m$ 表示合法市场上的小时工资，wage_c 表示犯罪的小时工资，othinc 表示犯罪或就业之外的收入。进一步，如果设 $x = (x_1, x_2 \cdots x_k)$，$\beta = (\beta_1, \beta_2 \cdots \beta_k)$ 那么线性方程就可以简写为 $y = x\beta + u$。

线性回归分析就是给定 $y = \beta_0 + \beta_1 x_1 + \cdots + \beta_k x_k + u$ 的形式后，用数据估计 $\beta = (\beta_1, \beta_2 \cdots \beta_k)$。估计它的方法是所谓的普通最小二乘法（OLS）。

使用普通最小二乘法（Ordinary Least Squares）的初衷很简单，既然我们要找参数 $\hat{\beta}$ 来描述自变量与因变量之间的线性关系，具体的就是要找某个自变量变化一个单位对因变量的大小改变几个单位的作用。设 $\hat{\beta}$ 是我们对 β 的估计，我们要寻找 $\hat{\beta}$ 使得我们的实际观测值 y_i 与预测值 $x_i\beta$ 之间的距离尽量小，就要使我们的估计导致的误差的和 $\sum_i^n (y_i - x_i\beta)^2 = (Y - X\beta)^T (Y - X\beta)$ 最小，即：

$$\beta = \arg\ \min \sum_i^n (y_i - x_i\beta)^2 = (Y - X\beta)^T (Y - X\beta)$$

我们解这个问题是要对 β 求导，利用一阶条件 $-2X^T y + 2X^T X\beta = 0$，从而

$$\hat{\beta} = (X^T X)^{-1} (X^T y) \tag{8.2}$$

8.2 横截面数据

本节介绍本章所使用的数据类型。对于不同的数据类型，Stata 做回归分析的实现方式是不同的。横截面数据是最容易收集的数据类型，也是最容易用 Stata 处理的数据类型。将在第 9 章中介绍面板数据以及对面板数据的 Stata 处理。

所谓横截面数据集，就是在给定时点对个人、家庭、企业、城市、州、国家或一系列其他单位采集的样本所构成的数据集。有时，所有单位的数据并非完全对应于同一时间段。例如，几个家庭可能在一年中的不同星期被调查。在一个纯粹横截面分析中，应该忽略数据集中细小的时间差别。如果一系列家庭都是在同一年度的不同星期被调查的，我们仍视之为横截面数据集。横截面数据的一个重要特征是，我们通常可以假定，它们是从样本背后的总体中通过随机抽样而得到的。例如，通过随机地从工人总体中抽取 500 人，并得到其有关工资、受教育程度、工作经历和其他特征方面的信息，就得到所有工人构成的总体的一个随机样本。

下面，使用 wine.dta（将放入随书光盘）这一数据集，该数据集将有助于读者对横截面数据集有一个直观的认识。wine.dta 是一个关于酒精消费量和疾病死亡率的数据集。它是将国家作为单位采集的数据集，对每个国家收集了人均酒精消费量，每十万人中死亡的人数，十万人中死于心脏病的人数，十万人中死于肝脏疾病的人数。有了这样的数据，我们就可以进行喝酒过度是否会加剧由于心脏病、肝脏疾病的死亡人数的经验研究了。

表 8-1 列出了 wine.dta 的数据。

表 8-1 wine.dta 数据

country	alcohol	deaths	heart	liver
Australia	2.5	785	211	15.3
Austria	3.9	863	167	45.6
Belg/Lux	2.9	883	131	20.7
Canada	2.4	793	191	16.4
Denmark	2.9	971	220	23.9
Finland	0.8	970	297	19
France	9.1	751	71	37.9
Iceland	0.8	743	211	11.2
Ireland	0.7	1000	300	6.5
Israel	0.6	834	183	13.7
Italy	7.9	775	107	42.2
Japan	1.5	680	36	23.2
Netherlands	1.8	773	167	9.2
New Zealand	1.9	916	266	7.7
Norway	0.8	806	227	12.2
Spain	6.5	724	86	36.4
Sweden	1.6	743	207	11.2
Switzerland	5.8	693	115	20.3
UK	1.3	941	285	10.3
US	1.2	926	199	22.1
West Germany	2.7	861	172	36.7

从表 8-1 可以看出，wine.dta 这一数据包括 21 条记录，每条记录包括 country、alcohol、deaths、heart、liver 共 5 个变量。对于每一个国家，wine.dta 仅包括 country、alcohol、deaths、heart、liver 一年的观测值。

要知道 country、alcohol、deaths、heart、liver 这些变量的具体意义，可以使用第 2 章介绍过的 describe 命令，在 Stata 命令框中输入：

```
des            //查看 wine.dta 数据集的变量基本信息
```

describe 命令的输出结果如下：

```
Contains data from F:\图书升级\STATA\data&logfiles\c8\案例数据\wine.dta
  obs:            21
 vars:             5                          21 May 2002 17:03
 size:           504
------------------------------------------------------------------------
              storage   display    value
variable name   type    format     label      variable label
------------------------------------------------------------------------
country         str12   %12s
alcohol         float   %9.0g                 liters alcohol from wine, per
                                                capita
deaths          int     %9.0g                 deaths per 100,000
heart           int     %9.0g                 heart disease dths per 100,000
liver           float   %9.0g                 liver disease dths per 100,000
------------------------------------------------------------------------
Sorted by:
```

des 这个命令为我们详细列出各个变量的详细信息，包括变量的存储方式、变量标签。通过变量标签，我们可以知道各个变量的意义。alcohol 表示人均酒精消费量，deaths 表示每十万人中死亡的人数，heart 表示十万人中死于心脏病的人数，liver 表示十万人中死于肝脏疾病的人数。

8.3 经典假设及其性质

8.3.1 经典假设

假设 8.3.1 模型线性于参数

假设 8.3.1 对应于在 8.1.2 中的介绍，即我们的模型是线性模型：

$$y = \beta_0 + \beta_1 x_1 + ... + \beta_k x_k + u$$

其中，$1, x_1, x_2 \cdots x_k$ 表示用来解释 y 的变量，u 表示误差项（y 中不能由 $1, x_1, x_2 \cdots x_k$ 解释的部分）。

假设 8.3.2 随机抽样假设

假设 8.3.2 对应于 8.2 节的介绍，横截面数据可以近似看成随机样本是横截面数据最重要的特性之一。

假设我们的样本是独立同分布的（identical independent distribution）。第 2 个假设是：样本是一个随机抽样，即样本个体 i 的所有变量组成的向量 $(x_i, y_i, u_i) = (x_{i1}, x_{i2} \cdots x_{ik}, y_i, u_i)$ 是随机向量且相互独立，具有相同的联合分布。

假设 8.3.3 严格外生性

因为 u 和 x 是随机变量，能在任何给定的 x 值下定义 u 的条件期望。假设 8.3.3 用统计术语表达就是 $E(u|x) = 0$，这个假设可以说是所有假设中最微妙的一个。它的意思从直觉上来说，就是知道 x 的信息并不能带来对 u 的更好预测。它表明对任意给定的 x 值，无法观测因素的平均值都相等。我们看一下这个假设在例 8.1 中意味着什么：假设 u 表示观测不到个人能力，由于个人能力的高低对犯罪行为是有影响的，但是我们没有一个很好的指标来度量它。这就是为什么我们没有显性地以某个 x_k 代表个人能力，并估计它对犯罪行为的作用，而只是把它笼统地归在误差项 u 中的原因。这样的话，$E(u|x) = 0$ 意味着并不能从 $\text{wage}_m, \text{wage}_c \cdots \text{othinc}$ 这些变量的值推测出个人能力有什么区别。

假设 8.3.4 球形误差

与"严格外生"的假设相似，所谓球形误差是对给定条件 x 下 u 的方差的假定。它用统计符号表达是：

$$\text{ASSUMPTION:}\quad E[\boldsymbol{\varepsilon} \mid X] = \begin{bmatrix} E[\varepsilon_1 \mid X] \\ E[\varepsilon_2 \mid X] \\ \vdots \\ E[\varepsilon_n \mid X] \end{bmatrix} = \mathbf{0}.$$

其中，$X = \begin{pmatrix} x_1 \\ x_2 \\ \vdots \\ x_n \end{pmatrix}$ 为由所有个体的变量组成的矩阵。它说明在给定所有的自变量观察值的条件下，误差项 $\varepsilon_i, \varepsilon_j$ 不相关，$\varepsilon_i, \varepsilon_j$ 同方差。

符合假设 8.3.3 和 8.3.4 的线性模型，可以形象地用图 8-1 表示。

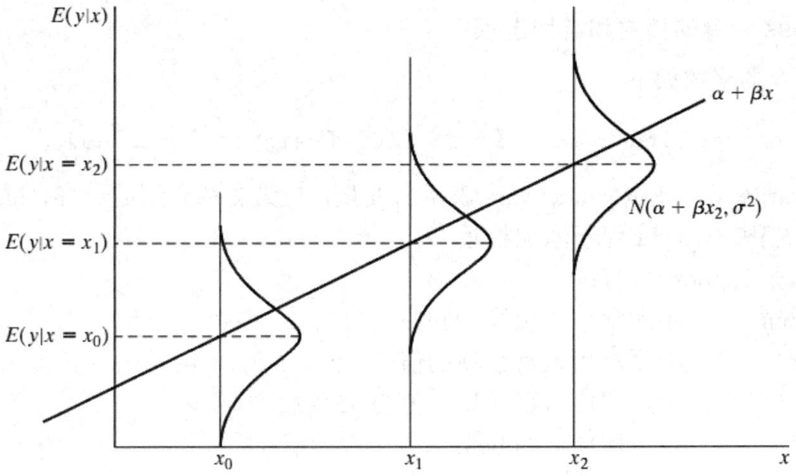

图 8-1　符合假设 8.3.3 和假设 8.3.4 的自变量与因变量的关系

假设 8.3.5　无完全共线性

假设 8.3.5 要求我们的数据没有线性相关性，即不能有一个变量可以写成其他变量的线性组合。这个假设是相当容易满足的，它的存在只是为了在估计参数时，OLS 估计可以计算。

8.3.2　经典假设下线性模型的基本性质

在假设 8.3.1～8.3.5 的假设下，可以知道 $\hat{\beta}$ 是无偏的、一致的、有效的。所谓无偏的，是指 $\hat{\beta}$ 的期望就是 β，即 $E(\hat{\beta}) = \beta$，这个性质虽然很重要，但并不是一个统计量必不可少的，相反地，一致性是对一个估计量的最起码要求。而有效的，是说在所有的线性模型中，用 OLS

得到的估计量 $\hat{\beta}$ 的方差是最小的（矩阵意义下）。当实际数据违反经典假设时，这些性质将不再成立，这也是第 9 章对经典假设进行拓展的原因。

8.4 Stata 的回归分析——regress、predict、test 命令

Stata 提供了范围异常广泛的回归程序。现在介绍回归分析的 3 个 Stata 命令——regress、predict、test 命令。regress、predict、test 是一组命令，它们完成各种简单和多元的普通最小二乘法回归。regress 命令用于完成因变量对自变量的回归，其后续命令 predict 可以计算预测值、残差，另一后续命令 test 检验用户指定的假设。由于这组命令的连贯性，我们选用同一个例子来说明它们的使用方法。

8.4.1 使用 regress 命令——因变量对自变量的回归

regress 命令可以用来完成因变量对自变量的回归，Stata 为我们输出的结果除了系数的估计量外，还包括系数的标准差、t 值、p 值和 95%的置信区间。

1. regress 命令的格式和常用选项：

regress 命令的格式如下：

```
regress depvar indepvars 【if】 【in】【weight】【options】
```

其中 depvar 表示因变量，indepvars 表示自变量，与第 2 章介绍的一样，in 和 if 用于选择样本或者选择范围，weight 用于添加权重。

常用的选项（options）有：

- noconstant　　不加常数项做线性回归
- hascons　　由用户指定常数项的值
- level（#）　　设定置信水平（默认值为 95%）
- beta　　报告标准化的 beta 系数
- noheader　　不报告输出表名

2. 命令的举例应用

现在使用数据集 mroz.dta（光盘中）说明这个 regress 命令的应用。mroz.dta 是一个用来做劳动经济学研究的标准横截面数据集，它收集了美国 1975 年有关女性工作的各种数据。mroz.dta 这个数据集中共有 753 条观测记录，代表 753 个女性，每条观测记录包括 22 个变量。将在表 8-2、表 8-3 列出部分数据，使读者对 mroz.dta 有个直观的认识。使用第 2 章介绍过的 describe 命令查看这个数据集中的变量信息，在 Stata 命令框中输入：

```
des          //读者可以用该命令查看数据集的基本信息，包括观测记录的数量，每条记录的变量数，以及各个变量的存储方式和意义
```

Stata 输出的结果如下表：

```
Contains data from F:\图书升级\STATA\data&logfiles\c8\案例数据\mroz.dta
  obs:           753
 vars:            22                          15 Oct 2010 18:58
 size:        36,897
--------------------------------------------------------------------------------
              storage  display    value
variable name   type   format     label       variable label
--------------------------------------------------------------------------------
inlf            byte   %9.0g                  =1 if in lab frce, 1975
hours           int    %9.0g                  hours worked, 1975
kidslt6         byte   %9.0g                  # kids < 6 years
kidsge6         byte   %9.0g                  # kids 6-18
age             byte   %9.0g                  woman's age in yrs
educ            byte   %9.0g                  years of schooling
wage            float  %9.0g                  est. wage from earn, hrs
repwage         float  %9.0g                  rep. wage at interview in 1976
hushrs          int    %9.0g                  hours worked by husband, 1975
husage          byte   %9.0g                  husband's age
huseduc         byte   %9.0g                  husband's years of schooling
huswage         float  %9.0g                  husband's hourly wage, 1975
faminc          float  %9.0g                  family income, 1975
mtr             float  %9.0g                  fed. marg. tax rte facing woman
motheduc        byte   %9.0g                  mother's years of schooling
fatheduc        byte   %9.0g                  father's years of schooling
unem            float  %9.0g                  unem. rate in county of resid.
city            byte   %9.0g                  =1 if live in SMSA
exper           byte   %9.0g                  actual labor mkt exper
nwifeinc        float  %9.0g                  (faminc - wage*hours)/1000
lwage           float  %9.0g                  log(wage)
expersq         int    %9.0g                  exper^2
--------------------------------------------------------------------------------
Sorted by:

.
```

第一列输出变量名，第二列输出变量的存储方式，第三列输出变量在结果窗口输出值的形式，最后一列是在第 2 章中介绍过的变量标签，用以告诉使用者各个变量的意义。读者自己在整理数据时也要注意为变量添加标签。

mroz.dta 这个数据集包含了 22 个变量，我们仅介绍将具体使用到的变量。mroz.dta 是一个关于女性就业方面的数据集，每条记录代表一个女性。inlf 是一个二值变量，它取值 1 时表示女性有工作，取值 0 时表示女性没有工作；hours 表示女性在 1975 年一整年工作的小时数；kidslt6 表示该女性小于 6 岁孩子的个数；kidsge6 表示 6 到 18 岁孩子的个数；age 表示年龄；educ 表示教育年限；wage 表示小时工资；huseduc 表示该女性丈夫的教育年限；faminc 表示家庭收入；fathereduc 表示该女性父亲的教育年限；exper 表示已经工作的年数；lwage 表示工资的对数；expersq 表示经验的平方。

表 8-2、表 8-3 分别列出了该数据集前 10 条数据和后 10 条数据（选取部分变量）。

表 8-2 mroz.dta 数据集的前 10 条记录

	lwage	wage	educ	exper	expersq	age	kidslt6	kidsge6
1.	1.210154	3.354	12	14	196	32	1	0
2.	.3285121	1.3889	12	5	25	30	0	2
3.	1.514138	4.5455	12	15	225	35	1	3
4.	.0921233	1.0965	12	6	36	34	0	3
5.	1.524272	4.5918	14	7	49	31	1	2
6.	1.55648	4.7421	12	33	1089	54	0	0
7.	2.12026	8.3333	16	11	121	37	0	2
8.	2.059634	7.8431	12	35	1225	54	0	0
9.	.7543364	2.1262	12	24	576	48	0	2
10.	1.544899	4.6875	12	21	441	39	0	2

表 8-3　mroz.dta 数据集的后 10 条记录

	lwage	wage	educ	exper	expersq	age	kidslt6	kidsge6
744.	.	.	12	11	121	53	0	1
745.	.	.	10	14	196	42	0	3
746.	.	.	12	5	25	39	2	6
747.	.	.	10	2	4	32	1	2
748.	.	.	12	4	16	36	0	2
749.	.	.	13	5	25	40	0	2
750.	.	.	12	14	196	31	2	3
751.	.	.	12	4	16	43	0	0
752.	.	.	12	15	225	60	0	0
753.	.	.	9	12	144	39	0	3

从表 8-2 看出有部分女性的工资和工资的对数是缺失的，这是因为部分女性不在劳动力市场上，所以就没有他们的工资记录。

本例演示如何用 regress 命令及其选项完成以下 3 项任务。

（1） 现在用最基本的模型——线性回归模型讨论女性教育的回报。我们想知道教育、年龄、经验、小于 6 岁孩子的数量、6 到 18 岁的孩子这些变量对工资的影响，特别是教育的回报，即对线性模型：

$$\text{wage} = \beta_0 + \beta_1\text{educ} + \beta_2\text{age} + \beta_3\text{ exper} + \beta_4\text{kidslt6} + \beta_5\text{kidsge6} + u$$

用 regress 命令估计各个变量系数 $\beta_0, \beta_1, ..., \beta_5$ 的估计。

（2） 对上面提出的问题（教育的回报）介绍 regress 各种选项（options）的作用。

（3） 对上面提出的问题（教育的回报）介绍 regress 各种 in、if 条件的作用。

第一项任务

Stata 对第一项任务的实现方法很简单，只要在 Stata 命令窗口中输入：

```
reg wage educ exper age kidslt6 kidsge6
//reg 为 regress 命令的缩写，wage（工资）是被解释变量，教育、经验、年龄、小于 6 岁孩子个数、6 到 18 岁孩子是解释变量。reg 命令仅对数据不为缺失值的记录进行回归
```

在结果窗口看到，Stata 输出了下述内容：

```
      Source |       SS           df       MS      Number of obs   =       428
-------------+----------------------------------   F(5, 422)       =     11.67
       Model |  568.523359         5  113.704672   Prob > F        =    0.0000
    Residual |  4110.52957       422  9.74059141   R-squared       =    0.1215
-------------+----------------------------------   Adj R-squared   =    0.1111
       Total |  4679.05293       427  10.9579694   Root MSE        =     3.121

------------------------------------------------------------------------------
        wage |      Coef.   Std. Err.      t    P>|t|     [95% Conf. Interval]
-------------+----------------------------------------------------------------
        educ |   .4937722   .0671312     7.36   0.000      .361819    .6257254
       exper |   .0173226   .0221022     0.78   0.434    -.0261215    .0607667
         age |   .0084154   .0242439     0.35   0.729    -.0392384    .0560693
     kidslt6 |   .0335162   .4130421     0.08   0.935    -.7783599    .8453922
     kidsge6 |  -.0601426   .1300906    -0.46   0.644    -.3158488    .1955637
       _cons |  -2.575453   1.398233    -1.84   0.066    -5.323822     .172916
------------------------------------------------------------------------------
```

来看 Stata 输出的结果，可以看到这个结果分成三部分：左上方是对数据的一个描述，右

上方是对拟合程度的描述，下方报告了各个自变量前系数的估计值、标准差、t 值、p 值、95%的置信区间。我们关心的是教育的回报，从 Stata 报告的系数来看，可以看出教育每上升一年，每小时工资将上升 0.45 元。需要注意的是，Stata 只对工资不为缺失值的变量做了回归。

某个系数的 t 值（该系数除以它们的标准差）检验该系数等于 0 的原假设。在 $\alpha = 0.05$ 的显著性水平下，当 p 值小于 0.0005 时，我们可以拒绝原假设。从 Stata 报告的 p 值来看，只有 educ 是显著异于 0 的，即从统计上讲对 wage 有解释作用。

95%置信区间表示参数有 95%的概率会落在给出的区间内，置信区间的大小是度量得到的系数的准确程度的很重要的指标。可以看到，教育每上升一年，小时工资上升的幅度有 95%的概率会落在[0.3618，0.6258]之内。

根据 Stata 报告的系数，我们得到工资的拟合方程：

$$\hat{wage} = -2.5754 + 0.4937educ + 0.0173exper + 0.008age + 0.0335kidslt6 - 0.0601kidsge6$$

第二项任务

对于第二项任务，分别介绍 noconstant、level(#)、beta 选项的作用。

1. noconstant 选项的作用

如果读者希望不要考虑常数项的作用，希望因变量对自变量做过原点回归，可以使用 nonconstant 选项，nonconstant 可以让 Stata 在忽略常数项的情况下让因变量对自变量做回归。为了实现这一效果，在 Stata 命令窗口输入：

```
reg wage educ exper age kidslt6 kidsge6, nocons
//该命令与第一个问题的实现方式基本一样，只是在最后加上了 nocons 选项，加了该选项后，Stata
将进行无常数项的回归
```

在 Stata 结果窗口，得到以下结果：

Source	SS	df	MS		
Model	8005.37013	5	1601.07403	Number of obs =	428
Residual	4143.57668	423	9.79568954	F(5, 423) =	163.45
				Prob > F =	0.0000
				R-squared =	0.6589
				Adj R-squared =	0.6549
Total	12148.9468	428	28.3853897	Root MSE =	3.1298

wage	Coef.	Std. Err.	t	P>|t|	[95% Conf.	Interval]
educ	.4128388	.050897	8.11	0.000	.3127963	.5128814
exper	.0178927	.0221624	0.81	0.420	-.0256695	.0614549
age	-.0240657	.0166843	-1.44	0.150	-.0568601	.0087287
kidslt6	-.1147282	.4062692	-0.28	0.778	-.913286	.6838296
kidsge6	-.1669938	.1167693	-1.43	0.153	-.396514	.0625265

当加了 nocons 这一可选项后，Stata 在做回归时只就非常数项做最小二乘估计，就是在模型中不加入 β_0 做回归。从输出结果可以看到，教育的回报增加了，而且它的置信区间也减少了，R^2 和调整 R^2 也上升了很多，但是由于缺少常数项的回归可能使得到的系数是有偏的，所以一般不提倡这种做法。

用这种方法我们得到的回归方程为：

$$\hat{wage} = 0.4128educ + 0.0178exper - 0.0240age - 0.1147kidslt6 - 0.1669kidsge6$$

2. level(#)选项的作用

若想 Stata 输出读者希望的置信水平下的置信区间，可以使用 level(#)选项。在 level(#)的()中输入想设置的置信水平，Stata 就会输出相应的置信区间。常用的置信水平为 99%、95%、90%。下面的例子使用 99%的置信水平，将从 Stata 输出的结果中的置信区间看出区别。在 Stata 命令窗口输入：

```
reg wage educ exper age kidslt6 kidsge6, level(99)
//level()用于指定读者希望的置信水平
```

Stata 的结果窗口输出：

Source	SS	df	MS			
Model	568.523359	5	113.704672	Number of obs	=	428
Residual	4110.52957	422	9.74059141	F(5, 422)	=	11.67
				Prob > F	=	0.0000
				R-squared	=	0.1215
				Adj R-squared	=	0.1111
Total	4679.05293	427	10.9579694	Root MSE	=	3.121

wage	Coef.	Std. Err.	t	P>|t|	[99% Conf.	Interval]
educ	.4937722	.0671312	7.36	0.000	.3200682	.6674762
exper	.0173226	.0221022	0.78	0.434	-.0398674	.0745126
age	.0084154	.0242439	0.35	0.729	-.0543164	.0711473
kidslt6	.0335162	.4130421	0.08	0.935	-1.035242	1.102275
kidsge6	-.0601426	.1300906	-0.46	0.644	-.3967559	.2764707
_cons	-2.575453	1.398233	-1.84	0.066	-6.193423	1.042517

读者通过比较该结果和未加 level()选项的结果可以看出两者的结果差别，仅仅在于置信区间的大小。99%的置信区间要大于 95%的置信区间。

3. beta 选项的作用

如果读者手上的数据变化非常大，读者可能希望先将各变量标准化后，再做回归分析，可以使用 beta 选项完成这一效果。在 Stata 命令窗口输入：

```
reg wage educ exper age kidslt6 kidsge6, beta
//在回归命令后加上 beta 选项，Stata 将为我们输出标准化的回归结果
```

我们可以得到以下结果：

Source	SS	df	MS			
Model	568.523359	5	113.704672	Number of obs	=	428
Residual	4110.52957	422	9.74059141	F(5, 422)	=	11.67
				Prob > F	=	0.0000
				R-squared	=	0.1215
				Adj R-squared	=	0.1111
Total	4679.05293	427	10.9579694	Root MSE	=	3.121

wage	Coef.	Std. Err.	t	P>|t|	Beta
educ	.4937722	.0671312	7.36	0.000	.3408939
exper	.0173226	.0221022	0.78	0.434	.0421564
age	.0084154	.0242439	0.35	0.729	.0196287
kidslt6	.0335162	.4130421	0.08	0.935	.0039682
kidsge6	-.0601426	.1300906	-0.46	0.644	-.0239085
_cons	-2.575453	1.398233	-1.84	0.066	.

使用beta选项后，Stata先将所有变量单位化（化为平均值为0，标准差为1），然后再进行常规的线性回归。在运用中常常需要将自变量标准化，以更好地比较各个自变量对因变量作用的大小。需要注意的是，这个命令不会输出置信区间，而是代以beta值，表示在单位化各变量时的权数，是做单位化回归的重要工具。

第三项任务

对第三项任务，首先用if条件验证Stata仅对数据无缺失的记录做回归、用if条件检验内生性，然后用in条件介绍仅对部分数据做回归的方法。

使用if和in条件的Stata语法是：

```
reg y x1 x2 x3 if []
reg y x1 x2 x3 in []
```

y x1 x2 x3 解释与前面相同，[ ] 表示可以加入的各种形式。这些形式已经在第2章中介绍过，比如if可以与==、! =、>、<、>=、<=连用。

1. 用if条件限定回归范围并检验Stata仅对数据无缺失的记录做回归

为了使用if条件检验Stata是否仅对数据无缺失的记录做回归，通过添加一个if条件inlf==1。inlf这个变量已经介绍过，inlf=1表示女性有工作，inlf=0表示女性失业。如果女性的工资值缺失，是因为她们没有工作。所以对inlf=1的女性做回归就相当于对数据不缺失的女性做回归。如果仅对数据无缺失的记录做回归，那么加不加inlf=1将不影响结果。在Stata命令窗口输入：

```
reg wage educ exper age kidslt6 kidsge6 if  inlf==1
//仅对 inlf 值取 1 的记录做回归
```

Stata结果窗口展示了结果：

Source	SS	df	MS
Model	568.523359	5	113.704672
Residual	4110.52957	422	9.74059141
Total	4679.05293	427	10.9579694

Number of obs	=	428
F(5, 422)	=	11.67
Prob > F	=	0.0000
R-squared	=	0.1215
Adj R-squared	=	0.1111
Root MSE	=	3.121

wage	Coef.	Std. Err.	t	P>|t|	[95% Conf.	Interval]
educ	.4937722	.0671312	7.36	0.000	.361819	.6257254
exper	.0173226	.0221022	0.78	0.434	-.0261215	.0607667
age	.0084154	.0242439	0.35	0.729	-.0392384	.0560693
kidslt6	.0335162	.4130421	0.08	0.935	-.7783599	.8453922
kidsge6	-.0601426	.1300906	-0.46	0.644	-.3158488	.1955637
_cons	-2.575453	1.398233	-1.84	0.066	-5.323822	.172916

inlf是一个标准样本中的女性是否工作的变量（inlf也在我们数据集里，大家可以直接使用它）。凡是inlf=1就说明该女性有工作，她的工资当然就不会是缺失值；反之，如果inlf=0就说明她不在劳动力市场上，因而工资值缺失。

从结果中可以看出，Stata报告的所有内容都与没有加if条件一样，因而可以确信Stata确实是将缺失值舍去了。

2. 用 if 选项检验内生性

If 选项还有很多功用，比如想考察工作时间在 1000 小时以上和 1000 小时以下的女性的教育的回报因素。分两步来做这件事，先考察工资大于 1000 小时的女性的教育回报，考察工资小于 1000 小时的女性的教育的回报，然后比较两者。如果两者的结果相差很大，可以怀疑教育有内生变量。为了实现这种比较，先后加入 hours>=1000 和 hours<1000 的约束。

先在 Stata 窗口中输入：

```
reg wage educ exper age kidslt6 kidsge6 if hours>=1000
//对工作时间大于 1000 小时的女性做回归
```

Stata 结果窗口输出：

Source	SS	df	MS			
				Number of obs	=	273
				F(5, 267)	=	23.79
Model	451.082614	5	90.2165228	Prob > F	=	0.0000
Residual	1012.46746	267	3.79201295	R-squared	=	0.3082
				Adj R-squared	=	0.2953
Total	1463.55007	272	5.38069879	Root MSE	=	1.9473

wage	Coef.	Std. Err.	t	P>|t|	[95% Conf.	Interval]
educ	.5327254	.0530272	10.05	0.000	.4283206	.6371301
exper	.0587244	.01793	3.28	0.001	.0234223	.0940265
age	-.0436186	.0193901	-2.25	0.025	-.0817955	-.0054418
kidslt6	-.4231276	.4107065	-1.03	0.304	-1.231763	.3855076
kidsge6	-.1300399	.1135993	-1.14	0.253	-.3537042	.0936245
_cons	-1.473486	1.077086	-1.37	0.172	-3.594149	.6471772

再在 Stata 窗口中输入：

```
reg wage educ exper age kidslt6 kidsge6 if hours<1000
//对工作小时小于 1000 小时的女性做回归
```

Stata 结果窗口输出：

Source	SS	df	MS			
				Number of obs	=	155
				F(5, 149)	=	1.97
Model	199.0945	5	39.8189001	Prob > F	=	0.0857
Residual	3005.47134	149	20.1709486	R-squared	=	0.0621
				Adj R-squared	=	0.0307
Total	3204.56584	154	20.8088691	Root MSE	=	4.4912

wage	Coef.	Std. Err.	t	P>|t|	[95% Conf.	Interval]
educ	.468394	.1622884	2.89	0.004	.14771	.789078
exper	-.0348131	.0561914	-0.62	0.537	-.145848	.0762218
age	.0792171	.0586954	1.35	0.179	-.0367657	.1951999
kidslt6	.4661887	.8091064	0.58	0.565	-1.132616	2.064994
kidsge6	.083292	.2767997	0.30	0.764	-.4636679	.6302519
_cons	-4.750391	3.520359	-1.35	0.179	-11.70667	2.205884

可以看到，工作小时大于 1000 的女性教育的回报要比工作小时低于 1000 的女性的教育

回报高很多。由此可以知道，工作小时对工资有很大的影响，没有将它加入自变量，这导致了内生性的问题。

8.4.2 使用 predict 命令——计算拟合值和残差

predict 命令是 regress 命令的后续命令。当用 regress 命令完成因变量对自变量的回归，predict 命令可以用来得到拟合值和残差。拟合值的计算是通过 regress 命令估计的系数 β 乘以自变量 x，即 $y\wedge = x\beta$。残差等于实际的因变量减去拟合值：$e = y - y\wedge$。

1. predict 命令的格式和常用选项

predict 命令的格式如下：

```
predict [type] newvar [if] [in] [, single_options]
```

predict 命令是 reg 命令的后续命令，它可以用来保存最近一次回归的预测值、残差值。type 用来指定你要用来存放拟合值或残差的格式，newvar 为用户为拟合值或残差 2 取的变量名，if、in 选项与第 2 章介绍的相同，[, single_options]用来指定你是要拟合值还是残差值。

[, single_options]可以是：

resid　　表示我们需要计算残差（默认报告的是拟合值）

2. 命令的举例应用

因为 regress、predict、test 命令是一组连贯的命令，所以继续使用 mroz.dta 这一数据集，接着例 8.1 继续对 predict 应用作介绍。

在这里，我们要完成两个任务：

（1） 示范如何保存拟合值。

（2） 示范如何保存残差。

由于 predict 命令是 regress 命令的后续命令，所以做了回归

```
reg wage educ exper age kidslt6 kidsge6
```

之后，我们才可以使用 predict 命令。

现在首先示范如何创建一个变量来存放从回归中得到的预测值。在 Stata 命令窗口输入：

```
predict yhat    // 该命令新建了一个名叫 yhat 的变量，用以存放拟合值。
```

然后，我们示范如何用 predict 命令保存我们估计的残差，在 Stata 命令窗口输入：

```
predict e, resid  //该命令新建一个名叫 e 的变量，用以存放残差。
```

为了以后的使用方便，我们分别给 yhat、e 加上标签，这只要使用曾在第 2 章中介绍过的 label variable 命令即可。在 Stata 命令窗口输入：

```
label variable yhat "predicted mean wage"
//该命令为变量 yhat 加了标签"predicted mean wage"
label variable e "residual"
//该命令为变量 e 加了标签"residual"
```

输入这些命令之后，Stata 结果窗口会显示：

```
. predict yhat
(option xb assumed; fitted values)

. label variable yhat "predicted mean wage"

. predict e, resid
(325 missing values generated)

. label variable e "residual"
```

从结果中可以看出，Stata 已经建立了 yhat、e 两个变量，并加了标签。可以用第 2 章介绍过的 des 命令查看这两个变量的基本信息：

```
des
```

在 Stata 显示窗口得到：

```
Contains data from mroz.dta
  obs:           753
 vars:            24                          2 Mar 1999 11:30
 size:        48,945 (99.9% of memory free)
-------------------------------------------------------------------------------
              storage  display     value
variable name   type   format      label      variable label
-------------------------------------------------------------------------------
inlf            byte   %9.0g                  =1 if in lab frce, 1975
hours           int    %9.0g                  hours worked, 1975
kidslt6         byte   %9.0g                  # kids < 6 years
kidsge6         byte   %9.0g                  # kids 6-18
age             byte   %9.0g                  woman's age in yrs
educ            byte   %9.0g                  years of schooling
wage            float  %9.0g                  est. wage from earn, hrs
repwage         float  %9.0g                  rep. wage at interview in 1976
hushrs          int    %9.0g                  hours worked by husband, 1975
husage          byte   %9.0g                  husband's age
huseduc         byte   %9.0g                  husband's years of schooling
huswage         float  %9.0g                  husband's hourly wage, 1975
faminc          float  %9.0g                  family income, 1975
mtr             float  %9.0g                  fed. marg. tax rte facing woman
motheduc        byte   %9.0g                  mother's years of schooling
fatheduc        byte   %9.0g                  father's years of schooling
unem            float  %9.0g                  unem. rate in county of resid.
city            byte   %9.0g                  =1 if live in SMSA
exper           byte   %9.0g                  actual labor mkt exper
nwifeinc        float  %9.0g                  (faminc - wage*hours)/1000
lwage           float  %9.0g                  log(wage)
expersq         int    %9.0g                  exper^2
yhat            float  %9.0g                  predicted mean wage
e               float  %9.0g                  residual
-------------------------------------------------------------------------------
Sorted by:
     Note:  dataset has changed since last saved
```

从最后两行可以看出，得到了想要的结果，Stata 已经保存了预测值和残差值，它们在做回归诊断中很有用。给它们加上标签，有利于后续任务。

也可以用第 2 章介绍过的 list 命令查看这两个变量，输入：

```
list yhat wage e in 1/5
//输出第 1 至 5 行的拟合值、工资和残差
list yhat wage e in -5/l
//输出最后 5 行的拟合值、工资和残差
```

通过 list 命令，可以形象地看出 predict 命令的效果：

```
. list yhat wage e in 1/5

     +-----------------------------------+
     |     yhat      wage              e |
     |-----------------------------------|
  1. | 3.790933     3.354      -.4369327 |
  2. | 3.411916    1.3889      -2.023016 |
  3. |  3.36692    4.5455        1.17858 |
  4. | 3.894907    1.0965      -2.798407 |
  5. | 4.371042    4.5918       .2207586 |
     +-----------------------------------+

. list yhat wage e in -5/l

     +---------------------+
     |     yhat   wage   e |
     |---------------------|
749. | 4.643996      .   . |
750. | 4.136512      .   . |
751. | 4.313267      .   . |
752. | 4.640138      .   . |
753. | 2.834694      .   . |
     +---------------------+
```

从最后 5 条数据可以看出，由于 wage 值缺失，所以残差值也将缺失。这与介绍过的 Stata 将缺失数据的记录放在数据集的最后相吻合。

8.4.3 使用 test 命令——进行读者指定的检验

test 命令是 regress 命令的又一后续命令。用 regress 命令完成因变量对自变量的回归，test 命令可以用来完成用户指定的检验。

1. test 命令的格式和常用选项

test 命令的格式如下：

```
test var1 var2…var3k
test var=C
test var1=var2
test var1=(var2+var3)/C
```

test 命令是 reg 命令的后续命令，它用来检验系数是否符合一定的关系。它主要由以上几种语法，而且必须在做了回归之后才能使用。

2. 命令的举例应用

因为 regress、predict、test 命令是一组连贯的命令，所以我们继续使用 mroz.dta 这一数据集，接着例 8.1 继续对 test 应用的介绍。

在这里，要完成的任务是：

（1） 检验单个变量的显著性；

（2） 检验多个变量的联合显著性；

（3） 检验不同变量系数的关系。

首先，介绍如何检验单个系数的显著性。在做回归之后，继续在 Stata 命令窗口输入：

```
test educ
//该命令用来检验教育的作用，即 educ 的系数 β1 是否为 0
```

也可以用

```
test educ 0.5
//来检验教育的系数是否为 0.5，即检验 β1 = 0.5
```

我们检验教育显著性的结果是：

```
. test educ

 ( 1)  educ = 0

       F(  1,   422) =   54.10
            Prob > F =    0.0000
```

从 Stata 结果来看教育是否显著，应该从 Stata 报告的 p 值来看。从最后一行的 p 值看来（$p<0.05$），很容易拒绝原假设，认为教育的回报不为 0，教育的回报是显著的。

其次，我们介绍 test 对变量的联合显著性的检验方式。

Stata 对变量的联合显著性检验很简单，可以在命令窗口输入：

```
test educ exper
```

在 Stata 结果窗口输出关心的教育、经验是否联合显著：

```
. test educ exper

 ( 1)  educ = 0
 ( 2)  exper = 0

       F(  2,   422) =   27.28
            Prob > F =    0.0000
```

这一命令是检验教育、经验的回报是否同时为零，同样要从 p 值来看教育、经验联合显著与否。从结果可以看出它们是联合显著的（p 值小于 0.05）。

最后，我们介绍 test 命令对变量系数之间关系的检验方式。

如果我们关心教育和经验的回报是否一样（它们的系数是否一样），只要在做完 regress 回归后继续输入：

```
test educ=exper
```

教育和经验的系数是否相等将在 Stata 结果窗口输出：

```
. test educ=exper

 ( 1)  educ - exper = 0

       F(  1,   422) =   45.85
            Prob > F =    0.0000
```

这一命令是检验教育的回报是否等于经验的回报，即是否有 $\beta_1 = \beta_2$。从结果中的 p 值看出，应该拒绝原假设，可以认为教育的回报不等于经验的回报：$\beta_1 \neq \beta_2$。

如果要检验变量之间比较复杂的关系，可以在命令窗口输入：

```
test educ=(exper+age)/0.9
//这个命令用以检验教育的系数是否等于经验系数加年龄系数的 0.9 倍
```

从 Stata 结果窗口，可以得到以下结果：

```
. test educ=(exper+age)/0.9

 ( 1)  educ - 1.111111 age - 1.111111 exper = 0

       F(  1,   422) =   42.06
            Prob > F =    0.0000
```

这个命令用来检验系数之间的一些比较复杂的关系，从结果上来看，原假设是不成立的。

8.5 sw regress 基本命令及其选项——逐步回归

有时候为了使模型符合严格外生性的假设，所以会将很多变量放入自变量中，但这样很可能导致多重共线性。所以一些不太显著的变量应该将它们剔除，Stata 中的 sw regress 命令给了我们这样做的途径。该命令允许放入很多的自变量，然后按显著性逐步剔除不显著的变量。

1. sw regres 命令的语法和常用选项

sw regress 命令的语法：

```
sw regress depvar  indepvars, options
//depvar 表示因变量，indepvars 表示自变量
```

options 常用选项为：

Lockterm	用于保证某些变量不被剔除
()	用于将括号内的变量看成一个整体
hier	让 Stata 从最后一个变量开始剔除，而不是从最不显著的变量开始剔除

2. 命令的举例应用

继续例 8.1 的问题，使用 mroz.dta 数据集。为了得到教育的回报，同时为了防止内生性，往往将很多变量放入自变量，这会导致多重共线性，使参数估计值不准确。因而，可以采用逐步回归的方法剔除不必要的变量。

使用 mroz.dta 来完成以下任务：

介绍 sw regress 命令及其选项在逐步回归中的使用。

（1） 没有 options 选项的应用。

为了防止内生性，加入了 inlf hours kidslt6 kidsge6 age educ hushrs husage huseduc huswage faminc motheduc fatheduc exper expersq 这些变量为自变量。为了剔除不必要的自变量，在 Stata 命令窗口输入：

```
sw reg wage inlf hours kidslt6 kidsge6 age educ hushrs husage huseduc huswage
faminc motheduc fatheduc exper expersq,pr(.05)
//逐步回归，从最不显著的变量开始剔除，直到所有变量在设定水平下显著
```

Pr(.05)要剔除在 95%显著性水平下不显著的变量。输入上述命令后 Stata 为从最不显著的变量开始剔除，直到所有剩下的变量都显著。可用其他显著性水平代替.05，比如使用 pr(.1)。与 pr 对应的选项有 pe。pe(.1)表示从最显著的变量开始纳入所有显著性水平 0.1 下显著的变量。这两者之一必选一项，当然 pe 的显著性水平也可以根据需要自己设置。输入上述命令后得到：

```
(inlf dropped because constant)
                      begin with full model
p = 0.9747 >= 0.0500  removing fatheduc
p = 0.9230 >= 0.0500  removing expersq
p = 0.8791 >= 0.0500  removing husage
p = 0.7765 >= 0.0500  removing kidslt6
p = 0.4023 >= 0.0500  removing kidsge6
p = 0.2174 >= 0.0500  removing huseduc
p = 0.2087 >= 0.0500  removing age
p = 0.1749 >= 0.0500  removing motheduc
```

Source	SS	df	MS			
				Number of obs	=	428
				F(6, 421)	=	16.88
Model	907.486444	6	151.247741	Prob > F	=	0.0000
Residual	3771.56649	421	8.95859024	R-squared	=	0.1939
				Adj R-squared	=	0.1825
Total	4679.05293	427	10.9579694	Root MSE	=	2.9931

wage	Coef.	Std. Err.	t	P>|t|	[95% Conf.	Interval]
hours	-.0007869	.0002103	-3.74	0.000	-.0012004	-.0003735
exper	.0380562	.0190773	1.99	0.047	.0005576	.0755548
faminc	.0001048	.0000207	5.07	0.000	.0000641	.0001454
huswage	-.1515962	.0689664	-2.20	0.028	-.2871576	-.0160348
educ	.3790003	.0690195	5.49	0.000	.2433345	.5146661
hushrs	-.0008611	.0003048	-2.82	0.005	-.0014602	-.0002619
_cons	.3999198	1.149705	0.35	0.728	-1.859958	2.659798

从输出结果看出，首先 Stata 将 inlf 排除了，这是因为 Stata 只对工资不缺失的记录做回归，工资不缺失 inlf 一定为 0，即为常数，而本来就加常数做回归，因而就产生完全共线性。其次，Stata 从最不显著的 fatheduc 开始移除，然后重新做回归，再将最不显著的 expersq 移除，然后再做回归，直到所有剩下的变量都在显著性水平 0.05 下显著。

（2） lockterm 选项的作用。

如果目的是要考察某个变量，比如 educ，不想让它被剔除，那么就使用 lockterm 选项。因为 educ 是显著的，不需要对它使用；为了说明它的用法，对 expersq 使用，在 Stata 中输入：

```
sw reg wage expersq hours kidslt6 kidsge6 age educ hushrs husage huseduc
huswage faminc motheduc fatheduc exper,pr(.05) lockterm1
//加入 lockterm1 以保证第一项经验的平方不被剔除
```

Stata 输出：

```
                      begin with full model
p = 0.9747 >= 0.0500  removing fatheduc
p = 0.8835 >= 0.0500  removing husage
p = 0.7834 >= 0.0500  removing kidslt6
p = 0.4064 >= 0.0500  removing kidsge6
p = 0.3393 >= 0.0500  removing exper
p = 0.2189 >= 0.0500  removing huseduc
p = 0.2326 >= 0.0500  removing age
p = 0.1694 >= 0.0500  removing motheduc

      Source |       SS           df       MS      Number of obs   =       428
-------------+----------------------------------   F(6, 421)       =     16.72
       Model |  900.505562         6   150.08426   Prob > F        =    0.0000
    Residual |  3778.54737       421  8.97517191   R-squared       =    0.1925
-------------+----------------------------------   Adj R-squared   =    0.1809
       Total |  4679.05293       427  10.9579694   Root MSE        =    2.9959

------------------------------------------------------------------------------
        wage |      Coef.   Std. Err.      t    P>|t|     [95% Conf. Interval]
-------------+----------------------------------------------------------------
     expersq |   .0010054   .0005626     1.79   0.075    -.0001003    .0021112
       hours |  -.0007597   .0002084    -3.65   0.000    -.0011693   -.0003501
      hushrs |  -.0008749   .0003047    -2.87   0.004    -.0014738    -.000276
      faminc |   .0001048   .0000207     5.07   0.000     .0000642    .0001455
     huswage |  -.1525813   .0690605    -2.21   0.028    -.2883277   -.0168349
        educ |   .3824016   .0690252     5.54   0.000     .2467247    .5180785
       _cons |   .6175001   1.133736     0.54   0.586    -1.610988    2.845988
------------------------------------------------------------------------------
```

可以看出，虽然 expersq 不显著，但 Stata 还是保留了它。但这样的代价是 Stata 将 exper 移除了。

（3） ()选项的作用。

有些时候对一些变量，希望它们要么同时出现、要么同时不出现。为了在自变量中要么同时加入经验和经验的平方，要么同时不加入，可以用()选项来实现。在 Stata 命令窗口输入：

```
sw reg wage hours kidslt6 kidsge6 age educ hushrs husage huseduc huswage faminc motheduc fatheduc (exper expersq),pr(.05)
//将经验和经验的平方看成一项，考察它们的显著性水平
```

Stata 结果输出：

```
                      begin with full model
p = 0.9747 >= 0.0500  removing fatheduc
p = 0.8835 >= 0.0500  removing husage
p = 0.7834 >= 0.0500  removing kidslt6
p = 0.4064 >= 0.0500  removing kidsge6
p = 0.2178 >= 0.0500  removing huseduc
p = 0.2263 >= 0.0500  removing age
p = 0.1814 >= 0.0500  removing exper expersq
p = 0.1130 >= 0.0500  removing motheduc

      Source |       SS           df       MS      Number of obs   =       428
-------------+----------------------------------   F(5, 422)       =     19.33
       Model |  871.836667         5  174.367333   Prob > F        =    0.0000
    Residual |  3807.21627       422  9.02183949   R-squared       =    0.1863
-------------+----------------------------------   Adj R-squared   =    0.1767
       Total |  4679.05293       427  10.9579694   Root MSE        =    3.0036

------------------------------------------------------------------------------
        wage |      Coef.   Std. Err.      t    P>|t|     [95% Conf. Interval]
-------------+----------------------------------------------------------------
       hours |  -.0006785   .0002039    -3.33   0.001    -.0010792   -.0002777
      hushrs |  -.0009366   .0003035    -3.09   0.002    -.0015332     -.00034
      faminc |    .000106   .0000207     5.11   0.000     .0000652    .0001467
     huswage |  -.1660463   .0688266    -2.41   0.016     -.301332   -.0307607
        educ |     .38581    .069178     5.58   0.000     .2498337    .5217863
       _cons |   .9126264   1.124558     0.81   0.418    -1.297807    3.123059
------------------------------------------------------------------------------
```

可以看到，Stata 将经验和经验的平方同时剔除了（p = 0.1814 >= 0.0500 removing exper expersq）。

8.6 对解释变量和被解释变量做变换——更好地拟合数据

从 8.4 节可以得到用线性函数拟合经验与工资之间的关系，大体上来说，还是很好的。但是，是否可以进一步改进估计呢？

一个人的经验越丰富，他的劳动生产率越高，根据微观经济学理论，工资等于劳动者的边际生产率，所以在做预测之初，就已经预期经验前面的系数是正的，有较多经验的人工资较高，这验证了经济理论。

但是，工资随着一个人的经验增加而增加的幅度并不是一个常数，而应该是递减的，这就有了使用经验的平方作为自变量的理由。设：

$$\text{wage} = \beta_0 + \beta_1\text{educ} + \beta_2\text{age} + \beta_3\,\text{exper} + \beta_4\,\text{expersq} + \beta_5\text{kidslt6} + \beta_6\text{kidsge6} + u$$

有人可能认为既然是线性模型，那么加入平方项，将会违反第一个假设。其实，第一个假设只要求我们的模型线性于参数，而不是线性于变量。因为，如果假设的模型是 $y = \beta_0 + \beta_1 x_1 + \ldots + \beta_k x_k + \beta_{k+1} x_k^2 + u$，只要令 $x_{k+1} = x_k^2$，那么又可以得到原来的形式：$y = \beta_0 + \beta_1 x_1 + \ldots + \beta_k x_k + \beta_{k+1} x_{k+1} + u$。所以我们对系数的计算，与不加二次项完全一样。

加入二次项的回归的 Stata 实现

我们的任务是在例 8.1 的基础上加入经验的平方项，考察经验平方项对工资的作用大小。

该任务的 Stata 实现，除了要将 expersq 放入自变量外，与没做变换前完全一样。只在 Stata 命令框中输入：

```
reg wage age educ exper expersq kidslt6 kidsge6
//该命令用于工资不仅对经验做回归，还要对经验的平方做回归
```

我们关心的结果是下面经验的平方的系数是否为 0：

```
      Source |       SS       df       MS              Number of obs =     428
-------------+------------------------------           F(  6,   421) =    9.72
       Model |  569.252601     6  94.8754335           Prob > F      =  0.0000
    Residual |  4109.80033   421  9.76199604           R-squared     =  0.1217
-------------+------------------------------           Adj R-squared =  0.1091
       Total |  4679.05293   427  10.9579694           Root MSE      =  3.1244

------------------------------------------------------------------------------
        wage |      Coef.   Std. Err.      t    P>|t|     [95% Conf. Interval]
-------------+----------------------------------------------------------------
         age |   .0097349    .024746     0.39   0.694    -.0389062     .058376
        educ |   .4926086   .0673397     7.32   0.000     .3602447    .6249724
       exper |   .0333341   .0626213     0.53   0.595    -.0897554    .1564235
     expersq |   -.000514   .0018806    -0.27   0.785    -.0042106    .0031826
     kidslt6 |   .0432498   .4150264     0.10   0.917    -.7725323    .8590319
     kidsge6 |  -.0581228    .130443    -0.45   0.656    -.3145234    .1982778
       _cons |  -2.708294    1.48175    -1.83   0.068    -5.620843    .2042543
------------------------------------------------------------------------------
```

可以看到经验的平方前的系数的确是负的，与预测的一致。这时经验的整体作用应当用 $\frac{\partial \text{wage}}{\partial \text{exper}} = \beta_3 + 2\beta_4 \text{exper}$ 来度量。它的计算，并不像没有二次项时那么容易，但是可以计算它的经验的平均作用。通过在 Stata 命令窗口中输入：sum exper 可以得到 exper 的均值：

```
    Variable |       Obs        Mean    Std. Dev.       Min        Max
-------------+--------------------------------------------------------
       exper |       753    10.63081    8.06913          0         45
```

那么经验的平均效果为：

$\beta_3 + 2\beta_4 \text{exper} = 0.333 + 2*(-0.000514)*10.63 = 0.322$，可以看出与没有加平方项时的作用差别不大，而且从 R^2 和调整 R^2 来看，加入经验的二次项对因变量的解释并没有增强多少。这与前面做逐步回归的结论是一致的。

从图来看，经验的二次曲线表示的弯曲度并不高，可以忽略。

对因变量实行对数变换后的回归的 Stata 实现

既然可以对解释变量做变换（使用二次项），也可以对被解释变量做变换，同样考虑教育的回报，根据大家的生活经历，读了高一没读高二也许并不会对工资有很大的变化，但是读了高三没读大学工资变化就非常大，这就是所谓的文凭效应。

对于计量经济学家处理这一类的问题，常常采用对被解释变量取对数的方法。如果我们设教育的回报的模型为：

$\ln \text{wage} = \beta_0 + \beta_1 \text{educ} + \beta_2 \text{age} + \beta_3 \text{exper} + \beta_4 \text{expersq} + \beta_5 \text{kidslt6} + \beta_6 \text{kidsge6} + u$，即对工资取对数，在后面将看到这样处理会令教育的回报的解释不同。令 $y = \ln \text{wage}$，又得到了原先假设 6.1.1 的形式：$y = \beta_0 + \beta_1 x_1 + \cdots + \beta_k x_k + u$。

Stata 的实现与上一个例子相同，在 Stata 命令窗口中输入：

```
reg lwage educ exper expersq age kidslt6 kidsge6
```

```
      Source |       SS       df       MS              Number of obs =     428
-------------+------------------------------           F(  6,   421) =   13.19
       Model |  35.3398089     6  5.88996815           Prob > F      =  0.0000
    Residual |  187.987632   421  .446526442           R-squared     =  0.1582
-------------+------------------------------           Adj R-squared =  0.1462
       Total |  223.327441   427  .523015084           Root MSE      =  .66823

------------------------------------------------------------------------------
       lwage |      Coef.   Std. Err.      t    P>|t|     [95% Conf. Interval]
-------------+----------------------------------------------------------------
        educ |   .1078319   .0144021     7.49   0.000      .079523    .1361409
       exper |    .039819    .013393     2.97   0.003     .0134936    .0661444
     expersq |  -.0007812   .0004022    -1.94   0.053    -.0015718    9.37e-06
         age |  -.0014653   .0052925    -0.28   0.782    -.0118682    .0089377
     kidslt6 |  -.0607106   .0887626    -0.68   0.494    -.2351836    .1137625
     kidsge6 |   -.014591   .0278981    -0.52   0.601     -.069428    .0402459
       _cons |  -.4209078    .316905    -1.33   0.185    -1.043821    .2020053
```

可以看到参数改变了很多，如果这样就认为得到了很好的结果，那么就陷入误区了。因为对参数的解释改变了，现在教育的系数表示教育每提高一年，工资改变的百分比，而不是之前解释的绝对值。这是因为：

$$\frac{\partial \text{wage}}{\partial \text{educ}} = \frac{\partial \text{wage}}{\partial \text{lwage}} * \frac{\partial \text{lwage}}{\partial \text{educ}} = \beta_2 * \text{wage}\text{。}$$

这样，从 Stata 输出的结果可以看出，教育每上升一年，工资将增加 10%。

到目前为止，已经介绍了 Stata 做回归分析的基本 Stata 操作。这些命令包括：regress、predict、test 这一组连贯的命令及其常用选项；sw regress 做逐步回归；变量变换的 Stata 实现。这些方法只有在经典假设下才是正确的。在第 9 章将介绍违反经典假设的回归分析如何用 Stata 实现回归分析。在第 9 章中，除了将我们的分析拓展到非经典假设情况下，还对使用的数据类型和要估计的方程个数进行拓展。

8.7 习题

1. 使用 mroz.dta 数据集，完成以下任务：

（1） 考察教育 educ、经验 exper、经验的平方 expersq、年龄 age、小于 6 岁孩子的个数 kidslt6、6 到 18 岁孩子的个数 kidsge6 nwifeInc 对工作小时 hours 的作用。

（2） 新建一个变量 yh，用它保存工作小时的拟合值。

（3） 新建一个变量 e，用来保存残差。

（4） 检验教育的系数是否等于经验的系数。

2. 使用 mroz.dta 数据集，完成以下任务：

（1）在上题的基础上，将父亲的教育 fatheduc、母亲的教育 motheduc、丈夫的教育 huseduc 加入自变量中，用 sw regres 命令逐步剔除 90%水平下不显著的变量。

（2） 对时间做对数变换，然后对第一题中剩下的自变量做回归。

第9章　非经典假设、线性方程组、面板数据估计的Stata实现

在第8章中，为读者介绍了回归分析的理论知识和基本的Stata实现。这些Stata命令在实际问题的处理中运用得非常广泛，也是回归分析的精华所在。然而，这些命令无法解决实际问题中常遇到的7种情形：①希望建立非线性模型以更好地估计自变量对因变量的作用；②实际数据有样本选择问题，即实际数据为非随机抽样样本；③实际数据存在内生性问题；④实际数据存在异方差问题；⑤数据存在多重共线性问题；⑥要估计的是方程组而非单个方程；⑦数据是面板数据而非横截面数据。

在本章中，将向读者介绍如何用Stata完成后实际中出现后5种情况的问题。在第10章，将为读者介绍如何处理前两种问题。本章的内容分为三部分：第一部分介绍当实际数据不符合经典假设的情形下（即情形③到⑤）的Stata操作；第二部分介绍估计方程组时的Stata操作；第三部分介绍处理面板数据。

9.1　非经典假设下的回归分析的Stata实现

本节向读者介绍：如果手上的实际数据违反经典假设，回归分析该如何用Stata处理。实际数据违反经典假设主要有在章前介绍中已经说明的三种可能：多重共线性、内生性和异方差问题。

本节的顺序是：首先向读者介绍数据的多重共线性问题。多重共线性，正如第8章讨论的那样，会导致用普通最小二乘法估计的系数的方差很大，对系数的估计会很不准确。在这之后，将讨论数据的内生性问题，数据有内生性会导致用普通最小二乘法估计的系数不是一致估计量，将介绍工具变量来解决。最后，将讨论数据的异方差问题，数据的异方差会对系数的检验统计量失效。对每种数据问题的讨论，将分别先介绍如何检验实际数据是否确实有数据问题，然后介绍如何处理这些数据问题。

9.1.1　多重共线性的检验和处理

所谓多重共线性，是从完全共线性上发展出来的概念。在第8章，我们知道，如果样本有完全共线性，那么估计量将不能被识别。多重共线性，是指变量之间高度相关。虽然并不是完全的线性相关，比完全共线性要好很多，参数可以被识别。但是系数方差会很大，估计会很不准确。下面先介绍如何检验数据是否有多重共线性问题。

9.1.1.1　多重共线性的检验

Stata有专门的命令来检测实际数据是否存在多重共线性问题。多重共线性的检验，本质上是对自变量之间线性关系程度的检验。我们接着第8章教育的回报的例子进行讲解。

在做完回归 $wage=\beta_0+\beta_1 educ+\beta_2 age+\beta_3 exper+\beta_4 kidslt6+\beta_5 kidsge6+u$ 之后，希望检验数据是否有多重共线性问题，这个检验是通过所谓的方差膨胀因子确定的。要得到方差膨胀因子，可以通过在 Stata 命令窗口输入：

```
vif      //该命令用来得到自变量的方差膨胀因子
```

可以得到以下的结果：

```
. vif

    Variable |       VIF       1/VIF
-------------+----------------------
         age |      1.54    0.651022
       exper |      1.39    0.719543
     kidsge6 |      1.28    0.778389
     kidslt6 |      1.15    0.870497
        educ |      1.03    0.969155
-------------+----------------------
    Mean VIF |      1.28
```

vif 命令用于得到变量之间的依赖程度——方差膨胀因子。Stata 输出结果的第三列 1/VIF 给出的是一个自变量对其他自变量的回归后得到的 $1-R^2$，比如输出结果第二行第三列的 0.65 是 age 对 exper、kidsge6、kidslt6、educ 做回归后得到的 $1-R^2$。如果该数值比较小，就说明该变量与其他变量有比较严重的共线性问题。

一般来说，判断多重共线性的标准是（两个标准必须同时满足）：

（1） 最大的 vif 大于 10；

（2） 平均的 vif 大于 1。

从我们得到的结果看出，数据并没有多重共线性的问题（所有自变量的 vif 都小于 10）。

数据的多重共线性问题往往是由于同时使用同一个变量的一次项和二次项做自变量产生的，比如同时在自变量中使用经验和经验的平方。

现在再看如果加入经验的平方项会怎么样。假设要估计的问题是：

$$wage=\beta_0+\beta_1 educ+\beta_2 age+\beta_3 exper+\beta_4 expersq+\beta_5 kidslt6+\beta_6 kidsge6+u$$

Stata 的实现与未加二次项是完全一样的，只要在 Stata 中输入：

```
reg wage educ exper expersq age kidslt6 kidsge6
vif
```

在加入经验的平方后，vif 的结果有了很大变化：

```
. vif

    Variable |       VIF       1/VIF
-------------+----------------------
     expersq |     11.28    0.088641
       exper |     11.13    0.089833
         age |      1.60    0.626246
     kidsge6 |      1.29    0.775890
     kidslt6 |      1.16    0.864087
        educ |      1.04    0.965281
-------------+----------------------
    Mean VIF |      4.58
```

从结果可以看到，加入经验的平方项使数据产生了严重的多重共线性问题。经验和经验的平方的 vif 都大于 10，自变量的平均 vif 大于 1。

这一个结果与在第 8 章中用 regress 命令得到的结果中经验和经验的平方的方差很大是一致的。本节介绍了如何检验多重共线性，下面介绍如何处理多重共线性问题。

9.1.1.2 多重共线性的处理

既然加入二次项后产生了多重共线性，那么，应该如何处理这一问题呢?

一种常用的方法是对多重共线性不加处理，这是因为多重共线性往往是由于加入二次项的原因，而我们加入二次项往往都有一定的原因（可能是作图看出二次项作用很大）。尽管不处理有失精确，但是多项式回归得到更好的预测模型。

第二种方法是将一些解释变量并入误差项，因为既然多重共线性是自变量之间的相关性，那么将自变量减少，就可以减少共线性问题，但是这样可能导致内生性问题，将在下一节讨论内生性问题。

另一种方法是先采用在后面将介绍的主成分分析和聚类分析，先将变量进行分类，然后做回归分析。

还有一种方法是使用“对中”的方法，这一方法往往可以成功地减少共线性。下面介绍如何使用“对中”这种方法来处理多重共线性。关心的问题仍然是已婚女性教育的回报，不同于第 8 章，使用“对中”方法，既可以保留二次项，又可以在一定程度上克服多重共线性问题。

我们的做法是先定义两个变量，分别为经验减去经验的均值 cexper 和 cexper 的平方 cexpersq。

在 Stata 命令窗口输入：

```
sum  exper    //在第 2 章中介绍过 sum 命令，sum 命令可以得到各个变量的基本信息，在这使用它是为了得到经验的均值 r(mean)
gen cexper=exper-r(mean)  //定义一个新变量 cexper，使它等于经验减去检验的均值
gen cexpersq=cexper^2     //定义 cexpersq，使它等于 cexper 的平方
```

为了使读者对 cexper、cexpers 有直观的认识，列出部分记录的 cexper、cexpers（因篇幅有限，仅列出 20 条），见表 9-1。

表 9-1 cexper、cexpers（部分数据）

cexper	cexpersq	cexper	cexpersq
3.36919	11.35144	4.36919	19.08982
−5.63081	31.70602	3.36919	11.35144
4.36919	19.08982	−10.6308	113.0141
−4.63081	21.4444	3.36919	11.35144
−3.63081	13.18278	−4.63081	21.4444
22.36919	500.3807	−1.63081	2.659542
0.36919	0.136301	9.36919	87.78172
24.36919	593.8574	−4.63081	21.4444
13.36919	178.7352	12.36919	152.9969
10.36919	107.5201	−1.63081	2.659542

我们的目的是为了处理多重共线性问题，同时保留二次项为自变量，在 reg 命令中用 cexper、cexpersq 代替 exper、expersq，既保留了二次项，又解决了多重共线性问题。这一点可以从以下命令的结果看出：

```
reg wage educ age kidslt6 kidsge6 cexpersq cexper
//在这将 exper、expersq 换成了 cexpersq、cexper，这样一方面保持了二次项，另一方面处理了多重共线性
```

以上定义新变量、做回归的结果如下所示：

```
. sum exper

    Variable |       Obs        Mean    Std. Dev.       Min        Max
-------------+--------------------------------------------------------
       exper |       753    10.63081     8.06913          0         45

. gen cexper=exper-r(mean)

. gen cexpersq= cexper^2

. reg wage educ age kidslt6 kidsge6 cexpersq cexper

      Source |       SS       df       MS              Number of obs =     428
-------------+------------------------------           F(  6,   421) =    9.72
       Model |  569.252602     6  94.8754336           Prob > F      =  0.0000
    Residual |  4109.80033   421  9.76199604           R-squared     =  0.1217
-------------+------------------------------           Adj R-squared =  0.1091
       Total |  4679.05293   427  10.9579694           Root MSE      =  3.1244

------------------------------------------------------------------------------
        wage |      Coef.   Std. Err.      t    P>|t|     [95% Conf. Interval]
-------------+----------------------------------------------------------------
        educ |   .4926086   .0673397     7.32   0.000     .3602447    .6249724
         age |   .0097349    .024746     0.39   0.694    -.0389062     .058376
     kidslt6 |   .0432498   .4150264     0.10   0.917    -.7725323    .8590319
     kidsge6 |  -.0581228    .130443    -0.45   0.656    -.3145234    .1982778
    cexpersq |   -.000514   .0018806    -0.27   0.785    -.0042106    .0031826
      cexper |   .0224054   .0289036     0.78   0.439    -.0344079    .0792188
       _cons |  -2.412017   1.424657    -1.69   0.091    -5.212344    .3883109
------------------------------------------------------------------------------
```

从回归结果来看，得到了 cexper、cexpersq 的系数，这两个系数解释起来比较困难，但通过它们解决了多重共线性问题。其他系数的解释仍然与第 8 章一样方便，如果我们单从教育的回报这一点来看，用“对中”的方法，得到教育的回报为教育每上升一年，小时工资将上升 0.493 美元。如果将这个结果与第 7 章未使用“对中”方法得到的教育的回报比较，发现两个结果没有很大的差别，但是能在一定程度上解决多重共线性的问题。之所以说处理了多重共线性，可以从下面的结果看出：

```
. vif

    Variable |       VIF       1/VIF
-------------+----------------------
      cexper |      2.37    0.421673
    cexpersq |      2.19    0.457010
         age |      1.60    0.626246
     kidsge6 |      1.29    0.775890
     kidslt6 |      1.16    0.864087
        educ |      1.04    0.965281
-------------+----------------------
    Mean VIF |      1.61
```

从结果可以看出，多重共线性在很大程度上得到了克服。虽然 vif 的平均值仍大于 1，但是 vif 的最大值已经下降到了 2.37。

9.1.2　内生性的检验与处理

所谓内生性，是指自变量与误差项之间有关系，从统计上讲，就是数据不满足第 8 章介绍的经典假设 8.3.3 严格外生性。如果数据有内生性，我们对系数的估计将会不一致。下面先介绍如何检验数据的内生性，然后介绍如何处理内生性。

9.1.2.1　内生性的检验

严格外生性假设可以说是所有假设中最重要的假设，因为违反这一假设常常会使估计值不一致，而这是经验研究中最不能容忍的。先介绍怎样检验它：

Stata 的命令 ovtest 命令专门执行遗漏变量（导致内生性的原因之一，另外，联立方程组也会导致内生性，在本章后文中的线性方程组部分介绍）的 Ramsey 回归设定错误检验。但是，这一命令仅能检验是否遗漏了自变量的二次、三次、四次项。对于其他遗漏变量问题，在上一章中介绍过如何做基本的内生性检验。所以，这里主要介绍 ovtest 命令。ovtest 命令也是必须在 regress 命令之后使用。

在做完回归：

$$wage = \beta_0 + \beta_1 educ + \beta_2 age + \beta_3 exper + \beta_4 expersq + \beta_5 kidslt6 + \beta_6 kidsge6 + u$$

为了检验自变量的内生性，在 Stata 命令窗口输入：

```
ovtest
```

下面分析 ovtest 命令的结果：

```
. reg wage educ age kidslt6 kidsge6 expersq exper

      Source |       SS       df       MS              Number of obs =     428
-------------+------------------------------           F(  6,   421) =    9.72
       Model |  569.252601     6  94.8754335           Prob > F      =  0.0000
    Residual |  4109.80033   421  9.76199604           R-squared     =  0.1217
-------------+------------------------------           Adj R-squared =  0.1091
       Total |  4679.05293   427  10.9579694           Root MSE      =  3.1244

------------------------------------------------------------------------------
        wage |      Coef.   Std. Err.      t    P>|t|     [95% Conf. Interval]
-------------+----------------------------------------------------------------
        educ |   .4926086   .0673397     7.32   0.000     .3602447    .6249724
         age |   .0097349    .024746     0.39   0.694    -.0389062     .058376
     kidslt6 |   .0432498   .4150264     0.10   0.917    -.7725323    .8590319
     kidsge6 |  -.0581228    .130443    -0.45   0.656    -.3145234    .1982778
     expersq |   -.000514   .0018806    -0.27   0.785    -.0042106    .0031826
       exper |   .0333341   .0626213     0.53   0.595    -.0897554    .1564235
       _cons |  -2.708294    1.48175    -1.83   0.068    -5.620843    .2042543
------------------------------------------------------------------------------

. ovtest

Ramsey RESET test using powers of the fitted values of wage
       Ho:  model has no omitted variables
                 F(3, 418) =      3.42
                  Prob > F =      0.0173
```

对内生性的检验，与 test 命令一样，是从输出结果的 p 值来考察的。从结果来看，我们需要拒绝原假设（p<0.05），即认为数据确实有内生性问题。

内生性的检验是很困难的，往往要使用上一章介绍的方法：使用 if 命令检验其他变量是否对因变量有作用。由于内生性很常见，为了防止内生性，需要使用 sw regress 命令初步剔除不显著的变量（sw regress 命令在上一章已经详细介绍）。下面，我们来介绍如何处理内生性问题。

9.1.2.2 内生性的处理

如果经过检验，模型存在内生性，该怎么处理呢？

如果采用 ovtest 检测出的内生性，加入变量的高次项就可以解决内生性的问题。

如果通过上一章的方法检验了内生性，那么只要加入那个缺失的变量即可，比如 age，内生性就能解决了。

但是，没有足够的手段解决内生性，即使使用 sw regress 后仍不敢保证没有内生性。比如，教育的回归的例子中，我们就怀疑教育与误差项是相关的，因为个人的天生能力影响工资，而个人能力无法度量，所以将它放入了误差项中。也正因为它无法度量，不能像上一章那样检验它是否被遗留。

这样，我们该怎么处理内生性问题呢？

最好的办法是使用工具变量，工具变量是与可能内生的变量高度相关，而与误差项无关的变量。比如，教育的回报中，父母的教育往往与女性本人的教育高度相关，而与个人能力没多大关系，可以做工具变量。使用工具变量后，得到的估计将是一致的。

Stata 中是用 ivreg 命令实现工具变量回归的。

ivreg 命令的语法是：

```
ivregress estimator depvar [varlist1] (varlist2 = varlist_iv)
[if] [in] [weight]
```

它的选项作用与 reg 命令一致，比如可以用：

```
in 1/200
```

让 Stata 在第 1 至第 200 条记录内做工具变量回归。

```
if hours>=100
```

让 Stata 在工作小时大于 100 的记录中做工具变量回归。

该语法要求先输入 ivreg 让 Stata 知道将进行工具变量回归，然后输入因变量和外生的解释变量，然后在()中先输入内生变量然后加上=号后，再加上我们用来做工具变量的变量，这里用母亲的教育来做工具变量。在用工具变量解决内生性问题之前，先列出将要用到的工具变量：母亲的教育和丈夫的教育（限于篇幅，仅列出前 20 条，母亲和丈夫的教育都是以读书的年限为单位的），如表 9-2 所示。

表 9-2　工具变量（部分数据）

motheduc	huseduc
12	12
7	9
12	12
7	10
12	12
14	11
14	12
3	8
7	4
7	12
12	12
14	14
16	16
10	12
7	17
16	12
10	12
12	12
7	11
12	10

下面，正式开始介绍如何在 Stata 中使用工具变量来处理内生性问题。

模型还要估计：

$$wage = \beta_0 + \beta_1 educ + \beta_2 age + \beta_3 exper + \beta_4 expersq + \beta_5 kidslt6 + \beta_6 kidsge6 + u$$

为了对比，在 Stata 命令窗口分别输入：

```
reg wage educ age kidslt6 kidsge6 exper expersq
//普通的回归分析，没使用工具变量
ivreg wage  age kidslt6 kidsge6 expersq exper (educ=motheduc)
//加了工具变量之后的回归分析
```

首先得到了不加工具变量的回归分析结果：

```
. reg wage educ age kidslt6 kidsge6 expersq exper

      Source |       SS       df       MS              Number of obs =     428
-------------+------------------------------           F(  6,   421) =    9.72
       Model |  569.252601     6  94.8754335           Prob > F      =  0.0000
    Residual |  4109.80033   421  9.76199604           R-squared     =  0.1217
-------------+------------------------------           Adj R-squared =  0.1091
       Total |  4679.05293   427  10.9579694           Root MSE      =  3.1244

------------------------------------------------------------------------------
        wage |      Coef.   Std. Err.      t    P>|t|     [95% Conf. Interval]
-------------+----------------------------------------------------------------
        educ |   .4926086   .0673397     7.32   0.000     .3602447    .6249724
         age |   .0097349    .024746     0.39   0.694    -.0389062     .058376
     kidslt6 |   .0432498   .4150264     0.10   0.917    -.7725323    .8590319
     kidsge6 |  -.0581228    .130443    -0.45   0.656    -.3145234    .1982778
     expersq |   -.000514   .0018806    -0.27   0.785    -.0042106    .0031826
       exper |   .0333341   .0626213     0.53   0.595    -.0897554    .1564235
       _cons |  -2.708294    1.48175    -1.83   0.068    -5.620843    .2042543
------------------------------------------------------------------------------
```

这是没使用工具变量的结果。

然后，得到使用了工具变量的结果：

```
. ivreg wage  age kidslt6 kidsge6 expersq exper (educ=motheduc)

Instrumental variables (2SLS) regression

      Source |       SS       df       MS              Number of obs =     428
-------------+------------------------------           F(  6,   421) =    1.08
       Model |  430.46654      6  71.7444233           Prob > F      =  0.3752
    Residual | 4248.58639    421  10.0916541           R-squared     =  0.0920
-------------+------------------------------           Adj R-squared =  0.0791
       Total | 4679.05293    427  10.9579694           Root MSE      =  3.1767

------------------------------------------------------------------------------
        wage |      Coef.   Std. Err.      t    P>|t|     [95% Conf. Interval]
-------------+----------------------------------------------------------------
        educ |   .2387016   .1768765     1.35   0.178    -.1089694    .5863726
         age |   .0066842   .0252365     0.26   0.791    -.0429211    .0562895
     kidslt6 |   .2274447   .4382477     0.52   0.604    -.6339815    1.088871
     kidsge6 |  -.1144761   .1374778    -0.83   0.405    -.3847045    .1557523
     expersq |  -.0009623   .0019337    -0.50   0.619    -.0047632    .0028385
       exper |   .0460653   .0641929     0.72   0.473    -.0801132    .1722438
       _cons |   .6234574   2.617141     0.24   0.812    -4.520835    5.767749
------------------------------------------------------------------------------
Instrumented:  educ
Instruments:   age kidslt6 kidsge6 expersq exper motheduc
------------------------------------------------------------------------------
```

比较两组结果，可以看出加入工具变量做回归之后，教育的回报下降了很多（由 0.493 下降到 0.238），这说明教育确实很可能是内生的，而且从教育的 p 值看出教育变得不显著了，这是使用工具变量经常会出现的情况。导致这一问题的原因往往是工具变量与内生变量的相关性不够。

为了向读者介绍不同的工具变量的结果差别，下面用丈夫的教育做工具变量。

如果使用丈夫的教育做工具变量，结果会怎样呢？

在 Stata 中输入：

```
ivreg  wage age kidslt6 kidsge6 exper expersq ( educ=  huseduc)
//这里使用丈夫的教育做工具变量
```

得到的结果是：

```
. ivreg  wage age kidslt6 kidsge6 exper expersq ( educ=  huseduc)

Instrumental variables (2SLS) regression

      Source |       SS       df       MS              Number of obs =     428
-------------+------------------------------           F(  6,   421) =    2.91
       Model |  554.317174     6  92.3861956           Prob > F      =  0.0087
    Residual |  4124.73576   421  9.79747211           R-squared     =  0.1185
-------------+------------------------------           Adj R-squared =  0.1059
       Total |  4679.05293   427  10.9579694           Root MSE      =  3.1301

------------------------------------------------------------------------------
        wage |      Coef.   Std. Err.      t    P>|t|     [95% Conf. Interval]
-------------+----------------------------------------------------------------
        educ |   .4093152   .1150542     3.56   0.000      .183163    .6354673
         age |   .0087341   .0248162     0.35   0.725    -.0400449    .0575132
     kidslt6 |   .1036744   .4212413     0.25   0.806    -.7243238    .9316725
     kidsge6 |  -.0766093   .1323068    -0.58   0.563    -.3366735    .1834548
       exper |   .0375105   .0629088     0.60   0.551     -.086144    .1611651
     expersq |  -.0006611   .0018912    -0.35   0.727    -.0043785    .0030563
       _cons |  -1.615324   1.923336    -0.84   0.401    -5.395862    2.165215
------------------------------------------------------------------------------
Instrumented:  educ
Instruments:   age kidslt6 kidsge6 exper expersq huseduc
------------------------------------------------------------------------------
```

可以看出，当使用丈夫的教育作为工具变量后，教育的回报相对我们使用母亲的教育做工具变量变得显著了（教育回报又从 0.238 上升到了 0.409）。这是因为丈夫的教育与妻子的教育相关性比母亲与女儿的教育相关性要高得多。

由此可见，使用不同的工具变量会使我们得到的回归系数的显著性水平有很大的不同。有些工具变量得到的结果的显著性水平很低，这说明我们的估计往往是不准确的。所以如果有多个工具变量可供选择，一般都使用显著性水平比较高的结果。如果工具变量与内生变量的相关性较高，得到的结果一般比较好。

可能有的读者要问，既然能使用丈夫的教育做工具变量，那么显著性问题不就解决了？

确实如此，但是在多数情况下往往找不到工具变量，更不用说多于一个工具变量供选择了。

如果只有母亲的教育，我们该如何解决显著性问题呢？可以加入 hours 作为解释变量，hours 是教育内生的一个可能性，将它明确写出来有利于克服内生性，而且由于它与教育没有太大的相关性，不会产生多重共线性的问题。显著性往往由误差项的方差和自变量的相关性决定，自变量相关性越大，误差项方差越大，系数就越不显著。多重共线性，是说自变量之间相关性过大，所以不显著。在上一节讨论多重共线性时，曾建议如果自变量有多重共线性，可以将部分自变量并入误差项。但是这样可能会引起内生性，需要工具变量，而且会导致误差项方差变大，系数仍然可能不显著。只有在自变量本身方差不大时，才建议这样做。而在这里，正相反，hours 方差比较大，而与教育关系又不大，所以应该把它从误差项中拉出来。

为了查看教育和工作小时数的相关系数（度量它们之间的相关性），在 Stata 命令窗口中输入：

```
corr hours educ   //corr 命令用以查看教育与工作小时数之间的线性关系
```

输出 hours 与 educ 的相关系数矩阵：

```
. corr hours educ
(obs=753)

             |    hours     educ
-------------+------------------
       hours |   1.0000
        educ |   0.1060   1.0000
```

从结果中可以看出，教育与工作小时数的关系的确不大（它们之间的相关系数仅为 0.1）。然后，加入 hours 并用 fatheduc 做工具变量。在 Stata 命令窗口输入：

```
ivreg  wage age kidslt6 kidsge6 exper expersq hours (educ=fatheduc)
//用父亲的教育做工具变量
```

得到以下结果：

```
. ivreg  wage age kidslt6 kidsge6 exper expersq hours ( educ= fatheduc)

Instrumental variables (2SLS) regression

      Source |       SS       df       MS              Number of obs =     428
-------------+------------------------------           F(  7,   420) =    2.44
       Model |  590.283506     7  84.3262151           Prob > F      =  0.0185
    Residual |  4088.76943   420   9.7351653           R-squared     =  0.1262
-------------+------------------------------           Adj R-squared =  0.1116
       Total |  4679.05293   427  10.9579694           Root MSE      =  3.1201

------------------------------------------------------------------------------
        wage |      Coef.   Std. Err.      t    P>|t|     [95% Conf. Interval]
-------------+----------------------------------------------------------------
        educ |   .3712055   .1673181     2.22   0.027     .0423203    .7000906
         age |   -.001096   .0251701    -0.04   0.965    -.0505711     .048379
     kidslt6 |  -.0256455   .4312738    -0.06   0.953    -.8733696    .8220785
     kidsge6 |  -.1178114   .1360436    -0.87   0.387    -.3852225    .1495997
       exper |   .0617469   .0639685     0.97   0.335    -.0639915    .1874852
     expersq |  -.0009608   .0019028    -0.50   0.614     -.004701    .0027794
       hours |  -.0004872   .0002123    -2.29   0.022    -.0009046   -.0000698
       _cons |  -.2573689   2.578537    -0.10   0.921    -5.325814    4.811076
------------------------------------------------------------------------------
Instrumented:  educ
Instruments:   age kidslt6 kidsge6 exper expersq hours fatheduc
------------------------------------------------------------------------------
```

从结果中可以看出：虽然教育的系数没有使用丈夫的教育做工具变量那么显著，但教育的显著性水平也上升了很多。而且教育的回报也从 0.238 上升到了 0.371。

9.1.3 异方差的检验与处理

所谓异方差，是指我们的误差项 u 对不同的个体是不同的，从统计上讲，就是违反了上一章介绍的假设 8.3.4 球形误差。当数据有异方差问题时，会导致 test 命令得到的结果产生偏差。下面先介绍如何检验异方差。

9.1.3.1 异方差的检验

存在异方差会使估计量的检验不再正确，如果没有处理异方差，那么用 test 做的检验会得出错误的结果。

Stata 中的 hettest 命令可以用来检验异方差。在做了回归之后，在命令窗口继续输入：

```
hettest    //检验异方差
```

就可以得到异方差检验结果。

要估计的模型还是：

$$wage=\beta_0+\beta_1 educ+\beta_2 age+\beta_3 exper+\beta_4 expersq+\beta_5 kidslt6+\beta_6 kidsge6+u$$

输入：

```
reg wage educ age kidslt6 kidsge6 exper expersq
```

后，为了检验误差项是否有异方差，再在命令窗口输入：

```
hettest
```

将得到以下结果：

```
. hettest

Breusch-Pagan / Cook-Weisberg test for heteroskedasticity
         Ho: Constant variance
         Variables: fitted values of wage

         chi2(1)      =    10.80
         Prob > chi2  =   0.0010
```

异方差的检验，仍然是看 p 值的大小。根据 Stata 输出的结果（p 值等于 0.001<0.05），不能排除异方差的可能。下面，介绍如何克服异方差。

9.1.3.2 异方差的处理

如果经过检验模型存在异方差，该怎么处理呢？

Stata 处理异方差是很简单的，只要在 reg 命令的 options 选项中选择 robust 选项即可。使用了该选项之后，再用 test 命令做检验就不会有问题了。

使用该命令，在命令窗口输入：

```
reg wage educ age kidslt6 kidsge6 exper expersq, robust
//得到稳健的方差，修正方差使其可以用于做假设检验
```

得到以下结果：

```
. reg wage educ age kidslt6 kidsge6 exper expersq, robust

Linear regression                                      Number of obs =     428
                                                       F(  6,   421) =    9.97
                                                       Prob > F      =  0.0000
                                                       R-squared     =  0.1217
                                                       Root MSE      =  3.1244

------------------------------------------------------------------------------
             |               Robust
        wage |      Coef.   Std. Err.      t    P>|t|     [95% Conf. Interval]
-------------+----------------------------------------------------------------
        educ |   .4926086   .0657827     7.49   0.000     .3633051     .621912
         age |   .0097349   .0312679     0.31   0.756    -.0517257    .0711955
     kidslt6 |   .0432498   .5016283     0.09   0.931    -.9427581    1.029258
     kidsge6 |  -.0581228   .1258872    -0.46   0.645    -.3055686     .189323
       exper |   .0333341   .0694806     0.48   0.632     -.103238    .1699062
     expersq |   -.000514   .0017732    -0.29   0.772    -.0039994    .0029714
       _cons |  -2.708294   1.339166    -2.02   0.044    -5.340578   -.0760108
------------------------------------------------------------------------------
```

通过比较本结果和前面未加 robust 做回归的结果可以看出，加不加 robust 选项，Stata 对参数的估计是一样的，不一样的是它们的方差、p 值、置信区间。结果窗口的第三行，现在输出的是 robust 的系数标准差。robust 选项实际上起到的作用是修正我们在普通方法中得到的方差，使方差可以用来做假设检验。

这与所说的异方差会导致检验的偏误是一致的。

为了比较处理异方差前后检验的区别，下面，分别就两种情况来做检验：

```
test exper
```

得到以下结果：

```
. test exper

 ( 1)  exper = 0

       F(  1,   421) =    0.23
            Prob > F =    0.6316
```

而在未加 robust 选项时结果为：

```
. test exper

 ( 1)  exper = 0

       F(  1,   421) =    0.28
            Prob > F =    0.5948
```

从结果中看出，加了 robust 选项之后，经验的系数变得更不显著了。从这可以看出，检验值可能因异方差而产生偏误。

到目前为止，介绍了如何处理不满足经典假设的数据的回归分析。下面，做另一个纬度的拓展：向读者介绍线性方程组的回归分析的 Stata 实现。

9.2 线性方程组的回归分析——Stata 实现

到目前为止，讨论的都是单方程线性回归模型。对单方程线性回归模型，在第 8 章介绍了经典假设下的 Stata 操作，在本章介绍了违反经典假设下的 Stata 实现。下面，介绍线性方程组的应用及 Stata 实现。线性方程组主要包括两类：似不相关模型以及联立方程组模型。先介绍似不相关模型，然后介绍联立方程组模型。

9.2.1 似不相关模型

所谓似不相关模型，是形如：

$$y_1 = x_1\beta_1 + u_1$$
$$y_2 = x_2\beta_2 + u_2$$
$$\vdots$$
$$y_G = x_G\beta_G + u_G$$

的模型，它的名称源于下述事实，由于该形式的每一个方程都有一个自己的向量 β_g，所以这些方程看起来是不相关的。

为了便于读者理解，我们举个具体例子。

【例 9-1】一个国家总体需求函数的简单方程组模型：

$$\text{housing}=\beta_{10}+\beta_{11}\text{houseprc}+\beta_{12}\text{foodprc}+\beta_{13}\text{clothprc}+\beta_{14}\text{income}+\beta_{15}\text{size}+\beta_{16}\text{age}+u_1$$

$$\text{food}=\beta_{20}+\beta_{21}\text{houseprc}+\beta_{22}\text{foodprc}+\beta_{23}\text{clothprc}+\beta_{24}\text{income}+\beta_{25}\text{size}+\beta_{26}\text{age}+u_2$$

$$\text{clothing}=\beta_{30}+\beta_{31}\text{houseprc}+\beta_{32}\text{foodprc}+\beta_{33}\text{clothprc}+\beta_{34}\text{income}+\beta_{35}\text{size}+\beta_{36}\text{age}+u_3$$

这个例子可以说是研究宏观经济计量模型最简单的一个说明，目的是通过各个变量的价格和收入来估计房子、食物、衣物的需求。对于这样一个问题，看到虽然解释变量都相同，但是被解释变量各不相同，并且并不要求各个方程自变量的系数一致。

似不相关模型在实践中有非常广泛的应用，下面介绍怎样用 Stata 估计似不相关方程组模型的参数，也就是对估计 $\beta_g, g=1,2\cdots G$，即估计每个方程前的系数。

9.2.1.1 似不相关模型的 Stata 实现

Stata 中有专门的命令实现似不相关模型，该命令是 surg。surg 命令的语法是：

```
sureg (depvar1 varlist1) (depvar2 varlist2) ... (depvarN varlistN) [if] [in]
[weight]
```

该命令首先要输入 sureg，告诉 Stata 要做似不相关模型，在接下来的()中分别输入每个方程的被解释变量和解释变量。

其中 depvar 表示因变量，varslist 表示自变量，与第 2 章介绍的一样，in 和 if 用于选择样本或者选择范围，weight 用于添加权重。

常用的选项如表 9-3 所示。

表 9-3 sureg 命令的选项

options（选项）	description（对选项的描述）
isure	迭代计算直到估计量收敛
constraints(constraints)	施加特定的线性约束，()中输入读者想要施加的约束
small	报告小样本性质
level(#)	设置读者要求的置信水平，默认为 95%

下面使用 fringe.dta 来介绍似不相关模型的 Stata 实现。

fringe.dta 是一个关于工资和附加福利的数据集，它包含下列变量（我们仅列出前 10 条数据）：

```
. list hrearn  hrbens educ exper expersq tenure tenuresq in 1/10

     +---------------------------------------------------------------+
     | hrearn    hrbens   educ   exper   expersq   tenure   tenuresq |
     |---------------------------------------------------------------|
  1. |   7.81      1.76     18      14       196       15        225 |
  2. |      5         0     10       7        49        8         64 |
  3. |   2.35         0      6      22       484       .5        .25 |
  4. |    4.5         0     12       2         4       .5        .25 |
  5. |   3.75         0     12      19       361        2          4 |
     |---------------------------------------------------------------|
  6. |   3.75       .58     13      24       576        8         64 |
  7. |   4.63       .74     12      42      1764        8         64 |
  8. |   3.72       .62     13      21       441       .5        .25 |
  9. |      5       .33     10      22       484       15        225 |
 10. |   4.55       .51      6      40      1600        8         64 |
     +---------------------------------------------------------------+

. list union south nrtheast nrthcen married white male in 1/10

     +-------------------------------------------------------------+
     | union   south   nrtheast   nrthcen   married   white   male |
     |-------------------------------------------------------------|
  1. |     0       0          1         0         1       1      1 |
  2. |     0       1          0         0         0       1      1 |
  3. |     0       1          0         0         1       1      1 |
  4. |     0       1          0         0         0       1      1 |
  5. |     0       1          0         0         0       0      1 |
     |-------------------------------------------------------------|
  6. |     0       0          1         0         1       1      1 |
  7. |     1       0          1         0         1       1      1 |
  8. |     0       0          0         1         1       1      1 |
  9. |     1       0          1         0         0       1      1 |
 10. |     1       1          0         0         1       1      1 |
     +-------------------------------------------------------------+
```

其中，hrearn 为小时工资；hrben 为附加福利；educ 表示教育水平；exper、expersq 分别表示工作年限和工作年限的平方；tenure、tenuresq 表示在目前岗位上的时间、时间的平方；union 是一个二值变量，union=1 表示是工会成员；south 也是二值变量，south=1 表示该工人住在南部；nrtheast、nrthcen 也是二值变量，nrtheast=1 表示工人住在东北部，nrthcen=1 表示工人住在中东部；married white male 分别是关于工人婚姻状况、种族、性别的二值变量。

目的是介绍如何估计 educ exper expersq tenure tenuresq union south nrtheast nrthcen married white male 这些变量对 hrearn、hrbens 的影响。

下面示范如何使用 sureg 命令估计方程组的系数。

$$\text{hrearn}=\beta_{10}+\beta_{11}\,\text{educ}+\beta_{12}\text{exper}+\beta_{13}\,\text{expersq}+\beta_{14}\,\text{tenure}+\beta_{15}\text{tenuresq}+\beta_{16}\,\text{union}$$
$$+\beta_{17}\,\text{south}+\beta_{18}\,\text{nrtheast}+\beta_{19}\text{nrthcen}+\beta_{110}\text{married}+\beta_{111}\text{white}+\beta_{112}\,\text{male}+u_1$$

$$\text{hrbens}=\beta_{20}+\beta_{21}\,\text{educ}+\beta_{22}\text{exper}+\beta_{23}\,\text{expersq}+\beta_{24}\,\text{tenure}+\beta_{25}\text{tenuresq}+\beta_{26}\,\text{union}$$
$$+\beta_{27}\,\text{south}+\beta_{28}\,\text{nrtheast}+\beta_{29}\text{nrthcen}+\beta_{210}\text{married}+\beta_{211}\text{white}+\beta_{212}\,\text{male}+u_2$$

在 Stata 命令窗口输入：

```
sureg ( hrearn educ exper expersq tenure tenuresq union south nrtheast nrthcen
married white male) ( hrbens educ exper expersq tenure tenuresq union south nrtheast
nrthcen married white male)
```

//使用 sureg 命令同时估计两个方程的系数，在输入 sureg 后分别在之后的两个 () 中输入两个方程的因变量和自变量。

下面来分析结果，Stata 会输出：

Seemingly unrelated regression

Equation	Obs	Parms	RMSE	"R-sq"	chi2	P
hrearn	616	12	4.3089	0.2051	158.93	0.0000
hrbens	616	12	.5152603	0.3987	408.40	0.0000

	Coef.	Std. Err.	z	P>|z|	[95% Conf.	Interval]
hrearn						
educ	.4588139	.068393	6.71	0.000	.3247662	.5928617
exper	-.0758428	.0567371	-1.34	0.181	-.1870455	.0353598
expersq	.0039945	.0011655	3.43	0.001	.0017102	.0062787
tenure	.1100846	.0829207	1.33	0.184	-.052437	.2726062
tenuresq	-.0050706	.0032422	-1.56	0.118	-.0114252	.0012839
union	.8079933	.4034789	2.00	0.045	.0171892	1.598797
south	-.4566222	.5458508	-0.84	0.403	-1.52647	.6132258
nrtheast	-1.150759	.5993283	-1.92	0.055	-2.32542	.0239032
nrthcen	-.6362663	.5501462	-1.16	0.247	-1.714533	.4420005
married	.6423882	.4133664	1.55	0.120	-.167795	1.452571
white	1.140891	.6054474	1.88	0.060	-.0457639	2.327546
male	1.784702	.3937853	4.53	0.000	1.012897	2.556507
_cons	-2.632127	1.215291	-2.17	0.030	-5.014054	-.2501997
hrbens						
educ	.0767924	.0081785	9.39	0.000	.0607629	.0928219
exper	.0225649	.0067846	3.33	0.001	.0092673	.0358626
expersq	-.0004734	.0001394	-3.40	0.001	-.0007465	-.0002002
tenure	.0535556	.0099157	5.40	0.000	.0341212	.07299
tenuresq	-.0011636	.0003877	-3.00	0.003	-.0019235	-.0004038
union	.3659085	.0482482	7.58	0.000	.2713438	.4604733
south	-.0226865	.0652731	-0.35	0.728	-.1506195	.1052464
nrtheast	-.0567468	.071668	-0.79	0.428	-.1972135	.0837198
nrthcen	-.0379984	.0657867	-0.58	0.564	-.1669381	.0909413
married	.0578626	.0494306	1.17	0.242	-.0390195	.1547447
white	.0901582	.0723997	1.25	0.213	-.0517426	.232059
male	.2683383	.047089	5.70	0.000	.1760454	.3606311
_cons	-.8897471	.1453251	-6.12	0.000	-1.174579	-.6049151

通过 sureg 命令，同时估计了 educ exper expersq tenure tenuresq union south nrtheast nrthcen married white male 对 hrearn hrbens 的影响。

Stata 输出的结果分成上下两部分，上面的部分是第一个方程的系数的估计值、标准差、p 值、95%置信区间。下面的部分是第二个方程的系数的估计值、标准差、p 值、95%置信区间。

得到的回归方程：

hrearn=
$-2.632+0.459\text{ educ }-0.076\text{exper}+0.004\text{ expersq}+0.110\text{ tenure }-0.005\text{tenuresq}+0.808\text{ union}$
$-0.457\text{ south}+-1.151\text{ nrtheast }-0.636\text{nrthcen }+0.642\text{married }+1.141\text{white}+1.785\text{ male}+u_1$

hrbens=
$-0.889+0.077\text{ educ }+0.023\text{exper}-0.0005\text{ expersq}+0.054\text{ tenure }-0.001\text{tenuresq}+0.366\text{ union}$
$-0.023\text{ south}-0.057\text{ nrtheast }-0.038\text{nrthcen }+0.058\text{married }+0.090\text{white}+0.268\text{ male}+u_2$

从结果来看，教育无论是对工资水平还是福利补贴的作用都是正向的，大小分别为：0.459 和 0.077。而且从显著性来看，两者都很显著（在 1%的水平下仍显著）。

9.2.2 联立方程组模型

所谓联立方程组模型，是形如：

$$y_1=y_{(1)}\gamma_{(1)}+z_{(1)}\delta_{(1)}+u_1$$
$$\vdots$$
$$y_G=y_{(G)}\gamma_{(G)}+z_{(G)}\delta_{(G)}+u_G$$

的方程组。联立方程组与似不相关模型的区别在于：联立方程组模型中，一些方程的因变量可能是另一些方程的自变量。正是由于这个原因，方程组中每个方程都有一些变量是内生的。在单方程中，介绍过如果要处理内生性需要工具变量。在那里，找工具变量是十分困难的事，而在这里由于有多个方程，一个方程的一些变量可以作为另一些方程的内生变量的工具变量。关于这一理论问题，更多的请参考伍德里奇《横截面与面板数据的经济计量分析》。我们下面仅介绍如何用 Stata 实现联立方程组问题。

为了便于读者理解，我们举个例子。

【例 9-2】已婚工作妇女的劳动力供给。

在这个例子中关心的问题仍然与已婚妇女的就业问题有关。不同于第 8 章关心已婚妇女教育的回报，在这里主要关心的是已婚妇女的劳动力供给。在劳动力市场上，只能得到均衡的劳动力供给，即供给方和需求方行为一致时的劳动力供给。它是由：

$$\text{hours}=\gamma_{12}\log(\text{wage})+\delta_{10}+\delta_{11}\text{educ}+\delta_{12}\text{age}+\delta_{13}\text{kidslt6}+\delta_{14}\text{kidsge6}+\delta_{15}nwifeinc+u_1$$
$$\log(\text{wage})=\gamma_{21}\text{hours}+\delta_{20}+\delta_{21}\text{educ}+\delta_{22}\text{exper}+\delta_{23}\text{exper}^2+u_2$$

决定的。方程组分别表示劳动力市场的供给方和需求方。其中各个变量的意义，我们已经在第 8 章中向读者介绍了。

9.2.2.1 联立方程组模型的 Stata 实现

Stata 中有专门的命令实现联立方程组模型，该命令是 reg3。

reg3 命令的语法是：

```
 Basic syntax
     reg3 (depvar1 varlist1) (depvar2 varlist2) ...(depvarN
varlistN) [if] [in] [weight]
```

该命令首先要求输入 reg3，告诉 Stata 要联立方程组回归，在接下来的( )中分别输入每个方程的被解释变量和解释变量。

其中 depvar 表示因变量，varslist 表示自变量，可选项 in 和 if 的作用在第 2 章中详细介绍过，主要可以用来限制使用样本的范围，比如，in 可以限制只使用前 10 条数据；if 可以限制仅使用符合条件的数据。选项 weight 用于添加权重，读者可以选择对不同数据添加不同权重得到更好的回归效果。

常用选项如表 9-4 所示。

表 9-4 reg3 常用选项

options（选项）	description（对选项的描述）
ireg3	迭代计算直到估计量收敛
3sls	使用 3 阶段最小二乘法估计系数，默认值
2sls	使用 2 阶段最小二乘法估计系数
ols	使用普通最小二乘法估计系数
constraints(constraints)	施加特定的线性约束，()中输入读者想要施加的约束
small	报告小样本性质
level(#)	设置读者要求的置信水平，默认为 95%

使用 mroz.dta 数据集向用户介绍如何用 Stata 做联立方程组回归。mroz.dta 数据集在第 8 章已经详细介绍过。

在这使用它的目的，是向读者介绍如何运用 reg3 命令估计联立方程组：

$$\text{hours}=\gamma_{12}\log(\text{wage})+\delta_{10}+\delta_{11}\text{educ}+\delta_{12}\text{age}+\delta_{13}\text{kidslt6}+\delta_{14}\text{kidsge6}+\delta_{15}\text{nwifeinc}+u_1$$

$$\log(\text{wage})=\gamma_{21}\text{hours}+\delta_{20}+\delta_{21}\text{educ}+\delta_{22}\text{exper}+\delta_{23}\text{exper}^2+u_2$$

的系数。

下面我们开始演示如何使用 reg3 命令，我们要做的是在 Stata 中输入：

```
reg3 (hours lwage educ age kidslt6 kidsge6 nwifeinc) (lwage hours educ exper
expersq)   //使用 reg3 命令同时得到教育和工资的对数的联立方程组的系数
```

下面来看 Stata 对联立方程组的处理结果：

```
Three-stage least-squares regression

Equation          Obs   Parms        RMSE    "R-sq"       chi2        P

hours             428       6    1368.362   -2.1145      34.54   0.0000
lwage             428       4    .6892584    0.0895      79.87   0.0000


             |      Coef.   Std. Err.      z    P>|z|     [95% Conf. Interval]
-------------+----------------------------------------------------------------
hours        |
       lwage |   1676.933    431.169     3.89   0.000     831.8577    2522.009
        educ |  -205.0267   51.84729    -3.95   0.000    -306.6455   -103.4078
         age |  -12.28121   8.261529    -1.49   0.137    -28.47351    3.911094
    kidslt6  |  -200.5673   134.2685    -1.49   0.135    -463.7287    62.59414
    kidsge6  |  -48.63986   35.95137    -1.35   0.176    -119.1032    21.82352
    nwifeinc |   .3678943   3.451518     0.11   0.915    -6.396957    7.132745
       _cons |   2504.799   535.8919     4.67   0.000      1454.47    3555.128
-------------+----------------------------------------------------------------
lwage        |
       hours |    .000201   .0002109     0.95   0.340    -.0002123    .0006143
        educ |   .1129699   .0151452     7.46   0.000     .0832858    .1426539
       exper |   .0208906   .0142782     1.46   0.143    -.0070942    .0488753
     expersq |  -.0002943   .0002614    -1.13   0.260    -.0008066     .000218
       _cons |  -.7051103   .3045904    -2.31   0.021    -1.302097   -.1081241

Endogenous variables:  hours lwage
Exogenous variables:   educ age kidslt6 kidsge6 nwifeinc exper expersq
```

联立方程组的 Stata 结果，相似不相关模型的 Stata 结果一样，分别报告了两个方程组的系数、标准差、p 值、95%的置信区间。

Stata 默认将 reg3 命令后面每个括号中的第一个变量（这里是 lwage 和 hours）作为内生变量，将其他变量作为外生变量，并作为工具变量。

可以得到以下回归方程：

$$\text{hours}=2504.799+1676.933\text{lwage}-205.027\text{educ}-12.281\text{age}$$
$$-200.567\text{kidslt6}-48.640\text{kidsge6}+0.367\text{nwigeinc}+u_1$$

$$\text{lwage}=-0.705+0.0002\text{hours}+0.113\text{educ}+0.021\text{exper}-0.0003\text{expersq}+u_2$$

从结果来看，教育对工资的作用仍然是正向的，教育每上升一年，小时工资将上升 11.3%。而教育对工作时间的作用却是负的，教育每上升一年，工作小时将减少 205 个小时之多。初看似乎很不合理，其实对女性而言，有很高的学历往往会给她们更多找到好工作、好丈夫的机会，从而也可能减少她们工作的时间。

已经在 9.2 节为读者介绍了如何用 Stata 对方程组做回归分析。下面，将从第三个维度来拓展第 8 章的 Stata 应用——介绍面板数据的 Stata 处理。

9.3　面板数据的 Stata 处理

到目前为止，向读者介绍的都是横截面数据的 Stata 的回归分析的实现。本节将向读者介绍另一种数据集——面板数据的 Stata 回归分析的实现。

面板数据由数据集中每个横截面单位的一个时间序列组成。举例来说，对一组个人的工资、受教育情况和就业历史跟踪了 10 年，或者对一组企业诸如投资和财务数据等收集了 5 年的信息。

面板数据拥有横截面数据所没有的优势，我们已经讨论过如果数据有内生性问题，得到的系数的估计值将是不一致的。内生性是自变量与误差项的相关性，比如教育的回报中，我们知道教育可能与个人能力相关，而个人能力是误差项的一部分，这就产生了内生性。如果将个人能力作为自变量，即从误差项中拉出来。但一般的横截面数据，由于不能得到个人能力，而面板数据中，可以将个人能力设为 c_i，对于一个人的几个时期，可以近似认为 c_i 是不变的。对数据的处理，可以通过前一期减去这一期消去 c_i；即如果有面板数据，将 c_i 理解为个人特质，将它用减法消去。

$$y_{it}=\mathrm{x}_{it}\beta+c_i+u_{it} \qquad t=1,2\cdots,T$$

我们接下来向读者介绍如何使用 Stata 处理面板数据的回归分析。

【例 9-3】职业培训津贴对厂商废弃率。

我们通过 JTRAIN1.DTA 这个数据集来介绍 Stata 的操作。JTRAIN1.DTA 是一个用于考察职业培训津贴对厂商废弃率的影响的数据集。它包含 471 条记录，30 个变量。下面列出实际使用的变量（限于篇幅，仅列出前 10 条）。

```
. list year fcode lscrap d88 d89 grant grant_1 in 1/10

     +-------------------------------------------------------------+
     | year    fcode   lscrap   d88   d89   grant   grant_1 |
     |-------------------------------------------------------------|
  1. | 1987   410032        .     0     0       0         0 |
  2. | 1988   410032        .     1     0       0         0 |
  3. | 1989   410032        .     0     1       0         0 |
  4. | 1987   410440        .     0     0       0         0 |
  5. | 1988   410440        .     1     0       0         0 |
     |-------------------------------------------------------------|
  6. | 1989   410440        .     0     1       0         0 |
  7. | 1987   410495        .     0     0       0         0 |
  8. | 1988   410495        .     1     0       0         0 |
  9. | 1989   410495        .     0     1       0         0 |
 10. | 1987   410500        .     0     0       0         0 |
     +-------------------------------------------------------------+
```

其中，lscrap 表示厂商废弃率的对数，并不是每个厂商都会有废弃，所以该值可能缺失；d88、d89 是虚拟变量，等于 1 分别表示是 1988 年或 1989 年，grant 表示参加了培训，grant_1 表示 grant 的滞后项，year 表示数据记录的时间维度，fcode 表示厂商的编号，是数据记录的横截面维度。我们的任务是用这一面板数据集来研究职业培训津贴对厂商废弃率的影响。要估计的问题是：

$$\mathrm{lscrap}_t=\beta_0+\beta_1\mathrm{d88}_t+\beta_2\mathrm{d89}_t+\beta_3\mathrm{grant}_t+\beta_4\mathrm{grant\_1}_t+u_t$$

通常，对面板数据的处理包括固定效应和随机效应两种处理方法。在介绍这两种方法之前，先向用户介绍如何在 Stata 中定义面板数据。实际数据很容易判断它的时间维度和横截面维度，但 Stata 并不会自动识别面板数据，必须告诉它哪个变量是时间维度，哪个变量是横截面维度。

在 Stata 中，要设置面板数据的维度，可以使用 xtset 命令。

xtset 命令的语法是：

```
Declare data to be panel
    xtset panelvar
    xtset panelvar timevar [, tsoptions]
```

panelvar 是用来表示横截面维度的变量，timevar 是用来表示时间维度的变量。

在例子中，将 fcode 作为横截面维度变量，year 作为时间维度变量。为了让 Stata 识别，输入：

```
xtset fcode year  //设置面板数据的两个维度
```

这个命令的效果是：

```
. xtset fcode year
       panel variable:  fcode (strongly balanced)
        time variable:  year, 1987 to 1989
                delta:  1 unit
```

9.3.1　固定效应的面板数据 Stata 实现

处理面板数据最常用的方法是固定效应，即将每一期的数据减去几期数据的均值消去 c_i。Stata 的实现方法很简单，只要使用 xtreg 命令就行了。xtreg 也可以用来做下面将介绍的随机效应面板数据。两者的差异在于选项的不同。

xtreg 用来做固定效应的语法是：

```
Fixed-effects (FE) model
    xtreg depvar [indepvars] [if] [in] [weight] , fe [FE_options]
```

其中，depvar 表示因变量，varslist 表示自变量，与第 2 章介绍的一样，in 和 if 用于选择样本或者选择范围，weight 用于添加权重，fe 表示 fixed effect 固定效应。

常用选项如表 9-5 所示。

表 9-5　xtreg 常用选项 1

选项（options）	含　义
fe	使用固定效应回归
robust	稳健回归
level(#)	设置置信水平，默认为 95%

下面向读者介绍如何用 xtreg 命令完成例 9.3 的任务：考察职业培训津贴对厂商废弃率的影响。为了考察这一问题，在命令窗口输入：

```
xtreg lscrap d88 d89 grant grant_1,fe //用固定效应方法处理面板数据
```

Stata 输出的结果形式如下：

```
Fixed-effects (within) regression               Number of obs      =       162
Group variable: fcode                           Number of groups   =        54

R-sq:                                           Obs per group:
     within  = 0.2010                                         min =          3
     between = 0.0079                                         avg =        3.0
     overall = 0.0068                                         max =          3

                                                F(4,104)           =      6.54
corr(u_i, Xb)  = -0.0714                        Prob > F           =    0.0001

------------------------------------------------------------------------------
      lscrap |      Coef.   Std. Err.      t    P>|t|     [95% Conf. Interval]
-------------+----------------------------------------------------------------
         d88 |  -.0802157   .1094751    -0.73   0.465     -.297309    .1368776
         d89 |  -.2472028   .1332183    -1.86   0.066    -.5113797    .0169741
       grant |  -.2523149    .150629    -1.68   0.097    -.5510178    .0463881
     grant_1 |  -.4215895      .2102    -2.01   0.047    -.8384239   -.0047551
       _cons |   .5974341   .0677344     8.82   0.000     .4631142    .7317539
-------------+----------------------------------------------------------------
     sigma_u |   1.438982
     sigma_e |  .49774421
         rho |  .89313867   (fraction of variance due to u_i)
------------------------------------------------------------------------------
F test that all u_i=0: F(53, 104) = 24.66                    Prob > F = 0.0000
```

面板数据的固定效应有个特点：它不能用来估计常数项。所以在 Stata 结果中也没有报告常数项。从结果中看，培训补贴对工厂的废弃率有负作用，且作用大小为-0.25。

回归方程为：

$$\text{lscrap}_t = -0.080\text{d88}_t - 0.247\text{d89}_t - 0.252\text{grant}_t - 0.422\text{grant\_1}_t + u_t$$

我们已经为读者介绍了固定效应的处理方式，下面将向读者介绍随机效应的处理方式。

9.3.2 随机效应的面板数据 Stata 实现

随机效应方式处理面板数据也十分常用，它的思想就是将个人特质看做与自变量不相关，然后用传统的方法处理。Stata 对随机效应的实现方法也是使用 xtreg 命令，只不过选项由 fe 变为了 re。下面用随机效应方法介绍如何用面板数据解决例 9.3 的问题。

xtreg 用来做固定效应的语法是：

```
GLS random-effects (RE) model
    xtreg depvar [indepvars] [if] [in] [, re RE_options]
```

其中，depvar 表示因变量，varslist 表示自变量，与第 2 章介绍的一样，in 和 if 用于选择样本或者选择范围，weight 用于添加权重，re 表示 fixed effect 随机效应。

常用选项见表 9-6 所示。

表 9-6　xtreg 常用选项 2

选项（options）	含　义
re	使用随机效应回归
robust	稳健回归
level(#)	设置置信水平，默认为 95%
theta	报告 θ

为了得到职业培训津贴对厂商废弃率的影响，需要在 Stata 命令窗口输入：

```
xtreg lscrap d88 d89 grant grant_1,re
//用随机效应方法处理面板数据
```

```
Random-effects GLS regression                   Number of obs      =       162
Group variable: fcode                           Number of groups   =        54

R-sq:                                           Obs per group:
     within  = 0.2005                                          min =         3
     between = 0.0078                                          avg =       3.0
     overall = 0.0079                                          max =         3

                                                Wald chi2(4)       =     25.32
corr(u_i, X)    = 0 (assumed)                   Prob > chi2        =    0.0000

------------------------------------------------------------------------------
      lscrap |      Coef.   Std. Err.      z    P>|z|     [95% Conf. Interval]
-------------+----------------------------------------------------------------
         d88 |  -.0935437    .108975    -0.86   0.391    -.3071308    .1200434
         d89 |  -.2713576   .1314505    -2.06   0.039    -.5289959   -.0137194
       grant |  -.2144353   .1475938    -1.45   0.146    -.5037139    .0748433
     grant_1 |  -.3728755   .2050742    -1.82   0.069    -.7748136    .0290626
       _cons |   .5974341   .2032854     2.94   0.003      .199002    .9958661
-------------+----------------------------------------------------------------
     sigma_u |  1.4082313
     sigma_e |  .49774421
         rho |  .88894472   (fraction of variance due to u_i)
------------------------------------------------------------------------------
```

随机效应与固定效应不同，可以估计常数项的作用大小。从结果来看，培训津贴仍然对工厂废弃率有负作用。但是作用的大小降低了：从 0.25 降为 0.21（绝对值）。

回归方程为：

$$\text{lscrap}_t = -0.094\text{d88}_t - 0.271\text{d89}_t - 0.214\text{grant}_t - 0.373\text{grant\_1}_t + u_t$$

9.4　练习题

1. 使用 fringe.dta（已经在正文中介绍过 fringe.dta 数据集，fringe.dta 是一个关于工资和附加福利的数据集），用第 8 章的方法估计以下方程各个变量的系数，然后完成 3 个任务：

$$\begin{aligned}\text{hrearn}=&\beta_{11}\ \text{educ} + \beta_{12}\text{exper} + \beta_{13}\ \text{expersq} + \beta_{14}\ \text{tenure} + \beta_{15}\text{tenuresq} + \beta_{16}\ \text{union}\\ &+\beta_{17}\ \text{south} + \beta_{18}\ \text{nrtheast} + \beta_{19}\text{nrthcen} + \beta_{110}\text{married} + \beta_{111}\text{white} + \beta_{112}\ \text{male} + u_1\end{aligned}$$

其中，hrearn 为小时工资；educ 表示教育水平；exper、expersq 分别表示工作年限和工作年限的平方；tenure、tenuresq 表示在目前岗位上的时间、时间的平方；union 是一个二值变量，union=1 表示工会成员；south 也是二值变量，south=1 表示该工人住在南部；nrtheast、nrthcen 也是二值变量，nrtheast=1 表示工人住在东北部，nrthcen=1 表示工人住在中东部；married white male 分别是关于工人婚姻状况、种族、性别的二值变量。

（1）　检验多重共线性。

（2）　检验教育的内生性。

（3） 检验异方差。

2. 使用 fringe.dta，估计方程组：

$$\text{hrearn}=\beta_{11}\ \text{educ}+\beta_{12}\text{exper}+\beta_{13}\ \text{expersq}+\beta_{14}\ \text{tenure}+\beta_{15}\text{tenuresq}+\beta_{16}\ \text{union}+\beta_{17}\ \text{south}+\beta_{18}\ \text{nrtheast}+\beta_{19}\text{nrthcen}+u_1$$

$$\text{hrbens}=\beta_{21}\ \text{educ}+\beta_{22}\text{exper}+\beta_{23}\ \text{expersq}+\beta_{24}\ \text{tenure}+\beta_{25}\text{tenuresq}+\beta_{26}\ \text{union}+\beta_{27}\ \text{south}+\beta_{28}\ \text{nrtheast}+\beta_{29}\text{nrthcen}+u_2$$

的系数。

3. 使用 JTRAIN1.DTA（该数据集在正文中已详细介绍，JTRAIN1.DTA 是一个用于考察职业培训津贴对厂商废弃率的影响的数据集。它包含 471 条记录，30 个变量），分别用固定效应和随机效应方法估计以下方程的系数：

$$\text{lscrap}=\beta_1\text{d88}+\beta_2\text{d89}+\beta_3\text{grant}+u$$

其中，lscrap 表示厂商废弃率的对数，并不是每个厂商都会有废弃，所以该值可能缺失；d88、d89 是虚拟变量，等于 1 分别表示是 1988 年或 1989 年，grant 表示参加了培训，year 表示数据记录的时间维度，fcode 表示厂商的编号，是数据记录的横截面维度。

第 10 章　非线性回归分析及回归诊断基础

在第 8 章、第 9 章，已经向读者介绍了线性回归的 Stata 实现。在这一章，将向读者介绍较高深的回归分析——非线性回归分析以及回归诊断的基本内容。

本章将分为两个部分：首先向读者介绍非线性回归模型的 Stata 处理，然后转向对回归诊断基本内容的介绍。对于非线性回归模型，先介绍它的一般应用，然后就几个非常实用的模型进行讨论，这些模型包括离散响应模型、角点解模型、样本选择模型。对于回归诊断，主要介绍诊断标绘图的应用。现在，开始介绍 Stata 对非线性回归模型的实现方法。

10.1　非线性回归分析

曾在第 7 章中讲过，如果将自变量与因变量的关系设为线性关系加一个误差项，就设定了一个线性模型。同样地，如果将自变量与因变量的关系设定为非线性关系加上一个误差项，就得到了非线性模型。当然，线性关系是就系数之间的关系而言的。读者可能记得，在第 7 章曾讨论过加经验的二次项和工资的对数，只要经过适当变化，它们又转化为标准的线性模型。这里介绍的是没有办法转化为线性回归的回归模型。

非线性回归的 Stata 实现——nl 命令。

nl 命令是用来实现单个自变量的非线性回归模型的 Stata 命令。它只能用来做单个变量的非线性回归分析。

1.　nl 命令的格式和常用选项

在 Stata 中，处理非线性回归的命令是 nls，nls 的语法是：

```
Interactive version
      nl (depvar=<sexp>) [if] [in] [weight] [, options]
```

其中，depvar 表示因变量，sexp 用以表达非线性的形式。可选项 in 和 if 的作用曾在第 2 章中详细介绍过，主要用来限制使用样本的范围；比如，in 可以限制我们只使用前 10 条数据；if 可以限制仅使用符合条件的数据。选项 weight 用于添加权重，读者可以选择对不同数据添加不同权重得到更好的回归效果。关于非线性回归，Stata 已经编写了很多非线性的常用形式，这些常用形式用以指定读者希望因变量与自变量之间关系的各种可能形式，它们主要有如表 10-1 所示的常用形式。

表 10-1　nl 命令的常用形式

exp3	参数的指数函数：$y=b_0+b_1b_2^x$
exp2	参数的指数函数：$y= b_1b_2^x$
exp2a	参数的负指数函数：$y= b_1(1-b_2^x)$
log4	参数的 logistic 函数，b_0 为初始水平，(b_0+b_1)为渐进上限： $y=b_0+b_1/(1+\exp(-b_2(x-b_3)))$

（续表）

log2	参数的 logistic 函数，0 为初始水平，b_1 为渐进上限： $y= b_1/(1+exp(-b_2(x-b_3)))$
gom4	参数的 Gompertz 函数，b_0 为初始水平，(b_0+b_1)为渐进上限： $y=b_0+b_1exp(-exp(-b_2(x-b_3)))$
gom3	参数的 Gompertz 函数，0 为初始水平，b_1 为渐进上限： $y=b_1exp(-exp(-b_2(x-b_3)))$

2. nls 命令的应用举例

下面，通过一个例子介绍如何使用 nl 命令，关心的是如何用非线性模型估计教育的回报。

【例 10-1】 已婚女性教育的回报 2。

曾在第 7 章介绍过女性教育的回报问题。在那里，关心的主要是要用线性模型估计出教育的系数。当然，为了控制其他变量不变以得到教育前系数的一致估计，还在自变量中加入经验、经验的平方等变量。由于 nls 命令只能实现单变量的非线性形式，在这里，设置一个单变量非线性的关系为：

$$\text{wage} = \beta_1 \beta_2^{\text{educ}} + u$$

这个形式不能转化为 $y = \beta_0 + \beta_1 x_1 + ... + \beta_k x_k + u$ 的形式，是非线性模型。

在这个例子中，要完成的任务是：

使用 nl 命令估计 $\text{wage} = \beta_1 \beta_2^{\text{educ}} + u$ 这个非线性模型的系数。

为了这个目的，使用 mroz.dta 数据集，它的各个变量已经在第 7 章中向读者介绍过，目的是估计教育的回报。

由于估计的是 $\text{wage} = \beta_1 \beta_2^{\text{educ}} + u$ 的形式，根据上面的介绍，需要使用 exp2 形式做非线性回归。为了得到 β_1、β_2 的估计值，使用 nl 命令，在命令窗口输入：

```
nl exp2 wage educ  //非线性回归估计方法，用于估计 β1β2^x 形式的非线性模型参数
```

由于我们要做的是非线性回归，所以 Stata 的计算是通过迭代法计算的，可以从结果中看出这点：

```
. nl exp2 wage educ
(obs = 428)

Iteration 0:   residual SS =  4387.872
Iteration 1:   residual SS =  4084.007
Iteration 2:   residual SS =  4079.126
Iteration 3:   residual SS =  4079.124
Iteration 4:   residual SS =  4079.124

      Source |       SS       df       MS              Number of obs =       428
-------------+------------------------------           F(  2,    426) =    421.38
       Model |  8069.82302     2  4034.91151           Prob > F      =    0.0000
    Residual |  4079.12379   426  9.57540795           R-squared     =    0.6642
-------------+------------------------------           Adj R-squared =    0.6627
       Total |  12148.9468   428  28.3853897           Root MSE      =  3.094416
                                                       Res. dev.     =  2179.544
2-param. exp. growth curve, wage=b1*b2^educ
------------------------------------------------------------------------------
        wage |      Coef.   Std. Err.      t    P>|t|     [95% Conf. Interval]
-------------+----------------------------------------------------------------
          b1 |   .8475256   .1766339     4.80   0.000     .5003431    1.194708
          b2 |   1.130527   .0166112    68.06   0.000     1.097877    1.163178
------------------------------------------------------------------------------
  (SEs, P values, CIs, and correlations are asymptotic approximations)
```

从 Stata 输出的结果可以看出，对参数的估计经过了 5 轮递归计算，非线性的计算方式有很多，常用的有 bootstrap 和 jackknife 两种。回归结果中两个参数都非常显著，R^2 和调整 R^2 都很大，可见非线性回归对数据拟合有很大的改进。从输出结果可以得出以下的回归方程：

$$\text{wage} = 0.84753 * (1.1305)^{\text{educ}} + u$$

也就是，教育将以指数形式影响工资水平。

10.2 二值响应模型——使用 probit、logit；dprobit、logistic 命令

所谓离散响应模型，是指因变量只可能取两种值的模型。比如说，现在有很多年轻人选择单身，那么因变量就可以是个关于选择要不要结婚的二值变量，y=1 表示愿意结婚，y=0 表示不愿意结婚；又比如在欧洲有很多福利国家，那么因变量就可能是个要不要工作的二值变量，y=1 表示要工作，y=0 表示不出去工作。这里就是要讨论这一类因变量只有两种选择的模型——二值响应模型。

对于二值响应模型，关心的是，自变量的变动对因变量取值的概率的影响。因为因变量只有两种取值，可以用二值变量表示它。举个例子，如果因变量是要不要去音乐会，可以令 y 表示这个选择，且 y=1 表示去音乐会，y=0 表示不去音乐会，那么我们关心的是某些自变量对去不去音乐会的概率的影响，即要估计：

$$P(y=1|x)=G(x\beta)\equiv p(x)$$

的系数。这一问题的解决依赖于我们对 $p(x)$ 的具体设定。其中 $p(x)$ 是非线性形式，常用的具体形式是标准正态分布 $\Phi(x)$ 和 logistic 分布 $\Lambda(x)=\dfrac{e^x}{1+e^x}$。Stata 中有两种方法估计系数，分别是 probit 命令和 logit 命令。如果将 $p(x)$ 设定为标准正态的分布函数，就要用 probit 命令估计；如果将 $p(x)$ 设定为 logistics 函数，就要用 logit 命令估计。这两个命令在实际中都非常常用，使用 probit、logit 命令我们得到自变量的系数 β。但是，由于模型是非线性模型，参数 β 并不是自变量真正的边际作用。为了得到自变量边际作用的真正大小，需要使用相应的 dprobit、logistic 命令。本节的顺序是先介绍 probit、dprobit 命令，然后介绍 logit、logistic 命令。

10.2.1 probit、dprobit 命令的使用方法

现在开始介绍用 probit 命令实现二值响应模型的方法。

1. probit 命令的格式和常用选项

probit 命令的语法是：

```
probit depvar [indepvars] [if] [in] [weight] [, probit_options]
```

其中，depvar 表示因变量，indepvars 表示自变量，可选项 in 和 if 的作用在第 2 章中详细介绍过，主要用来限制使用样本的范围，比如，in 可以限制只使用前 10 条数据；if 可以限制仅使用符合条件的数据。选项 weight 用于添加权重，读者可以选择对不同数据添加不同权重得到更好的回归效果。

常用的选项（options）有：

nonconstant	不加常数项回归，Stata 默认会自动添加常数项回归，如果读者不需要添加常数项回归，需要加上 nonconstant 选项
offset	设定某些变量的系数为 1，根据读者的需要进行选择
robust	稳健回归，在统计推断中使用稳健的方差，在未添加 robust 的回归结果与直觉相违背时，建议添加
bootstrap	一种非线性计算方法
jackknife	另一种非线性计算方法，与 bootstrap 的区别请参考高级计量经济学的相关知识
level()	用来设置置信水平，默认值为 95%

关于 bootstrap、jackknife 两种计算方法，涉及到比较技术性的内容，读者可以参考计量经济学教材。

2. probit 命令的应用举例

下面，用 mroz.dta 数据集来估计女性劳动参与（inlf）的 probit 模型。mroz.dta 数据集已经使用过多次了，它的介绍参见第 7 章。

【例 10-2】已婚妇女劳动力参与。

本例继续使用第 7 章详细介绍过的 mroz.dta 数据集。与前面的研究不同，这次关心的不再是教育、经验、经验的平方等变量对工资的作用，转而关心这些变量对女性选择工作与否的概率的影响。将使用 inlf nwifeinc educ exper expersq age kidslt6 kidsge6 这些变量，用 probit 命令估计教育、经验、经验平方、年龄、非女性的家庭收入、小于 6 岁孩子的个数、6 岁到 18 岁孩子的个数对女性就业与否的概率的作用。要估计的方程是：

$$\text{inlf} = 1[\delta_0 + \delta_1\text{educ} + \delta_2\,\text{exper} + \delta_3\,\text{expersq} + \delta_4\text{nwifeinc} + \delta_5\text{age} + \delta_6\text{kidslt6} + \delta_7\text{kidsge6} + v > 0]$$

任务是使用 probit 命令估计该方程的系数。

为了估计教育对已婚女性工作可能性的系数，使用 probit 命令，在命令窗口输入以下命令：

```
probit inlf nwifeinc educ exper expersq age kidslt6 kidsge6
//用 probit 命令估计教育、经验、经验平方、年龄、非女性的家庭收入、小于 6 岁孩子的个数、6
到 18 岁孩子的个数对女性就业与否的概率的作用
```

我们得到以下结果：

```
Iteration 0:   log likelihood =  -514.8732
Iteration 1:   log likelihood = -402.06651
Iteration 2:   log likelihood = -401.30273
Iteration 3:   log likelihood = -401.30219
Iteration 4:   log likelihood = -401.30219

Probit regression                               Number of obs   =        753
                                                LR chi2(7)      =     227.14
                                                Prob > chi2     =     0.0000
Log likelihood = -401.30219                     Pseudo R2       =     0.2206
```

inlf	Coef.	Std. Err.	z	P>|z|	[95% Conf.	Interval]
nwifeinc	-.0120237	.0048398	-2.48	0.013	-.0215096	-.0025378
educ	.1309047	.0252542	5.18	0.000	.0814074	.180402
exper	.1233476	.0187164	6.59	0.000	.0866641	.1600311
expersq	-.0018871	.0006	-3.15	0.002	-.003063	-.0007111
age	-.0528527	.0084772	-6.23	0.000	-.0694678	-.0362376
kidslt6	-.8683285	.1185223	-7.33	0.000	-1.100628	-.636029
kidsge6	.036005	.0434768	0.83	0.408	-.049208	.1212179
_cons	.2700768	.508593	0.53	0.595	-.7267473	1.266901

由于 probit 命令估计的仍是非线性模型，Stata 计算需要迭代过程。从结果来看，除了

kidsge6 之外，各个变量都对女性工作的概率有很显著的影响。其中，教育和小于 6 岁孩子的个数的系数是最大的，这与我们的直觉一致。而且这两个变量对女性工作的概率的影响方向与我们的感觉也是一样的。

得到回归方程为：

$$
\begin{aligned}
&P(\text{inlf}=1\mid \text{nwifeinc,educ,exper,expersq,age,kidlt6,kidsge6})\\
&=\Phi(0.27008-0.01202\text{nwigeinc}+0.1309\text{educ}+0.1233\text{exper}+\\
&0.0018\text{expersq}-0.0528\text{age}-0.8683\text{kidslt6}+0.036\text{kidsge6})+u
\end{aligned}
$$

其中，教育的系数是正的，小于 6 岁孩子的个数前系数是负的，这与我们的直觉是一致的。虽然能从 probit 命令中得到回归系数，但是由于 $\Phi(x)$ 的计算比较困难，不能很方便地得到教育每上升一年对工作可能的作用。Stata 设计了 dprobit 命令，可以方便地得到教育的偏效应。

3. dprobit 命令的格式和常用选项

已经说过，probit 命令只能得到自变量参数的大小，而不能得到自变量真正作用的大小。为了得到自变量真正的作用，需要使用 dprobit 命令。下面介绍 dprobit 命令的语法：

```
Probit regression, reporting marginal effects
      dprobit [depvar indepvars [if] [in] [weight]] [, dprobit_options]
```

其中，depvar 表示因变量，indepvars 表示自变量，可选项 in 和 if 的作用在第 2 章中详细介绍过，主要用来限制使用样本的范围，比如，in 可以限制只使用前 10 条数据；if 限制仅使用符合条件的数据。选项 weight 用于添加权重，读者可以选择对不同数据添加不同权重得到更好的回归效果。

常用的选项（options）与 probit 命令一致，各个选项的含义也与 probit 命令相同。

4. dprobit 命令的应用举例

现在开始介绍 dprobit 命令的使用，继续例 10-2 的问题，考察的是各个自变量的真实作用，而不仅仅是系数的大小，在 Stata 命令窗口输入以下命令：

```
dprobit  inlf  nwifeinc  educ  exper  expersq  age  kidslt6  kidsge6
//用 dprobit 命令估计教育、经验、经验平方、年龄、非女性的家庭收入、小于 6 岁孩子的个数、6
岁到 18 岁孩子的个数对女性就业与否的概率的作用实际大小，而不仅仅是系数的大小
```

得到如下结果：

```
Iteration 0:   log likelihood =  -514.8732
Iteration 1:   log likelihood = -405.78215
Iteration 2:   log likelihood = -401.32924
Iteration 3:   log likelihood = -401.30219
Iteration 4:   log likelihood = -401.30219

Probit regression, reporting marginal effects           Number of obs =     753
                                                        LR chi2(7)    =  227.14
                                                        Prob > chi2   = 0.0000
Log likelihood = -401.30219                             Pseudo R2     = 0.2206

------------------------------------------------------------------------------
    inlf |      dF/dx   Std. Err.      z    P>|z|     x-bar  [    95% C.I.   ]
---------+--------------------------------------------------------------------
nwifeinc |  -.0046962    .0018903   -2.48   0.013    20.129  -.008401 -.000991
    educ |   .0511287    .0098592    5.18   0.000   12.2869   .031805  .070452
   exper |   .0481771    .0073278    6.59   0.000   10.6308   .033815  .062539
 expersq |  -.0007371    .0002347   -3.15   0.002   178.039  -.001197 -.000277
     age |  -.0206432    .0033079   -6.23   0.000   42.5378  -.027127  -.01416
 kidslt6 |  -.3391514    .0463581   -7.33   0.000   .237716  -.430012 -.248291
 kidsge6 |   .0140628    .0169852    0.83   0.408   1.35325  -.019228  .047353
---------+--------------------------------------------------------------------
  obs. P |   .5683931
 pred. P |    .581542  (at x-bar)
------------------------------------------------------------------------------
    z and P>|z| correspond to the test of the underlying coefficient being 0
```

由于 dprobit 命令仍然是估计非线性模型，所以估计仍然需要迭代过程。对于自变量的实际作用，从结果来看，仍然是教育和小于 6 岁孩子的个数的作用最大，且对因变量的概率的影响方向也没变化；但得到的是因变量的概率对自变量的偏导数，而不只是系数的大小。从结果来看，教育每上升一年，女性出去工作的可能性将上升 5%，而女性每多一个小于 6 岁孩子将使其工作的可能下降 30%。

10.2.2 logit、logistic 命令的使用方法

我们已经介绍了 probit 和 dprobit 命令的使用方法，下面介绍另一组估计二值响应模型的 Stata 命令——logit、logistic 命令。这两个命令是针对 logistic 分布进行回归的，与前面 probit、dprobit 命令针对标准正态分布不同。

1. logit 命令的格式和常用选项

下面介绍如何使用 logit 命令，logit 命令的语法是：

```
Syntax
        logit depvar [indepvars] [if] [in] [weight] [, options]
```

其中 depvar 表示因变量，indepvars 表示自变量，可选项 in 和 if 的作用在第 2 章中详细介绍过，主要用来限制使用样本的范围，比如，in 可以限制只使用前 10 条数据；if 可以限制使用符合条件的数据。选项 weight 用于添加权重，可以选择对不同数据添加不同权重，得到更好的回归效果。

常用的选项（options）与 probit 命令相同，各选项用法也与 probit 命令相同。logit 命令有一个不同于 probit 命令的选项：

- or　　　　　　报告优势比（odds ratios）

2. logit 命令的应用举例

这一段的任务是介绍使用 logit 命令估计二值响应模型，继续使用例 10-2，仍然关心教育、经验、经验平方、年龄、非女性的家庭收入、小于 6 岁孩子的个数、6 岁到 18 岁孩子的个数

对女性就业与否的概率的作用，只不过这里要用 logit 命令来计算系数。

下面，使用 logit 命令估计二值响应模型的参数。在 Stata 命令窗口输入：

```
logit inlf nwifeinc educ exper expersq age kidslt6 kidsge6
//用 logit 命令估计教育、经验、经验平方、年龄、非女性的家庭收入、小于 6 岁孩子的个数、6 岁到 18 岁孩子的个数对女性就业与否的概率的作用
```

当输入该命令后，可以得到以下结果：

```
Iteration 0:   log likelihood =  -514.8732
Iteration 1:   log likelihood = -402.38502
Iteration 2:   log likelihood = -401.76569
Iteration 3:   log likelihood = -401.76515
Iteration 4:   log likelihood = -401.76515

Logistic regression                               Number of obs   =        753
                                                  LR chi2(7)      =     226.22
                                                  Prob > chi2     =     0.0000
Log likelihood = -401.76515                       Pseudo R2       =     0.2197
```

inlf	Coef.	Std. Err.	z	P>|z|	[95% Conf.	Interval]
nwifeinc	-.0213452	.0084214	-2.53	0.011	-.0378509	-.0048394
educ	.2211704	.0434396	5.09	0.000	.1360303	.3063105
exper	.2058695	.0320569	6.42	0.000	.1430391	.2686999
expersq	-.0031541	.0010161	-3.10	0.002	-.0051456	-.0011626
age	-.0880244	.014573	-6.04	0.000	-.116587	-.0594618
kidslt6	-1.443354	.2035849	-7.09	0.000	-1.842373	-1.044335
kidsge6	.0601122	.0747897	0.80	0.422	-.086473	.2066974
_cons	.4254524	.8603697	0.49	0.621	-1.260841	2.111746

由于 logit 命令估计的仍是非线性模型，Stata 计算需要迭代过程。从我们的结果来看，除了 kidsge6 之外，各个变量都对女性工作的概率有很显著的影响。其中，教育和小于 6 岁孩子的个数的系数是最大的，这与我们的直觉一致。而且这两个变量对女性工作的概率的影响方向与我们的感觉也是一样的。得到回归方程是：

$$
\begin{aligned}
&P(\text{inlf}=1\,|\,\text{nwifeinc},\text{educ},\text{exper},\text{expersq},\text{age},\text{kidlt6},\text{kidsge6})\\
&=\Lambda(0.425-0.0213\text{nwigeinc}+0.2212\text{eduac}+0.2058\text{ex per}+\\
&0.0031\text{exp ersq}-0.088\text{age}-1.443\text{kidslt6}+0.060\text{kidsge6})+u
\end{aligned}
$$

其中，教育的系数是正的，小于 6 岁孩子的个数前系数是负的，这与我们的直觉是一致的。虽然能从 logit 命令中得到回归系数，但是由于 $\Lambda(x)$ 的计算比较困难，并不能很方便地得到教育每上升一年对工作可能的作用。Stata 设计了 logistic 命令，可以方便地得到教育的偏效应。

3. logistic 命令的格式和常用选项

同 probit 命令一样，logit 命令得到的只是各个自变量的系数，为了得到各个自变量的实际作用大小，需要使用 logistic 命令。logistic 命令的语法是：

```
Syntax
        logistic depvar indepvars [if] [in] [weight] [, options]
```

其中 depvar 表示因变量，indepvars 表示自变量，可选项 in 和 if 的作用在第 2 章中详细介绍过，主要用来限制使用样本的范围，比如，in 可以限制只使用前 10 条数据；if 可以限制

仅使用符合条件的数据。选项 weight 用于添加权重，可以选择对不同数据添加不同权重，得到更好的回归效果。

常用的选项（options）与 logit 命令一样。

各个选项的意义也与 logit 命令基本一致。

4. logistic 命令的应用举例

现在开始介绍 logistic 命令的使用，继续例 10-2 的问题，要考察的是各个自变量的真实作用，而不仅仅是系数的大小。在 Stata 命令窗口输入以下命令：

```
logistic  inlf nwifeinc educ exper expersq age kidslt6 kidsge6, nocon
//用 logistic 命令估计教育、经验、经验平方、年龄、非女性的家庭收入、小于 6 岁孩子的个数、6 岁到 18 岁孩子的个数对女性就业与否的概率的作用实际大小，而不仅仅是系数的大小
```

当输入该命令后，可以得到以下结果：

```
Logistic regression                             Number of obs     =        753
                                                Wald chi2(7)      =     160.85
Log likelihood = -401.88743                     Prob > chi2       =     0.0000
```

inlf	Odds Ratio	Std. Err.	z	P>|z|	[95% Conf.	Interval]
nwifeinc	.9784607	.0081993	-2.60	0.009	.9625217	.9946636
educ	1.263616	.044306	6.67	0.000	1.179695	1.353508
exper	1.231568	.0390182	6.57	0.000	1.15742	1.310466
expersq	.9967601	.0009969	-3.24	0.001	.9948082	.9987158
age	.9207424	.0087095	-8.73	0.000	.9038294	.9379718
kidslt6	.2435809	.0470515	-7.31	0.000	.1668094	.3556855
kidsge6	1.080451	.0714757	1.17	0.242	.9490627	1.230028

由于 logistic 命令仍然是估计非线性模型，所以估计仍然需要迭代过程，得到的是 odds ratio，而不只是系数的大小。

10.3 多值响应模型——使用 mlogit、ologit 命令

在日常生活中遇到的问题，并不仅仅只有两个选项，常常要面临多值选择问题。这类问题，用模型来考虑，就是所谓的多值响应模型。现在开始介绍 Stata 如何处理多值响应模型。多值响应模型分为两类：第一类的选择并没有好坏之分，也就是所谓的无序响应模型；另一种的选择本身就有好坏高低之分，也就是所谓的有序响应模型。

10.3.1 无序响应模型——mlogit 命令

对于无序响应模型，Stata 的处理是通过 mlogit 命令。将用例 10-3 和数据集 keane.dta 介绍 mlogit 命令的用法。

1. mlogit 命令的语法和常用选项

mlogit 命令的语法是：

```
Syntax
        mlogit depvar [indepvars] [if] [in] [weight] [, options]
```

其中，depvar 表示因变量，indepvars 表示自变量，可选项 in 和 if 的作用在第 2 章中详细介绍

过，主要用来限制使用样本的范围，比如，in 可以限制只使用前 10 条数据；if 可以限制仅使用符合条件的数据。选项 weight 用于添加权重，可以选择对不同数据添加不同权重，得到更好的回归效果。

常用的选项（options）有：

nonconstant	不加常数项回归，Stata 默认会自动添加常数项回归，如果读者不需要添加常数项回归，需要加上 nonconstant 选项
baseoutcome()	因变量用来作为基准的值，在例子中取 1
robust	稳健回归，在统计推断中使用稳健的方差，在未添加 robust 的回归结果与直觉相违背时，建议添加
bootstrap	一种非线性计算方法
jackknife	另一种非线性计算方法，与 bootstrap 的区别请参考高级计量经济学的相关知识
level()	用来设置置信水平，默认值为 95%
rrr	用来得到与 logistic 命令相似的相对风险比

2. mlogit 命令的应用举例

下面介绍如何使用 mlogit 命令解决无序响应问题。先举个例子，介绍无序响应问题，然后介绍如何使用 mlogit 命令研究这个例子的问题。

【例 10-3】学校与青年人就业决策。

考虑教育、经验、经验的平方、是否是黑人这些自变量对青年就业决策的概率影响。使用 keane.dta 数据来估计这个问题。keane.dta 这个数据集包括从 1981 年到 1987 年就业和受教育历史的一些人的样本。下面将列出这个数据集的一部分数据，使读者对它有一定的认识。先介绍这个数据集的概况，keane.dta 这个数据集共有 12 732 条记录，每条记录包含 25 个变量。由于变量众多，仅介绍例子中将使用的变量。要考虑的是青年就业的决策，在数据中有三种可能（响应）分别是在校读书、上班、赋闲在家。数据集中用 status 表示这三种状态，status=1 表示在校读书；status=2 表示赋闲在家；status=3 表示工作。用来解释这三种状态可能性的是 educ（教育）、exper（经验）、expersq（经验的平方）、black（是否是黑人）。

表 10-2 列出相关数据的部分记录（限于篇幅，仅列出 15 条）。

表 10-2 keane.dta 数据集的相关数据

status	exper	expersq	black	educ
2	0	0	1	10
2	0	0	1	10
2	0	0	1	10
1	0	0	1	10
2	0	0	1	11
2	0	0	1	11
2	0	0	1	11
2	0	0	1	12
3	0	0	1	12
3	1	1	1	12
3	2	4	1	12
3	3	9	1	12
3	4	16	1	12
3	5	25	1	12
1	0	0	1	12

下面，介绍 mlogit 命令解决该问题的方法。mlogit 命令的结果中显示的是，自变量对因变量中不同选择的作用大小的比值。比如，exper 这个变量对 status 取 1 和 0 的时候作用是不同的，mlogit 显示的是以其中一个取值的作用为分母，另一个取值的作用为分子的比值，因而显示的是相对大小。究竟将哪个取值的作用作为分母，这是通过选项来设定的，这里取 status=1 为基准。

现在，开始介绍使用 mlogit 命令估计二值响应模型的参数。在 Stata 命令窗口输入：

```
mlogit  status exper expersq black educ  , base(1)
//用 mlogit 命令估计教育、经验、经验平方、黑人与否对选择的影响。选取在校学生为基础组
```

可以得到以下结果：

```
Iteration 0:   log likelihood = -12620.959
Iteration 1:   log likelihood = -9812.6789
Iteration 2:   log likelihood = -9623.0768
Iteration 3:   log likelihood = -9613.3952
Iteration 4:   log likelihood = -9613.3496
Iteration 5:   log likelihood = -9613.3495

Multinomial logistic regression                 Number of obs     =     12,665
                                                LR chi2(8)        =    6015.22
                                                Prob > chi2       =     0.0000
Log likelihood = -9613.3495                     Pseudo R2         =     0.2383
```

status	Coef.	Std. Err.	z	P>|z|	[95% Conf.	Interval]
1	(base outcome)					
2						
exper	1.085937	.0587367	18.49	0.000	.9708153	1.201059
expersq	-.1238864	.0102828	-12.05	0.000	-.1440403	-.1037324
black	1.007117	.0614019	16.40	0.000	.8867713	1.127462
educ	-.3568697	.0146768	-24.32	0.000	-.3856357	-.3281038
_cons	3.800055	.1866097	20.36	0.000	3.434307	4.165803
3						
exper	2.07251	.0548762	37.77	0.000	1.964954	2.180065
expersq	-.2031146	.0092666	-21.92	0.000	-.2212768	-.1849525
black	.4374037	.0614975	7.11	0.000	.3168708	.5579366
educ	-.0753913	.0135241	-5.57	0.000	-.101898	-.0488847
_cons	.3861733	.1809859	2.13	0.033	.0314474	.7408993

与前面一样，经过迭代运算，得到了以在学校为基准的各个自变量的作用大小。从显著性水平来看，各个自变量的作用都很显著，总体来说结果很好。但是，与 probit、logit 命令一样，mlogit 命令得到的是系数。为了得到相对风险比，要使用 rrr 选项。下面，仍就青年的职业选择这个例子来介绍 rrr 选项的应用。在 Stata 命令窗口输入：

```
mlogit  status exper expersq black educ ,base(1) rrr
//使用 mlogit 命令估计无序多值响应模型，报告相对风险比
```

查看结果有何不同：

```
Iteration 0:   log likelihood = -12620.959
Iteration 1:   log likelihood = -9812.6789
Iteration 2:   log likelihood = -9623.0768
Iteration 3:   log likelihood = -9613.3952
Iteration 4:   log likelihood = -9613.3496
Iteration 5:   log likelihood = -9613.3495

Multinomial logistic regression                 Number of obs     =     12,665
                                                LR chi2(8)        =    6015.22
                                                Prob > chi2       =     0.0000
Log likelihood = -9613.3495                     Pseudo R2         =     0.2383
```

status	RRR	Std. Err.	z	P>|z|	[95% Conf.	Interval]
1	(base outcome)					
2						
exper	2.962214	.1739906	18.49	0.000	2.640096	3.323634
expersq	.8834802	.0090847	-12.05	0.000	.8658529	.9014665
black	2.737697	.1680999	16.40	0.000	2.42728	3.087811
educ	.6998637	.0102718	-24.32	0.000	.6800182	.7202883
_cons	44.70364	8.342132	20.36	0.000	31.0099	64.44442
3						
exper	7.944738	.4359773	37.77	0.000	7.134587	8.846883
expersq	.8161847	.0075632	-21.92	0.000	.8014948	.8311438
black	1.548681	.0952401	7.11	0.000	1.372825	1.747064
educ	.9273805	.0125419	-5.57	0.000	.9031217	.952291
_cons	1.47134	.2662918	2.13	0.033	1.031947	2.097821

结果显示，第一列报告的是 rrr，得到的是相对风险比。各个变量仍很显著。关于 mlogit 输出结果的解释，更多的请参考伍德里奇《横截面与面板数据的经济计量分析》第 15 章。

下面介绍有序响应模型的实现方法——ologit 命令。

10.3.2 有序响应模型——ologit 命令

对于有序响应模型，Stata 的处理是通过 ologit 命令，将用例 10-4 介绍 ologit 命令的用法。

1. ologit 命令的格式和常用选项

下面，正式介绍 ologit 命令的使用方法。ologit 命令的语法是：

```
ologit depvar [indepvars] [if] [in] [weight] [, options]
```

其中，depvar 表示因变量，indepvars 表示自变量，可选项 in 和 if 的作用在第 2 章中详细介绍过，主要用来限制使用样本的范围，比如，in 可以限制只使用前 10 条数据；if 可以限制仅使用符合条件的数据。选项 weight 用于添加权重，可以选择对不同数据添加不同权重，得到更好的回归效果。

常用选项与 logit 命令一致，各选项含义也与 logit 命令一致。

2. ologit 命令的应用举例

下面介绍如何使用 ologit 命令解决有序响应问题。先举个例子，介绍有序响应问题，然后介绍如何使用 ologit 命令研究这个例子的问题。

【例 10-4】航天飞机热损事件研究。

在本例中将使用 shuttle.dta 数据集，展示如何使用 ologit 命令。shuttle 数据集是关于航天飞机热损情况的数据集。要完成的任务是用 ologit 命令考察温度（temp）、日期（date）对热损事件发生的概率影响。下面，先列出表 10-3 部分数据，对 shuttle.dta 有一个直观认识（限于篇幅，仅列出前 15 条记录）。

表 10-3　shuttle.dta 数据集的部分数据

flight	month	day	year	distress	temp	damage
STS-1	4	12	1981	None	66	0
STS-2	11	12	1981	1 or 2	70	4
STS-3	3	22	1982	none	69	0
STS-4	6	27	1982		80	
STS-5	11	11	1982	none	68	0
STS-6	4	4	1983	1 or 2	67	0
STS-7	6	18	1983	none	72	0
STS-8	8	30	1983	none	73	0
STS-9	11	28	1983	none	70	0
STS_41-B	2	3	1984	1 or 2	57	4
STS_41-C	4	6	1984	3 plus	63	2
STS_41-D	8	30	1984	3 plus	70	4
STS_41-G	10	5	1984	none	78	0
STS_51-A	11	8	1984	none	67	0

本例检查了 shuttle.dta 数据中的 3 个变量，表 10-4 是该数据集中变量的简介。

表 10-4　shuttle.dta 数据集变量介绍

distress	“热损事件”（thermal distress incidents）的数量，这些事件是因为热气泄漏或烧坏了这次航行助推火箭的结点密封。助推结点密封的烧穿使挑战者号陷入灾难。许多以前的航行也经历过不太严重的损坏，所以早就知道结点密封是危险的可能来源
temp	在发射时间对结点的计算温度，以华氏度为单位。温度在很大程度上受天气影响。橡胶的 O 形环密封的助推火箭结点在很冷时会变得僵硬
date	日期，测量方法是从 1960 年 1 月 1 日（一个指定的起始点）起的消逝天数。date 是用 mdy 函数由发射的日、月、年（month-day-year）转换成的消逝天数（参见 help dates）

发射日期很重要，因为航天项目进程中的几个变化可能造成较大风险。助推火箭外层很薄以减少重量、增加有效载荷，于是结点密封就得经受高压测试，此外，航天飞机回收再用也导致其各部分的老化。我们的目的是利用这 3 个变量和 ologit 命令估计选择行为。

下面来看怎样使用 ologit 命令考察 data、temp 对 distress 的选择的概率的影响，在 Stata 命令窗口输入：

```
gen date=mdy( month, day, year)  //用 mdy 函数生成 date，对 mdy 函数在第 2 章已经介绍
ologit distress date temp     //使用 ologit 进行有序响应模型的估计
```

得到以下结果：

```
. ologit distress date temp

Iteration 0:   log likelihood = -24.955257
Iteration 1:   log likelihood = -18.871284
Iteration 2:   log likelihood =  -18.79755
Iteration 3:   log likelihood =  -18.79706
Iteration 4:   log likelihood =  -18.79706

Ordered logistic regression                      Number of obs     =        23
                                                 LR chi2(2)        =     12.32
                                                 Prob > chi2       =    0.0021
Log likelihood =  -18.79706                      Pseudo R2         =    0.2468
```

distress	Coef.	Std. Err.	z	P>|z|	[95% Conf.	Interval]
date	.003286	.0012662	2.60	0.009	.0008043	.0057677
temp	-.1733752	.0834475	-2.08	0.038	-.3369293	-.0098212
/cut1	16.42813	9.554822			-2.298978	35.15524
/cut2	18.12227	9.722302			-.933092	37.17763

date 的系数是正的，temp 的系数是负的。cut1、cut2 分别表示临界点，在临界点的两侧，选择行为将不同。这与日常观点一致。与 probit、logit、mlogit 命令一样，ologit 命令只能得到系数。为了得到优势比（odds ratio），使用 or 选项。在 Stata 命令窗口输入：

```
ologit  distress date temp,or    //使用 ologit 进行有序响应模型的估计，得到优势比
（odds ratio）
```

得到以下结果：

```
Iteration 0:   log likelihood = -24.955257
Iteration 1:   log likelihood = -18.871284
Iteration 2:   log likelihood =  -18.79755
Iteration 3:   log likelihood =  -18.79706
Iteration 4:   log likelihood =  -18.79706

Ordered logistic regression                      Number of obs     =        23
                                                 LR chi2(2)        =     12.32
                                                 Prob > chi2       =    0.0021
Log likelihood =  -18.79706                      Pseudo R2         =    0.2468
```

distress	Odds Ratio	Std. Err.	z	P>|z|	[95% Conf.	Interval]
date	1.003291	.0012704	2.60	0.009	1.000805	1.005784
temp	.840822	.0701645	-2.08	0.038	.7139593	.9902268
/cut1	16.42813	9.554822			-2.298978	35.15524
/cut2	18.12227	9.722302			-.933092	37.17763

加入 or 选项之后，ologit 命令输出的不再是各个自变量的系数，而是他们的优势比（odds ratio）了。关于 ologit 输出结果的解释，更多的请参考伍德里奇《横截面与面板数据的经济计量分析》第 15 章。

10.4 角点解模型——tobit 命令的使用方法

实际中有很多问题，它们与多值响应模型一样，对因变量的取值有一定特点。这里考虑的是所谓角点解模型。角点解模型中因变量大致是连续的，但却在一点或多点上具有非零概率。将使用 tobit 命令解决这一类问题，将在例 10-5 中描述。

1. tobit 命令的格式和常用选项

tobit 命令的语法是：

```
tobit depvar [indepvars] [if] [in] [weight] , ll[(#)] ul[(#)] [options]
```

其中，depvar 表示因变量，indepvars 表示自变量，可选项 in 和 if 的作用在第 2 章中详细介绍过，主要用来限制使用样本的范围，比如，in 限制只使用前 10 条数据；if 可以限制仅使用符合条件的数据。选项 weight 用于添加权重，可以选择对不同数据添加不同权重，得到更好的回归效果。

常用的选项有：

ll()	表示我们的角点解是一个下界，()中设定它的具体值
ul()	表示我们的角点解是一个上界，()中设定它的具体值
robust	稳健回归，在统计推断中使用稳健的方差，在未添加 robust 的回归结果与直觉相违背时，建议添加
bootstrap	一种非线性计算方法
jackknife	另一种非线性计算方法，与 bootstrap 的区别请参考高级计量经济学的相关知识
level()	用来设置置信水平，默认值为 95%。
offset	设定某些变量的系数为 1，根据读者的需要进行选择

2. tobit 命令的应用举例

下面，举例说明如何使用 tobit 命令完成角点解问题的研究。

【例 10-5】已婚女性的工作小时研究。

到目前为止，已经介绍了关于已婚女性劳动的方方面面。从第 8 章介绍的已婚女性的教育回报到本章例 10-2 介绍的已婚女性劳动参与，介绍了 Stata 各种命令的使用方法。在本例中，将继续使用 mroz.dta 这个数据集，研究已婚女性的工作小时由什么因素决定，并使用 tobit 命令实现对这个问题参数的估计。正如已经介绍过的，已婚女性并不都有工作。而且尽管女性的工作时间可以取任意正值，但有很大一部分女性的工作小时为零。这就是为什么将这个问题看做角点解模型并使用 tobit 命令解决的原因。

这里关心的是，教育（educ）、经验（exper）、经验的平方（expersq）、年龄（age）、小于 6 岁孩子的个数（kidslt6）、6 岁到 18 岁孩子的个数（kidsge6）、除女性外的家庭收入（nwifeinc）对女性工作的时间的影响。由于角点解的原故，用普通最小二乘法（ols）得出的结果是不一致的。下面介绍如何用 tobit 命令来研究角点解问题。

使用 tobit 模型估计已婚女性的工作小时的决定，将使用 ll()选项，因为我们的例子中工作小时的下界是 0。

在 Stata 命令窗口输入：

```
tobit hours  nwifeinc educ exper expersq age kidslt6 kidsge6, ll(0)
```

//使用 tobit 命令估计教育（educ）、经验（exper）、经验的平方（expersq）、年龄（age）、小于 6 岁孩子的个数（kidslt6）、6 岁到 18 岁孩子的个数（kidsge6）、除女性外的家庭收入（nwifeinc）对女性工作的时间的影响，使用 ll()选项设置下界。

可以得到如下结果：

```
Tobit regression                                Number of obs     =        753
                                                LR chi2(7)        =     271.59
                                                Prob > chi2       =     0.0000
Log likelihood = -3819.0946                     Pseudo R2         =     0.0343

------------------------------------------------------------------------------
       hours |      Coef.   Std. Err.      t    P>|t|     [95% Conf. Interval]
-------------+----------------------------------------------------------------
    nwifeinc |  -8.814243   4.459096    -1.98   0.048    -17.56811   -.0603724
        educ |   80.64561   21.58322     3.74   0.000     38.27453    123.0167
       exper |   131.5643   17.27938     7.61   0.000     97.64231    165.4863
     expersq |  -1.864158   .5376615    -3.47   0.001    -2.919667   -.8086479
         age |  -54.40501   7.418496    -7.33   0.000    -68.96862    -39.8414
     kidslt6 |  -894.0217   111.8779    -7.99   0.000    -1113.655   -674.3887
     kidsge6 |    -16.218   38.64136    -0.42   0.675    -92.07675    59.64075
       _cons |   965.3053   446.4358     2.16   0.031     88.88528    1841.725
-------------+----------------------------------------------------------------
      /sigma |   1122.022   41.57903                      1040.396    1203.647
------------------------------------------------------------------------------
  325  left-censored observations at hours <= 0
  428     uncensored observations
    0 right-censored observations
```

从 Stata 输出的结果来看，除了教育、经验之外，其他变量的系数都是负的，特别是小于 6 岁孩子的个数，更是非常大的一个负向作用。这从生活中也可以理解，有一个幼儿需要照顾，一定会使女性工作时间减少。而 kidsge6 一如既往的不显著，这也是与事实相一致的。回归结果说明，当模型是角点解模型时，女性每多接受一年教育，她们工作的小时将增加 80 个小时，而每多一个年龄小于 6 岁孩子将使女性的工作时间减少 894 个小时之多。可见，有一个幼儿需要照顾会使女性工作的可能性大大降低，这与用 probit、logit 命令计算的结果相一致。

10.5 样本选择模型——heckman 命令的使用方法

所谓样本选择模型，与多值响应模型、角点解模型一样，是因变量受限模型的一种。它的数据受限是由于只能看到部分数据。比如说，要估计教育的回报，但是只能看到有工作的人的工资，即因变量的可见与否取决于 inlf 是否等于 1。在 Stata 中，要实现对样本选择模型的估计，可以使用 heckman 命令。

1. heckman 命令的格式和常用命令

heckman 命令的语法是：

```
heckman depvar [indepvars], select(varlist_s) [twostep]
```

或者

```
heckman depvar [indepvars], select(depvar_s = varlist_s) [twostep]
```

其中，depvar 表示因变量，indepvars 表示自变量，select( )表示输入选择方程。

常用的选项有（options）有：

Select( )	输入选择方程
nonconstant	不加常数项回归，Stata 默认会自动添加常数项回归，如果不需要添加常数项回归，需要加上 nonconstant 选项
Robust	稳健回归，在统计推断中使用稳健的方差，在未添加 robust 的回归结果与直觉相违背时，建议添加
bootstrap	一种非线性计算方法
jackknife	另一种非线性计算方法，与 bootstrap 的区别请参考高级计量经济学的相关知识
Level( )	用来设置置信水平，默认值为 95%
offset	设定某些变量的系数为 1，根据读者的需要进行选择

2. heckman 命令的应用举例

下面，通过一个例子介绍如何使用 heckman 命令。

【例 10-6】已婚女性的教育回报 3。

已经用过两种方法研究教育的回报，分别是简单的线性回归和本章开始介绍的一般非线性回归方法。在前面两处都只使用了可以看见的女性工资，那样做是会导致不一致的估计的。这里使用样本选择模型估计教育的回报，得到一致估计量。继续使用 mroz.dta 数据集，这里有两个方程：一个是待估的教育回报的线性方程，另一个是用来表示对样本选择的方程，即女性是否在劳动力市场上的方程。

$$\text{lwage} = \beta_0 + \beta_1\text{educ} + \beta_2\,\text{exper} + \beta_3\,\text{expersq} + u$$
$$\text{inlf} = 1[\delta_0 + \delta_1\text{educ} + \delta_2\,\text{exper} + \delta_3\,\text{expersq} + \delta_4\text{nwifeinc} + \delta_5\text{age} + \delta_6\text{kidslt6} + \delta_7\text{kidsge6} + v > 0]$$

下面，我们使用 heckman 命令估计教育的回报，在 Stata 命令窗口输入：

```
heckman  lwage educ exper expersq, select( inlf =educ exper expersq nwifeinc
age kidslt6 kidsge6) twostep
//估计教育、经验、经验的平方对工资对数的影响，选择方程是女性是否在劳动力市场上，采用两阶段估计（twoway）。
```

这样，得到了样本选择下的教育的回报：

```
Heckman selection model -- two-step estimates   Number of obs      =       753
(regression model with sample selection)        Censored obs       =       325
                                                Uncensored obs     =       428

                                                Wald chi2(3)       =     51.53
                                                Prob > chi2        =    0.0000

------------------------------------------------------------------------------
             |      Coef.   Std. Err.      z    P>|z|     [95% Conf. Interval]
-------------+----------------------------------------------------------------
lwage        |
        educ |   .1090655    .015523     7.03   0.000     .0786411      .13949
       exper |   .0438873   .0162611     2.70   0.007     .0120163    .0757584
     expersq |  -.0008591   .0004389    -1.96   0.050    -.0017194    1.15e-06
       _cons |  -.5781032   .3050062    -1.90   0.058    -1.175904     .019698
-------------+----------------------------------------------------------------
inlf         |
        educ |   .1309047   .0252542     5.18   0.000     .0814074     .180402
       exper |   .1233476   .0187164     6.59   0.000     .0866641    .1600311
     expersq |  -.0018871      .0006    -3.15   0.002     -.003063   -.0007111
    nwifeinc |  -.0120237   .0048398    -2.48   0.013    -.0215096   -.0025378
         age |  -.0528527   .0084772    -6.23   0.000    -.0694678   -.0362376
     kidslt6 |  -.8683285   .1185223    -7.33   0.000    -1.100628    -.636029
     kidsge6 |    .036005   .0434768     0.83   0.408     -.049208    .1212179
       _cons |   .2700768    .508593     0.53   0.595    -.7267473    1.266901
-------------+----------------------------------------------------------------
mills        |
      lambda |   .0322619   .1336246     0.24   0.809    -.2296376    .2941613
-------------+----------------------------------------------------------------
         rho |    0.04861
       sigma |  .66362875
------------------------------------------------------------------------------
```

Stata 为我们汇报的不仅是教育、经验、经验的平方的系数，同时还报告了选择方程的系数。如果对比一下 heckman 命令和 reg 命令的结果（reg 命令的结果见第 7 章），发现他们的差别并不大，这也是为什么在实际中不一定要使用复杂的非线性估计的原因。从结果来看，得到以下的回归方程：

$$\text{lwage} = -0.0578 + 0.1091\text{educ} + 0.044\text{ex per} - 0.001\text{ex persq} + u$$

教育每上升一年将使女性的小时工资上升 10%（注意因变量是工资的对数）。

10.6 回归诊断

回归诊断，指的是使用各种手段来对模型进行分析，考察是否可以改进模型。其实，已经介绍过不少回归诊断的方法，比如上一章中用来检验多重共线性的 vif 命令，用来检验内生性的 ovtest 命令和用来检验异方差的 hettest 命令。本节主要介绍诊断标绘图的使用，以及用它评价对变量做变换的效果。

graph twoway、rvfplot 基本命令——拟合程度的作图表现

第 7 章介绍过 reg 命令，该命令用以得到因变量对自变量的线性回归的系数，也介绍过对自变量和因变量做变换来更好地拟合数据（加入经验的平方式对经验的平方变换，工资取对数是对工资的对数变换）。虽然说做变换可以更好地拟合数据，但多大程度上能改善数据的拟合却没有介绍。在本段中，用 graph twoway、rvfplot 命令对三种情况的拟合作图比较，来回答该问题，同时更好地理解这两个命令的用法。

1. graph twoway、rvfplot 命令的格式

graph twoway 命令的语法：

```
graph twoway lfit/qfit depvar indepvar
```

该命令用来画出因变量对自变量的简单回归线，depvar 表示因变量，indepvar 表示自变量。lfit 用来得到因变量对自变量的一次项的拟合曲线，qfit 用来得到因变量对自变量二次形式的拟合曲线。

rvfplot 命令的语法：

```
rvfplot, yline (0)
```

该命令自动画出残差对拟合值的表绘图。

2. graph twoway、rvfplot 命令的应用举例

R^2 和调整 R^2 虽然可以用来看自变量总体对因变量的解释程度，从而看出模型是否很好地拟合了数据，但是很难看出单个变量的拟合程度。可以简单地运用 Stata 作图命令，来看某个变量的拟合程度，比如经验、教育对工资的拟合程度。在 Stata 命令窗口输入：

```
graph twoway lfit wage exper
//graph twoway lfit wage exper 命令是让 Stata 在做回归命令（reg hours age educ exper
kidslt6 kidsge6）之后，根据得到的系数画出解释变量与被解释变量之间的线性关系
```

我们得到图 10-1（简单回归曲线）。

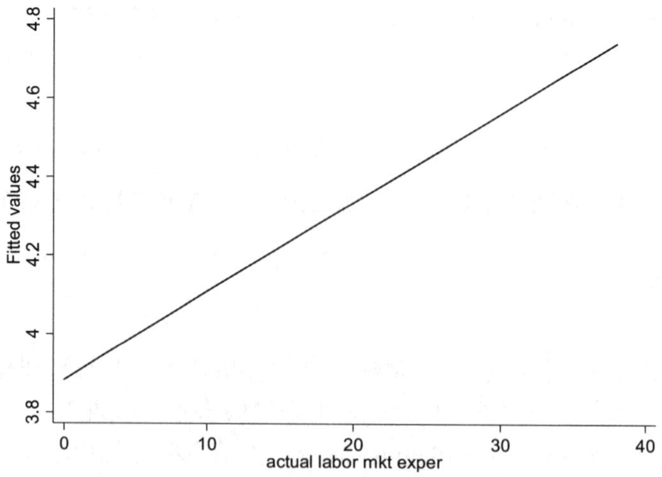

图 10-1　简单回归曲线

为了显示原始数据和拟合数据的差别，再在 Stata 命令窗口中输入：

```
scatter wage exper
//scatter wage exper 是让 Stata 根据实际数据画出经验与散点图，这个命令在 Stata 作图中已经介绍过
```

现在使用它得到图 10-2（原始数据的散点图）。

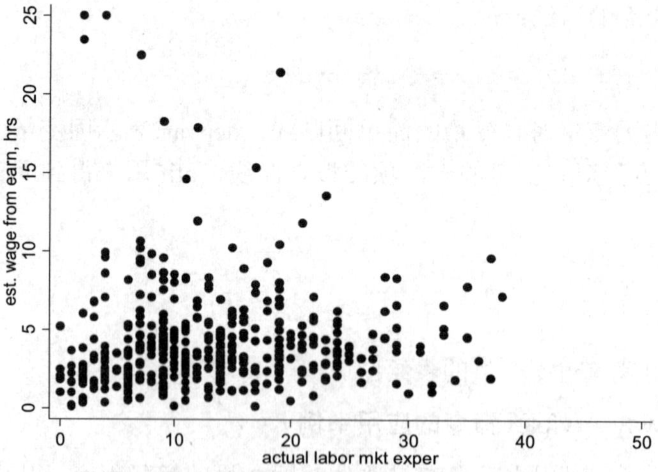

图 10-2　散点图

在两幅图中不便于比较拟合程度，为了在一幅图中同时表现两者，我们在 Stata 命令窗口输入：

```
graph twoway lfit wage exper||scatter wage exper
```

这样我们就可以得到图 10-3（将原始数据的散点图和简单回归曲线合并）。

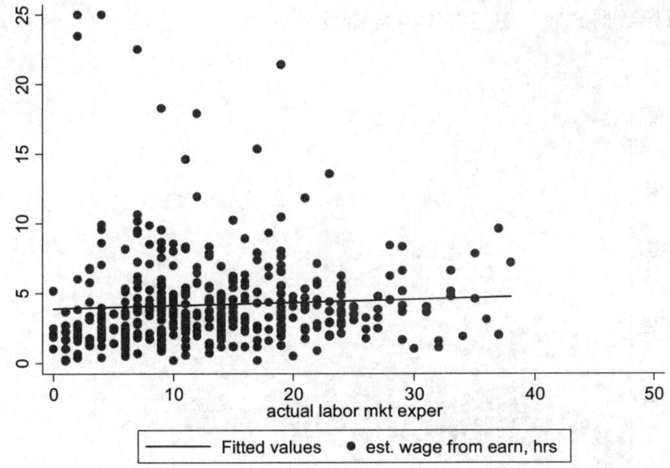

图 10-3　在同一张图中表现散点图和简单回归曲线

这样，就能从图形来看拟合的程度了。从图形上来看，未对变量做变换时，拟合程度已经不错了，但是个别值离回归线比较远，还有改进的余地。

使用 graph twoway 命令，只能得到单个变量的拟合曲线。如果要得到所有变量共同的拟合作用，可以用残差值对拟合值作图来查看拟合程度，在 Stata 命令窗口输入：

```
rvfplot,yline(0)
//残差对拟合值的图形表示
```

我们得到图 10-4（残差对拟合值散点图和简单回归线）。

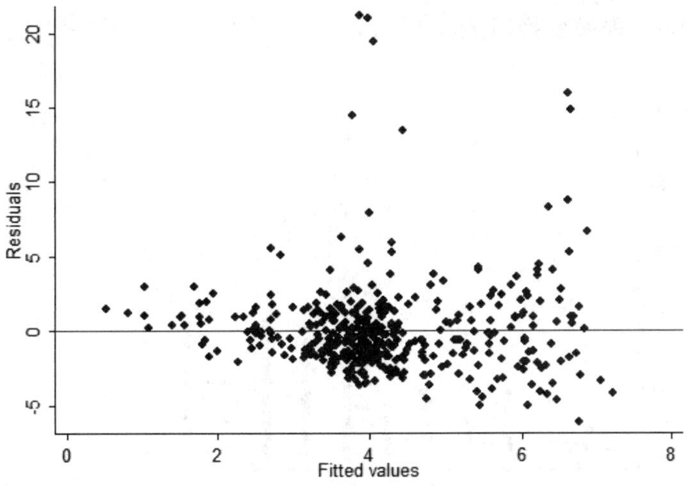

图 10-4　残差对拟合值的图形表示

从结果中看到，拟合基本上还是不错的，但有一些点拟合得不那么好，还有改进的余地。关于是否要加入二次项，可以使用 qfit 命令查看 educ 与 exper 是否有二次关系，qfit 与

lfit 类似，不过是用来得到因变量对自变量二次函数形式的拟合图。在 Stata 中输入：

```
graph twoway qfit wage exper||scatter wage exper  //就能得到工资对经验的二次曲线的拟合图 10-5（原始数据的散点图与二次拟合曲线）
```

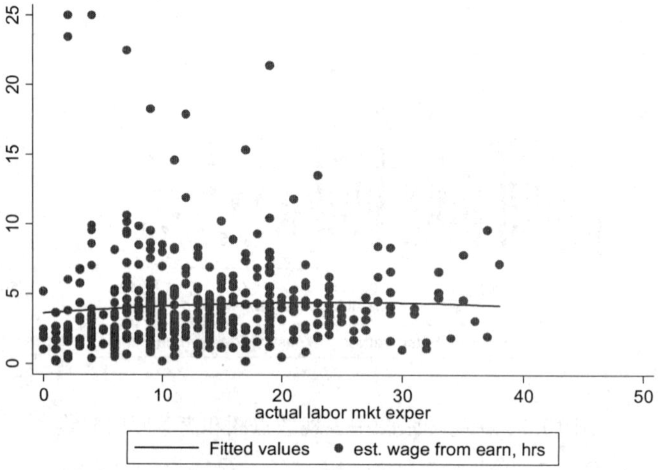

图 10-5　二次回归曲线与散点图

从图来看，经验的二次曲线表示的弯曲度并不高，所以加入二次项虽然可以改进拟合程度，但是改善的程度有限。

下面，查看对工资做了对数变换后的拟合程度。为了比较，分别作出变换前后的拟合曲线。

不做变换的情况下，在 Stata 命令窗口输入：

```
graph twoway lfit wage educ||scatter wage educ
```

得到拟合图形图 10-6（未做变换时的拟合图）。

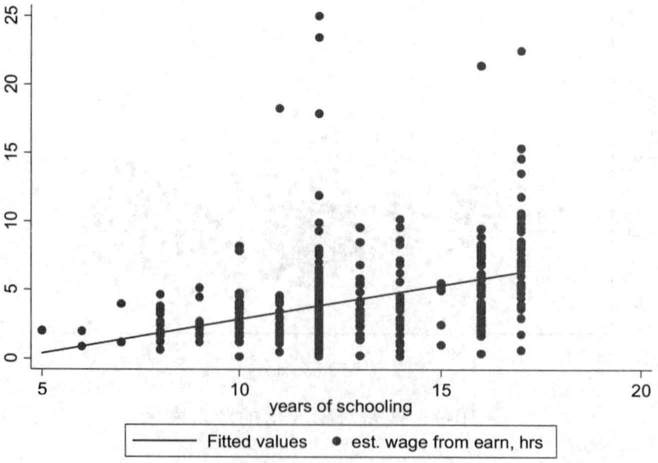

图 10-6　未做变换得到的拟合图形

在做了变换后，在 Stata 命令窗口输入：

```
graph twoway lfit lwage educ||scatter lwage educ
```

得到拟合图形如图 10-7（对因变量做了对数变换后的拟合图）所示。

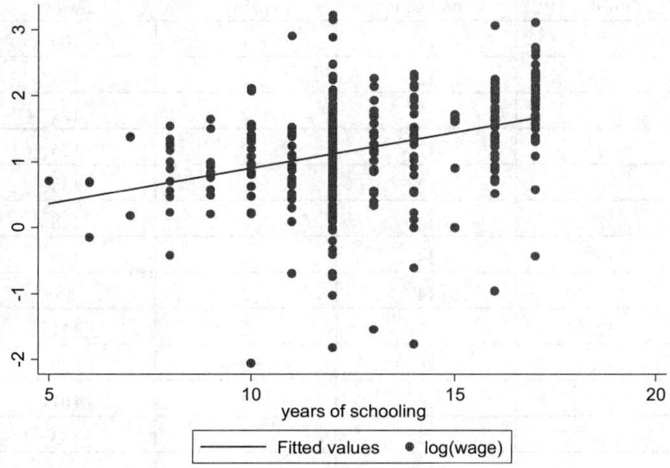

图 10-7　做了对数变换之后的拟合图形

从上面两个图的对比可以看出做了变换之后，拟合曲线上下的点比较均匀，这就是做变换比没做变换得到的估计要好的证明。

10.7　练习题

1.　使用 mroz.dta 数据集，使用第一节中介绍的 exp3 选项估计教育的回报（mroz.dta 在第 7 章中详细介绍过，它是个关于已婚女性工作方面的标准数据集）。

2.　使用 mroz.dta 数据集，估计

$$\begin{aligned}\text{inlf} = 1[&\delta_0 + \delta_1\text{educ} + \delta_2\text{exper} + \delta_3\,\text{e xpersq} + \delta_4\text{nwifeinc} + \delta_5\text{age} \\ &+ \delta_6\text{kidslt6} + v > 0]\end{aligned}$$

的系数。

3.　使用 keane.dta 数据集，估计 educ exper expersq black manuf 这些变量对 status 的选择影响（在本章正文中详细介绍过 keane.dta，keane.dta 这个数据集包括从 1981 年到 1987 年就业和受教育历史的一些人的样本）。

4.　使用 shuttle.dta 数据集，估计 temp date damage 对 distress 的选择影响（在本章正文中详细介绍过，shuttle.dta 是关于航天飞机热损情况的数据集）。

5.　使用 bwght.dta 数据集，完成以下任务：

（1）　使用 des 命令查看该数据集的基本情况，估计

$$\text{bwght} = \beta_0 + \beta_1\text{cigs} + \beta_2\text{parity} + \beta_3\text{faminc} + \beta_4\text{motheduc} + \beta_5\text{fathdeuc} + u$$

的系数大小。

（2） 使用 graph twoway 和 rvfplot 命令画出诊断标绘图。

bwght.dta 是关于孩子出生重量的数据集，共有 14 个变量，1388 条记录。表 10-5 列出它的前 15 条数据（仅列出本题需要使用的数据）。

表 10-5 bwght.dta 数据集的部分数据

cigs	fatheduc	motheduc	parity	bwght	faminc
0	12	12	1	109	13.5
0	6	12	2	133	7.5
0		12	2	129	0.5
0	12	12	2	126	15.5
0	14	12	2	134	27.5
0	12	14	6	118	7.5
0	16	14	2	140	65
0	12	14	2	86	27.5
0	12	17	2	121	27.5
0	16	18	2	129	37.5
0	12	16	2	101	27.5
0	16	15	1	133	27.5
0		12	3	61	6.5
0	12	12	1	104	10.5
0	7	12	1	92	12.5

其中，cigs 表示母亲在怀孕期间每天的吸烟数，bwght 表示孩子出生的重量，fatheduc 表示父亲的教育，mothdeuc 表示母亲的教育，parity 表示新生儿是这个家庭的第几个孩子，faminc 表示家庭收入。我们的第一个问题就是要看 cigs、fatheduc、mothdeuc、parity、faminc 对孩子出生时的重量 bwght 的影响。

第 11 章　时间序列分析

时间序列分析方法（Time series analysis）由 Box-Jenkins（1976 年）提出，是一种动态数据处理的统计方法。该方法基于随机过程理论和数理统计学方法，研究随机数据序列所遵从的统计规律，以用于解决实际问题。这种建模方法不以经济理论为依据，不考虑其他解释变量的作用，而是依据变量自身的变化规律，利用外推机制描述时间序列的变化。

11.1　基本时间序列模型的估计

在许多情况下，人们用时间序列的观测时期代表的时间作为模型的解释变量，用来表示被解释变量随时间的自发变化趋势。这种变量称为时间变量，也叫做趋势变量。时间变量通常用 t 表示，其在用时间序列构建的计量经济模型中得到广泛的应用，它可以单独作为一元线性回归模型中的解释变量，也可作为多元线性回归模型中的一个解释变量，其对应的回归系数表示被解释变量随时间变化的变化趋势，时间变量也经常用在预测模型中。

11.1.1　趋势分析与指数平衡

本节介绍关于趋势分析的基本知识，包括时间序列的构成因素和长期趋势分析。

1.　时间序列的构成因素

时间序列的形成是各种不同的因素对事物的发展变化共同起作用的结果。这些因素概括起来可以归纳为四类：长期趋势因素、季节变动因素、循环变动因素和不规则变动因素。由此造成客观事物的变动呈现出 4 种不同的状态。

第一，长期趋势变动。长期趋势因素是在事物的发展过程中起着主要的、决定性作用的因素，这类因素使得事物的发展水平长期沿着一定的方向发展，使事物的变化呈现出某种长期的变化趋势。例如，中国改革开放以来，经济是持续增长的，表现为国内生产总值逐年增长的态势。

第二，季节变动。季节变动或称季节波动，是指某些现象由于受自然条件和经济条件的变动影响，而形成在一年中随季节变动而发生的有规律的变动。如羽绒服装的销售量由于季节的影响而呈现出淡、旺交替变化的周期性变动；某些农产品加工企业，由于受原材料生长季节的影响，其生产也出现周期性变动等。

第三，循环变动。循环变动是指一年以上的周期性变化，其波动是从低到高再从高到低的周而复始的一种有规律的变动。循环波动不同于趋势变动，它不是沿着单一的方向持续运动，而是升降相间、涨落交替的变动；它也不同于季节变动，季节变动有比较固定的规律，且变动周期长度在一年以内，而循环变动则无固定规律，变动周期多在一年以上，且周期长短不一。

第四，不规则变动。不规则变动也有人称之为随机漂移，属于序列中无法确切解释、无须解释的那些剩余波动。引起事物发生不规则变动的因素多是一些偶然因素，由于它们的影响使事物的发展变化呈现出无规律的、不规则的状态。

时间序列构成分析就是要观察现象在一个相当长的时期内，由于各个影响因素的影响，使事物发展变化中出现的长期趋势、季节变动、循环变动和不规则变动。

形成时间序列变动的四类构成因素，按照它们的影响方式不同，可以设定为不同的组合模型。其中，最常用的有乘法模型和加法模型：

乘法模型：$Y=T\cdot S\cdot C\cdot I$

加法模型：$Y=T+S+C+I$

式中，Y 为时间序列的指标数值，T 为长期趋势成分，S 为季节变动成分，C 为循环变动成分，I 为不规则变动成分。乘法模型是假定四个因素对现象的发展的影响是相互作用的，以长期趋势成分的绝对量为基础，其余量均以比率表示。加法模型是假定四个因素的影响是相互独立的，每个成分均以绝对量表示。

2. 时间序列长期趋势分析

通过测定和分析过去一段时间之内现象的发展趋势，可以认识和掌握现象发展变化的规律性，为统计预测提供必要的条件，同时也可以消除原有时间序列中长期趋势的影响，更好地研究季节变动和循环变动等问题。测定和分析长期趋势的主要方法是对时间序列进行修匀，常用方法有平滑方法和回归方法等。

（1） 移动平均法。

移动平均法在原时间序列内依次求连续若干期的平均数作为其某一期的趋势值，如此逐项递移求得一系列的移动平均数，形成一个新的、派生的平均数时间序列。在新的时间序列中偶然因素的影响被削弱，从而呈现出现象在较长时间的基本发展趋势。

中心化移动平均是把时间序列连续 N 期的平均数作为 N 期的中间一期的趋势值。如果 N 为奇数，则把 N 期的移动平均值作为中间一期的趋势值。如果 N 为偶数，须将移动平均数再进行一次两项移动平均，以调整趋势值的位置，使趋势值能对准某一时期。相当于对原序列进行一次 N+1 项移动平均，首末两个数据的权重为 0.5，中间数据权重为 1。

移动平均法一般用来消除不规则变动的影响，把序列进行修匀（smoothing），以观察序列的其他成分。如果移动平均的项数等于季节长度则可以消除季节成分的影响；如果移动平均的项数等于平均周期长度的倍数则可以消除循环变动的影响。

（2） 指数平滑法。

指数平滑法与移动平均法一样，具有将大部分随机效应消除的功能。它也是一种较为流行的平滑方法，是指借助平化技术消除时间序列中高低突变数值，得出一个趋势数列，据此对未来发展趋势的可能水平作出估计的一种预测技术。实际上是一种特殊的加权移动平均法，一般用于观察值具有长期趋势变动和季节性变动的预测。

（3） 时间回归法（趋势方程法）。

使用回归分析中的最小二乘法，以时间 t 或 t 的函数为自变量拟合趋势方程。趋势线的选择首先要根据散点图观察数据的特点，结合理论分析和经验确定，同时还要比较不同回归模型的决定系数、估计标准误等指标。趋势方程可以使用回归分析中的最小二乘法进行估计。

11.1.2 平稳性检验

在定义时间序列之前需要先定义随机过程，因为随机过程的一次实现称为时间序列。

由随机变量组成的一个有序序列称为随机过程，记为$\{x(s,t), s\in S, t\in T\}$。其中 S 表示样本空间，T 表示序数集。对于每一个 $t, t\in T, x(\cdot, t)$ 是样本空间 S 中的一个随机变量。对于每一个 $s, s\in S, x(s,\cdot)$是随机过程在序数集 T 中的一次实现。随机过程简记为$\{x_t\}$或 x_t。随机过程也常简称为过程，一般分为两类，一类是离散型的，一类是连续型的。如果一个随机过程$\{x_t\}$对任意的 $t\in T$ 都是一个连续型随机变量，则称此随机过程为连续型随机过程；如果一个随机过程$\{x_t\}$对任意的 $t\in T$ 都是一个离散型随机变量，则称此随机过程为离散型随机过程。本书只考虑离散型随机过程。

1. 平稳性过程

离散型随机过程包括平稳的随机过程和非平稳的随机过程，对平稳随机过程的定义有两种，一种是严（强）平稳过程，一种是宽平稳过程。下面依次给出两者的定义。

严（强）平稳过程：一个随机过程中若随机变量的任意子集的联合分布函数与时间无关，即无论对 T 的任何时间子集（$t_1, t_2, \cdots, t_n$）以及任何实数 $k, (t_i+k)\in T, i=1,2, \cdots, n$ 都有

$$F(x(t_1), x(t_2), \cdots, x(t_n)) = F(x(t_1+k), x(t_2+k), \cdots, x(t_n+k))$$

成立，其中 $F(\cdot)$ 表示 n 个随机变量的联合分布函数，则称其为严平稳过程或强平稳过程。

严平稳意味着随机过程所有存在的矩都不随时间的变化而变化。严平稳的条件是非常严格的，而且对于一个随机过程，上述联合分布函数不便于分析和使用。因此，希望给出不像强平稳那样严格的条件。若放松条件，则可以只要求分布的主要参数相同。这就引出了宽平稳概念。

如果一个随机过程 m 阶矩以下的矩的取值全部与时间无关，则称该过程为 m 阶平稳过程。如果严平稳过程的二阶矩为有限常数值，则其一定是宽平稳过程。反之，一个宽平稳过程不一定是严平稳过程。但对于正态随机过程而言，严平稳与宽平稳是一致的。这是因为正态随机过程的联合分布函数完全由均值、方差和协方差所唯一确定。本书简称二阶平稳过程为平稳过程。

2. 两种基本的随机过程

随机过程中有两类最基本的过程，一是白噪声过程，二是随机游走过程，依次进行介绍。

（1） 白噪声（white noise）过程。

白噪声过程：对于随机过程$\{x_t, t\in T\}$，如果 $E(x_t)=0, \mathrm{Var}(x_t)=\sigma^2<\infty, t\in T$; $\mathrm{Cov}(x_t, x_{t+k})=0, (t+k)\in T, k\neq 0$，则称$\{x_t\}$为白噪声过程。

白噪声是平稳的随机过程，因其均值为零，方差不变，随机变量之间非相关。显然上述白噪声是二阶宽平稳随机过程。如果$\{x_t\}$同时还服从正态分布，则它就是一个强平稳的随机过程。

（2） 随机游走（random walk）过程。

对于下面的表达式

$$x_t = x_{t-1} + u_t \tag{11.1}$$

如果 u_t 为白噪声过程，则称 x_t 为随机游走过程。

随机游走过程的均值为零，方差为无限大。所以随机游走过程是非平稳的随机过程。

11.1.3 趋势分析与指数平滑的 Stata 实现

1. 定义时间序列

在进行时间序列的分析之前，首先要定义变量为时间序列数据。只有定义之后，才能对变量使用时间序列运算符号，也才能使用时间序列分析的相关命令。定义时间序列用 tsset 命令，其基本命令格式为：

```
tsset timevar [, options]
```

其中，timevar 为时间变量。options 分为两类，或者定义时间单位，或者定义时间周期（即 timevar 两个观测值之间的周期数）。options 的相关描述如表 11-1 所示。

表 11-1 options 的相关描述

时间单位	格式说明
Clocktime	timevar 的格式为%tc, 0=1jan1960 00:00:00.000，1=1jan1960 00:00:00.001 即 0 代表 1960 年 1 月 1 日的第一秒，1 为 1960 年 1 月 1 日的第二秒，依次后推
daily	timevar 的格式为%td，0=1jan1960，1=2jan1960；即 0 为 1960 年第一天，1 为 1960 年第二天，依次后推
weekly	timevar 的格式为%tw，0=1960w1，1=1960w2；即 0 为 1960 年第一周，1 为 1960 年第二周，依次后推
monthly	timevar 的格式为%tm，0=1960m1，1=1960m2；即 0 为 1960 年第一月，1 为 1960 年第二月，依次后推
quarterly	timevar 的格式为%tq，0=1960q1，1=1960q2；即 0 为 1960 年第一季，1 为 1960 年第二季，依次后推
harfyearly	timevar 的格式为%th，0=1960h1，1=1960h2；即 0 为从 1960 起的第一个半年，1 为从 1960 年起第二个半年，依次后推
yearly	timevar 的格式为%ty，1960=1960，1961=1960
generic	timevar 的格式为%tg
format(%fmt)	用户定义的其他
时间周期	例子
delta(#)	例如 delta(1)或 delta(2)
delta((exp))	例如 delta((7*24))
delta(#units)	例如 delta(7 days)或 delta(15 minutes)或 delta(7 days 15 minutes)。见注（1）
delta((exp)units)	例如 delta((2+3) weeks)

注：（1）units 表示时间单位，对于%tc，允许的时间单位包括：second、seconds、secs、secs、minutes、minute、mine、min、hours、hour、days、weeks、week。对于其他%t 的格式，Stata 自动获得其时间单位，delta 选项经常与%tc 格式一起使用。

可以通过以下 3 种方式来定义时间序列。例如，想要生成格式为%td 的时间序列，并定义该时间序列为 t，则可以用以下 3 种方法。

方法 1	方法 2	方法 3
format t %td tsset t	tsset t,daily	tsset t, format(%td)

【例 11-1】使用表 11-2 的数据来对 tsset 命令的应用进行说明。该例子是我国 1983 年 1 月至 2007 年 8 月的居民消费价格指数 CPI。部分数据如表 11-2 所示。

表 11-2　我国居民消费价格指数 CPI

Year	month	cpi
1983	1	100.6
1983	2	100.9
1983	3	100.9
1983	4	100.4
1983	5	101.2
1983	6	101.9
1983	7	100.9
1983	8	102.1
1983	9	102.8
1983	10	104
1983	11	104.7
1983	12	103.6
1984	1	101.3
1984	2	101.6
1984	3	101.6
1984	4	101.5
1984	5	102.3
1984	6	103
1984	7	101.7

本例要求定义该时间序列数据，完成该任务可分作以下两个步骤：

（1） 首先需要对变量进行定义，生成具有时间变量格式的变量。

键入命令：

```
generate monthly=ym(year,month)///生成新的变量 monthly，该变量由年和月构成，形式为 ym(year,month)
```

输入此命令之后，在 Stata 的数据中生成了新的变量 monthly。部分数据如表 11-3 所示。

表 11-3　新变量 monthly 的部分数据

month	cpi	year	monthly
1	100.6	1983	1983m1
2	100.9	1983	1983m2
3	100.9	1983	1983m3
4	100.4	1983	1983m4
5	101.2	1983	1983m5
6	101.9	1983	1983m6
7	100.9	1983	1983m7
8	102.1	1983	1983m8
9	102.8	1983	1983m9
10	104	1983	1983m10
11	104.7	1983	1983m11

（2） 定义时间序列，可以有如下两种方法。

使用方法 1，输入命令：

```
format monthly %tm
tsset monthly ///生成时间序列 monthly，其格式为%tm
```

输出结果如下：

```
    time variable:  monthly, 1983m1 to 2007m8
            delta:  1 month
```

使用方法 2：

```
tsset monthly,monthly
```

输出结果如下：

```
    time variable:  monthly, 1983m1 to 2007m8
            delta:  1 month
```

2. 修匀

数据=修匀部分+粗糙部分，运用 Stata 进行修匀使用 tssmooth 命令，其基本命令格式如下所示：

```
tssmooth  smoother[type]  newvar = exp [if] [in] [, ...]
```

其中 smoother[type]有一系列目录，如表 11-4 所示。

表 11-4　smoother[type]修匀类型的相关描述

平滑的种类	smoother[type]
移动平均	
不加权	ma
加权	ma
递归	
单指数过滤器	exponential
双指数过滤器	dexponential
非季节性 Holt-Winters 修匀	hwinters
季节性 Holt-Winters 修匀	shwinters
非线性过滤器	nl

【例 11-2】继续使用数据 cpi.dta 来对 tssmooth 命令的应用进行说明。在本例中对该组数据进行修匀，以便消除不规则变动的影响，得到时间序列长期趋势，本例修匀的方法是利用之前的 1 个月和之后的 2 个月及本月进行平均。修匀后的数据变量用 cpi4 来表示，输入命令：

```
tssmooth ma cpi4=cpi, window(1 1 2)///对时间序列 cpi 的数据进行加权移动平均修匀，
令新的时间序列 cpi4 为本月 cpi 以及前一月 cpi 和后两月 cpi 的平均数
```

输出结果如下：

```
The smoother applied was
    (1/4)*[x(t-1) + 1*x(t) + x(t+1) + x(t+2)]; x(t)= cpi
```

修匀后的数据可以计算残差，可以通过输入以下命令来实现：

```
generate rough=cpi-cpi4///生成残差序列 rough
```

更加详细的说明可以通过在 Stata 的 help 中键入 help tssmooth_exponential、help tssmooth ma 等得到。

在本例中可以通过作图来对比修匀前后的数据差别，输入命令：

```
graph twoway line cpi monthly///做 cpi 序列的二维线性图
```

输出结果如图 11-1 所示。

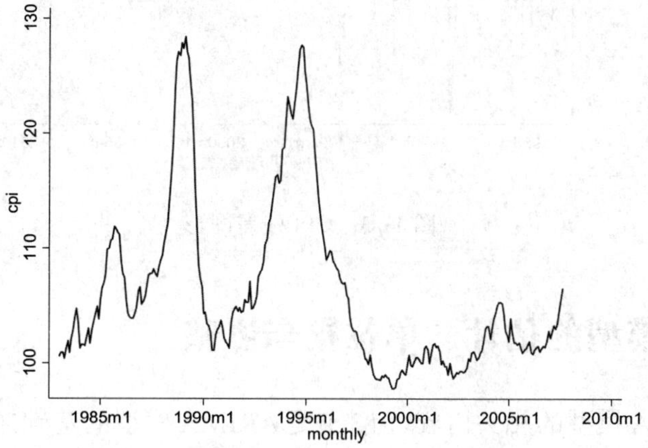

图 11-1　CPI 修匀前图形

对比 cpi 经过修匀后的图和原始图，再对修正后的数据作图，输入命令：

```
graph twoway line cpi monthly || line cpi4 monthly///做序列 cpi 和序列 cpi4 的线性图
```

输出结果如图 11-2 所示。

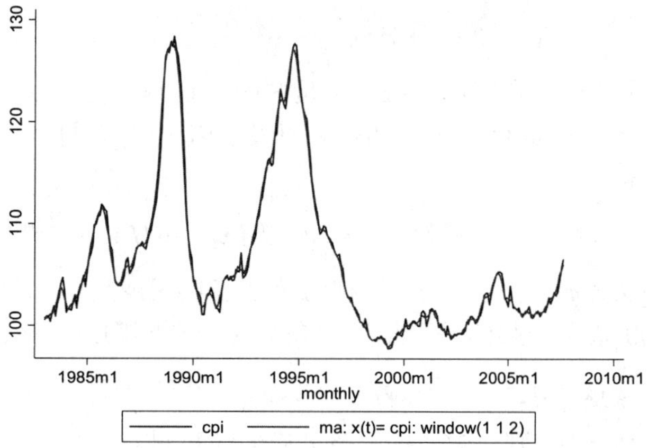

图 11-2　CPI 修匀前图形

显示残差图，输入命令：

```
graph twoway line rough monthly///做残差序列的线性图
```

输出结果如图 11-3 所示。

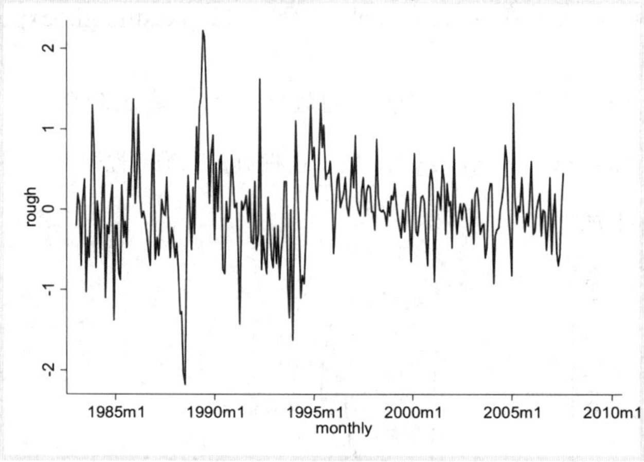

图 11-3　CPI 残差图形

11.2　ARIMA 模型的估计、单位根与协整

本节讲解 ARIMA 模型的相关内容，前 3 节是 ARIMA 模型的基础知识，11.2.4 节是 ARIMA 模型的 Stata 实现。

11.2.1　ARIMA 模型的估计

时间序列模型一般分为四类，分别是自回归过程、移动平均过程、自回归移动平均过程、单整自回归移动平均过程。

1.　自回归过程

如果一个剔出了均值的平稳时间序列可以表达为

$$x_t = \phi_1 x_{t-1} + \phi_2 x_{t-2} + \cdots + \phi_p x_{t-p} + u_t \quad (11.2)$$

其中ϕ_i，$i = 1$，…，p 是自回归参数，u_t 是白噪声过程，则称 x_t 为 p 阶自回归过程，用 AR(p)表示。x_t 是由它的 p 个滞后变量的加权和以及 u_t 相加而成的。

若用滞后算子表示

$$(1 - \phi_1 L - \phi_2 L^2 - \cdots - \phi_p L^p)\, x_t = \Phi(L)\, x_t = u_t \quad (11.3)$$

其中$\Phi(L) = 1 - \phi_1 L - \phi_2 L^2 - \cdots - \phi_p L^p$ 称为特征多项式或自回归算子。

与自回归模型常联系在一起的是平稳性问题。对于自回归过程 AR(p)，如果其特征方程

$$\Phi(z) = 1 - \phi_1 z - \phi_2 z^2 - \cdots - \phi_p z^p = (1 - G_1 z)(1 - G_2 z)\cdots(1 - G_p z) = 0 \quad (11.4)$$

的所有根的绝对值都大于 1，则 AR(p)是一个平稳的随机过程。

2.　移动平均过程

如果一个剔出均值和确定性成分的线性随机过程可用下式表达：

$$\begin{aligned} x_t &= u_t + \theta_1 u_{t-1} + \theta_2 u_{t-2} + \cdots + \theta_q u_{t-q} \\ &= (1 + \theta_1 L + \theta_2 L^2 + \cdots + \theta_q L^q)\, u_t = \Theta(L)\, u_t \end{aligned} \quad (11.5)$$

其中θ_1，θ_2，…，θ_q是回归参数，u_t为白噪声过程，则上式称为 q 阶移动平均过程，记为 MA(q)。之所以称“移动平均”，是因为 x_t 是由 q+1 个 u_t 和 u_t 滞后项的加权和构造而成的。“移动”指 t 的变化，“平均”指加权和。

由定义知任何一个 q 阶移动平均过程都是由 q+1 个白噪声变量的加权和组成的，所以任何一个移动平均过程都是平稳的。

与移动平均过程相联系的一个重要概念是可逆性。移动平均过程具有可逆性的条件是特征方程：

$$\Theta(z) = (1 + \theta_1 z + \theta_2 z^2 + \cdots + \theta_q z^q) = 0 \tag{11.6}$$

的全部根的绝对值必须大于 1。

由式（11.5）有$\Theta(L)^{-1}x_t = u_t$。由于$\Theta(L)$可表示为

$$\Theta(L) = (1 - H_1 L)(1 - H_2 L) \cdots (1 - H_q L)$$

所以有：

$$\Theta(L)^{-1} = \left(\frac{m_1}{1-H_1L} + \frac{m_2}{1-H_2L} + \cdots + \frac{m_q}{1-HqL}\right) \tag{11.7}$$

m_i为待定参数。可见保证 MA(q)过程可以转换成一个无限阶自回归过程，即 MA(q)具有可逆性的条件$\Theta(L)^{-1}$收敛。对于 $|L| \leqslant 1$，必须有$|H_j|<1$ 或$|H_j^{-1}|>1$，$j = 1$，2，…，q 成立。而 H_j^{-1} 是特征方程$\Theta(L) = (1 - H_1 L)(1 - H_2 L) \cdots (1 - H_q L) = 0$ 的根，所以 MA(q)过程具有可逆性的条件是特征方程$\Theta(L) = 0$ 的根必须在单位圆之外（因为 $x_t=\Theta(L)$）u_t 是平稳的，如果变换成$\Theta(L)^{-1} x_t = u_t$后，变得不平稳，显然失去可逆性）。

注意，对于无限阶的移动平均过程

$$x_t = \sum_{i=0}^{\infty}(\theta_i u_{t-i}) = u_t(1+\theta_1 L + \theta_2 L^2 + \cdots) \tag{11.8}$$

其方差为

$$\mathrm{Var}(x_t) = \sum_{i=0}^{\infty}(\theta_i^2 \mathrm{Var}(u_{t-i})) = \sigma_u^2 \sum_{i=0}^{\infty}\theta_i^2 \tag{11.9}$$

很明显，虽然有限阶移动平均过程都是平稳的，但对于无限阶移动平均过程还须另加约束条件才能保证其平稳性。这个条件就是$\{x_t\}$的方差必须为有限值，即

$$\sum_{i=0}^{\infty}\theta_i^2 < \infty$$

3. 自回归移动平均过程

由自回归和移动平均两部分共同构成的随机过程称为自回归移动平均过程，记为 ARMA(p, q)，其中 p，q 分别表示自回归和移动平均部分的最大阶数。ARMA(p, q)的一般表达式是

$$x_t = \phi_1 x_{t-1} + \phi_2 x_{t-2} + \cdots + \phi_p x_{t-p} + u_t + \theta_1 u_{t-1} + \theta_2 u_{t-2} + \cdots + \theta_q u_{t-q} \tag{11.10}$$

即

$$(1-\phi_1 L-\phi_2 L^2-\cdots-\phi_p L^p)\,x_t=(1+\theta_1 L+\theta_2 L^2+\cdots+\theta_q L^q)\,u_t$$

或

$$\Phi(L)\,x_t=\Theta(L)\,u_t \tag{11.11}$$

其中$\Phi(L)$和$\Theta(L)$分别表示 L 的 p，q 阶特征多项式。

ARMA(p, q)过程的平稳性只依赖于其自回归部分，即$\Phi(L)=0$ 的全部根取值在单位圆之外（绝对值大于 1）。其可逆性则只依赖于移动平均部分，即$\Theta(L)=0$ 的根取值应在单位圆之外。

实际中最常用的是 ARMA(1, 1)过程。

$$x_t-\phi_1 x_{t-1}=u_t+\theta_1 u_{t-1} \tag{11.12}$$

或

$$(1-\phi_1 L)\,x_t=(1+\theta_1 L)\,u_t$$

很明显只有当$-1<\phi_1<1$ 和 $-1<\theta_1<1$ 时，上述模型才是平稳的、可逆的。

4. 单整自回归移动平均过程

以上介绍了三种平稳的随机过程。对于 ARMA 过程（包括 AR 过程），如果特征方程$\Phi(L)=0$ 的全部根取值在单位圆之外，则该过程是平稳的；如果若干个或全部根取值在单位圆之内，则该过程是强非平稳的。除此之外还有第三种情形，即特征方程的若干根取值恰好在单位圆上。这种根称为单位根，这种过程也是非平稳的。下面介绍这种重要的非平稳随机过程。

考虑如下模型

$$\Phi(L)\Delta^d y_t=\Theta(L)\,u_t \tag{11.13}$$

其中$\Phi(L)$ 是一个平稳的自回归算子。即$\Phi(z)=0$ 的根都大于 1。$\Theta(L)$表示可逆的移动平均算子。若取

$$x_t=\Delta^d y_t \tag{11.14}$$

则（11.13）可表示为

$$\Phi(L)\,x_t=\Theta(L)\,u_t \tag{11.15}$$

说明 y_t 经过 d 次差分之后，可用一个平稳的、可逆的 ARMA 过程 x_t 表示。

随机过程 y_t 经过 d 次差分之后可变换为一个以$\Phi(L)$为 p 阶自回归算子，$\Theta(L)$为 q 阶移动平均算子的平稳、可逆的随机过程，则称 y_t 为（p, d, q）阶单整(单积)自回归移动平均过程，记为 ARIMA (p, d, q)。这种取名的目的是与以后各章中的称谓相一致的。ARIMA 过程也称为综合自回归移动平均过程。其中$\Phi(L)\,\Delta^d$称为广义自回归算子。

式（11.13）是随机过程的一般表达式。当$p\neq 0, d=0, q\neq 0$ 时，式（2.19）变成 ARMA (p, q)过程，$d=0, p=0, q\neq 0$ 时，ARIMA 过程变成 AM(q)过程；而当 $p=d=q=0$ 时，ARIMA 过程变成白噪声过程。

做$\Delta^d y_t=x_t$的逆运算

$$y_t = S^d x_t \tag{11.16}$$

其中 S 是无限累加（积分）算子。当 $d=1$ 时，$S x_t$ 定义如下

$$S x_t = \sum_{i=-\infty}^{t} x_i = (1 + L + L^2 + \cdots)x_t = (1-L)^{-1} x_t = \Delta^{-1} x_t = y_t \tag{11.17}$$

则

$$S = (1-L)^{-1} = \Delta^{-1} \tag{11.18}$$

单整（单积）与差分互为逆运算。

11.2.2 单位根过程及其检验

由于虚假回归问题的存在，在回归模型中应避免直接使用不存在协积关系的非平稳变量。因此检验变量的平稳性是一个必须解决的问题。在这一部分给出序列平稳性的严格的统计检验方法，即单位根检验。

1. 几种常见的非平稳随机过程

在介绍单位根检验之前，先认识 4 种典型的非平稳随机过程。

（1） 随机游走过程。

$$y_t = y_{t-1} + u_t,\ y_0 = 0,\ u_t \sim \text{IID}(0, \sigma^2) \tag{11.19}$$

其均值为零，方差无限大，但不含有确定性时间趋势。

（2） 随机趋势过程。

$$y_t = \alpha + y_{t-1} + u_t,\quad y_0 = 0,\quad u_t \sim \text{IID}(0, \sigma^2) \tag{11.20}$$

其中α称为位移项（漂移项）。由上式知，$E(y_1)= \alpha$（过程初始值的期望）。将式（11.20）作如下迭代变换

$$y_t = \alpha + y_{t-1} + u_t = \alpha + (\alpha + y_{t-2} + u_{t-1}) + u_t = \cdots = \alpha t + y_0 + \sum_{i-1}^{t} u_i$$

y_t 由确定性时间趋势项 αt 和 $y_0 + \sum_{i-1}^{t} u_i$ 组成。可以把 $y_0 + \sum_{i-1}^{t} u_i$ 看作随机的截距项。在不存在任何冲击 u_t 的情况下，截距项为 y_0。而每个冲击 u_t 都表现为截距的移动。每个冲击 u_t 对截距项的影响都是持久的，导致序列的条件均值发生变化，所以称这样的过程为随机趋势过程（stochastic trend process），或有漂移项的非平稳过程（non-stationary process with drift）。

因为对 y_t 作一次差分后，序列就平稳了，$\Delta y_t = y_t - y_{t-1} = \phi_0 + u_t$ 为平稳过程，所以也称 y_t 为差分平稳过程（difference- stationary process）。α 是 Δy_t 序列的均值，原序列 y_t 的增长速度。

（3） 趋势平稳过程。

$$y_t = \beta_0 + \beta_1 t + u_t,\quad u_t = \rho u_{t-1} + v_t,\quad (\rho < 1,\ v_t \sim \text{IID}(0, \sigma^2)) \tag{11.21}$$

式（11.21）中 y_t 与趋势值 $\beta_0+\beta_1 t$ 不同，差值为 u_t。因为 u_t 是平稳的，y_t 只会暂时背离趋

势。y_{t+k} 的长期预测值将趋近于趋势线$\beta_0+\beta_1(t+k)$。所以称其为趋势平稳过程（trend stationary process）。趋势平稳过程由确定性时间趋势$\beta_1 t$ 所主导。趋势平稳过程也称为退势平稳过程，因为减去趋势后，其为平稳过程，$y_t - \beta_1 t = \beta_0+ u_t$。

整理上式，得趋势平稳过程的另一种表达形式

$$y_t = \phi_0 + \alpha \mathrm{t} + \rho y_{t-1} + v_t, \quad (\rho <1, v_t \sim \mathrm{IID}(0, \sigma^2))$$

其中$\phi_0 = \beta_0 -\rho (\beta_0-\beta_1), \alpha = \beta_1(1-\rho)$。当$\rho < 1$ 时，必然有$\alpha \neq 0$，y_t 为退势平稳过程；当$\rho = 1$ 时，必然有$\alpha =0$，y_t 为随机趋势过程。

趋势平稳过程的差分过程是过度差分过程。$\Delta y_t = \beta_1 + u_t - u_{t-1}$。移动平均特征方程中含有单位根。所以应该用退势的方法获得平稳过程。$y_t - \beta_1 t = \beta_0 + u_t$。

（4） 趋势非平稳过程。

$$y_t = \phi_0+ \alpha t + y_{t-1} + u_t, \quad y_0 = 0, \quad u_t \sim \mathrm{IID}(0, \sigma^2) \tag{11.22}$$

其中，ϕ_0 称为位移项（漂移项），αt 称为趋势项。式（11.22）是含有随机趋势和确定性趋势的混合随机过程对上式进行迭代运算。

$$y_t = \mu + \alpha t + y_{t-1} + u_t = \mu + \alpha t + (\mu + \alpha (t-1) + y_{t-2} + u_{t-1}) + u_t$$

$$= \cdots = y_0 + \mu t + (\alpha t)\, t - \alpha (1+2 +\cdots+ t) + \sum_{i=1}^{t} u_i$$

$$= y_0 + \mu t + \alpha t^2 - \frac{\alpha}{2} (1+ t)\, t + \sum_{i=1}^{t} u_i = (\mu - \frac{\alpha}{2})\, t + \frac{\alpha}{2} t^2 + \sum_{i=1}^{t} u_i \qquad \text{（设定 } y_0=0\text{）}$$

趋势非平稳过程是含有随机趋势和确定性趋势的混合过程。趋势项中包括 t 的 1 次项和 2 次项。这种过程在经济问题中非常少见。

2. 单位根检验

（1） 单位根检验的基本原理。

David Dickey 和 Wayne Fuller 的单位根检验（unit root test）即迪基-富勒（DF）检验，是在对数据进行平稳性检验中比较经常用到的一种方法。先介绍 DF 检验的基本思想。

从考虑如下模型开始：

$$Y_t = \rho Y_{t-1} + u_t \tag{11.23}$$

对该模型进行滞后迭代整理得到

$$Y_t = \rho^T Y_{t-T} + \rho u_{t-1} + \rho^2 u_{t-2} + \cdots + \rho^T u_{t-T} + u_t$$

根据ρ 值的不同，可以分 3 种情况考虑：①若$\rho <1$，则当 $T\to\infty$时，$\rho^T\to 0$，即对序列的冲击将随着时间的推移其影响逐渐减弱，此时序列是稳定的。②若$\rho >1$，则当$T\to\infty$时，$\rho^T\to\infty$，即对序列的冲击随着时间的推移其影响反而是逐渐增大的，很显然，此时序列是不稳定的。③若$\rho =1$，则当$T\to\infty$时，$\rho^T =1$，即对序列的冲击随着时间的推移其影响是不变的，很显然，序列也是不稳定的。

对于式（11.23），DF 检验相当于对其系数的显著性检验，所建立的零假设是：H_0:$\rho=1$，如果拒绝零假设，则称 Y_t 没有单位根，此时 Y_t 是平稳的；如果不能拒绝零假设，就说 Y_t 具有单位根，此时 Y_t 被称为随机游走序列是不稳定的。

方程（11.23）也可以表达成

$$\Delta Y_t=(\rho-1)Y_{t-1}+u_t=\delta Y_{t-1}+u_t \tag{11.24}$$

此时的零假设变为：H_0:$\delta = 0$。注意到如果不能拒绝 H_0，则 $\Delta Y_t=u_t$ 是一个平稳序列，即 Y_t 一阶差分后是一个平稳序列，此时称为一阶单整过程序列，记为 $I(1)$。$I(1)$过程在金融、经济时间序列数据中是最普遍的，而 $I(0)$则表示平稳时间序列。

从理论与应用的角度，DF 检验的检验模型有如下的三个：

$$Y_t=(1+\delta)Y_{t-1}+u_t\text{，即 }\Delta Y_t=\delta Y_{t-1}+u_t \tag{11.25}$$

$$Y_t=\beta_1+(1+\delta)Y_{t-1}+u_t\text{，即 }\Delta Y_t=\beta_1+\delta Y_{t-1}+u_t \tag{11.26}$$

$$Y_t=\beta_1+\beta_2 t+(1+\delta)Y_{t-1}+u_t\text{，即 }\Delta Y_t=\beta_1+\beta_2 t+\delta Y_{t-1}+u_t \tag{11.27}$$

其中 t 是时间或趋势变量，在每一种形式中，建立的零假设都是：$H_0:\rho=1$ 或 $H_0:\delta=0$，即存在一单位根。式（11.25）和另外两个回归模型的差别在于是否包含有常数（截距）和趋势项。如果误差项是自相关的，就把式（11.27）修改如下：

$$\Delta Y_t=\beta_1+\beta_2 t+\delta Y_{t-1}+\alpha_i\sum_{i=1}^{m}\Delta Y_{t-i}+\varepsilon_t \tag{11.28}$$

式（11.28）中增加了 ΔY_t 的滞后项，建立在式（11.28）基础上的 DF 检验又被称为增广的 DF 检验（augmented Dickey-Fuller，简记 ADF）。ADF 检验统计量和 DF 统计量有同样的渐近分布，使用相同的临界值。

（2） ADF 检验模型的确定。

首先来看如何判断检验模型是否应该包含常数项和时间趋势项。解决这一问题的经验做法是：考察数据图形。

其次来看如何判断滞后项数 m。在实证中，常用的方法有两种：第一是渐进 t 检验，该种方法是首先选择一个较大的 m 值，然后用 t 检验确定系数是否显著，如果是显著的，则选择滞后项数为 m；如果不显著，则减少 m 直到对应的系数值是显著的；第二是信息准则，常用的信息准则有 AIC 信息准则、SC 信息准则，一般而言，选择给出最小信息准则值的 m 值。

11.2.3 协整检验

有时虽然两个变量都是随机游走的，但它们的某个线形组合却可能是平稳的。在这种情况下，称这两个变量是协整的。很多金融、经济时间序列数据都是不平稳的，但它们可能受某些共同因素的影响，从而在时间上表现出共同的趋势，即变量之间存在一种稳定的关系，它们的变化受到这种关系的制约，因此它们的某种线性组合可能是平稳的，即存在协整关系。

假如 X_t 和 Y_t 都是 $I(1)$，如何检验它们之间是否存在协整关系，首先可以对模型进行 OLS 回归，然后检验残差是否是平稳的。因为如果 X_t 和 Y_t 没有协整关系，那么它们的任一线性组合都是非平稳的，残差也将是非平稳的。

检验残差是否平稳可以采用单位根检验，但需要注意的是，此时的临界值不能再用(A)DF 检验的临界值，而是要用恩格尔和格兰杰（Engle and Granger）提供的临界值，故这种协整检验又称为（扩展的）恩格尔格兰杰检验（简记(A)EG 检验）。

此外，也可以用协整回归的 Durbin-Watson 统计检验（Cointegration regression Durbin-Watson test，简记 CRDW）进行。CRDW 检验构造的统计量是：

$$\text{DW}=\frac{\sum(e_t-e_{t-1})^2}{\sum(e_t)^2}$$

对应的零假设是 DW=0。

若 e_t 是随机游走的，则 (e_t-e_{t-1}) 的数学期望为 0，所以 Durbin-Watson 统计量应接近于 0，即不能拒绝零假设；如果拒绝零假设，就可以认为变量间存在协整关系。

上述两种方法存在如下的缺点：

（1）CRDW 检验对于带常数项或时间趋势加上常数项的随机游走是不适合的，因此这一检验一般仅作为大致判断是否存在协整的标准。（2）对于 EG 检验，它主要有如下的缺点：①当一个系统中有两个以上的变量时，除非知道该系统中存在的协整关系的个数，否则是很难用 EG 法来估计和检验的。因此，一般而言，EG 检验仅适用于包含两个变量，即存在单一协整关系的系统。②仿真试验结果表明，即使在样本长度为 110 时，协整向量的 OLS 估计仍然是有偏的，这将会导致犯第二类错误的可能性增加，因此在小样本下 EG 检验结论是不可靠的。

11.2.4 ARIMA 模型的 Stata 实现

1. 相关性和平稳性检验

在进行 arima 分析前，对序列的特征应该有相应的了解，包括自相关图、偏自相关图和 Q 统计量。自相关刻画它序列 u_t 的邻近数据之间存在多大程度的相关性。偏自相关度量的是 k 期间距的相关而不考虑 k−1 期的相关。p 阶滞后的 Q 统计量的原假设是：序列不存在 p 阶自相关；备选假设为序列存在 p 阶自相关。在 Stata 中实现相关性检验的基本命令格式如下所示：

命令格式 1（做出自相关和偏自相关图）：

```
corrgram varname [if] [in] [, corrgram_options]
```

命令格式 2（做出自相关图）：

```
ac varname [if] [in] [, ac_options]
```

命令格式 3（做出自相关和偏自相关图）：

```
pac varname [if] [in] [, pac_options]
```

以上三个命令格式的选项的相关描述分别如表 11-5、表 11-6 和表 11-7 所示。

表 11-5 corrgram_options 的相关描述

主要选项	描 述
lags(#)*	滞后阶数
noplot	不进行作图
yw	通过 Yule-Walker 方程组，计算偏自相关 PAC

表 11-6 ac_options 的相关描述

主要选项	描 述
lags(#)*	滞后阶数
generate(newvar)	生成新变量，默认不作图
level(#)	置信度，默认 95%
fft	通过傅里叶转化计算 AC

表 11-7 ac_options 的相关描述

主要选项	描 述
lags(#)*	滞后阶数
generate(newvar)	生成新变量，默认不作图
level(#)	置信度，默认 95%
yw	通过 Yule-Walker 方程组，计算偏自相关 PAC

【例 11-3】使用文件"gnp.dta"的数据来对 Stata 中自相关与偏自相关的应用进行说明。该数据给出了中国 1953—1984 年的国民生产总值 GNP、私人国内总投资 I、GNP 的隐性价格折算因子 P（以 1972 为基期）、半年期商业票据利率 R。在本例中我们对 GNP 时间序列进行分析，观察期相关图和自相关图，从而得到 GNP 时间序列的类型。数据说明如表 11-8 所示。

表 11-8 数据说明

指标中文名	中文单位	开始时间	结束时间	注 释
中国 GNP	10 亿美元	1953 年	1984 年	1972 年美元不变价
私人国内总投资	10 亿美元	1953 年	1984 年	1972 年美元不变价
GNP 的隐性价格折算因子（1972=1）	1972=1	1953 年	1984 年	
半年期商业票据利率	%	1953 年	1984 年	

全部数据如表 11-9 所示。

表 11-9 中国数据

年 份	中国 GNP	私人国内总投资	GNP 的隐性价格折算因子（1972=1）	半年期商业票据利率
1953	623.6	85.3	0.588	2.52
1954	616.1	83.1	0.596	1.59
1955	657.5	103.8	0.608	2.19
1956	671.6	102.6	0.628	3.31
1957	683.8	97	0.649	3.82
1958	680.9	87.5	0.66	2.47
1959	721.7	108	0.676	3.96
1960	737.2	104.7	0.687	3.85
1961	756.6	103.9	0.693	2.96

（续表）

年　　份	中国 GNP	私人国内总投资	GNP 的隐性价格折算因子（1972=1）	半年期商业票据利率
1962	800.3	117.6	0.706	3.26
1963	832.5	125.1	0.717	3.56
1964	876.4	133	0.728	3.96
1965	929.3	151.9	0.745	4.38
1966	984.8	163	0.767	5.55
1967	1011.4	154.9	0.791	5.11
1968	1058.1	161.6	0.825	5.9
1969	1087.6	171.4	0.868	7.83
1970	1085.6	158.5	0.915	7.71
1971	1122.4	173.9	0.96	5.11
1972	1185.9	195	1	4.73
1973	1254.3	217.5	1.058	8.15
1974	1246.3	195.5	1.151	9.84
1975	1231.6	154.8	1.258	6.32
1976	1298.2	184.5	1.323	5.34
1977	1369.7	214.2	1.4	5.61
1978	1438.6	236.7	1.504	7.99
1979	1479.4	236.3	1.634	10.91
1980	1475	208.5	1.784	12.29
1981	1512.2	230.9	1.956	14.76
1982	1480	194.3	2.078	11.89
1983	1534.7	221	2.153	8.81
1984	1639.3	289.9	2.234	10.16

对该数据进行时间序列分析，首先对 GNP 的数据进行自相关和偏自相关分析。输入命令：

```
tsset year ///设置时间变量
corrgram gnp///做 GNP 时间序列的相关图和自相关图
```

得到输出结果如下：

```
                                             -1       0       1 -1       0       1
 LAG       AC       PAC      Q     Prob>Q  [Autocorrelation]  [Partial Autocor]
-------------------------------------------------------------------------------
1        0.9079   1.0195   28.929  0.0000
2        0.8228  -0.1178   53.485  0.0000
3        0.7466   0.3712   74.399  0.0000
4        0.6586   0.2728   91.252  0.0000
5        0.5704   0.2252   104.36  0.0000
6        0.4700  -0.0081   113.61  0.0000
7        0.3724   0.1611   119.64  0.0000
8        0.2790  -0.5036   123.17  0.0000
9        0.1928  -0.0564   124.93  0.0000
10       0.1198   0.2913   125.64  0.0000
11       0.0421   0.0988   125.73  0.0000
12      -0.0395   0.5627   125.81  0.0000
13      -0.1096   0.4100    126.5  0.0000
14      -0.1669  -0.6835   128.19  0.0000
```

Q 统计量（即 box-pierce 混合法）检验的是一系列虚无假设，即所有各种时滞的自相关都为 0，因为这里所有的 P 值都小于 0.05，因此可以拒绝这些虚无假设，认为 gnp 自相关成立。更详细的图可以通过 ac 和 pac 命令得到。输入命令：

```
ac gnp,lag(5)///做 GNP 时序滞后五期的自相关图
```

得到输出结果如图 11-4 所示。

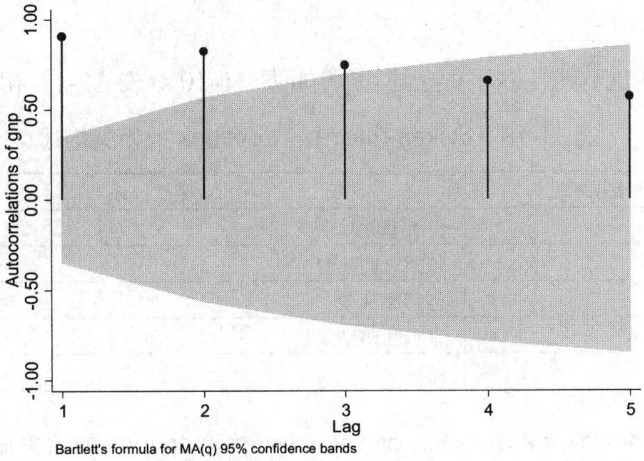

图 11-4　GNP 的自相关图形

超过弧线外的相关都是个体显著。再进行偏自相关分析，输入命令：

```
pac gnp,lag(5)///做 GNP 时序滞后五期的偏自相关图
```

得到输出结果如图 11-5 所示。

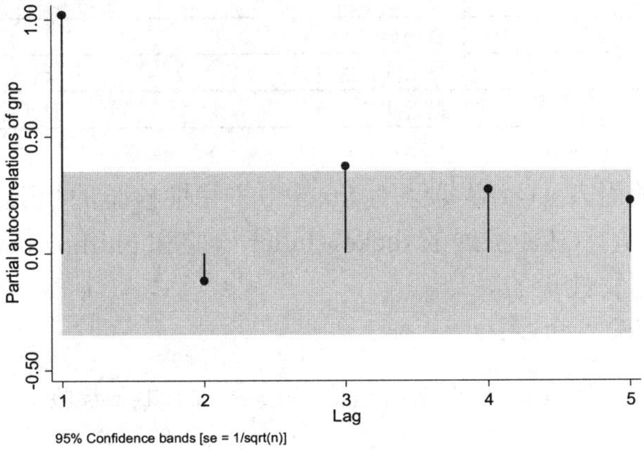

图 11-5　GNP 的偏自相关图形

超过线外的偏自相关个体显著。

2.　平稳性检验

检验序列的平稳性，可以用 phillips-perron 检验，dickey-fuller 检验，以及应用 GLS 扩展的 dickey-fuller 检验。其基本命令格式如下：

命令格式 1（dickey-fuller 检验）：

```
dfuller varname [if] [in] [,option]
```

命令格式 2（GLS 扩展的 dickey-fuller 检验）：

```
dfgls varname [if] [in] [, options]
```

命令格式 3（phillips-perron 检验）：

```
pperron varname [if] [in] [, options]
```

以上 3 个命令格式的选项的相关描述分别如表 11-10、表 11-11 和表 11-12 所示。

表 11-10　dickey-fuller 检验 options 的相关描述

主要选项	描　述
noconstant	没有截据项
trend	包括时间趋势
drift	包括漂移项
regress	显示回归结果
lags(#)	滞后阶数

表 11-11　GLS 扩展的 dickey-fuller 检验 options 的相关描述

主要选项	描　述
maxlag(#)	最大滞后阶数
notrend	没有时间趋势
ers	利用插值法计算临界值

表 11-12　phillips-perron 检验检验 options 的相关描述

主要选项	描　述
noconstant	没有截据项
trend	有趋势项
regress	显示回归结果
lags(#)	最大滞后阶数

【例 11-4】继续使用表 11-9 数据来对 Stata 中平稳性检验的相关应用进行说明。这里要求使用 dickey-fuller 检验、GLS 扩展的 dickey-fuller 检验和 phillips-perron 检验 3 种方法，对 GNP 的一阶差分进行平稳性检验。

完成上述任务，请输入命令：

```
dfuller  d.gnp ///对 GNP 的一阶差分进行 dickey-fuller 检验
```

得到输出结果如下：

```
Dickey-Fuller test for unit root                   Number of obs   =        30

                              ---------- Interpolated Dickey-Fuller ----------
                  Test         1% Critical       5% Critical      10% Critical
               Statistic           Value             Value             Value
------------------------------------------------------------------------------
 Z(t)            -4.261            -3.716            -2.986            -2.624
------------------------------------------------------------------------------
MacKinnon approximate p-value for Z(t) = 0.0005
```

这里 d.gnp 指的是 gnp 的差分。

输入命令：

```
pperron d.gnp ///对 GNP 的一阶差分进行 phillips-perron 检验
```

得到输出结果如下：

```
Phillips-Perron test for unit root                Number of obs   =        30
                                                  Newey-West lags =         3

                          ——————— Interpolated Dickey-Fuller ———————
                  Test        1% Critical      5% Critical      10% Critical
               Statistic         Value            Value            Value
────────────────────────────────────────────────────────────────────────────
 Z(rho)         -20.502        -17.540          -12.660          -10.300
 Z(t)            -4.039         -3.716           -2.986           -2.624
────────────────────────────────────────────────────────────────────────────
MacKinnon approximate p-value for Z(t) = 0.0012
```

输入命令：

```
dfgls d.gnp///对 GNP 的一阶差分进行 GLS 扩展的 dickey-fuller 检验
```

得到输出结果如下：

```
DF-GLS for D.gnp                                        Number of obs =    22
Maxlag = 8 chosen by Schwert criterion

               DF-GLS tau      1% Critical       5% Critical       10% Critical
  [lags]     Test Statistic       Value             Value              Value
──────────────────────────────────────────────────────────────────────────────
    8           -0.616           -3.770            -2.835            -2.414
    7           -0.430           -3.770            -2.829            -2.447
    6           -0.413           -3.770            -2.876            -2.519
    5           -1.553           -3.770            -2.962            -2.620
    4           -1.553           -3.770            -3.075            -2.738
    3           -2.790           -3.770            -3.199            -2.861
    2           -3.191           -3.770            -3.322            -2.977
    1           -3.658           -3.770            -3.428            -3.076

Opt Lag (Ng-Perron seq t) =  6 with RMSE  26.52735
Min SC   =  7.165904 at lag  1 with RMSE  31.26346
Min MAIC =  7.432661 at lag  6 with RMSE  26.52735
```

使用以上方法，都说明变量 gnp 是一阶单整。

3. ARIMA 模型

时间序列的自回归移动平均法是可以通过使用 arima 命令来实现的。其基本命令格式如下：

```
arima depvar [indepvars] [if] [in] [weight] [, options]
```

命令格式的选项的相关描述如表 11-13 所示。

表 11-13 options 的相关描述

主要选项	描　述
noconstant	没有截据项
Arima(#p,#d,#q)	Arima(p,d,q)模型
Ar(numlist)	Ar 的滞后阶数
Ma(numlist)	Ma 的滞后阶数
Constraints(constraints)	线性约束
collinear	保留多重共线性变量

（续表）

主要选项	描　　述
Sarima(#p,#d,#q,#s)	季节 arima 模型
Mar(numlist,#s)	季节 ar 的滞后阶数
Mma(numlist,#s)	季节 ma 的滞后阶数
Condition	利用条件 ml 方法进行估计
Savespace	估计的时候节省内存（即临时删除多余变量）
Vce(vcetype)	包括：opg，robust，oim
Level(#)	置信度
Detail	输出时间序列的间断点

在使用 arima 模型前，需要先检验数据的平稳性和相关性，然后经过判断才能使用。下面举例说明。

【例 11-5】使用表 11-14 的数据来对 Stata 中 ARIMA 模型的相关应用进行说明。该表给出某地区每年的年度总人口数。全部数据如表 11-14 所示。

表 11-14　某地区年底人口数统计表

年　份	年底总人口数（万人）	年　份	年底总人口数（万人）
1949	54167	1975	92420
1950	55196	1976	93717
1951	56300	1977	94974
1952	57482	1978	96259
1953	58796	1979	97542
1954	60266	1980	98705
1955	61465	1981	100072
1956	62828	1982	101654
1957	64653	1983	103008
1958	65994	1984	104357
1959	67207	1985	105851
1960	66207	1986	107507
1961	65859	1987	109300
1962	67295	1988	111026
1963	69172	1989	112704
1964	70499	1990	114333
1965	72538	1991	115823
1966	74542	1992	117171
1967	76368	1993	118517
1968	78534	1994	119850
1969	80671	1995	121121
1970	82992	1996	122389
1971	85229	1997	123626
1972	87177	1998	124761
1973	89211	1999	125786
1974	90859	2000	126743

本例演示一个完整的 ARIMA 模型设定过程，分以下 5 个步骤完成。

（1） 将数据转换成时间序列数据，让 Stata 识别，输入命令：

```
tsset year,year     ///将本来的变量 year 生成时间序列 year
```

得到输出结果：

```
        time variable:  year, 1949 to 2000
                delta:  1 year
```

（2） 检验各个变量的平稳性。输入命令：

dfuller population ///对 population 时序进行 DF 平稳性检验

得到输出结果：

```
Dickey-Fuller test for unit root                   Number of obs   =        51

                               ---------- Interpolated Dickey-Fuller ---------
                  Test         1% Critical       5% Critical      10% Critical
               Statistic           Value             Value             Value
------------------------------------------------------------------------------
 Z(t)              0.284          -3.579            -2.929            -2.600
------------------------------------------------------------------------------
MacKinnon approximate p-value for Z(t) = 0.9766
```

再对人口数进行差分后分析其平稳性，输入命令：

dfuller d.population ///对差分后的 population 时序进行 DF 平稳性检验

得到输出结果：

```
Dickey-Fuller test for unit root                   Number of obs   =        50

                               ---------- Interpolated Dickey-Fuller ---------
                  Test         1% Critical       5% Critical      10% Critical
               Statistic           Value             Value             Value
------------------------------------------------------------------------------
 Z(t)             -3.265          -3.580            -2.930            -2.600
------------------------------------------------------------------------------
MacKinnon approximate p-value for Z(t) = 0.0165
```

（3）在此基础上，观察数据的自相关性和偏相关性，有助于判断是哪种滞后阶数的 arima 模型。输入命令：

corrgram d.population///对差分后的 population 时序做自相关和偏自相关图

得到输出结果：

```
                                          -1       0       1 -1       0       1
LAG       AC       PAC      Q     Prob>Q  [Autocorrelation]  [Partial Autocor]
-------------------------------------------------------------------------------
1       0.6254   0.6344   21.142  0.0000
2       0.2544  -0.2264   24.713  0.0000
3       0.1258   0.1317   25.605  0.0000
4       0.0739  -0.0427   25.919  0.0000
5       0.0053  -0.0485   25.921  0.0001
6      -0.0582  -0.0375   26.124  0.0002
7      -0.1355  -0.1271   27.252  0.0003
8      -0.1486   0.0055   28.641  0.0004
9      -0.1780  -0.1229   30.681  0.0003
10     -0.2148  -0.0768   33.723  0.0002
11     -0.2204  -0.0123   37.006  0.0001
12     -0.2166  -0.1419   40.256  0.0001
13     -0.1740   0.0201   42.411  0.0001
14     -0.0715   0.1026   42.784  0.0001
15     -0.0215   0.0027   42.818  0.0002
16      0.0663   0.1445   43.158  0.0003
17      0.0694  -0.1262    43.54  0.0004
18      0.0514   0.1462   43.756  0.0006
19      0.0792  -0.0177   44.287  0.0009
20      0.0646  -0.0792   44.651  0.0012
21      0.0043  -0.0324   44.653  0.0019
22     -0.0110   0.0379   44.664  0.0029
23      0.0052  -0.0137   44.666  0.0044
```

（4） 建立 arima(1,1,0)模型。

进行 arima 命令，输入命令：

```
arima population,arima(1,1,0)///对 population 时序建立 arima(1,1,0)回归模型
```

得到输出结果：

```
(setting optimization to BHHH)
Iteration 0:   log likelihood = -380.80944
Iteration 1:   log likelihood = -380.79573
Iteration 2:   log likelihood = -380.79237
Iteration 3:   log likelihood = -380.79186
Iteration 4:   log likelihood = -380.79175
(switching optimization to BFGS)
Iteration 5:   log likelihood = -380.79172
Iteration 6:   log likelihood = -380.79168
Iteration 7:   log likelihood = -380.79166
Iteration 8:   log likelihood = -380.79165

ARIMA regression

Sample:  1950 - 2000                            Number of obs     =         51
                                                Wald chi2(1)      =      43.52
Log likelihood = -380.7916                      Prob > chi2       =     0.0000

------------------------------------------------------------------------------
             |                 OPG
D.population |      Coef.   Std. Err.      z    P>|z|     [95% Conf. Interval]
-------------+----------------------------------------------------------------
population   |
       _cons |   1396.106   233.3833     5.98   0.000     938.6827    1853.528
-------------+----------------------------------------------------------------
ARMA         |
          ar |
         L1. |   .6291882   .0953785     6.60   0.000     .4422497    .8161267
-------------+----------------------------------------------------------------
      /sigma |   421.0003   19.30815    21.80   0.000      383.157    458.8436
------------------------------------------------------------------------------
Note: The test of the variance against zero is one sided, and the two-sided
      confidence interval is truncated at zero.
```

（5） 对这个 arima 的结果进行验证和评价，可以通过残差的性质得到表现。输入命令：

```
predict populationres, resid///得到回归残差序列 populationres
```

用此命令取得残差。接下来检验残差的偏相关，自相关性。输入命令：

```
corrgram populationres///对回归残差序列 populationres 做自相关和偏自相关图
```

得到结果：

```
                                          -1       0       1 -1       0       1
LAG       AC       PAC      Q     Prob>Q  [Autocorrelation]  [Partial Autocor]
-------------------------------------------------------------------------------
1       0.1459   0.1465   1.1511  0.2833          |-                 |-
2      -0.1878  -0.2152   3.0969  0.2126         -|                 -|
3      -0.0453   0.0195   3.2123  0.3600          |                  |
4       0.0379  -0.0005   3.2949  0.5097          |                  |
5      -0.0023  -0.0182   3.2952  0.6546          |                  |
6       0.0051   0.0201   3.2967  0.7708          |                  |
7      -0.0952  -0.1184   3.8537  0.7965          |                  |
8      -0.0161   0.0241   3.8701  0.8687          |                  |
9      -0.0288  -0.0720   3.9236  0.9164          |                  |
10     -0.0830  -0.0880    4.378  0.9287          |                  |
11     -0.0601  -0.0514   4.6218  0.9481          |                  |
12     -0.0875  -0.1763    5.153  0.9527          |                 -|
13     -0.1024  -0.0850    5.899  0.9498          |                  |
14      0.0318   0.0764    5.973  0.9672          |                  |
15     -0.0479  -0.0362   6.1452  0.9772          |                  |
16      0.1009   0.2065   6.9308  0.9746          |                  |-
17      0.0395  -0.0849   7.0549  0.9828          |                  |
18     -0.0290   0.1677   7.1236  0.9890          |                  |-
19      0.0569   0.1745    7.397  0.9918          |                  |-
20      0.0600   0.1107   7.7113  0.9936          |                  |
21     -0.0402  -0.0560   7.8571  0.9957          |                  |
22     -0.0337   0.0270   7.9632  0.9973          |                  |
23      0.0344   0.1037   8.0775  0.9982          |                  |
```

由上面的结果可以看出，残差序列不存在自相关，是平稳序列，由此得知 arima(1,1,0)的拟合结果是比较理想的。

11.3 VAR 与 VEC 的估计及解释

本节讲解 VAR 与 VEC 模型的相关内容，前 3 节讲述 VAR 与 VEC 模型的基础知识，第 4 节讲述 VAR 与 VEC 模型的 Stata 实现。

11.3.1 普通 VAR 模型的估计

1980 年 Sims 提出向量自回归模型（vector autoregressive model）。这种模型采用多方程联立的形式，它不以经济理论为基础，在模型的每一个方程中，内生变量对模型的全部内生变量的滞后值进行回归，从而估计全部内生变量的动态关系。

1. 向量自回归（VAR）模型定义

VAR 模型是自回归模型的联立形式，所以称向量自回归模型。假设 $y_{1,t}$，$y_{2,t}$ 之间存在关系，如果分别建立两个自回归模型

$$y_{1,t} = f(y_{1,t-1}, y_{1,t-2}, \cdots)$$

$$y_{2,t} = f(y_{2,t-1}, y_{2,t-2}, \cdots)$$

则无法捕捉两个变量之间的关系。如果采用联立的形式，就可以建立起两个变量之间的关系。VAR 模型的结构与两个参数有关。一个是所含变量个数 N，一个是最大滞后阶数 k。

以两个变量 $y_{1,t}$，$y_{2,t}$ 滞后 1 期的 VAR 模型为例：

$$\begin{cases} y_{1,t} = c_1 + \pi_{11.1} y_{1,t-1} + \pi_{12.1} y_{2,t-1} + u_{1t} \\ y_{2,t} = c_2 + \pi_{21.1} y_{1,t-1} + \pi_{22.1} y_{2,t-1} + u_{2t} \end{cases} \tag{11.29}$$

其中 $u_{1t}, u_{2t} \sim \text{IID}(0, \sigma^2)$, $\text{Cov}(u_{1t}, u_{2t}) = 0$。写成矩阵形式是，

$$\begin{bmatrix} y_{1t} \\ y_{2t} \end{bmatrix} = \begin{bmatrix} c_1 \\ c_2 \end{bmatrix} + \begin{bmatrix} \pi_{11.1} & \pi_{12.1} \\ \pi_{21.1} & \pi_{22.1} \end{bmatrix} \begin{bmatrix} y_{1,t-1} \\ y_{2,t-1} \end{bmatrix} + \begin{bmatrix} u_{1t} \\ u_{2t} \end{bmatrix} \tag{11.30}$$

设
$$Y_t = \begin{bmatrix} y_{1t} \\ y_{2t} \end{bmatrix}, c = \begin{bmatrix} c_1 \\ c_2 \end{bmatrix}, \Pi_1 = \begin{bmatrix} \pi_{11.1} & \pi_{12.1} \\ \pi_{21.1} & \pi_{22.1} \end{bmatrix}, u_t = \begin{bmatrix} u_{1t} \\ u_{2t} \end{bmatrix},$$

则
$$Y_t = c + \Pi_1 Y_{t-1} + u_t \tag{11.31}$$

那么，含有 N 个变量滞后 k 期的 VAR 模型表示如下：

$$Y_t = c + \Pi_1 Y_{t-1} + \Pi_2 Y_{t-2} + \cdots + \Pi_k Y_{t-k} + u_t, \quad u_t \sim \text{IID}(0, \Omega) \tag{11.32}$$

其中

$$Y_t = (y_{1,t} \quad y_{2,t} \quad \cdots \quad y_{N,t})'$$

$$c = (c_1 \quad c_2 \quad \cdots \quad c_N)'$$

$$\Pi_j = \begin{bmatrix} \pi_{11.j} & \pi_{12.j} & \cdots & \pi_{1N.j} \\ \pi_{21.j} & \pi_{22.j} & \cdots & \pi_{2N.j} \\ \vdots & \vdots & \ddots & \vdots \\ \pi_{N1.j} & \pi_{N2.j} & \cdots & \pi_{NN.j} \end{bmatrix}, \quad j = 1, 2, \cdots, k$$

$$u_t = (u_{1\,t} \quad u_{2,t} \quad \cdots \quad u_{N\,t})',$$

Y_t 为 $N\times 1$ 阶时间序列列向量。μ为 $N\times 1$ 阶常数项列向量。$\Pi_1, \cdots, \Pi_k$ 均为 $N\times N$ 阶参数矩阵，$u_t \sim \text{IID}\,(0, \Omega)$ 是 $N\times 1$ 阶随机误差列向量，其中每一个元素都是非自相关的，但这些元素，即不同方程对应的随机误差项之间可能存在相关。

因 VAR 模型中每个方程的右侧只含有内生变量的滞后项，他们与 u_t 是渐近不相关的，所以可以用 OLS 法依次估计每一个方程，得到的参数估计量都具有一致性。

2. VAR 模型稳定的条件

VAR 模型稳定的充分与必要条件是Π_1 的所有特征值都要在单位圆以内（在以横轴为实数轴，纵轴为虚数轴的坐标体系中，以原点为圆心、半径为 1 的圆称为单位圆），或特征值的模都要小于 1。

3. VAR 模型的稳定性（stability）特征

现在讨论 VAR 模型的稳定性特征。稳定性是指当把一个脉动冲击施加在 VAR 模型中某一个方程的新息（innovation）过程上时，随着时间的推移，这个冲击会逐渐地消失。如果不消失，则系统是不稳定的。

下面分析一阶 VAR 模型

$$Y_t = c + \Pi_1 Y_{t-1} + u_t \tag{11.33}$$

当 $t = 1$ 时，有

$$Y_1 = c + \Pi_1 Y_0 + u_1 \tag{11.34}$$

当 $t = 2$ 时，采用迭代方式计算，

$$\begin{aligned} Y_2 &= c + \Pi_1 Y_1 + u_2 = c + \Pi_1 (c + \Pi_1 Y_0 + u_1) + u_2 \\ &= (I + \Pi_1)\, c + \Pi_1^2\, Y_0 + \Pi_1 u_1 + u_2 \end{aligned} \tag{11.35}$$

当 $t = 3$ 时，进一步迭代，

$$\begin{aligned} Y_3 &= c + \Pi_1 Y_2 + u_3 = c + \Pi_1 [(I + \Pi_1)\, c + \Pi_1^2\, Y_0 + \Pi_1 u_1 + u_2] + u_3 \\ &= (I + \Pi_1 + \Pi_1^2)\, c + \Pi_1^3\, Y_0 + \Pi_1^2 u_1 + \Pi_1 u_2 + u_3 \end{aligned} \tag{11.36}$$

……

对于 t 期，按上述形式推导

$$Y_t = (I + \Pi_1 + \Pi_1^2 + \cdots + \Pi_1^{t-1})\, c + \Pi_1^t\, Y_0 + \sum_{i=0}^{t-1} \Pi_1^i\, u_{t-i} \tag{11.37}$$

由上式可知，$\Pi_{11} = I$。通过上述变换，把 Y_t 表示成了漂移项向量μ、初始值向量 Y_0 和新息向量 u_t 的函数。可见系统是否稳定可以通过观察漂移项向量 c、初始值向量 Y_0 和新息向量 u_t 经受冲击后的表现。

假定模型是稳定的，将有如下 3 个结论。

（1） 假设 $t = 1$ 时，对 c 施加一个单位的冲击，那么到 t 期的影响是

$$(I + \Pi_1 + \Pi_1^{\,2} + \ \cdots \ + \Pi_1^{\,t-1})$$

当 $t \to \infty$时，此影响是一个有限值，$(I - \Pi_1)^{-1}$。

（2） 假设在初始值 Y_0 上施加一个单位的冲击。到 t 期的影响是$\Pi_1^{\,t}$。随着 $t \to \infty$，$\Pi_1^{\,t} \to 0$，影响消失（因为对于平稳的 VAR 模型，Π_1 中的元素小于 1，所以随着 $t \to \infty$，取 t 次方后，$\Pi_1^{\,t} \to 0$）。

（3） 从$\sum_{i=0}^{t-1} \Pi_1^{\,i}\, u_{t-i}$项可以看出，白噪声中的冲击离 t 期越远，影响力就越小。$\sum_{i=0}^{t-1} \Pi_1^{\,i} = (I - \Pi_1)^{-1}$，称作长期乘子矩阵，是对$\sum_{i=0}^{t-1} \Pi_1^{\,i}\, u_{t-i}$求期望得到的。

对单一方程的分析知道，含有单位根的自回归过程对新息中的脉动冲击有长久的记忆能力。同理，含有单位根的 VAR 模型也是非平稳过程。当新息中存在脉动冲击时，VAR 模型中内生变量的响应不会随时间的推移而消失。

平稳变量构成的一定是稳定（stability）的模型，但稳定的模型不一定由平稳变量构成。也可能由非平稳（nonstationary）变量（存在协整关系）构成。

11.3.2 Granger 因果分析、IRF 与方差分解

1. 格兰杰非因果性检验

VAR 模型还可用来检验一个变量与另一个变量是否存在因果关系。经济计量学中格兰杰（Granger）非因果性定义如下：

格兰杰非因果性：如果由 y_t 和 x_t 滞后值所决定的 y_t 的条件分布与仅由 y_t 滞后值所决定的条件分布相同，即

$$f(y_t \,|\, y_{t-1},\ \cdots, x_{t-1},\ \cdots) = f(y_t \,|\, y_{t-1},\cdots) \tag{11.38}$$

则称 x_{t-1} 对 y_t 存在格兰杰非因果性。

格兰杰非因果性的另一种表述是其他条件不变，若加上 x_t 的滞后变量后对 y_t 的预测精度不存在显著性改善，则称 x_{t-1} 对 y_t 存在格兰杰非因果性关系。

为简便起见，通常总是把 x_{t-1} 对 y_t 存在非因果关系表述为 x_t（去掉下标-1）对 y_t 存在非因果关系（严格讲，这种表述是不正确的）。在实际中，除了使用格兰杰非因果性概念外，也使用“格兰杰因果性”概念。顾名思义，这个概念首先由格兰杰（Granger 1969）提出。西姆斯（Sims 1972）也提出因果性定义。这两个定义是一致的。

根据以上定义，x_t 对 y_t 是否存在因果关系的检验可通过检验 VAR 模型以 y_t 为被解释变量的方程中是否可以把 x_t 的全部滞后变量剔除掉而完成。比如 VAR 模型中以 y_t 为被解释变量的方程表示如下：

$$y_t=\sum_{i=1}^{k}\alpha_i y_{t-i}+\sum_{i=1}^{k}\beta_i x_{t-i}+u_{1t} \tag{11.39}$$

如有必要，常数项、趋势项、季节虚拟变量等都可以包括在上式中。则检验 x_t 对 y_t 存在格兰杰非因果性的零假设是

$$H_0: \beta_1=\beta_2=\cdots=\beta_k=0$$

显然如果（11.39）式中的 x_t 的滞后变量的回归参数估计值全部不存在显著性，则上述假设不能被拒绝。换句话说，如果 x_t 的任何一个滞后变量的回归参数的估计值存在显著性，则结论应是 x_t 对 y_t 存在格兰杰因果关系。上述检验可用 F 统计量完成。

$$F=\frac{(\mathrm{SSE}_r-\mathrm{SSE}_u)/k}{\mathrm{SSE}_u/(T-kN)}$$

其中 SSE_r 表示施加约束（零假设成立）后的残差平方和。SSE_u 表示不施加约束条件下的残差平方和。k 表示最大滞后期。N 表示 VAR 模型中所含当期变量个数，本例中 $N=2$，T 表示样本容量。在零假设成立条件下，F 统计量近似服从 $F_{(k,T-kN)}$分布。用样本计算的 F 值如果落在临界值以内，接受原假设，即 x_t 对 y_t 不存在格兰杰因果关系。

2. VAR 模型的脉冲响应函数和方差分解

由于 VAR 模型参数的 OLS 估计量只具有一致性，单个参数估计值的经济解释是很困难的。要想对一个 VAR 模型做出分析，通常是观察系统的脉冲响应函数（IRF）和方差分解。

（1） 脉冲响应函数（IRF）。

脉冲响应函数描述一个内生变量对误差冲击的反应。具体地说，它描述的是在随机误差项上施加一个标准差大小的冲击后对内生变量的当期值和未来值所带来的影响。

对于如下 VAR 模型，$y_{1,t}$表示 GDP，$y_{2,t}$表示货币供应量，

$$\begin{cases} y_{1,t}=c_1+\pi_{11.1}y_{1,t-1}+\pi_{12.1}y_{2,t-1}+u_{1t} \\ y_{2,t}=c_2+\pi_{21.1}y_{1,t-1}+\pi_{22.1}y_{2,t-1}+u_{2t} \end{cases} \tag{11.40}$$

在模型（11.40）中，如果误差 u_{1t} 和 u_{2t} 不相关，就很容易解释。u_{1t} 是 $y_{1,t}$ 的误差项；u_{2t} 是 $y_{2,t}$ 的误差项。脉冲响应函数衡量当期 u_{1t} 和 u_{2t} 一个标准差的货币冲击分别对 GDP 和货币存量的当前值和未来值的影响。

脉冲响应函数描述了其他变量在 t 期以及以前各期保持不变的前提下，$y_{i,t+s}$ 对 $u_{j,t}$ 时一次冲击的响应过程。

对脉冲响应函数的解释出现困难源于实际中各方程对应的误差项从来都不是完全非相关的。当误差项相关时，它们有一个共同的组成部分，不能被任何特定的变量所识别。为处理这一问题，常引入一个变换矩阵 M 与 u_t 相乘，

$$v_t=M u_t\sim(0,\Omega)$$

从而把 u_t 的方差协方差矩阵变换为一个对角矩阵Ω。现在有多种方法。其中一种变换方法称为乔利斯基（Cholesky）分解法，从而使误差项正交。

原误差项相关的部分归于 VAR 系统中的第一个变量的随机扰动项。在上面的例子里，u_{1t} 和 u_{2t} 的共同部分完全归于 u_{1t}，因为 u_{1t} 在 u_{2t} 之前。

（2） 方差分解。

VAR 模型的另一种分析方法是方差分解，既分析未来 t+s 期的 $y_{j,\,t+s}$ 的预测误差的方差由不同新息的冲击影响的比例。

假设下式是由任一 VAR(k) 模型转换而得到的关于 Y_t 的一阶向量自回归模型。

$$Y_t = A\,Y_{t-1} + U_t \tag{11.41}$$

$$E(U_t\,U_t') = \begin{cases} Q, & i = j \\ 0, & i \neq j \end{cases}$$

其中，$Q_{\text{Np}\times\text{Np}} = \begin{bmatrix} \Omega & 0 & \cdots & 0 \\ 0 & 0 & \cdots & 0 \\ \cdots & \cdots & \cdots & \cdots \\ 0 & 0 & \cdots & 0 \end{bmatrix}$，每一个元素都是 $N\times N$ 阶的。（11.41）式中的前 N 行就是原 VAR(k)模型。

对式（11.41）进行迭代运算：

$$Y_t = A\,Y_{t-1} + U_t = A\,(A\,Y_{t-2} + U_{t-1}) + U_t = A^2\,Y_{t-2} + A\,U_{t-1} + U_t = \cdots$$

$$= A^s\,Y_{t-s} + U_t + A\,U_{t-1} + A^2\,U_{t-2} + \cdots + A^{s-1}\,U_{t-s+1}$$

把上式中的 t 期换为 t+s 期，得

$$Y_{t+s} = A^s\,Y_t + U_{t+s} + A\,U_{t+s-1} + A^2\,U_{t+s-2} + \cdots + A^{s-1}\,U_{t+1} \tag{11.42}$$

上式中的前 N 项（原 VAR 中的方程）可用向量表示为，

$$Y_{t+s} = A_{11}{}^{(s)}\,Y_t + A_{12}{}^{(s)}\,Y_{t-1} + \cdots + A_{1k}{}^{(s)}\,Y_{t-k+1} + u_{t+s} + A_{11}\,u_{t+s-1} + A_{11}{}^{(2)}\,u_{t+s-2} + \cdots + A_{11}{}^{(s-1)}\,u_{t+1} \tag{11.43}$$

其中，$(A_{11}{}^{(s)}\,Y_t + A_{12}{}^{(s)}\,Y_{t-1} + \cdots + A_{1k}{}^{(s)}\,Y_{t-k+1})$表示式（11.42）中 $A^s\,Y_t$ 的前 N 项。$(u_{t+s} + A_{11}\,u_{t+s-1} + A_{11}{}^2\,u_{t+s-2} + \cdots + A_{11}{}^{s-1}\,u_{t+1})$表示式（11.42）中$(U_{t+s} + A\,U_{t+s-1} + A^2\,U_{t+s-2} + \cdots + A^{s-1}\,U_{t+1})$的前 N 项。

其中，$A_{1j}{}^{(s)}$, (j =1, 2, $\cdots$, k) 表示 A^s 中第 1 至 N 行和[N(k−1)+1]到 Nk 列围成的块。$A_{11}{}^{(i)}$，(i =1, 2, $\cdots$, s−1) 表示 A^i 的左上块。A^i 为 A 的 i 次方。

把式（11.43）写成

$$Y_{t+s} = A_{11}{}^{(s)}\,Y_t + A_{12}{}^{(s)}\,Y_{t-1} + \cdots + A_{1k}{}^{(s)}\,Y_{t-k+1} + u_{t+s} + \Psi_1\,u_{t+s-1} + \Psi_2\,u_{t+s-2} + \cdots + \Psi_{s-1}\,u_{t+1} \tag{11.44}$$

其中，$A_{11} = \Psi_1$，$A_{11}{}^{(2)} = \Psi_2$，$\cdots$，$A_{11}{}^{(s-1)} = \Psi_{s-1}$。

当用式（8.41）预测时，应该令式中的 $u_{t+s}, u_{t+s-1}, u_{t+s-2}, \cdots, u_{t+1}$ 等于零，得

$$\hat{Y}_{t+s|t} = A_{11}{}^{(s)}\,Y_t + A_{12}{}^{(s)}\,Y_{t-1} + \cdots + A_{1k}{}^{(s)}\,Y_{t-k+1}$$

t+s 期的 $y_{j,\,t+s}$, (j = 1, 2, $\cdots N$)的预测误差可以表示为向量自回归形式：

$$Y_{t+s} - \hat{Y}_{t+s|t} = u_{t+s} + \Psi_1\,u_{t+s-1} + \cdots + \Psi_{s-2}\,u_{t+2} + \Psi_{s-1}\,u_{t+1}$$

所以，预测前 s 期的 $\hat{Y}_{t+s|t}$ 的误差均方为，

$$\mathrm{MSE}(\hat{Y}_{t+s|t}) = E[(Y_{t+s} - \hat{Y}_{t+s|t})(Y_{t+s} - \hat{Y}_{t+s|t})']$$

$$= \Omega + \Psi_1\Omega\Psi_1' + \Psi_2\Omega\Psi_2' + \cdots + \Psi_{s-1}\Omega\Psi_{s-1}' \qquad (11.45)$$

其中 $\Omega = E(u_t u_t')$（不同期的 u_t 等于零）。

下面考察每一个正交化误差项对 $\mathrm{MSE}(\hat{\boldsymbol{Y}}_{t+s|t})$ 的贡献。现在，通过下式把 u_t 变换为正交化误差项 v_t。

$$u_t = M v_t = m_1 v_{1t} + m_2 v_{2t} + \cdots + m_N v_{Nt}$$

其中，$v_{1t}, v_{2t}, \cdots v_{Nt}$ 不相关（相互正交）。所以有

$$\Omega = E(u_t u_t') = (m_1 v_{1t} + m_2 v_{2t} + \cdots + m_N v_{Nt})(m_1 v_{1t} + m_2 v_{2t} + \cdots + m_N v_{Nt})'$$

$$= m_1 m_1'\mathrm{Var}(v_{1t}) + m_2 m_2'\mathrm{Var}(v_{2t}) + \cdots + m_N m_N'\mathrm{Var}(v_{Nt})$$

把用上式表达的 Ω 代入式（11.45），并合并同期项

$$\mathrm{MSE}(\hat{Y}_{t+s|t}) = \mathrm{Var}(v_{1t})(m_1 m_1' + \Psi_1 m_1 m_1'\Psi_1' + \Psi_2 m_1 m_1'\Psi_2' + \cdots + \Psi_{s-1} m_1 m_1'\Psi_{s-1}')$$

$$+ \mathrm{Var}(v_{2t})(m_2 m_2' + \Psi_1 m_2 m_2'\Psi_1' + \Psi_2 m_2 m_2'\Psi_2' + \cdots + \Psi_{s-1} m_2 m_2'\Psi_{s-1}')$$

……

$$+ \mathrm{Var}(v_{Nt})(m_2 m_2' + \Psi_1 m_N m_N'\Psi_1' + \Psi_2 m_N m_N'\Psi_2' + \cdots + \Psi_{s-1} m_N m_N'\Psi_{s-1}')$$

$$= \sum_{j=1}^{N}\mathrm{Var}(v_{jt})(m_j m_j' + Y_1 m_j m_j' Y_1' + Y_2 m_j m_j' Y_2' + \ldots + Y_{s-1} m_j m_j' Y_{s-1}')$$

则 $\dfrac{\mathrm{Var}(v_{jt})(m_j m_j' + Y_1 m_j m_j' Y_1' + \ldots + Y_{s-1} m_j m_j' Y_{s-1}')}{\sum_{j=1}^{N}\mathrm{Var}(v_{jt})(m_j m_j' + Y_1 m_j m_j' Y_1' + \ldots + Y_{s-1} m_j m_j' Y_{s-1}')}$ 表示正交化的第 j 个新息对前 s 期预测量 $\hat{Y}_{t+s|t}$ 方差的贡献百分比。

11.3.3 Johansen 协整检验和 VEC 模型的估

1. VEC 模型

对于 $k=1$ 的 VAR 模型，$Y_t = \Pi_1 Y_{t-1} + u_t$，两侧同减 Y_{t-1}，得

$$\Delta Y_t = (\Pi_1 - I)Y_{t-1} + u_t \qquad (11.46)$$

对于 $k=2$ 的 VAR 模型，$Y_t = \Pi_1 Y_{t-1} + \Pi_2 Y_{t-2} + u_t$，两侧同减 Y_{t-1}，在右侧加、减 $\Pi_2 Y_{t-1}$，并整理得

$$\Delta Y_t = (\Pi_1 + \Pi_2 - I) Y_{t-1} - \Pi_2 \Delta Y_{t-1} + u_t \qquad (11.47)$$

对于 k=3 的 VAR 模型，$Y_t = \Pi_1 Y_{t-1} + \Pi_2 Y_{t-2} + \Pi_3 Y_{t-3} + u_t$，两侧同减 Y_{t-1}，在右侧加、减 $\Pi_2 Y_{t-1}$ 和 $\Pi_3 Y_{t-1}$ 并整理得

$$\begin{aligned}\Delta Y_t &= (\Pi_1 + \Pi_2 + \Pi_3 - I)\, Y_{t-1} - \Pi_2 Y_{t-1} - \Pi_3 Y_{t-1} + \Pi_2 Y_{t-2} + \Pi_3 Y_{t-3} + u_t \\ &= (\Pi_1 + \Pi_2 + \Pi_3 - I)\, Y_{t-1} - \Pi_2 \Delta Y_{t-1} - \Pi_3 Y_{t-1} + \Pi_3 Y_{t-3} + u_t\end{aligned}$$

在右侧加、减 $\Pi_3 Y_{t-2}$ 并整理得

$$\begin{aligned}\Delta Y_t &= (\Pi_1 + \Pi_2 + \Pi_3 - I)\, Y_{t-1} - \Pi_2 \Delta Y_{t-1} - \Pi_3 Y_{t-1} + \Pi_3 Y_{t-2} - \Pi_3 Y_{t-2} + \Pi_3 Y_{t-3} + u_t \\ &= (\Pi_1 + \Pi_2 + \Pi_3 - I)\, Y_{t-1} - \Pi_2 \Delta Y_{t-1} - \Pi_3 \Delta Y_{t-1} - \Pi_3 \Delta Y_{t-2} + u_t \\ &= (\Pi_1 + \Pi_2 + \Pi_3 - I)\, Y_{t-1} - (\Pi_2 + \Pi_3)\, \Delta Y_{t-1} - \Pi_3 \Delta Y_{t-2} + u_t \end{aligned} \tag{11.48}$$

对于 k 阶 VAR 模型，$Y_t = \Pi_1 Y_{t-1} + \Pi_2 Y_{t-2} + \cdots + \Pi_k Y_{t-k} + u_t$，利用 k=1, 2, 3 的 VAR 模型的推导规律，见式(11.42) ～ 式(11.44)，其向量误差修正模型（VEC）的表达式是

$$\Delta Y_t = (\Pi_1 + \Pi_2 + \cdots + \Pi_k - I)\, Y_{t-1} - (\Pi_2 + \Pi_3 + \cdots + \Pi_k)\, \Delta Y_{t-1} - (\Pi_3 + \cdots + \Pi_k)\, \Delta Y_{t-2} - \cdots - \Pi_k \Delta Y_{t-(k-1)} + u_t \tag{11.49}$$

令 $\Gamma_j = -\sum_{i=j+1}^{k} \Pi_i \,, j = 1, 2, \cdots, k-1,$

$$\Pi = -\Gamma_0 - I = \sum_{i=1}^{k} \Pi_i - I = \Pi_1 + \Pi_2 + \cdots + \Pi_k - I \tag{11.50}$$

则上式写为

$$\Delta Y_t = \Pi Y_{t-1} + \Gamma_1 \Delta Y_{t-1} + \Gamma_2 \Delta Y_{t-2} + \cdots + \Gamma_{k-1} \Delta Y_{t-(k-1)} + u_t \tag{11.51}$$

这是向量误差修正模型（VEC）的一般表达式（与《计量经济分析》中的推导略有不同）。Π称为压缩矩阵（impact matrix，影响矩阵）。Π是全部参数矩阵的和减一个单位矩阵。Π为多项式矩阵，其中每一个元素都是一个多项式。运算规则与一般矩阵相同。滞后期的延长不影响对协整向量个数的分析。

根据 Granger 定理，向量误差修正模型（VEC）的表达式是

$$A^{\dagger}(L)\,(1-L)\,Y_t = \alpha \beta' Y_{t-1} + d(L)\,u_t \tag{11.52}$$

其中 $A^{\dagger}(L)$ 是多项式矩阵 $A(L)$分离出因子$(1-L)$后降低一阶的多项式矩阵，$d(L)$是由滞后算子表示的多项式矩阵。

上式与式（11.51）完全相同。其中

$$A^{\dagger}(L)\,(1-L)\,Y_t = A^{\dagger}(L)\,\Delta Y_t = \Delta Y_t - \Gamma_1 \Delta Y_{t-1} - \Gamma_2 \Delta Y_{t-2} - \cdots - \Gamma_{k-1} \Delta Y_{t-(k-1)}$$

$$d(L)\,u_t = u_t$$

在这里 $d(L)$退化为单位列向量。

2. Johansen 协整检验的基本思想

其基本思想是基于 VAR 模型，将一个求极大似然函数的问题转化为一个求特征根和对应

的特征向量的问题。此估计方法由 Johansen 提出。假定条件是，$u_t \sim \text{IID}(0, \Omega)$。实际中这个条件比较容易满足。当 u_t 中存在自相关时，只要在 VAR 模型中适当增加内生变量的滞后阶数，就能达到 u_t 非自相关的要求。此估计方法为极大似然估计法。

给定 VAR 模型

$$Y_t = \Pi_1 Y_{t-1} + \Pi_2 Y_{t-1} + \cdots + \Pi_k Y_{t-k} + \Phi D_t + u_t, \quad u_t \sim \text{IID}(0, \Omega) \tag{11.53}$$

其中，Y_t 是 $N\times1$ 阶列向量。D_t 表示 $d\times1$ 阶确定项向量（d 表示确定性变量个数）。用来描述常数项μ、时间趋势项 t、季节虚拟变量（如果需要）和其他一些有必要设置的虚拟变量。Φ是确定性变量 D_t 的 $N\times d$ 阶系数矩阵。其中每一行对应 VAR 模型中的一个方程。上式的向量误差修正模型形式是

$$\Delta Y_t = \Pi Y_{t-1} + \Gamma_1 \Delta Y_{t-1} + \Gamma_2 \Delta Y_{t-2} + \cdots + \Gamma_{k-1} \Delta Y_{t-(k-1)} + \Phi D_t + u_t \tag{11.54}$$

其中

$$\Gamma_j = \sum_{i=j+1}^{k} \Pi_i, j = 1, 2, \cdots, k-1$$

$$\Pi = \Gamma_0 - I = \sum_{i=j+1}^{k} \Pi_i - I = \Pi_1 + \Pi_2 + \cdots + \Pi_k - I$$

对变量之间协整关系的检验可以通过计算 Π 系数矩阵的秩及特征值来判断。将系数矩阵的特征值按照从大到小的顺序排列，如果变量间不存在协整关系（即长期关系），则 Π 的秩就为零。

11.3.4 VAR 模型的 Stata 实现

1. VAR 模型的阶数选择

在 Stata 中 VAR 模型阶数选择的实现，是通过如下基本命令来实现的：

```
depvarlist [if] [in] [, preestimation_options]
```

其中的 options 的相关描述分别如表 11-15 所示。

表 11-15　options 的相关描述

主要选项	描　述
maxlag(#)	最高滞后阶数；默认为滞后 4 期
exog(varlist)	外生变量
constraints(constraints)	对外生变量的线性约束
noconstant	没有常数项
level(#)	置信度，默认 95%
separator(#)	分割线

2. 构建 VAR 模型

在 Stata 中构建 VAR 模型的实现，是通过如下基本命令来实现的：

```
var depvarlist [if] [in] [, options]
```

其中的 options 的相关描述分别如表 11-16 所示。

表 11-16 options 的相关描述

主要选项	描 述
模型 1	
noconstant	没有常数项
lags(numlist)	VAR 滞后阶数
exog(varlist)	外生变量
模型 2	
constraints(numlist)	线性约束
nolog	不显示迭代过程
noisure	一步迭代
dfk	自由度调节
small	小样本 t,f 统计量
报告结果	
level(#)	置信度

3. 平稳性条件考察

在 Stata 中 VAR 模型平稳性条件考察的实现，是通过如下基本命令来实现的：

```
varstable [, options]
```

其中的 options 的相关描述分别如表 11-17 所示。

表 11-17 options 的相关描述

主要选项	描 述
estimates(estname)	考察 VAR（estname）的平稳性
graph	对伴随矩阵的特征值作图
dlabel	将特征值标记为到单位圆的距离

4. 残差的正态性和自相关检验

在 Stata 中 VAR 模型残差的正态性和自相关检验的实现，是通过如下基本命令来实现的：

```
varnorm [, options]
```

其中的 options 的相关描述分别如表 11-18 所示。

表 11-18 options 的相关描述

主要选项	描 述
jbera statistics	Jarque-Bera 统计量
skewness	偏度
kurtosis	峰度
estimates(estname)	已估计的 var 名称
cholesky	使用 Cholesky 分解
separator(#)	分割线

5. 格兰杰因果检验

在 Stata 中 VAR 模型格兰杰因果检验的实现，是通过如下基本命令来实现的：

```
vargranger [, estimates(estname) separator(#)]
```

6. 脉冲分析

（1） irf 文件的创建、显示、激活和清除。

VAR 模型脉冲分析的实现，首先是要创建 irf 文件。在 Stata 中是通过如下基本命令来实现的：

命令格式 1（VAR 模型的 irf 文件创建）：

```
irf create irfname [, var_options]
```

命令格式 2（SVAR 模型的 irf 文件创建）：

```
irf create irfname [, svar_options]
```

命令格式 3（VEC 模型的 irf 文件创建）：

```
irf create irfname [, vec_options]
```

其中 VAR 模型的 irf 文件创建的选项的相关描述如表 11-19 所示。

表 11-19　VAR 模型的 irf 文件创建的 options 的相关描述

主要选项	描　述
set(filename[, replace])	创建文件
replace	如果文件已存在，则替换文件
order(varlist)	Cholesky 排序
estimates(estname)	估计的 VAR 名称

创建 irf 文件之后，显示处于当下活动状态的 irf，输入以下命令：

```
irf set
```

激活 irf 文件，可以输入以下命令：

```
irf set ifr_name
```

清除活动的 irf 文件，可以输入以下命令：

```
irf set, clear
```

（2） irf 作图。

irf 文件作图，可以输入以下命令：

```
irf graph stat [, options]
```

其中的 stat 的相关描述分别如表 11-20 所示。

表 11-20 stat 的相关描述

主要选项	描 述
irf	irf
oirf	正交 irf
dm	动态乘子
cirf	累计 irf
coirf	累计正交 irf
cdm	累计同台乘子
fevd	Cholesky 方差分解
sirf	结构 IRF
sfevd	结构 Cholesky 方差分解

其 options 的相关描述分别如表 11-21 所示。

表 11-21 options 的相关描述

主要选项	描 述
set(filename)	使文件激活
irf(irfnames)	IRF 结果名称
impulse(impulsevar)	脉冲变量
response(endogvars)	响应变量

7. johansen 检验

当变量之间同阶单整时，可以运用 johansen 检验查看变量之间是否协整。Stata 中 VAR 模型 johansen 检验的实现，是通过如下基本命令来实现的：

```
vecrank depvar [if] [in] [, options]
```

其中的 options 的相关描述分别如表 11-22 所示。

表 11-22 options 的相关描述

主要选项	描 述
lags(#)	VAR 模型的最高滞后阶数
trend(constant)	VAR 模型有常数项，协整方程有常数项
trend(rconstant)	VAR 模型有常数项，协整方程无常数项
trend(trend)	VAR 模型有趋势项，协整方程有趋势项
trend(rtrend)	VAR 模型有趋势项，协整方程无趋势项
trend(none)	VAR 模型无常数项，协整方程无常数项

【例 11-6】表 11-10 给出了我国 CPI、利率 R、狭义货币供应量 M1 经过修匀后的数据。其中狭义货币供应量增长率经过 SAR 修匀后记为 M1sar，贷款利率记为 r,cpi 经过 sa 修匀后记为 cpisa。数据区间是从 1994 年 1 月～2007 年 12 月。本例中将要建立一个关于变量 m1sar、变量 cpisa 和变量 r 的 VAR 模型，部分数据如表 11-23 所示，对应文件为“cpi2.dta”。

表 11-23 cpi2 数据表

month	year	m1sar	cpisa	r
1	1994	0.190123392	20.93511929	12.24
2	1994	0.166035575	23.36645208	12.24
3	1994	0.154944021	22.50509823	12.24
4	1994	0.145357052	21.8948845	12.24
5	1994	0.155072278	21.58277167	9
6	1994	0.181137027	22.78261176	9
7	1994	0.233693845	24.00026113	9
8	1994	0.284786294	25.76049934	9
9	1994	0.291513079	27.16382803	9
10	1994	0.287416499	27.41974325	9
11	1994	0.246785158	27.22649406	9
12	1994	0.259725465	25.51938446	9
1	1995	0.318402231	23.89889515	12.96
2	1995	0.299167635	22.5306925	12.96
3	1995	0.281679378	21.36431684	12.96
4	1995	0.258076828	20.89533966	12.96
5	1995	0.233978629	20.61819288	12.96
6	1995	0.21303691	18.37352389	12.96
7	1995	0.205572994	16.67717033	13.5
8	1995	0.274689011	14.50461372	13.5

本例演示一个完成的 VAR 模型的建立过程，下面分 5 个步骤完成这一过程。

（1） 对 VAR 模型的阶数进行识别。

输入命令：

generate monthly=ym(year,month)///生成新的变量 monthly，该变量是由年和月构成的，形式为 ym(year,month)

```
format monthly %tm  ///定义 monthly 变量的格式
tsset monthly    ///生成时间序列变量
varsoc m1sar r cpisa ///对 VAR 模型的阶数进行识别
```

输出结果如下：

```
Selection-order criteria
Sample:  1994m5 - 2007m12                    Number of obs      =       164

  lag      LL       LR      df    p      FPE       AIC        HQIC       SBIC
   0   -590.178                       .278105   7.23387    7.25689    7.29058
   1    136.461   1453.3     9  0.000  .000044  -1.51781   -1.42573   -1.29099
   2    159.433   45.945     9  0.000  .000037* -1.68821*  -1.52707*  -1.29127*
   3    165.099   11.331     9  0.254  .000039  -1.64755   -1.41734    -1.0805
   4    175.232   20.267*    9  0.016  .000038  -1.66137   -1.36211   -.924203

Endogenous:  m1sar r cpisa
 Exogenous:  _cons
```

这里使用 SIC 最小准则，由上图可知，2 阶对应的 AIC 为-1.68821，为最小者，因此选 2 阶滞后。

（2） 进行 VAR 模型的回归。

输入命令：

var m1sar r cpisa,lags(1/2) ///对变量 m1sar、r 和 cpisa 进行 VAR 模型回归，滞后期选择滞后 1 期和滞后 2 期。

输出结果如下：

```
Vector autoregression

Sample:  1994m3 - 2007m12                       Number of obs     =        166
Log likelihood =   160.4757                     AIC               =   -1.68043
FPE            =   .0000374                     HQIC              =   -1.52063
Det(Sigma_ml)  =    .000029                     SBIC              =  -1.286745

Equation           Parms      RMSE     R-sq      chi2     P>chi2
----------------------------------------------------------------
m1sar                 7     .022214   0.7942   640.4475   0.0000
r                     7      .45052   0.9733    6053.61   0.0000
cpisa                 7     .589937   0.9934   24965.99   0.0000
----------------------------------------------------------------

------------------------------------------------------------------------------
             |      Coef.   Std. Err.      z    P>|z|     [95% Conf. Interval]
-------------+----------------------------------------------------------------
m1sar        |
       m1sar |
         L1. |   .7618461   .0775578     9.82   0.000     .6098356    .9138566
         L2. |   .0864011   .0789415     1.09   0.274    -.0683214    .2411236
             |
           r |
         L1. |   -.003012   .0038071    -0.79   0.429    -.0104738    .0044497
         L2. |   .0017574   .0036052     0.49   0.626    -.0053087    .0088235
             |
       cpisa |
         L1. |  -.0020019   .0025235    -0.79   0.428    -.0069479    .0029441
         L2. |   .0029578   .0025527     1.16   0.247    -.0020454     .007961
             |
       _cons |   .0322722   .0085315     3.78   0.000     .0155508    .0489936
-------------+----------------------------------------------------------------
r            |
       m1sar |
         L1. |   4.088064    1.57292     2.60   0.009     1.005197     7.17093
         L2. |  -.8164354   1.600983    -0.51   0.610    -3.954304    2.321433
             |
           r |
         L1. |   .8232033     .07721    10.66   0.000     .6718746    .9745321
         L2. |   .0850609   .0731161     1.16   0.245    -.0582441    .2283658
             |
       cpisa |
         L1. |   -.128364   .0511783    -2.51   0.012    -.2286716   -.0280563
         L2. |   .1424921   .0517704     2.75   0.006      .041024    .2439603
             |
       _cons |   .0199104   .1730237     0.12   0.908    -.3192099    .3590306
-------------+----------------------------------------------------------------
cpisa        |
       m1sar |
         L1. |   11.14669   2.059673     5.41   0.000     7.109809    15.18358
         L2. |  -8.789973   2.096419    -4.19   0.000    -12.89888   -4.681067
             |
           r |
         L1. |  -.3284569   .1011032    -3.25   0.001    -.5266155   -.1302983
         L2. |   .2548236   .0957425     2.66   0.008     .0671718    .4424753
             |
       cpisa |
         L1. |    1.25671   .0670159    18.75   0.000     1.125361    1.388059
         L2. |  -.2695377   .0677912    -3.98   0.000     -.402406   -.1366695
             |
       _cons |   .1172002   .2265673     0.52   0.605    -.3268635    .5612639
------------------------------------------------------------------------------
```

将回归结果进行存储，输入命令：est store var1，结果记为 VAR1。

（3） 对该 VAR 模型的稳定性进行检验。

输入命令：

varstable ,graph ///对 VAR 模型进行稳定性检验，并作图输出结果如图 11-6 所示。

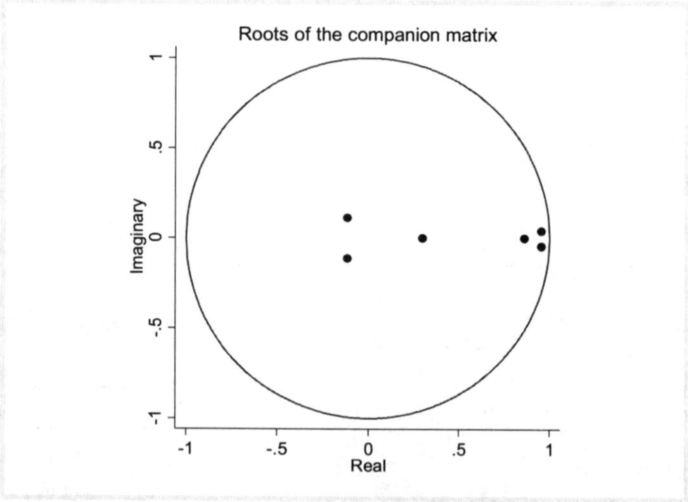

图 11-6　单位根检验图

如果被估计的 VAR 模型所有根的模的倒数小于 1，即位于单位圆内，则其是稳定的。结合上图可知，该模型是稳定的。

（4） 对模型进行格兰杰因果检验。

输入命令：

```
vargranger///对以上 VAR 模型进行格兰杰因果检验
```

输出结果如下：

Granger causality Wald tests

Equation	Excluded	chi2	df	Prob > chi2
m1sar	r	1.9148	2	0.384
m1sar	cpisa	8.9416	2	0.011
m1sar	ALL	9.3435	4	0.053
r	m1sar	13.852	2	0.001
r	cpisa	10.514	2	0.005
r	ALL	30.754	4	0.000
cpisa	m1sar	29.363	2	0.000
cpisa	r	14.474	2	0.001
cpisa	ALL	43.5	4	0.000

根据上图可以看出，除了第一行说明 r 不是 m1sara 的原因之外，其他的因果关系都是成立的。

（5） 由于该模型是稳定的，而且存在因果关系，因此可以进行脉冲分析。

首先创建并激活 irf 文件，输入命令：

```
irf  set result1 ///创建并激活 irf 文件 result1
```

输出结果如下：

```
(file result1.irf created)
(file result1.irf now active)
```

通过该命令创建并激活了名为 result1 的 irf。进一步通过命令 irf create result1, order(m1sar r cpisa)将名为 result1 的 irf 赋予顺序。现在做正交脉冲响应图，输入命令：

```
irf graph oirf ///做正交脉冲响应图
```

输出结果如图 11-7 所示。

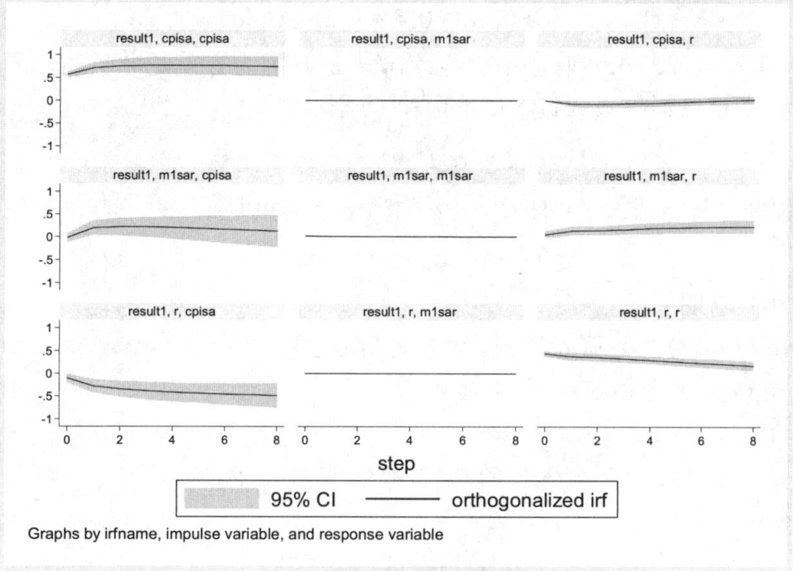

图 11-7 脉冲分析图

11.4 ARCH 与 GARCH 的估计及解释

本节讲解 ARCH 与 GARCH 模型的相关内容，前 2 节讲述 ARCH 与 GARCH 模型的基础知识，第 4 节讲述 ARCH 与 GARCH 模型的 Stata 实现。

11.4.1 ARCH 模型

若一个平稳随机变量 x_t 可以表示为 AR(p)形式，其随机误差项的方差可用误差项平方的 q 阶分布滞后模型描述，

$$x_t = \beta_0 + \beta_1 x_{t-1} + \beta_2 x_{t-2} + \cdots + \beta_p x_{t-p} + u_t \quad (11.55)$$

$$\sigma_t^2 = E(u_t^2) = \alpha_0 + \alpha_1 u_{t-1}{}^2 + \alpha_2 u_{t-2}{}^2 + \cdots + \alpha_q u_{t-q}{}^2 \quad (11.56)$$

则称 u_t 服从 q 阶的 ARCH 过程，记作 $u_t \sim$ ARCH (q)。其中式（10.48）称为均值方程，式（11.56）称为 ARCH 方程。

式（11.55）和式（11.56）还应满足如下条件。对于式（11.48），为保证平稳性，特征方程

$$1 - \beta_1 L - \beta_2 L^2 - \cdots - \beta_p L^p = 0$$

的根应在单位圆之外。x_t 的条件期望是

$$E(x_t \mid x_{t-1}, \cdots, x_{t-p}) = \beta_0 + \beta_1 x_{t-1} + \beta_2 x_{t-2} + \cdots + \beta_p x_{t-p}$$

x_t 的无条件期望（$T \to \infty$ 时）是

$$E(x_t) = \frac{\beta_0}{1-\beta_1-\cdots-\beta_p}$$

对于式（11.56），由于 u_t^2 的非负性，对 α_i 应有如下约束，

$$\alpha_0 > 0,\ \alpha_i \geqslant 0,\ i = 1, 2, \cdots q \tag{11.57}$$

当全部 $\alpha_i = 0, i = 1, 2, \cdots, q$ 时，条件方差 $\sigma_t^2 = \alpha_0$。因为方差是非负的，所以要求 $\alpha_0 > 0$。为保证 σ_t^2 是一个平稳过程，式（11.56）的特征方程

$$1 - \alpha_1 L - \alpha_2 L^2 - \cdots - \alpha_q L^q = 0 \tag{11.58}$$

的根都应在单位圆之外。对 $\alpha_i, i = 1, 2, \cdots, q$ 的另一个约束是

$$0 \leqslant \alpha_1 + \alpha_2 + \cdots + \alpha_q < 1 \tag{11.59}$$

对式（11.56）求期望：

$$\sigma_t^2 = \alpha_0 + \alpha_1 E(u_{t-1}{}^2) + \alpha_2 E(u_{t-2}{}^2) + \cdots + \alpha_q E(u_{t-q}{}^2)$$
$$= \alpha_0 + \alpha_1 \sigma_{t-1}{}^2 + \alpha_2 \sigma_{t-2}{}^2 + \cdots + \alpha_q \sigma_{t-q}{}^2$$

当 $T \to \infty$ 时

$$\sigma^2 = \alpha_0 + \alpha_1 \sigma^2 + \alpha_2 \sigma^2 + \cdots + \alpha_q \sigma^2$$

则无条件方差

$$\sigma^2 = \frac{1}{1-\sum_{i=1}^{q}\alpha_i}\alpha_0 \tag{11.60}$$

可见若保证 σ_t^2 是一个平稳过程，应该有约束 $0 \leqslant (\alpha_1 + \alpha_2 + \cdots + \alpha_q) < 1$。

因为 $\mathrm{Var}(x_t) = \mathrm{Var}(u_t) = \sigma_t^2$，所以上式可以用来预测 x_t 的方差。

11.4.2 GARCH 模型

ARCH（q）模型（11.49）是关于 σ_t^2 的分布滞后模型。为避免 u_t^2 的滞后项过多，可采用加入 σ_t^2 的滞后项的方法（回忆可逆性概念）。对于（11.56）式，可给出如下形式：

$$\sigma_t^2 = \alpha_0 + \alpha_1 u_{t-1}{}^2 + \lambda_1 \sigma_{t-1}{}^2 \tag{11.61}$$

此模型称为广义自回归条件异方差模型，用 GARCH (1, 1)表示。其中 u_{t-1} 称为 ARCH 项，σ_{t-1} 称为 GARCH 项。（11.61）式应满足的条件是

$\alpha_0 > 0,\ \alpha_1 \geqslant 0,\ \lambda_1 \geqslant 0$

当 $0 \leqslant \lambda_1 < 1$，（9.16）式变为

$$(1-\lambda_1 L)\,\sigma_t^2 = \alpha_0 + \alpha_1 u_{t-1}{}^2$$

$$\sigma_t^2 = \frac{\alpha_0}{1-\lambda_1} + \frac{\alpha_1}{1-\lambda_1 L} u_{t-1}{}^2$$

$$= \frac{\alpha_0}{1-\lambda_1} + (\alpha_1 + \alpha_1 \lambda_1 L + \alpha_1 \lambda_1{}^2 L^2 + \alpha_1 \lambda_1{}^3 L^3 + \cdots)\, u_{t-1}{}^2$$

所以 GARCH 模型可以看作无限阶的 ARCH 模型。

GARCH 模型的一般表达式是含有 q 个 ARCH 项和 p 个 GARCH 项，即 GARCH(p,q)，

$$\sigma_t^2 = \alpha_0 + \lambda_1 \sigma_{t-1}^2 + \cdots + \lambda_p \sigma_{t-p}^2 + \alpha_1 u_{t-1}^2 + \cdots + \alpha_q u_{t-q}^2 \qquad (11.62)$$

模型（11.62）应满足的条件是

$$\alpha_0 > 0,$$
$$\alpha_i \geqslant 0, i = 1, 2, \cdots q$$
$$\lambda_i \geqslant 0, i = 1, 2, \cdots p$$
$$0 \leqslant (\sum_{i=1}^{q} \alpha_i + \sum_{i=1}^{p} \lambda_i) < 1$$

对于 GARCH 模型，相应均值方程被解释变量的条件期望和条件方差分别是

$$E\{y_t \mid x_t\} = x_t \beta$$
$$\mathrm{Var}\{y_t \mid x_t\} = \sigma_t^2$$

对（11.62）式两侧求期望，并令 $T \to \infty$，则 u_t 的无条件方差表达式是

$$\sigma^2 = \frac{\alpha_0}{1 - \sum_{i=1}^{q} \alpha_i - \sum_{i=1}^{p} \lambda_i} \qquad (11.63)$$

11.4.3 ARCH 模型的 Stata 实现

在 Stata 中 ARCH 模型的实现，是通过如下基本命令来实现的：

```
arch depvar [indepvars] [if] [in] [weight] [, options]
```

其中的 options 的相关描述如表 11-24 所示。

表 11-24 options 的相关描述

主要选项	描　述
Mode l	
noconstant	没有常数项
arch(numlist)	ARCH 滞后阶数
garch(numlist)	GARCH 滞后阶数
saarch(numlist)	简单非对称 ARCH 模型
tarch(numlist)	门限 ARCH 模型
aarch(numlist)	非对称 ARCH 模型
narch(numlist)	非线性 ARCH 模型
narchk(numlist)	带有位移的非线性 ARCH 模型
abarch(numlist)	绝对值 ARCH 模型
atarch(numlist)	绝对门限 ARCH 模型
sdgarch(numlist)	garch 项的滞后项
earch(numlist)	Nelson's EGARCH 模型的信息项
egarch(numlist)	log（garch）的滞后项
parch(numlist)	幂 ARCH 模型
tparch(numlist)	门限幂 ARCH 模型
aparch(numlist)	非对称幂 ARCH 模型
nparch(numlist)	非线性幂 ARCH 模型
nparchk(numlist)	带有位移的非线性幂 ARCH 模型
pgarch(numlist)	幂 GARCH 模型

（续表）

主要选项	描　述
constraints(constraints)	线性约束
collinear	保留多重共线性约束
Model 2	
archm	均值方程加入方差项
archmlags(numlist)	均值方程加入滞后阶数
archmexp(exp)	将 exp 转换为 ARCH-IN-MEAN 的形式
arima(#p, #d, #q)	ARIMA(p,d,q) 模型
ar(numlist)	ar 模型
ma(numlist)	ma 模型
Model 3	
het(varlist)	条件方差估计中带有外生变量
savespace	估计时节省内存

【例 11-7】继续利用上例中的数据，建立该数据的 ARCH 模型。

这个过程可以分为如下 4 个步骤：

（1） 首先定义时间变量，输入命令：

```
generate monthly=ym(year,month)
tsset monthly,monthly  ///定义变量 monthly，令其形式为 ym(year,month)，然后将其生成时间序列数据
```

输出结果如下：

```
tsset monthly,monthly
        time variable:  monthly, 1994m1 to 2007m12
                delta:  1 month
```

（2） 对模型进行回归，输入命令：

```
regress cpisa  l(1/2).cpisa  l2.r  l1.m1sar ///以 cpisa 作为被解释变量，以 cpisa 滞后一期和两期、r 滞后两期，以及 m1sar 滞后一期作为解释变量，进行回归。
```

输出结果如下：

```
      Source |       SS           df       MS      Number of obs   =       166
-------------+----------------------------------   F(4, 161)       =   5125.15
       Model |  8312.46266         4  2078.11567   Prob > F        =    0.0000
    Residual |  65.2813162       161  .405474014   R-squared       =    0.9922
-------------+----------------------------------   Adj R-squared   =    0.9920
       Total |  8377.74398       165  50.7742059   Root MSE        =    .63677

------------------------------------------------------------------------------
       cpisa |      Coef.   Std. Err.      t    P>|t|     [95% Conf. Interval]
-------------+----------------------------------------------------------------
       cpisa |
         L1. |   1.238968   .0717882    17.26   0.000       1.0972    1.380736
         L2. |  -.2562702   .0725669    -3.53   0.001    -.3995759   -.1129645
             |
           r |
         L2. |  -.0714928   .0252262    -2.83   0.005    -.1213096   -.0216759
             |
       m1sar |
         L1. |   2.946467   1.289704     2.28   0.024      .399549    5.493385
             |
       _cons |   .0256983    .247441     0.10   0.917    -.4629501    .5143467
------------------------------------------------------------------------------
```

根据回归结果可得到回归方程：

$$\text{cpi}_t = 0.027 + 1.239\text{cpi}_{t-1} - 0.256\text{cpi}_{t-2} + 2.946m_{t-1} - 0.071r_{t-2} + \hat{u}_t$$

此模型统计量显著，拟合效果很好。

（3） 现在进一步检验残差时候存在自回归相关情况。输入命令：

```
predict e, resid
generate resid2=e^2
corrgram resid2 ///做残差的自相关和偏相关图
```

输出结果如下：

```
                                                 -1       0       1 -1       0       1
 LAG       AC       PAC       Q     Prob>Q  [Autocorrelation]  [Partial Autocor]
-------------------------------------------------------------------------------------
1        0.3371   0.3372     19.21  0.0000
2        0.0701  -0.0495    20.045  0.0000
3        0.0308   0.0256    20.207  0.0002
4        0.0650   0.0591    20.935  0.0003
5        0.0083  -0.0360    20.947  0.0008
6        0.0741   0.1027    21.903  0.0013
7       -0.0531  -0.1258    22.398  0.0022
8        0.0086   0.0783     22.41  0.0042
9       -0.0722  -0.1228    23.337  0.0055
10       0.0010   0.0732    23.337  0.0096
11       0.0815   0.0833    24.533  0.0107
12       0.2228   0.1886    33.524  0.0008
13       0.0288  -0.0865    33.675  0.0013
14       0.0120   0.0345    33.701  0.0023
15      -0.0185  -0.0402    33.764  0.0037
16      -0.0490  -0.0796    34.211  0.0051
17      -0.0445   0.0215    34.581  0.0071
18      -0.0190  -0.0318    34.649  0.0105
19      -0.0218   0.0370     34.74  0.0150
20       0.0161   0.0206    34.789  0.0213
21      -0.0147   0.0098    34.831  0.0295
22      -0.0673  -0.0776    35.707  0.0326
23       0.0033   0.0296    35.709  0.0442
24       0.0071  -0.0441    35.719  0.0584
25      -0.0259  -0.0169    35.851  0.0739
26      -0.0459  -0.0153    36.271  0.0868
27      -0.0671  -0.0812    37.175  0.0919
28      -0.0445   0.0593    37.574  0.1067
29      -0.0445  -0.0929    37.977  0.1229
30      -0.0482   0.0529    38.454  0.1384
31       0.0169   0.0084    38.513  0.1661
32      -0.0099  -0.0192    38.533  0.1979
33       0.0082   0.0388    38.547  0.2330
34      -0.0475  -0.1126    39.023  0.2541
35       0.0036   0.0966    39.026  0.2936
36       0.1303   0.1730    42.666  0.2063
37       0.0328  -0.0836    42.899  0.2330
38      -0.0268   0.0056    43.055  0.2638
39      -0.0433  -0.0310    43.467  0.2869
40      -0.0557  -0.1112    44.153  0.3004
```

可以发现 u_t 存在一阶 arch 效应。

（4） 进行 arch 模型回归，输入命令：

arch cpisa l(1/2).cpi l2.r l1.m1sar, arch(1)/// 以 cpisa 作为被解释变量，以 cpisa 滞后一期和两期、r 滞后两期，以及 m1sar 滞后一期作为解释变量，做 ARCH 模型回归

得到输出结果如下：

```
(setting optimization to BHHH)
Iteration 0:   log likelihood = -150.29366
Iteration 1:   log likelihood = -145.49895
Iteration 2:   log likelihood =  -144.3973
Iteration 3:   log likelihood = -144.14158
Iteration 4:   log likelihood = -144.11602
(switching optimization to BFGS)
Iteration 5:   log likelihood =  -144.1139
Iteration 6:   log likelihood = -144.11343
Iteration 7:   log likelihood = -144.11339
Iteration 8:   log likelihood = -144.11339

ARCH family regression

Sample: 1994m3 - 2007m12                        Number of obs    =        166
Distribution: Gaussian                          Wald chi2(4)     =   26358.87
Log likelihood = -144.1134                      Prob > chi2      =     0.0000
```

cpisa	Coef.	OPG Std. Err.	z	P>|z|	[95% Conf.	Interval]
cpisa						
cpisa						
L1.	1.065493	.0887163	12.01	0.000	.891612	1.239374
L2.	-.104644	.0859259	-1.22	0.223	-.2730557	.0637676
r						
L2.	-.0725221	.0162142	-4.47	0.000	-.1043014	-.0407427
m1sar						
L1.	2.724351	1.219013	2.23	0.025	.3351292	5.113573
_cons	.1314408	.1837433	0.72	0.474	-.2286894	.4915711
ARCH						
arch						
L1.	.618994	.2025585	3.06	0.002	.2219867	1.016001
_cons	.1839451	.0383822	4.79	0.000	.1087173	.2591728

由以上可得回归结果：

$$\text{cpi}_t = 0.131 + 1.065\text{cpi}_{t-1} - 0.105\text{cpi}_{t-2} + 2.724m_{t-1} - 0.073r_{t-2} + \hat{u}_t$$

$$\hat{\sigma}_t^2 = 0.184 + 0.619u_{t-1}$$

11.5 Stata 操作习题

该题使用数据集 balance2.dta，对消费、投资、收入进行如下分析。其中 gdp、inv、consump 分别代表我国某地区的国内生产总值、投资和消费，t 代表时间，y、i、c 分别是 gdp、inv、consump 取对数之后的值。全部数据如表 11-25 所示。

表 11-25 balance2.dta 数据表

gdp	t	inv	consump	y	i	c
20.68	1959q1	29.333	20.315	3.029167	3.378713	3.01136
20.711	1959q2	29.448	20.365	3.030665	3.382626	3.013818
20.77	1959q3	29.531	20.47	3.03351	3.385441	3.01896
20.853	1959q4	29.582	20.576	3.037498	3.387166	3.024125
20.903	1960q1	29.606	20.616	3.039893	3.387977	3.026067
20.995	1960q2	29.657	20.73	3.044284	3.389698	3.031582
21.093	1960q3	29.636	20.812	3.048941	3.38899	3.03553
21.186	1960q4	29.577	20.909	3.053341	3.386997	3.04018
21.21	1961q1	29.531	20.944	3.054473	3.385441	3.041852
21.249	1961q2	29.544	20.94	3.05631	3.385881	3.041661
21.305	1961q3	29.534	21.016	3.058942	3.385542	3.045284
21.36	1961q4	29.54	21.039	3.06152	3.385745	3.046378
21.482	1962q1	29.555	21.131	3.067215	3.386253	3.050741
21.538	1962q2	29.573	21.209	3.069819	3.386862	3.054426
21.596	1962q3	29.568	21.262	3.072508	3.386693	3.056921
21.671	1962q4	29.535	21.325	3.075975	3.385576	3.05988
21.732	1963q1	29.545	21.386	3.078786	3.385915	3.062737
21.754	1963q2	29.483	21.416	3.079798	3.383814	3.064138
21.794	1963q3	29.383	21.518	3.081635	3.380416	3.06889
21.923	1963q4	29.456	21.596	3.087536	3.382898	3.072508
22.001	1964q1	29.364	21.697	3.091088	3.379769	3.077174
22.073	1964q2	29.599	21.744	3.094355	3.387741	3.079338
22.18	1964q3	29.636	21.815	3.099191	3.38899	3.082598
22.282	1964q4	29.938	21.889	3.103779	3.399129	3.085984
22.38	1965q1	29.952	21.963	3.108168	3.399596	3.089359
22.479	1965q2	30.014	22.072	3.112582	3.401664	3.09431
22.578	1965q3	30.058	22.155	3.116976	3.403129	3.098063
22.717	1965q4	30.404	22.223	3.123114	3.414574	3.101128
22.857	1966q1	30.265	22.396	3.129257	3.409992	3.108882
23.071	1966q2	30.752	22.576	3.138576	3.425955	3.116887
23.293	1966q3	30.76	22.75	3.148153	3.426215	3.124565
23.498	1966q4	31.125	22.927	3.156915	3.438011	3.132315
23.611	1967q1	31.265	22.993	3.161713	3.442499	3.13519
23.759	1967q2	31.39	23.108	3.167961	3.446489	3.140179
23.977	1967q3	31.561	23.322	3.177095	3.451922	3.149397

（续表）

gdp	t	inv	consump	y	i	c
24.242	1967q4	31.936	23.525	3.188087	3.463734	3.158064
24.503	1968q1	32.227	23.776	3.198796	3.472805	3.168677
24.777	1968q2	32.521	24.019	3.209916	3.481886	3.178845
25.017	1968q3	32.7	24.269	3.219556	3.487375	3.1892
25.367	1968q4	33.407	24.542	3.233449	3.508766	3.200386
25.622	1969q1	33.75	24.783	3.243451	3.51898	3.210158
25.966	1969q2	34.104	25.103	3.256788	3.529415	3.222987
26.345	1969q3	34.375	25.418	3.271279	3.53733	3.235458
26.678	1969q4	34.827	25.716	3.283839	3.550393	3.247113
27.051	1970q1	35.089	26.018	3.297724	3.557888	3.258789
27.437	1970q2	35.851	26.304	3.311893	3.579372	3.269721
27.655	1970q3	35.743	26.562	3.319807	3.576354	3.279482
28.009	1970q4	36.168	26.91	3.332526	3.588175	3.292498
28.429	1971q1	36.797	27.164	3.34741	3.605416	3.301893
28.809	1971q2	37.34	27.472	3.360688	3.620065	3.313167
29.097	1971q3	37.757	27.743	3.370635	3.631171	3.322984
29.329	1971q4	38.078	27.915	3.378577	3.639637	3.329164
29.814	1972q1	38.528	28.214	3.394978	3.651385	3.339818
29.989	1972q2	38.78	28.384	3.400831	3.657905	3.345826
30.264	1972q3	39.189	28.637	3.409959	3.668396	3.3547
30.62	1972q4	39.751	28.876	3.421653	3.682635	3.363011
31.025	1973q1	40.099	29.23	3.434793	3.691351	3.375196
31.542	1973q2	40.806	29.795	3.45132	3.708829	3.394341
32.147	1973q3	41.659	30.337	3.470319	3.729517	3.412368
32.703	1973q4	42.126	30.961	3.487467	3.740665	3.432728
33.371	1974q1	42.954	31.877	3.507687	3.76013	3.461885
34.11	1974q2	44.256	32.764	3.529591	3.789991	3.48933
35.164	1974q3	46.043	33.638	3.560023	3.829576	3.515656
36.24	1974q4	47.799	34.485	3.590164	3.867005	3.540525
37.077	1975q1	49.519	35.132	3.612997	3.902357	3.559112
37.622	1975q2	50.66	35.578	3.627589	3.925137	3.571727
38.324	1975q3	51.251	36.247	3.646076	3.936735	3.590357
39.005	1975q4	51.956	36.862	3.66369	3.950397	3.607181
39.443	1976q1	52.406	37.27	3.674857	3.959021	3.618189
39.866	1976q2	53.295	37.592	3.685524	3.975843	3.626791
40.405	1976q3	54.046	38.166	3.698954	3.989836	3.641945
41.096	1976q4	54.87	38.765	3.715911	4.004967	3.657518
41.781	1977q1	56.027	39.452	3.732442	4.025834	3.675085
42.452	1977q2	57.093	40.13	3.748374	4.044682	3.692124
43.036	1977q3	58.217	40.736	3.762037	4.064177	3.707112
43.762	1977q4	59.371	41.321	3.778766	4.083806	3.721371
44.493	1978q1	60.525	42.018	3.795332	4.103057	3.738098
45.35	1978q2	61.762	42.885	3.81441	4.123288	3.758522
46.133	1978q3	62.97	43.635	3.831529	4.142658	3.77586

（续表）

gdp	t	inv	consump	y	i	c
47.074	1978q4	64.269	44.456	3.851721	4.163077	3.7945
47.929	1979q1	65.566	45.284	3.869721	4.183057	3.812954
49.092	1979q2	67.245	46.509	3.893696	4.208343	3.839646
50.102	1979q3	68.934	47.65	3.914061	4.23315	3.863883
51.088	1979q4	70.363	48.793	3.93355	4.253668	3.887587
52.209	1980q1	72.016	50.246	3.955255	4.276888	3.916931
53.362	1980q2	73.715	51.457	3.977099	4.300206	3.940747
54.572	1980q3	75.209	52.652	3.999521	4.320271	3.963704
56.105	1980q4	76.756	53.955	4.027225	4.340632	3.98815
57.566	1981q1	78.983	55.349	4.052932	4.369233	4.013659
58.582	1981q2	80.697	56.265	4.070428	4.390701	4.030073
59.661	1981q3	81.982	57.197	4.088679	4.4065	4.046501
60.704	1981q4	83.451	58.068	4.10601	4.42426	4.061615
61.563	1982q1	84.487	58.803	4.120061	4.436598	4.074193
62.33	1982q2	85.432	59.365	4.132443	4.447721	4.083705
63.193	1982q3	85.917	60.294	4.146194	4.453382	4.099233
63.866	1982q4	85.982	60.972	4.156787	4.454138	4.110415

（1） 对收入建立恰当的 ARIMA 模型。

（2） 对消费、投资、收入的增长率建立恰当的 VAR 模型。

第 12 章　聚 类 分 析

聚类分析（cluster analysis）也称群分析、点群分析，是基于观测案例在许多变量上的相异性，将案例划分成不同组（groups）或类（clusters）的方法。它主要通过将个体或对象分类，使类间对象的同质性最大化和类与类间对象的相似性更强，是根据研究对象特征对研究问题进行分类的多元分析方法。

本章主要介绍聚类分析的基本理论和方法以及如何用 Stata 实现聚类分析。

12.1　聚类分析的基本思想与理论

聚类分析实际上就是对研究的对象或者变量进行分类，在进行具体分类之前，需要了解聚类分析的原理。本节主要介绍聚类分析的基本思想以及理论模型，理解对象间的相似性是如何测量的，区别相似性度量中出现的不同距离计算方法。最后详细阐述聚类分析中所使用的方法及如何使用这些方法进行聚类分析。

12.1.1　聚类分析的基本思想

聚类分析的基本思想就是：在一些社会、经济研究问题中，面临的往往是比较复杂的研究对象，如果能够把相似的样品（或指标）归成类，处理起来就大为方便。一般我们认为，所研究的样品或指标之间存在着不同程度的相似性，于是根据一批样品的多个观测指标，具体找出一些能够度量样品或指标之间相似程度的统计量，以这些统计量为划分类型的依据，把一些相似程度较大的样品聚为一类。关系密切的聚为一个小的分类单位，关系疏远的聚为一个大的分类单位，直到把所有样品或指标都聚类完毕，这样就可以形成一个由小到大的分类系统。

聚类分析不仅可以用来对样品进行分类，也可以用来对变量进行分类。对样品的分类常称为 Q 型聚类分析，对变量的分类常称为 R 型聚类分析。

聚类分析提供了很多种分类方法，包括：

（1）　系统聚类法。首先，将 n 个样品看成 n 类（一类包含一个样品），然后将性质最接近的两类合并成一个新类，我们得到 $n-1$ 类，再从中找出最接近的两类加以合并变成了 $n-2$ 类，如此下去，最后所有的样品均聚为一类，将上述并类画成一张图（称为聚类图）便可决定分多少类，每类各有什么样品。

（2）　模糊聚类法。将模糊数学的思想观点用到聚类分析中产生的方法。该方法多用于定性变量的分类。

（3）　K 均值法。K 均值法是一种非谱系聚类法，它是把样品聚集成 k 个类的集合。类的个数 k 可以预先给定或者在聚类过程中确定。该方法可应用于比系统聚类法大得多的数据组。

（4）　有序样品的聚类。n 个样品按某种原因（时间、地层深度等）排成次序，聚成类必须是次序相邻的样品才能在一类。

（5） 分解法。它的程序正好和系统聚类相反，首先所有的样品均在一类，然后用某种最优准则将它分为两类。再用同样准则将这两类各自试图分裂为两类，从中选一个是目标函数较好者，这样由两类变成三类。如此下去，一直分裂到每类只有一个样品为止（或用其他停止规则），将上述分裂过程画成图，由图便可求得各个类。

（6） 加入法。将样品依次加入，每次输入后将它放到当前聚类图的应在位置上，全部输入后，即可得到聚类图。

12.1.2 聚类分析的相似性测度

从一组复杂数据产生一个相当简单的类结构，必然要求进行“相关性”或者“相似性”度量。在相似性度量的选择中，常常包含许多主观上的考虑，但是最重要的考虑是指标（包括离散的、连续的和二元的）性质或观测的尺度（名义的、次序的、间隔的和比率的）以及有关的知识。不同类型的变量，相似性的测度也不尽相同，下文将介绍一些常用的度量方法。

为说明方便，设 x,y 是两个要测度相似性的聚类变量，它们均含有 m 个值。

1. 数值变量的相似性测度

对样品进行聚类时，相似性一般用聚类来衡量，常用的聚类有如下几种定义方法。

（1） 绝对值距离（city-block distance or Manhttan distance）：

$$d(x,y)=\sum_{i=1}^{m}|x_i-y_i|$$

（2） 欧氏距离（Euclidean distance）：

$$d(x,y)=\sqrt{\sum_{i=1}^{m}(x_i-y_i)^2}$$

（3） 平方欧氏距离（Squared Euclidean distance）：

$$d(x,y)=\sum_{i=1}^{m}(x_i-y_i)^2$$

（4） 切比雪夫距离（Chebychev distance）：

$$d(x,y)=\max_{1\leqslant i\leqslant m}|x_i-y_i|$$

（5） 明考斯基效力距离（Power distance）：

$$d(x,y)=\sqrt{\sum_{i=1}^{m}|x_i-y_i|^q}$$

在 5 种距离的定义中，欧氏距离和平方欧氏距离是实际应用中最广泛的，而明考斯基效力距离是 5 种距离中最综合的。

对指标聚类时，相似性通常根据相关系数或某种关联性来度量。

（1） 夹角余弦（cosine）：

$$r = \frac{\sum_{i=1}^{m} x_i y_i}{\sqrt{\sum_{i=1}^{m} x_i^2}\sqrt{\sum_{i=1}^{m} y_i^2}}$$

（2） 皮尔逊相关系数（Pearson correlation）：

$$r_{xy} = \frac{\sum_{i=1}^{m}(x_i - \overline{x})(y_i - \overline{y})}{\sqrt{\sum_{i=1}^{m}(x_i - \overline{x})^2}\sqrt{\sum_{i=1}^{m}(y_i - \overline{y})^2}}$$

有时把 $1-r_{xy}$ 定义为距离，两变量间相关系数越大，距离越小，说明两变量性质越接近。实际上，皮尔逊相关系数就是标准化之后的夹角余弦值，由于剔除了量纲的影响，能更准确地测量变量间的关系，因此皮尔逊相关系数在实际应用中更为广泛。

2. 名义变量的相似性测度

关联测度常用于名义变量的相似性，一般基于列联表来计算（关于列联表一般分析参见第 5 章）。不是一般性，设 x, y 均是取值为 0，1 的变量，两变量间的列联表如表 12-1 所示。

表 12-1 列联表

y \ x	0	1	求和
0	a	b	$a+b$
1	c	d	$c+d$
求和	$a+c$	$b+d$	$a+b+c+d$

其中，a 表示 x, y 取 0，1 时的配对个数；b 表示 x, y 取 0，1 时的配对个数；x 共有 $a+c$ 个值取 0，y 共有 $a+b$ 个值取 0；每个变量共有 $a+b+c+d$ 个值。

常用的关联测度方法是：不匹配系数（percent disagreement），即 x, y 取值不相同的个数与取值总数之比：

$$r = \frac{b+c}{a+b+c+d}$$

还要说明的是，适用于非数值变量的测度也一定适用于数值变量，但适用于数值变量的测度基本上不能用于非数值变量。不同距离的选择对于聚类的结果是有重要影响的，因此在选择相似性测度时，一定要结合变量性质。

前面讲的大部分度量方法受变量的测量单位影响较大，数量级较大的数据变异性也较大，相当于对这个变量赋予了更大权重，从而导致聚类结果产生很大偏差。一般为了克服测量单位的影响，在计算相似测度前，要对变量进行标准化处理，将原始变量变成均值为 0，方差为 1 的标准化变量。

12.1.3　聚类分析的典型方法

1.　系统聚类法

系统聚类法（hierarchical clustering method）是聚类分析诸方法中用得最多者。系统聚类包括两种：聚集法（agglomerative method）和分解法（divisive method）。聚集法就是首先将每个个体各自看成一群，将最相似的两群合并，重新计算群间距离，再将最相似的两群合并，每步减少一群，直至所有个体聚为一群为止。分解法正好相反，它首先将所有个体看成一群，将最不相似的个体分成两群，每步增加一群，直至所有个体各自成为一群为止。

每一群之间包含有若干个体，对于定义群与群之间的相似性，有如下方法。

（1）　最短距离法。

最短距离法将两变量间的距离定义为一个群中所有个体与另一群中的所有个体间距离的最小者。设 x_i 为群 G_p 中的任一个体，y_j 为群 G_q 中的任一个体，d_{ij} 表示个体 x_i 与 y_j 间的距离，D_{pq} 表示群 G_p 与群 G_q 间的距离，则最短距离法把群间距离 D_{pq} 定义为：$D_{pq}=\min\limits_{x_i\in G_p,y_j\in G_q} d_{ij}$。

下面以一个具体的例子来说明最短距离法进行距离分析的算法。

【例 12-1】设抽取 5 个样品，每个样品只测一个指标，它们是 1，2，3.5，7，9，用最短距离法对 5 个样品进行分类。

a. 定义样品间距离采用绝对距离，计算样品两两距离，得距离阵 $D_{(0)}$ 如表 12-2 所示。

表 12-2　距离阵 $D_{(0)}$

	$G_1=\{X_1\}$	$G_2=\{X_2\}$	$G_3=\{X_3\}$	$G_4=\{X_4\}$	$G_5=\{X_5\}$
$G_1=\{X_1\}$	0				
$G_2=\{X_2\}$	1	0			
$G_3=\{X_3\}$	2.5	1.5	0		
$G_4=\{X_4\}$	6	5	3.5	0	
$G_5=\{X_5\}$	8	7	5.5	2	0

b. 找出 $D_{(0)}$ 中非对角线最小元素是 1，即 $D_{12}=d_{12}=1$，则将 G_1 与 G_2 并成一个新类，记为 $G_6=\{X_1,X_2\}$。

c. 计算新类 G_6 与其他类的距离，按公式：

$$G_{i6}=\min(D_{i1},D_{i2})\qquad \text{i}=3,4,5$$

即将表 $D_{(0)}$ 的前两例取较小的一列得表 $D_{(1)}$，如表 12-3 所示。

表 12-3　距离阵 $D_{(1)}$

	G_6	G_3	G_4	G_5
$G_6=\{X_1,X_2\}$	0			
$G_3=\{X_3\}$	1.5	0		
$G_4=\{X_4\}$	5	3.5	0	
$G_4=\{X_4\}$	7	5.5	2	0

d. 找出 $D_{(1)}$ 中非对角线最小元素是 1.5，则将相应的两类 G_3 和 G_6 合并为 $G_7=\{X_1,X_2,X_3\}$，然后再按公式计算各类与 G_7 的距离，即将 G_3, G_6 相应的两行两列归并一行一列，新的行列由原来的两行（列）中较小的一个组成，计算结果得表 $D_{(2)}$ 如表 12-4 所示。

表 12-4 距离阵 $D_{(2)}$

	G_7	G_4	G_5
$G_7=\{X_1,X_2,X_3\}$	0		
$G_4=\{X_4\}$	3.5	0	
$G_4=\{X_4\}$	5.5	2	0

e. 找出 $D_{(2)}$ 中非对角线最小元素是 2，则将 G_4 与 G_5 合并成 $G_8=\{X_4,X_5\}$，最后再按公式计算 G_7 与 G_8 的距离，即将 G_4，G_5 相应的两行两列归并成一行一列，新的行列由原来的两行（列）中较小的一个组成，得表 $D_{(3)}$ 如表 12-5 所示。

表 12-5 距离阵 $D_{(3)}$

	G_7	G_8
$G_7=\{X_1,X_2,X_3\}$	0	
$G_8=\{X_4,X_5\}$	3.5	0

最后将 G_7 和 G_8 合并成 G_9。

由上看到分布两类 $\{X_1,X_2,X_3\}$ 及 $\{X_4,X_5\}$ 比较合适，在实际问题中有时给出一个阈值 T，要求类与类之间的距离小于 T，因此有些样品可能归不了类。

（2） 最长距离法。

最长距离法将两变量间的距离定义为一个群中所有个体与另一群中所有个体间距离的最大者，即 $D_{pq}=\max\limits_{x_i\in G_p, y_j\in G_q} d_{ij}$。

最长距离法克服了最短距离法连接聚合的缺陷但是当数据有较大离散程度时，易产生较多群。

【例 12-2】应用最长距离法重新做例 12-1，如表 12-6～表 12-9 所示。

$D_{(0)}$：

表 12-6 距离阵 $D_{(0)}$

	G_1	G_2	G_3	G_4	G_5
$G_1=\{X_1\}$	0				
$G_2=\{X_2\}$	1	0			
$G_3=\{X_3\}$	2.5	1.5	0		
$G_4=\{X_4\}$	6	5	3.5	0	
$G_5=\{X_5\}$	8	7	5.5	2	0

$D_{(1)}$：

表 12-7　距离阵 $D_{(1)}$

	G_6	G_3	G_4	G_5
$G_6=\{X_1,X_2\}$	0			
$G_3=\{X_3\}$	2.5	0		
$G_4=\{X_4\}$	6	3.5	0	
$G_5=\{X_5\}$	8	5.5	2	0

$D_{(2)}$：

表 12-8　距离阵 $D_{(2)}$

	G_6	G_7	G_5
$G_6=\{X_1,X_2\}$	0		
$G_7=\{X_4,X_5\}$	8	0	
$G_3=\{X_3\}$	2.5	5.5	0

$D_{(3)}$：

表 12-9　距离阵 $D_{(3)}$

	G_7	G_8
$G_7=\{X_4,X_5\}$	0	
$G_8=\{X_1,X_2,X_3\}$	8	0

最后将 G_6 和 G_8 合并成 G_9。

（3）　未加权的类间平均法。

未加权的类间平均法将变量间的距离定义为一个群中所有个体与另一个群中的所有个体间距离的平均值，即 $D_{pq}=\dfrac{\sum\limits_{x_i\in G_p,y_j\in G_q} d_{ij}}{n_p n_q}$。

类间平均法充分利用已知信息，考虑了所有的个体，克服了最短（长）距离法受异常值影响的最大的缺陷，是一种聚类效果较好、应用较广的聚类方法。

（4）　加权的类间平均法。

加权的类间平均法将各自群中的规模作为权数，其余与未加权的类间平均法相同。当群间的资料变异性较大时，加权的类间平均法比未加权的平均法更优。

（5）　未加权的类间重心法。

从物理观点看，一个群用它的重心（该群个体的均值）来代表是比较合理的。未加权的类间重心法就是将变量间的距离定义为两群重心间的距离。设 G_p 和 G_q 的重心分别是 $\overline{x}_p$ 和 $\overline{x}_q$，则两群间距离为 $D_{pq}=d(\overline{x}_p,\overline{x}_q)$。

重心法要求用欧氏距离，每聚一次类，都要重新计算重心。它也是较少受到异常值的影响，但因为群间距离没有单调递增趋势，在树状聚类图上可能会出现图形逆转，限制了它的使用。

（6） 加权的类间重心法。

加权的类间重心法将各自群中的规模作为权数，其余的未加权的类间重心法相同。当群间的资料变异较大时，群的规模有显著差异，加权的类间重心法比未加权的重心法更优。

（7） 离差平方和法。

这种方法与前几种方法明显不同，它是利用变异数分析的思想。“好”的聚类方法是使群内的差异尽量小，而群间的差异尽量大，也就是说，类内的离差平方和尽量小，类间的离差平方和尽量大。当类数固定时，使整个类内离差平方和达到极小的分类即为最优。它要求采用平方欧氏距离。以前由于计算繁琐限制了它的应用，现在随着计算机技术的发展，计算已不再困难，离差平方和法被认为是一种理论上和实际上都非常有效的聚类方法，应用较为广泛。

2. *K* 均值聚类法

系统聚类法要求分类方法准确，一个个体一旦划入某一群就不能改变了，并且它在聚类过程中需要存储距离矩阵，当聚类变量太多时，占内存太多，速度较慢。算法中的迭代法给我们以启示，能否先给出一个粗糙的初始分群，然后根据某种原则修改，直至找到合理的分群为止，采用这种思想产生的聚类方法叫做动态聚类法。动态聚类法思想如图 12-1 所示。

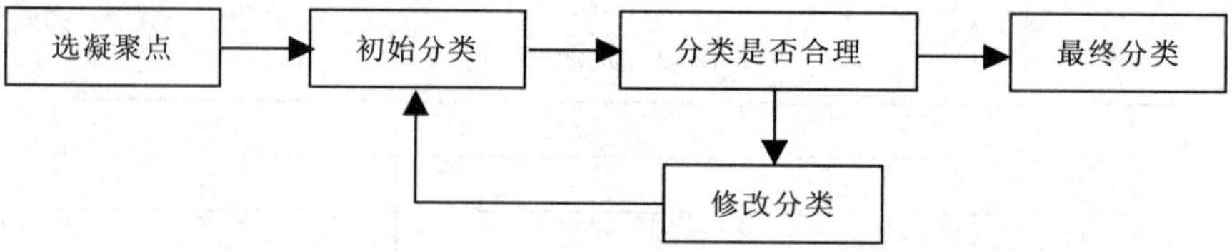

图 12-1 动态聚类法过程框图

动态聚类法中最常用的是 *K* 均值聚类法。这种方法首先根据事先确定的类数 *k* 确定 *k* 个初始点，然后将其他个体逐一输入，同时改变凝聚点，不断迭代，直至找到合理的分群为止。一般来讲，当两次迭代间的结果相差不多或达到规定的迭代次数时，迭代停止。所以采用 *K* 均值聚类法需要事先知道：要分的类数、初始点的选择原则、修改分类的原则（迭代的最多次数）。

K 均值聚类分析的计算步骤：

（1） 把样品粗略分成 *K* 个初始类。

（2） 进行修改，逐个分派样品到其最近均值的类中去（通常用标准化数据或非标准化数据计算欧氏距离）。重新计算接受新样品的类和失去样品的类的均值。

（3） 重复第（2）步，直到各类无元素进出。

12.1.4 聚类分析的步骤

聚类分析步骤如下：

（1） 分析所需要研究的问题，确定聚类分析所需要的多元变量。

（2） 选择对样品聚类还是对指标聚类。

（3） 选择合适的聚类方法。

（4） 选择所需的输出结果。

现在开始介绍 Stata 中关于聚类分析的命令。

12.2 聚类分析的基本命令

1. matrix dissimilarity 命令

很多多元统计方法，包括聚类分析，是基于变量或观测值的相近程度来分析的，因此在介绍聚类分析的 Stata 命令之前，首先介绍一下 Stata 中关于矩阵相似性（similarity）或相异性（dissimilarity）的测度方法。统计学中用各种距离来测度变量或观测值的相似性或相异性。命令格式分别如下：

```
matrix dissimilarity matname = [varlist] [if] [in] [, options]
```

选项（options）如表 12-10 所示。

表 12-10 dissimilarity 命令选项

选 项	内 容
measure	相似（异）性测度方法，默认为 Euclidean
observations	测度观测值的相似（异）性，默认项
variables	测度变量的相似（异）性
names(varname)	矩阵 matname 的行/列的名称
allbinary	检查所有数值为 0，1 的值和缺失值的个体
proportions	将 0-1 数值解释为比例
dissim(oneminus)	将相似性转换为相异性：d_ij = 1- s_ij
dissim(standard)	将相似性转换为相异性：d_ij = sqrt(s_ii + s_jj - 2*s_ij)

相似（异）性测度方法如表 12-11 所示。

表 12-11 dissimilarity 命令相似（异）性测度方法

测度方法	内 容	公 式
cont_measure	*连续数据*	
L2	Euclidean 距离，默认项	sqrt(sum((x_ia - x_ja)^2))
Euclidean	等同于 L2	
L(2)	等同于 L2	
L2squared	Euclidean 距离平方	sum((x_ia - x_ja)^2)
Lpower(2)	等同于 L2squared	
L1	绝对值距离	sum(|x_ia - x_ja|)
absolute	等同于 L1	
cityblock	等同于 L1	
manhattan	等同于 L1	
L(1)	等同于 L1	

（续表）

测度方法	内　容	公　式
Lpower(1)	等同于 L1	
Linfinity	最大值距离	max(|x_ia - x_ja|)
maximum	等同于 Linfinity	
L(#)	Minkowski 距离（arg=#）	(sum(|x_ia - x_ja|^#)^(1/#)　# >= 1
Lpower(#)	Minkowski 距离（arg=#）的#次方	sum(|x_ia - x_ja|^#)　# >= 1
Canberra	Canberra 距离	sum(|x_ia - x_ja|/(|x_ia|+|x_ja|))
correlation	相似性测度的相关系数	Pearson 相似系数
angular	相似性测度的角度	两向量夹角余弦
angle	等同于 angular	
binary_measure	*二项数据*	
matching	简单配对相似系数	(a+d)/(a+b+c+d)
Jaccard	Jaccard 二项相似系数	a/(a+b+c)
Russell	Russell & Rao 相似系数	a/(a+b+c+d)
Hamann	Hamann 相似系数	((a+d)-(b+c))/(a+b+c+d)
Dice	Dice 相似系数	2a/(2a+b+c)
antiDice	anti-Dice 相似系数	a/(a+2(b+c))
Sneath	Sneath & Sokal 相似系数	2(a+d)/(2(a+d)+(b+c))
Rogers	Rogers & Tanimoto 相似系数	(a+d)/((a+d)+2(b+c))
Ochiai	Ochiai 相似系数	a/sqrt((a+b)(a+c))
Yule	Yule 相似系数	(ad-bc)/(ad+bc)
Anderberg	Anderberg 相似系数	(a/(a+b)+a/(a+c)+d/(c+d) + d/(b+d))/4
Kulczynski	Kulczynski 相似系数	(a/(a+b) + a/(a+c))/2
Pearson	Pearson's phi 相似系数	(ad-bc)/sqrt((a+b)(a+c)(d+b)(d+c))
Gower2	与 Pearson 相似系数相同分母	ad/sqrt((a+b)(a+c)(d+b)(d+c))
mixed_measure	*混合数据*	
Gower	Gower 相似系数	sum(delta_ijv*d_ijv)/sum(delta_ijv)

下文以一组数据来说明用 Stata 中 dissimilarity 命令进行相似（异）性测量，并说明每个结果的具体含义。

【例 12-3】labtech.dta 是 Stata 系统自带的关于 4 个人细胞死亡测定的数据，该数据集共有 50 个观测值，4 个变量，表 12-12 列举了该数据集的部分数据。本例演示如何使用 matrix dissimilarity 命令对变量进行相似性测量，要求输出所有观测值的 Euclidean 距离矩阵、Canberra 距离矩阵及所有变量间的 Canberra 距离矩阵。

表 12-12　细胞死亡测定的数据

	x1	x2	x3	x4	labtech
1	17.4	78.6	101.4	109.3	Jen
2	87	30.1	79.1	6.6	Jen
3	0.1	0.6	0.9	0.2	Sam
4	106	10	44.6	57.6	Deb
5	140.6	122	114.8	122.8	Jen
6	0.5	0.8	0.2	0.5	Sam

（续表）

	x1	x2	x3	x4	labtech
7	140.5	27	71.2	69.6	Bill
8	0.5	0.3	0.5	0.7	Sam
9	18	74.4	26.4	116	Al
10	3.6	143.6	12.8	70.1	Deb
11	20	116.4	118.3	115.8	Deb
12	84.7	142.1	147.9	45	Al
13	120.4	55.8	144.7	75.2	Jen
14	0.1	0.9	0.6	0.2	Sam
15	113	69.4	127	10.4	Deb
16	90.3	102.3	113.7	74.1	Al
17	0.9	0.2	0.5	0.3	Sam
18	86.7	99.9	57.3	30.5	Bill
19	89.1	45.3	126.1	28.6	Deb
20	94	107.1	132.5	72	Bill
21	81.2	125.1	76.5	40.3	Deb
22	47	91.6	30.2	68.9	Bill
23	101.3	44.2	126.5	146.1	Bill
24	27.1	27.1	19.1	98.2	Deb
25	77	51.4	15.9	110.9	Bill
26	1.1	55.8	69.7	26.5	Deb
27	0.8	0.9	1	0.8	Sam
28	60	21.8	7.4	130.9	Al
29	12.4	69.8	27.2	79.2	Al
30	54.9	61.2	42.1	27.9	Jen
31	96.1	87.3	145.1	55.9	Bill
32	38.7	54	9	41.9	Jen

完成题目的要求请在命令框中键入如下命令：

```
webuse labtech  ///调用 Stata 自带数据集 labtech.dat
matrix dissimilarity De = x1 x2 x3  ///创建矩阵 De，并在 De 中保存变量 x1,x2,x3 所有观测值的 Euclidean 距离
mat list De  //列出 De 中内容
matrix dis Dc = x1 x2 x3, Canberra  ///创建矩阵 Dc，并在 Dc 中保存变量 x1,x2,x3 所有观测值的 Canberra 距离
mat list Dc  //列出 Dc 中内容
mat dis Dcvars = , Canberra variables  //创建矩阵 Dcvars，并在 Dcvars 中保存所有变量间的 Canberra 距离
mat list Dcvars  //列出 Dcvars 中内容
```

观测值 Euclidean 距离矩阵输出结果如下：

```
symmetric De[50,50]
             obs1        obs2        obs3        obs4        obs5        obs6
 obs1           0
 obs2   87.713739           0
 obs3   128.38824    120.5699           0
 obs4   125.62707   44.218322    114.9472           0
 obs5   131.30637   112.21881   217.83347   136.63528           0
 obs6   128.76292   120.68948   .83066236    114.8314   217.83161           0
 obs7   136.85105   54.168903   159.22063   46.763339   104.52737   159.14597
 obs8   128.83055   120.61613   .64031241   114.75692   217.95273   .58309519
 obs9   75.119906   97.471945   80.106805   110.55587   158.46477   80.060291
obs10   110.74927   155.67113   143.53697   171.30663   172.16144   143.38832
obs11   41.487471   116.07468    166.0976   155.39836   120.78068   166.40679
obs12   103.55573    131.4638   220.88098   169.04139   68.003167     221.067
obs13    114.0339    77.97057   195.44198   111.01806   75.395556   195.65597
obs14    128.4415   120.69176     .424264   115.03747   217.82356   .57445627
obs15   99.394969   67.193007   182.70484   101.81906   60.641241    182.8673
obs16   77.636271   80.130458   176.64306   116.36404   54.031382   176.77257
obs17   128.83951   120.35439   .97979588   114.39781   217.75174   .78102496
obs18   84.858647   73.125715   143.32135   92.821282   81.852742   143.21892
obs19    82.82433   49.441379   159.98165     90.4099   93.074329   160.25299
obs20   87.447241   93.965738   193.59241   131.52498   52.027498   193.76591
obs21   82.781035   95.212392   166.71178   121.98631   70.745044   166.68734
obs22   78.195909   88.167225   106.48521   101.71981   129.77782   106.33386
obs23   94.088152   51.478736   167.08609   88.878233   87.944415   167.31973
obs24   97.568591   84.835192   41.982021   84.663273   176.20088   41.910143
obs25   107.71374   67.438341   93.376925   58.126156   137.15149   93.054286
obs26   42.313358   90.153536   88.212695   117.18217   160.86237   88.631876
obs27   128.03519   119.92785   .76811457   114.24014   217.16282   .86023252
obs28   117.80068   77.063479   63.872529   60.324786   167.54451   63.506614
obs29   74.887115   99.170863   75.044123   112.42669   163.81038   75.044057
obs30    128.5044     120.284   .58309521   114.51175    217.6789   .86602538
obs31   129.17515   121.15461   .78740077   115.31045   218.49078   .86602541
obs32   82.315669   51.411379    163.2075   91.976247   83.451728   163.44509
obs33   77.280074   54.372879   69.216978   67.916494    154.4521   69.457757
obs34   85.987324   47.346174    83.99452   63.320298   155.96827    84.33273
obs35   65.507097   67.920543   101.11568   98.081295   160.12514   101.67178
obs36   67.012684   51.806563   79.867266   74.328596   150.32519   80.215897
obs37   101.35892   94.562201   29.220027   96.621891   191.98717   29.589525
obs38   152.57723   106.14109   171.84647   96.751902   102.21473   171.46854
obs39   72.287623   58.022581   91.503225   72.380245   127.77489   91.450151
obs40   90.438213   87.810314   193.71766   127.17528    64.05022   193.95263
obs41    97.96229   88.420075   66.386219   87.935487   161.86801   66.082676
obs42   128.41476    120.1824   .94339807   114.33997   217.36097   .50990192
obs43   98.411889   30.595427   151.05926   62.841868   91.624125   151.19243
obs44   102.27404   44.077428   141.22995   56.389893   84.175179   141.13515
obs45   127.57159   98.249737   214.38603   126.76352   40.784681   214.49471
obs46   45.566216   87.070894   151.06707   129.90966   132.42916   151.55927
obs47   98.730796   85.846549   37.387831   88.522823   186.46354   37.760296
obs48   128.97414   120.47576   1.0049876   114.50699   217.92781   .90553853
obs49     85.4535   104.11792   191.15476   138.68115   55.017275    191.2609
obs50   143.50087   122.77459   191.89825   128.92657   80.676271    191.6126
```

观测值 Canberra 距离矩阵输出结果如下：

```
symmetric Dc[50,50]
             obs1        obs2        obs3        obs4        obs5        obs6
 obs1           0
 obs2   1.2363945           0
 obs3   2.9558246   2.9361158           0
 obs4   1.8812978   .87859306    2.845347           0
 obs5   1.0580775   1.0238242   2.9732331   1.4291946           0
 obs6   2.9200459   2.9317474   1.4458874   2.8335336   2.9764053           0
 obs7   1.4432148   .34201711   2.9301339   .82912528   .87234829   2.9297516
 obs8    2.926716   2.9562718   1.2857143   2.9101849   2.9793338   .88311687
 obs9   .63125459   1.5805924   2.9070162   1.7290486   1.6414387   2.9096318
obs10    1.725504   2.2953916   2.8062373   2.3581052   1.8307677    2.714248
obs11   .34028798   1.4138283   2.9646927   1.9767367   .78943895   2.9341921
obs12   1.1334008   .96688568   2.9771355   1.5168247   .45022043   2.9743654
obs13   1.0930477   .75334541    2.964701   1.2884432   .56494467   2.9606996
obs14   2.9541652   2.9245828   .39999994   2.8064287   2.9735339   1.2254902
obs15   .90737504   .75738634   2.9670153   1.2602608   .43410486   2.9652528
obs16   .86507456   .74339034    2.970419   1.3383982   .31048604    2.969956
obs17   2.8867497   2.9537581   1.5857143   2.9217732   2.9753328   1.3142857
obs18   1.0629166   .69847426   2.9548277   1.0428041   .67083408   2.9656868
obs19    1.050576   .44256137   2.9574408   1.2024044   .72957079   2.9509651
obs20   .97404836   .85226147   2.9732393   1.3855356   .33524608   2.9715751
obs21    1.015302   .66330567   2.9647376   1.2478588    .4805635   2.9698365
obs22   1.0770415   1.2512409   2.9248607   1.3812839   1.2247043   2.9484735
obs23   1.0970902   .49625862   2.9571132   1.1323362   .67906188   2.9514642
obs24   1.3881931   1.1884236   2.8593258   1.4540178   2.0280019   2.8856951
obs25   1.5694869   .98758847   2.8671862   1.3071172   1.4561252   2.9316007
obs26   1.2359957   1.3373855    2.786561   1.8951046   1.6012472    2.341009
obs27   2.8699152   2.8987435   1.0304093   2.7760215   2.9567674   .95625941
obs28   1.9800953   1.1724982   2.7262333   1.3635622   1.9774828    2.860043
obs29   .80406729   1.6361412   2.9028976   1.7822538   1.7269684   2.8852192
obs30   2.9081335   2.9440645   1.0476191   2.8909301    2.971038   1.1818182
obs31    2.991559   2.9858208   2.2142857    2.966835   2.9931491   1.9777778
obs32   .96743312   .53990606   2.9615869   1.2271438   .62824803   2.9570143
obs33   1.2582768   .71249363   2.9097677   .92659662   1.6140063   2.8990259
obs34   1.5388662   1.0760353   2.7481326   .94667894   1.6589308   2.6879871
obs35   .88178396   1.0565315   2.8884497   1.1554927   1.5865504   2.8432346
obs36   1.0894657   .59649802   2.9194376   1.1017345   1.5142017   2.9025393
obs37   1.5515161   1.7227112   2.8167133   1.1581405   2.3126925     2.77169
obs38   1.5994927   1.4197736   2.8813726   1.4224509   .88525872   2.9520525
obs39   1.0563762   .87213144   2.9350857   1.0655247   1.2335934   2.9466867
obs40   .92311529   .83130283   2.9719404   1.3732197   .47037574   2.9687339
obs41    1.402156   1.4641204   2.7910492   1.8167793   1.8092891   2.9018145
obs42   2.8691843   2.9088949   1.2857142   2.7958513   2.9639601    .7731092
obs43    1.072085   .33890981    2.949282   .97409992   .72609783   2.9453975
obs44   1.0742549   .59336014   2.9509796   .91519283   .73147599   2.9596564
obs45   .99194881   .99600414   2.9721943   1.4447145   .25625619   2.9720715
obs46    .5773447   1.0708252   2.9586895   1.7795833   1.1315888   2.9344212
obs47   1.3600533   1.6630009   2.7893765   .99436951   2.2079381   2.7442111
obs48   2.9022744    2.969214   2.0634921   2.9628458   2.9800116   1.6593407
obs49   .96383773   .80946494   2.9727784   1.4001109   .26511057   2.9725157
obs50   1.5110021   1.2167346   2.9407877   1.0781744   .61201031   2.9696508
```

变量 Canberra 距离矩阵输出结果如下：

```
symmetric Dcvars[4,4]
           x1          x2          x3          x4
x1          0
x2  18.876399           0
x3   16.98426   19.157969           0
x4  21.274899    19.85023   19.537299           0
```

由上面可以看出，第一个表是变量 x1、x2、x3 所有观测值的 Euclidean 距离矩阵，上表只给出了部分结果；第二个表是变量 x1、x2、x3 所有观测值的 Canberra 距离矩阵，上表只给出了部分结果；第三个表是所有变量间的 Canberra 距离矩阵。

2. cluster、clustermat 命令

Stata 可以通过数据进行系统聚类分析，也可以直接通过矩阵进行系统聚类分析。cluster 命令通过数据进行系统聚类分析，clustermat 命令通过矩阵进行系统聚类分析。命令格式分别如下：

命令格式 1（通过数据进行系统聚类分析）：

- `cluster linkage [varlist] [if] [in] [, cluster_options ]`

群间距离测度方法（linkage）如表 12-13 所示。

表 12-13　cluster 命令群间距离测度方法（linkage）

测度方法	内　容
singlelinkage	最短距离法
averagelinkage	未加权的类间平均法
completelinkage	最长距离法
waveragelinkage	加权的类间平均法
medianlinkage	加权的类间重心法
centroidlinkage	未加权的类间重心法
wardslinkage	离差平方和法

选项（cluster_options）如表 12-14 所示。

表 12-14　cluster 命令选项

选　项	内　容
measure(measure)	相似性的测度方法
name(clname)	聚类分析的名称
generate(stub)	生成的分类变量的前缀

下文以一组数据来说明在 Stata 中 cluster 命令的使用方法，并说明每个结果的具体含义。

【例 12-4】使用 Stata 自带的数据集 labtech.dta 说明 cluster 命令的使用，要求对所有观测值根据最短距离法进行分类并作聚类图。

在命令框中键入如下命令：

```
webuse labtech  ///调用 Stata 自带数据集 labtech.dat
cluster singlelinkage x1 x2 x3 x4, name(L2slnk)  ///采用最短距离法进行分类，并将所得分类结果保存在 L2slnk 中
cluster dendrogram L2slnk, xlabel(, angle(90) labsize(*.75))  //对分类结果作树状聚类图
```

上述命令的输出结果如图 12-2 所示。

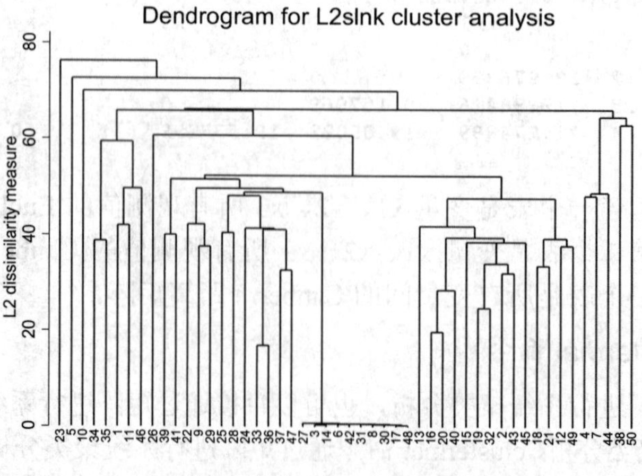

图 12-2　L2slnk 聚类分析树状聚类图

从图 12-2 可以看出，此图为分类的树状聚类图，先是诸如 34 与 35，1 与 12，39 与 41 等聚类较短，先并为一类，然后再依次找到能聚为一类的，依次类推。

下面开始介绍 clustermat 命令：

命令格式 1（通过数据进行系统聚类分析）：

- `clustermat linkage matname [if] [in] [, clustermat_options ]`

群间距离测度方法（linkage）如表 12-15 所示。

表 12-15 clustermat 命令群间距离测度方法（linkage）

测度方法	内 容
singlelinkage	最短距离法
averagelinkage	未加权的类间平均法
completelinkage	最长距离法
waveragelinkage	加权的类间平均法
medianlinkage	加权的类间重心法
centroidlinkage	未加权的类间重心法
wardslinkage	离差平方和法

选项（clustermat_options）如表 12-16 所示。

表 12-16 clustermat 命令选项

选 项	内 容
shape(*)	母选项
full	对称矩阵
lower	下三角矩阵的元素构成的行（或列）向量（包括对角线）
llower	下三角矩阵的元素构成的行（或列）向量（不包括对角线）
upper	上三角矩阵的元素构成的行（或列）向量（包括对角线）
uupper	上三角矩阵的元素构成的行（或列）向量（不包括对角线）
add	将内存中的数据增加聚类信息
clear	将内存的数据替换为聚类信息
labelvar(varname)	将相似矩阵的行名以变量名称表示
name(clname)	聚类分析的名称
force	如果矩阵 matname 是非对称或对角线含非零元素，则 Stata 对(matname*matname)/2 进行聚类分析，并将对角线非零替换为 0
generate(stub)	生成的分类变量的前缀

下文以一组数据来说明在 Stata 中 clustermat 命令的使用方法，并分析每个结果的具体含义。

【例 12-5】使用 Stata 自带的数据集 wclub.dta 说明 clustermat 命令的使用，要求采用 Jaccard 法根据相异性进行分类，并将所得分类结果保存在 clubD，然后分别采用最短距离法和离差平方和法进行聚类分析并作树状图。

完成上述要求在命令框中键入如下命令：

```
    webuse wclub  ///调用 Stata 自带数据集 wclub.dat
    matrix dissimilarity clubD =, variables Jaccard dissim(oneminus)  ///采用
Jaccard 法根据相异性进行分类，并将所得分类结果保存在 clubD 中
    matlist clubD [1..5, 1..5]  // 显示 clubD
    clustermat singlelinkage clubD, name(singlink) clear  //采用最短距离法对 clubD
进行聚类分析，将结果命名为 singlink，并将内存变量替换为 clubD
```

```
cluster dendrogram singlink  //作树状图
clustermat wardslinkage clubD, name(wardslink) add  //采用离差平方和法对 clubD
进行聚类分析，并将结果命名为 wardslink
cluster dendrogram wardslink  //作树状图
```

执行上述命令得到的结果中，变量的接近度矩阵如下：

. matlist clubD[1..5, 1..5]

	bike	bowl	swim	jog	hock
bike	0				
bowl	.7333333	0			
swim	.5625	.625	0		
jog	.6	.8235294	.5882353	0	
hock	.8461538	.6	.8	.8571429	0

singlink 聚类分析树状聚类图和 wardslink 聚类分析树状聚类图输出结果如图 12-3 和图 12-4 所示。

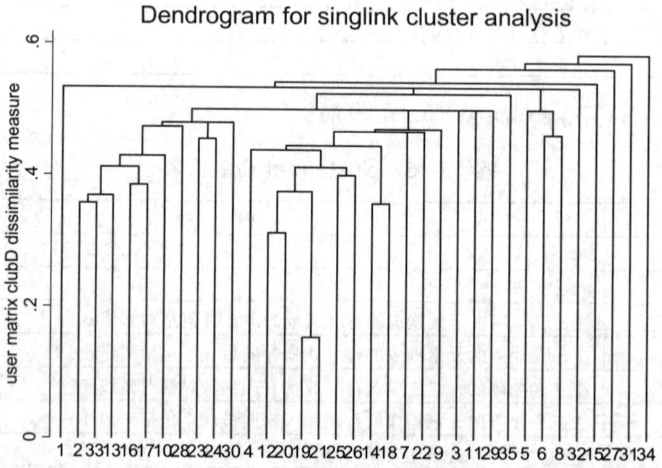

图 12-3　singlink 聚类分析树状聚类图

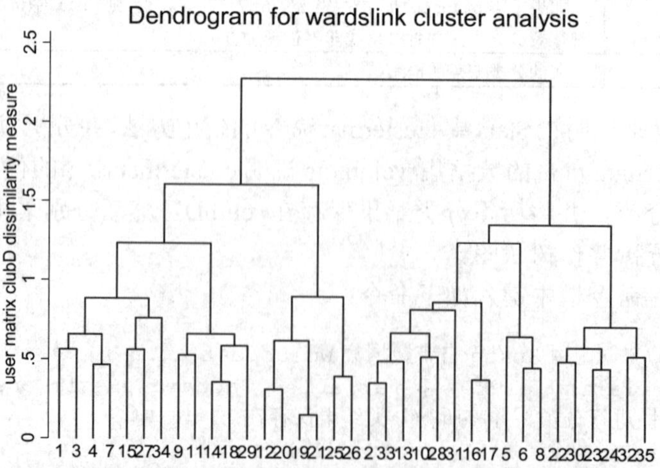

图 12-4　wardslink 聚类分析树状聚类图

从上面可以知道，第一个表为接近度矩阵，是反映样品之间的相异性的矩阵。本例计算的是 Jaccard 距离，1 和 3 距离最小，因而它们最先聚为一类。图 12-3 和图 12-4 是树状聚类图，可以由分类个数得到分类情况。如果要分成几类，就可以在相似性测度选择分类个数，然后往下切即可。

3. cluster kmeans、cluster kmedians 命令

Stata 可以利用数据进行 *K* 均值聚类分析和 *K* 中位数聚类分析。命令格式分别如下：

命令格式 1（*K* 均值聚类分析）：

```
cluster kmeans  [varlist] [if] [in] , k(#) [ options ]
```

命令格式 2（*K* 中位数聚类分析）：

```
cluster kmedians [varlist] [if] [in] , k(#) [ options ]
```

选项（options）如表 12-17 所示。

表 12-17 cluster kmeans、cluster kmedians 命令选项

选 项	内 容
k(#)	#组分类
measure(measure)	相似性测度方法
name(clname)	聚类分析名称
start(start_option)	初始值设定
krandom[(seed#)]	随机抽取 k 个不同的观测值作为 k 组的中心点
firstk[, exclude]	前 k 个观测值作为 k 组的初始中心点，exclude 表示前 k 个观测值不进行分类
lastk[, exclude]	后 k 个观测值作为 k 组的初始中心点，exclude 表示后 k 个观测值不进行分类
random[(seed#)]	从[min,max]的均匀分布中随机生成 k 个数作为 k 组的初始中心点
prandom[(seed#)]	将观测值随机分成 k 组，用 k 组的均值作为 k 组的初始中心点
Everykth	1,1+k,1+2k, …作为第 1 组，2,2+k,2+2k, …作为第 2 组，以次类推，用这 k 组的均值作为 k 组的初始中心点
segments	大于前 N/k 个观测值作为第 1 组，第 2 个 N/k 个观测值作为第 2 组，以此类推，用这 k 组的均值作为 k 组的初始中心点
group(varname)	用 varname 作为初始分类变量
keepcenters	将最后生成的 k 组的均值添加到数据
Advanced	
generate(groupvar)	生成的分类变量的前缀
iterate(#)	迭代次数，默认为 10 000 次

下文以一组数据来说明在 Stata 中 cluster kmeans、cluster kmedians 命令的使用方法，并分析每个结果的具体含义。

【例 12-6】使用 Stata 自带的数据集 labtech.dta 说明 cluster kmeans、cluster kmedians 命令的使用。要求分别进行如下的聚类分析：

（1） 采用 K 均值分类法对变量 x1、x2、x3、x4 进行聚类分类，并创建 8 个组，默认采用 Euclidian 距离。

（2） 采用 K 均值分类法对变量 x1、x2、x3、x4 进行聚类分类，并创建 8 个组，聚类分析命名为 k8abs，采用最大绝对值距离。

（3） 采用 K 中位数分类法对变量 x1、x2、x3、x4 进行聚类分类，并创建 6 个组，采用 Canberra 距离测度。

（4） 采用 K 中位数分类法对变量 x1、x2、x3、x4 进行聚类分类，并创建 6 个组，采用前 6 个观测作为初始中心点，前 6 个观测进行分类。

（5） 采用 K 中位数分类法对变量 x1、x2、x3、x4 进行聚类分类，并创建 6 个组，采用前 6 个观测作为初始中心点，前 6 个观测不进行分类。

完成上述任务的命令如下：

```
webuse labtech  ///调用 Stata 自带数据集 labtech.dat
cluster kmeans x1 x2 x3 x4, k(8)  ///采用 K 均值分类法对变量 x1、x2、x3、x4 进行聚类分类，并创建 8 个组，默认采用 Euclidian 距离
cluster kmeans x1 x2 x3 x4, k(8) measure(L1) name(k8abs)  //采用 K 均值分类法对变量 x1、x2、x3、x4 进行聚类分类，并创建 8 个组，聚类分析命名为 k8abs，采用最大绝对值距离
cluster kmedians x1 x2 x3 x4, k(6) measure(Canberra)  //采用 K 中位数分类法对变量 x1、x2、x3、x4 进行聚类分类，并创建 6 个组，采用 Canberra 距离测度
cluster kmedians x1 x2 x3 x4, k(6) start(firstk)  //采用 K 中位数分类法对变量 x1、x2、x3、x4 进行聚类分类，并创建 6 个组，采用前 6 个观测作为初始中心点，前 6 个观测进行分类
cluster kmedians x1 x2 x3 x4, k(6) start(firstk, exclude)  //采用 K 中位数分类法对变量 x1、x2、x3、x4 进行聚类分类，并创建 6 个组，采用前 6 个观测作为初始中心点，前 6 个观测不进行分类
```

输出结果整理如表 12-18 所示。

表 12-18 距离矩阵

	_clus_1	k8abs	_clus_2	_clus_3	_clus_4
1	4	5	4	1	
2	7	8	2	2	
3	6	7	5	6	
4	5	1	1	2	
5	1	6	2	5	
6	6	7	5	6	
7	5	1	1	2	2
8	6	7	5	6	6
9	2	3	4	4	1
10	8	3	4	4	1
12	1	5	4	1	5
12	1	4	2	5	5
13	7	2	2	5	2
14	6	7	5	6	6
15	7	8	2	2	2
16	1	4	2	5	5
17	6	7	5	6	6
18	8	4	2	2	5
19	7	8	2	2	2
20	1	4	2	5	5

（续表）

	_clus_1	k8abs	_clus_2	_clus_3	_clus_4
21	1	4	2	5	5
22	8	3	4	4	1
23	4	2	2	1	4
24	2	3	6	4	3
25	2	3	6	4	4
26	3	3	2	3	3
27	6	7	5	6	6
28	2	3	6	4	4
29	2	3	4	4	1
30	6	7	5	6	6
31	6	7	5	6	6
32	7	8	2	2	2
33	3	3	6	3	3
34	4	5	1	1	4
35	4	5	6	1	4
36	3	3	6	3	3
37	3	3	3	3	3
38	5	1	4	2	5
39	8	3	2	4	3
40	7	4	2	5	5
41	8	3	6	4	3
42	6	7	5	6	6
43	7	8	2	2	2
44	5	1	2	2	5
45	7	8	2	5	2
46	4	5	6	1	4
47	3	7	3	3	3
48	6	7	5	6	6
49	1	4	2	5	5
50	5	6	4	5	5

从上表可以看出，每种不同的分类方法所得结果有所不同。且命令中的 exclude，从结果可以看出，表示前 6 个观测是否进入聚类的分类，如果命令中包含 exclude，则前 6 个观测不进入聚类分类。

4. cluster dendrogram 命令

完成聚类分析之后，需要用直观的形式将聚类的结果表示出来，此时可以用树状图来表示聚类分析的结果。Stata 中作树状图的命令格式如下：

命令格式 1（*K* 均值聚类分析）：

- `cluster dendrogram [clname] [if] [in] [, options ]`

选项（options）如表 12-19 所示。

表 12-19　cluster dendrogram 命令选项

选　项	内　容
Quick	顶层不居中
cutnumber(#)	仅显示上部#层
cutvalue(#)	显示相似系数超过#的分层
showcount	显示每一分支的观测值个数
countprefix(string)	标记分支的观测值个数的前缀，默认项为"n="
countsuffix(string)	标记分支的观测值个数的前缀，默认项为空
countinline	标记分支的观测值个数，并加标签
vertical	垂直型，此为缺省项
horizontal	水平型
addplot(plot)	添加其他图形

下文以一组数据来说明在 Stata 中 cluster dendrogram 命令的使用方法，并分析每个结果的具体含义。

【例 12-7】使用 Stata 自带的数据集 labtech.dta 说明 cluster dendrogram 命令的使用。要求首先采用最长距离法对变量 x1、x2、x3、x4 进行聚类分类，聚类分析命名为 L2clnk，然后依次完成如下 4 种作图：

（1） 对 L2clnk 作水平型树状图。

（2） 对 L2clnk 作树状图，命名为 labt，顶层不居中。

（3） 作树状图，仅显示相似度大于 75.3 的分支。

（4） 作树状图，仅显示相似度大于 75.3 的分支。

完成上述任务请在命令框中键入如下命令：

```
webuse labtech  ///调用 Stata 自带数据集 labtech.dat
cluster completelinkage x1 x2 x3 x4, name(L2clnk)  ///采用最长距离法对变量 x1、x2、x3、x4 进行聚类分类，聚类分析命名为 L2clnk
cluster dendrogram L2clnk, horizontal labels(labt)  //对 L2clnk 作水平型树状图
cluster dendrogram L2clnk, labels(labt) quick //对 L2clnk 作树状图，命名为 labt，顶层不居中
cluster dendrogram, cutvalue(75.3)  //作树状图，仅显示相似度大于 75.3 的分支
cluster tree, cutvalue(75.3) showcount countinline  //显示观测值
```

聚类分析水平型聚类树状图输出结果如图 12-5 所示。

可以从图 12-5 看出，系统树状图提供了层次聚类分析的主要解释工具，能够从底部追溯每条观测案例作为自身的聚类到顶部的所有观测案例聚合成一个聚类的聚集过程。G2 和 G3、G4 和 G5、G7 和 G8、G9 和 G10、G12 和 G13、G14 和 G15 都是最小差异或是最为相似的对，它们首先聚合。在更高相异性处（100 到 150 之间）G1、G6、G11、G16 分别聚合进来。在相异性接近 250 水平时，最后的两个聚类聚合了。

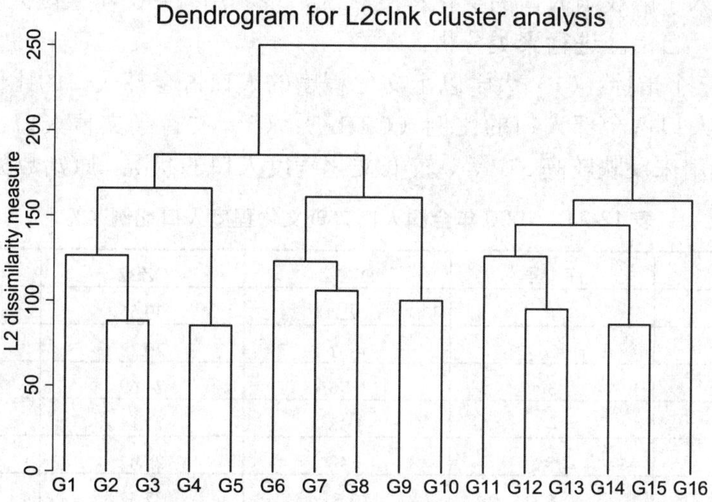

图 12-5 L2clnk 聚类分析水平型聚类树状图

12.3 Stata 操作习题

1. 根据信息基础设施的发展状况（如表 12-20 所示），对世界 19 个国家和地区进行分类。

表 12-20 世界 20 个国家和地区信息基础设施的发展状况

	country	call	movecall	fee	computer	mips	net
1	美 国	631.6	161.9	0.36	403	26073	35.34
2	日 本	498.4	143.2	3.57	176	10223	6.26
3	德 国	557.6	70.6	2.18	199	11571	9.48
4	瑞 典	684.1	281.8	1.4	286	16660	29.39
5	瑞 士	644	93.5	1.98	234	13621	22.68
6	丹 麦	620.3	248.6	2.56	296	17210	21.84
7	新加坡	498.4	147.5	2.5	284	13578	13.49
8	韩 国	434.5	73	3.36	99	5795	1.68
9	巴 西	81.9	16.3	3.02	19	876	0.52
10	智 利	138.6	8.2	1.4	31	1411	1.28
11	墨西哥	92.2	9.8	2.61	31	1751	0.35
12	俄罗斯	174.9	5	5.12	24	1101	0.48
13	波 兰	169	6.5	3.68	40	1796	1.45
14	匈牙利	262.2	49.4	2.66	68	3067	3.09
15	马来西亚	195.5	88.4	4.19	53	2734	1.25
16	泰 国	78.6	27.8	4.95	22	1662	0.11
17	印 度	13.6	0.3	6.28	2	101	0.01
18	法 国	559.1	42.9	1.27	201	11702	4.76
19	英 国	521.1	122.5	0.98	248	14461	11.91

2. 为了更深入了解我国人口的文化程度状况，现利用 1990 年全国人口普查数据对全国 30 个省、直辖市、自治区进行聚类分析。

分析选用了三个指标：（1）大学以上文化程度的人口占全部人口的比例（DXBZ）；（2）初中文化程度的人口占全部人口的比例（CZBZ）；（3）文盲半文盲人口占全部人口的比例（WMBZ）、分别用来反映较高、中等、较低文化程度人口的状况，原始数据如表 12-21 所示。

表 12-21　1990 年全国人口普查文化程度人口比例（%）

地　区	序　号	DXBZ	CZBZ	WMBZ
北　京	1	9.3	30.55	8.7
天　津	2	4.67	29.38	8.92
河　北	3	0.96	24.69	15.21
山　西	4	1.38	29.24	11.3
内蒙古	5	1.48	25.47	15.39
辽　宁	6	2.6	32.32	8.81
吉　林	7	2.15	26.31	10.49
黑龙江	8	2.14	28.46	10.87
上　海	9	6.53	31.59	11.04
江　苏	10	1.47	26.43	17.23
浙　江	11	1.17	23.74	17.46
安　徽	12	0.88	19.97	24.43
福　建	13	1.23	16.87	15.63
江　西	14	0.99	18.84	16.22
山　东	15	0.98	25.18	16.87
河　南	16	0.85	26.55	16.15
河　北	17	1.57	23.16	15.79
湖　南	18	1.14	22.57	12.1
广　东	19	1.34	23.04	10.45
广　西	20	0.79	19.14	10.61
海　南	21	1.24	22.53	13.97
四　川	22	0.96	21.65	16.24
贵　州	23	0.78	14.65	24.27
云　南	24	0.81	13.85	25.44
西　藏	25	0.57	3.85	44.43
陕　西	26	1.67	24.36	17.62
甘　肃	27	1.1	16.85	27.93
青　海	28	1.49	17.76	27.7
宁　夏	29	1.61	20.27	22.06
新　疆	30	1.85	20.66	12.75

数据来源：《中国计划生育全书》第 886 页。

请采用以上数据对全国各省市进行分类。

第 13 章　主成分分析和因子分析

主成分分析（Principal components analysis）也称主分量分析，是由霍特林（Hotelling）于 1933 年首先提出的。主成分分析主要是利用降维的思想，在尽量少损失信息的前提下将多个指标转化为少数几个综合指标的多元统计方法。通常把转化生成的综合指标称为主成分，其中每个主成分都是原始变量的线性组合，且各个主成分之间互不相关。

因子分析（Factor analysis）模型始于 1904 年查尔斯·斯皮尔曼（Charles Spearman）对学生考试成绩的研究，是主成分分析的推广。它也是利用降维的思想，把一些具有错综复杂关系的变量归结为少数几个不可观测的综合因子的一种多元统计方法。

本章主要介绍主成分分析与因子分析的基本理论和方法以及如何用 Stata 实现主成分分析和因子分析。

13.1　主成分分析

主成分分析实际上就是对研究的对象或者变量进行降维，尽量少地损失信息，将多个指标综合成少数几个指标。在进行具体主成分降维之前，需要了解主成分分析的原理。本节开始介绍主成分分析的基本思想以及理论模型，详细说明主成分分析中载荷的计算步骤，解释主成分的性质；最后，对主成分分析过程所需要进行的步骤进行了总结。

13.1.1　主成分分析的基本思想与理论

1. 主成分分析的基本思想

在对某一问题进行实证研究中，需要考虑多个指标。而这些指标即变量，存在一定的相关性，从而必然存在其支配作用的共同因素，由此，通过对原始变量相关矩阵或协方差矩阵内部结构关系的研究，利用原始变量的线性组合形成几个综合指标（主成分），在保留原始变量主要信息的前提下起到降维与简化问题的作用。一般来说，利用主成分分析得到的主成分与原始变量之间有以下基本关系：

（1）　每一个主成分都是各原始变量的线性组合。

（2）　主成分的数目大大少于原始变量的线性组合。

（3）　主成分保留了原始变量绝大多数信息。

（4）　各个主成分之间互不相关。

2. 主成分分析的基本模型

设研究对象包含 n 个样品，p 个指标变量（$n>p$），分别用 $X_1,X_2,\cdots,X_p$ 表示，这 p 个指标变量构成向量 $X=\left(X_1,X_2,\cdots X_p\right)$。也可以将原始数据整理为矩阵形式：

$$X=\begin{bmatrix} x_{11} & x_{12} & \cdots & x_{1p} \\ x_{21} & x_{22} & \cdots & x_{2p} \\ \vdots & \vdots & \ddots & \vdots \\ x_{n1} & x_{n2} & \cdots & x_{np} \end{bmatrix}$$

对 X 进行线性变换，可以形成新的综合变量，用 Y 表示，即

$$\begin{cases} Y_1 = u_{11}X_1 + u_{12}X_2 + \cdots + u_{1p}X_p \\ Y_2 = u_{21}X_1 + u_{22}X_2 + \cdots + u_{2p}X_p \\ \cdots\cdots \\ Y_p = u_{p1}X_1 + u_{p2}X_2 + \cdots + u_{pp}X_p \end{cases}$$

其中，$u_{k1}^2 + u_{k2}^2 + \cdots + u_{kp}^2 = 1, k = 1,2,\cdots,p$。

由于可对原始变量任意地进行上述线性变换，得到的综合变量 Y 的统计特性也各不相同。为了取得最好的效果，对系数 u_{ij} 做如下约束：

a. Y_i 与 Y_j 不相关（$i \neq j; i, j = 1,2,\cdots,p$）。

b. Y_1 是 $X_1, X_2, \cdots, X_p$ 的一切满足 $u_{k1}^2 + u_{k2}^2 + \cdots + u_{kp}^2 = 1$ 的线性组合中方差最大者；Y_2 是与 Y_1 不相关的 $X_1, X_2, \cdots, X_p$ 所有线性组合中方差最大者；以此类推，可以知道，Y_p 是与 $Y_1, Y_2, \cdots, Y_{p-1}$ 都不相关的 $X_1, X_2, \cdots, X_p$ 的所有线性组合中方差最大者。

由以上原则决定的综合变量 $Y_1, Y_2, \cdots, Y_p$ 分别称为原始变量的第一、第二、…、第 p 个主成分。其中，各综合变量在总方差中占的比重依次递减，在实际研究工作中，通常只挑选前几个方差最大的主成分，从而达到降维和简化问题的目的。

3. 主成分的计算步骤

求解主成分就是求满足以上约束的原始变量 $X_1, X_2, \cdots, X_p$ 的线性组合。主成分就是在保留原始变量尽可能多的信息的前提下达到降维的目的，而所谓保留尽可能多的信息，也就是让变换后所选择的少数几个主成分的方差之和尽可能地接近原始变量方差的总和。

（1）计算相关系数矩阵。

$$R=\begin{bmatrix} r_{11} & r_{12} & \cdots & r_{1p} \\ r_{21} & r_{22} & \cdots & r_{2p} \\ \vdots & \vdots & \vdots & \vdots \\ r_{p1} & r_{p2} & \cdots & r_{pp} \end{bmatrix}$$

在上式中，$r_{ij}(i, j = 1,2,\cdots,p)$ 为原变量的 x_i 与 x_j 之间的相关系数，其计算公式为

$$r_{ij} = \frac{\sum_{k=1}^{n}(x_{ki} - \overline{x}_i)(x_{kj} - \overline{x}_j)}{\sqrt{\sum_{k=1}^{n}(x_{ki} - \overline{x}_i)^2 \sum_{k=1}^{n}(x_{kj} - \overline{x}_j)^2}}$$

因为 R 是实对称矩阵（即 $r_{ij}=r_{ji}$），所以只需计算上三角元素或下三角元素即可。

（2） 计算特征值与特征向量。

首先解特征方程 $|\lambda I-R|=0$，通常用雅可比法（Jacobi）求出特征值 λ_i，并使其按大小顺序排列，即 $\lambda_1\geqslant\lambda_2\geqslant,\cdots,\geqslant\lambda_p\geqslant 0$；然后分别求出对应于特征值 λ_i 的特征向量 $e_i(i=1,2,\cdots,p)$。这里要求 $\|e_i\|=1$，即 $\sum_{j=1}^{p}e_{ij}^2=1$，其中 e_{ij} 表示向量 e_i 的第 j 个分量。

（3） 计算主成分贡献率及累计贡献率。

主成分 z_i 的贡献率为 $z_i=\dfrac{\lambda_i}{\sum_{k=1}^{p}\lambda_k}\quad(i=1,2,\cdots,p)$

累计贡献率为 $\dfrac{\sum_{k=1}^{i}\lambda_k}{\sum_{k=1}^{p}\lambda_k}\quad(i=1,2,\cdots,p)$

一般取累计贡献率达 85%～95%的特征值 $\lambda_1,\lambda_2,\cdots,\lambda_m$ 所对应的第一、第二，…，第 m（$m\leqslant p$）个主成分。

（4） 计算主成分载荷。

其计算公式为

$$l_{ij}=p(z_i,x_j)=\sqrt{\lambda_i}e_{ij}(i,j=1,2,\cdots,p)$$

得到各主成分的载荷以后，还可以进一步计算得到各主成分的得分

$$Z=\begin{bmatrix} z_{11} & z_{12} & \cdots & z_{1m} \\ z_{21} & z_{22} & \cdots & z_{2m} \\ \vdots & \vdots & \vdots & \vdots \\ z_{n1} & z_{n2} & \cdots & z_{nm} \end{bmatrix}$$

另外，选取主成分还可以根据特征值的变化来确定，即通过所谓的碎石图来观察特征值变化趋势，继而其额定主成分。这种方法确定的主成分个数与按累计贡献率确定的主成分往往是一致的。实际应用中也常常仅保留特征值大于 1 的那些主成分，但这种方法还缺乏完善的理论支持。

4. 主成分分析步骤

主成分分析步骤如下：

（1） 根据研究问题选取初始分析变量。

（2） 根据初始变量特性判断由协方差矩阵求主成分还是由相关矩阵求主成分。

（3） 求协方差矩阵或相关阵的特征根与相应标准特征向量。

（4） 判断是否存在明显的多重共线性，若存在，则回到第一步。

（5） 得到主成分的表达式并确定主成分个数，选取主成分。

（6） 结合主成分对研究问题进行分析并深入研究。

13.1.2 主成分分析基本命令

现在开始介绍 Stata 中关于主成分分析的命令。

1. pca、pcamat 命令

Stata 可以通过变量进行主成分分析，也可以直接通过相关系数矩阵或协方差矩阵进行。pca 命令通过变量进行主成分分析，pcamat 命令通过相关系数矩阵进行主成分分析。命令格式分别如下。

命令格式 1（通过变量进行主成分分析）：

- `pca varlist [if] [in] [weight] [, options]`

该命令的选项（options）如表 13-1 所示。

表 13-1 pca 命令选项（options）

选　项	内　容
correlation	基于相关系数矩阵进行主成分分析，此为默认值
covariance	基于协方差矩阵进行主成分分析
components(#)	保留前#个主成分
factors(#)	等价于 components(#)
mineigen(#)	保留特征值大于#的主成分，默认值为 1e-5
vce(none)	不计算特征值和特征向量的协方差矩阵
vce(normal)	假定多元正态分布，计算特征值和特征向量的协方差矩阵
level(#)	置信度。仅当设定 shedvce(normal)选项时才有意义
novce	不显示标准差
blanks(#)	如果|载荷|<#，则载荷显示为空
means	显示各变量的描述统计指标

下文以一组数据来说明用 Stata 中 pca 命令对变量进行主成分分析，并说明每个结果的具体含义。

【例 13-1】使用 Stata 自带的 auto.dat 数据集（详见例 5-1 介绍）来说明 pca 命令的使用。本例要求：

（1） 以 trunk、weight、length 和 headroom 为初始变量，通过它们的相关系数矩阵进行主成分分析。

完成该任务请在命令框中键入如下命令：

```
sysuse auto ///调用 Stata 自带数据集 auto.dat
pca trunk weight length headroom ///以 trunk、weight、length 和 headroom 为初始变量，通过它们的相关系数矩阵进行主成分分析
```

上述命令的输出结果如下：

```
Principal components/correlation                 Number of obs    =        74
                                                 Number of comp.  =         4
                                                 Trace            =         4
    Rotation: (unrotated = principal)            Rho              =    1.0000
```

Component	Eigenvalue	Difference	Proportion	Cumulative
Comp1	3.02027	2.36822	0.7551	0.7551
Comp2	.652053	.37494	0.1630	0.9181
Comp3	.277113	.226551	0.0693	0.9874
Comp4	.0505616	.	0.0126	1.0000

Principal components (eigenvectors)

Variable	Comp1	Comp2	Comp3	Comp4	Unexplained
trunk	0.5068	0.2327	-0.8249	0.0921	0
weight	0.5221	-0.4536	0.2677	0.6708	0
length	0.5361	-0.3903	0.1370	-0.7358	0
headroom	0.4280	0.7667	0.4786	-0.0057	0

从上面的分析结果可以看出，第一个表是特征根和方差贡献度表。可以看到前两个成分特征值累计占了总方差的 91.81%，后面的特征值的贡献度越来越小，一般情况下，选择特征值大于 1 作为主成分的抽取条件。如果按此标准，得到唯一主成分，其特征值为 3.02027。

第二个表称为主成分载荷（loading）。每一列代表一个主成分作为原来变量线性组合的相关系数，比如第一个主成分分别作为 trunk、weight、length、headroom 这 4 个变量的线性组合，系数（比例）为 0.5068、0.5221、0.5361、0.4280。这就是说明第一主成分和 trunk 的相关系数为 0.5068，和 weight 的相关系数为 0.5221，以此类推。相关系数（绝对值）越大，表明主成分对该变量的代表性也越大。可以看出，第一主成分对各个变量解释的很充分。

（2） 以 trunk、weight、length 和 headroom 为初始变量，通过它们的协方差矩阵进行主成分分析，最终保留 2 个主成分。

完成该任务可在命令框中键入如下命令：

```
pca trunk weight length headroom, comp(2) covariance ///以 trunk、weight、length 和 headroom 为初始变量，通过它们的协方差矩阵进行主成分分析，最终保留 2 个主成分
```

从协方差矩阵出发，主成分分析结果如下：

```
Principal components/covariance                  Number of obs    =        74
                                                 Number of comp.  =         2
                                                 Trace            =    604545
    Rotation: (unrotated = principal)            Rho              =    1.0000
```

Component	Eigenvalue	Difference	Proportion	Cumulative
Comp1	604482	604428	0.9999	0.9999
Comp2	53.7887	45.3428	0.0001	1.0000
Comp3	8.44587	8.05183	0.0000	1.0000
Comp4	.39404	.	0.0000	1.0000

Principal components (eigenvectors)

Variable	Comp1	Comp2	Unexplained
trunk	0.0037	0.1940	8.001
weight	0.9996	-0.0273	.00002269
length	0.0271	0.9803	.3234
headroom	0.0005	0.0249	.5151

上面的结果中，第一个表为特征根与方差贡献度表。由于此时从协方差矩阵入手进行主成分分析，各主成分特征值发生了明显变化。第一个成分特征值占了总方差的 99.99%，几乎完全解释总方差。

第二个表称为主成分载荷（loading）。由于限制了保留两个主成分 comp(2)，从相关系数可以看出，第一个主成分与 weight 很相关，第二个主成分与 length 很相关。

第二个命令 pcamat（通过矩阵进行主成分分析）的语法格式如下：

- `pcamat matname , n(#) [options pcamat_options]`

该命令的选项（pcamat_options）如表 13-2 所示。

表 13-2　pcamat 命令选项（options）

选　　项	内　　容
n(#)	观测值个数。此为必需的选项
shape(full)	矩阵为对称矩阵
shape(lower)	矩阵为下三角矩阵
shape(upper)	矩阵为上三角矩阵
names(namelist)	变量名称。如果矩阵为三角矩阵，则 names 是必需的选项
forcepsd	如果矩阵为负定，则将其修正为正版定矩阵
sds(matname2)	不显示标准差
blanks(#)	由变量的标准差构成的 k×1（或 1×k）矩阵。行（或列）的名称必须与变量的名称相吻合。此选项仅对 covariance 选项有意义
means(matname3)	显示各变量的描述统计指标

下面以一组数据来说明在 Stata 中 pcamat 命令的使用方法，并分析每个结果的具体含义。

【例 13-2】本例说明如何自建矩阵使用 pcamat 命令进行主成分分析，这里要求设置的矩阵为 $\begin{bmatrix} 10.167 & 22.690 & 2.040 \\ 22.690 & 56.949 & 3.788 \\ 2.040 & 3.788 & 0.688 \end{bmatrix}$。

完成该任务在命令框中键入如下命令：

```
sysuse auto ///调用 Stata 自带数据集 auto.dat
matrix S = ( 10.167, 22.690, 2.040 \ 22.690, 56.949, 3.788 \ 2.040, 3.788, 0.688 )
///自建矩阵 S
matrix rownames S = visual hearing taste ///设置矩阵行名，否则会报错“name conflict:
row and column names of S should match”
matrix colnames S = visual hearing taste ///设置列名
pcamat S, n(979) comp(2)  ///矩阵名为 S，共有 979 个观测值，主成分分析结果保留 2 个主成分
```

通过矩阵主成分分析结果如下：

```
Principal components/correlation                 Number of obs    =        979
                                                 Number of comp.  =          2
                                                 Trace            =          3
    Rotation: (unrotated = principal)            Rho              =     0.9906

    --------------------------------------------------------------------------
       Component |   Eigenvalue   Difference         Proportion   Cumulative
    -------------+------------------------------------------------------------
           Comp1 |      2.55455      2.13721             0.8515       0.8515
           Comp2 |      .417345      .389241             0.1391       0.9906
           Comp3 |     .0281032            .             0.0094       1.0000
    --------------------------------------------------------------------------

Principal components (eigenvectors)

    ------------------------------------------------
        Variable |    Comp1     Comp2 | Unexplained
    -------------+--------------------+-------------
          visual |   0.6162   -0.1793 |      .01653
         hearing |   0.5808   -0.5542 |     .009992
           taste |   0.5319    0.8129 |     .001583
    ------------------------------------------------
```

输出结果中第一个表为特征根与方差贡献度表，第二个表为主成分载荷。第一个成分特征值为 2.55455，占了总方差的 85.15%。由于限制了保留两个主成分 comp(2)，从相关系数可以看出，第一个主成分对各个解释变量解释得都很充分，第二个主成分与 taste 很相关。

2. estat 命令

在进行主成分分析之前，需要判断原始变量数据是否适合做主成分分析，Stata 提供了主成分分析的恰当性检验，包括 KMO、SMC 等指标。在进行主成分分析之后，可通过 estat 命令显示估计的数值与矩阵变量的统计量，具体选项如表 13-3 所示。

表 13-3　estat 命令选项（options）

选　项	内　容
estat anti	显示反映像相关矩阵与反映像协方差矩阵
estat kmo	Kaiser-Meyer-Olkin 抽样精度
estat loadings	成分载荷矩阵
estat residuals	相关系数矩阵与协方差矩阵残差
estat rotatecompare	比较未旋转主成分和旋转主成分
estat smc	复相关系数平方
estat summarize	基本描述统计指标

下面以一组数据来说明在 Stata 中 estat 命令的使用方法，并分析每个结果的具体含义。

【例 13-3】使用 Stata 自带的 auto.dat 数据集说明 estat 命令的使用，本例要求：

（1） 以 trunk、weight、length 和 headroom 为初始变量，通过它们的相关系数矩阵进行主成分分析，然后显示拟合相关系数矩阵，相关系数矩阵残差。

完成上述要求请在命令框中键入如下命令：

```
sysuse auto ///调用 Stata 自带数据集 auto.dat
pca trunk weight length headroom ///以 trunk、weight、length 和 headroom 为初始变量，通过它们的相关系数矩阵进行主成分分析
estat residuals, fitted /// 显示拟合相关系数矩阵，相关系数矩阵残差
```

输出结果如下：

Fitted correlation matrix

Variable	visual	hearing	taste
visual	.9834718		
hearing	.9558147	.9900083	
taste	.7764443	.6011861	.9984167

Residual correlation matrix

Variable	visual	hearing	taste
visual	.0165282		
hearing	-.0128509	.0099917	
taste	-.0051155	.0039774	.0015833

上面是 Stata 输出的拟合相关系数矩阵与相关系数矩阵残差矩阵，第一个表为拟合相关系数矩阵，第二个表为残差相关系数矩阵残差。

（2） 在主成分载荷矩阵中输出规范化特征向量，其中标准化需要满足条件 ssq(column) = eigenvalue。

这个任务的命令如下：

```
estat loadings, cnorm(eigen) ///在主成分载荷矩阵中输出规范化特征向量，其中标准化需要满足条件 ssq(column) = eigenvalue
```

Stata 执行的结果是：

Principal component loadings (unrotated)
component normalization: sum of squares(column) = eigenvalue

	Comp1	Comp2
visual	.9849	-.1158
hearing	.9284	-.358
taste	.8501	.5251

上面的输出结果显示了第一主成分、第二主成分载荷。可以看出，表中未旋转主成分载荷矩阵，主成分规范化条件为 ssq(column) = eigenvalue。

3. screeplot 命令

碎石图即特征值对主成分或因子数目的标绘图，是判断保留多少个主成分的重要方法，命令格式如下：

```
screeplot [eigvals] [, options ]
```

其中，eigvals 为用户保存的特征向量。

该命令的选项（options）如表 13-4 所示。

表 13-4 screeplot 命令选项（options）

选 项	内 容
neigen(#)	只对最大的#个特征值作图，默认对所有特征值作图
mean	在特征值均值的点作水平线
ci_options	置信区间作图
Asymptotic	渐近区间估计，此为默认选项
Heteroskedastic	异方差自举法
homoskedastic	同方差自举法
Table	列出置信区间表
level(#)	置信度
reps(#)	自举模型次数，默认为 reps(200)
seed(#)	自举模拟的种子值
addplot(plot)	在碎石图上增加其他图形

下面以一组数据来说明在Stata中screeplot命令的使用方法，并分析每个结果的具体含义。

【例 13-4】 bg2.dta 是 Stata 系统自带的关于不同背景的人就医成本载荷的数据，该数据集共有 568 个观测值，6 个变量。变量的具体情况是：bg2cost1-bg2cost6，分别表明就医成本载荷。

表 13-5 列举了该数据集的部分数据。

表 13-5 数据集 bg2.dta（部分数据）

clinid	bg2cost1	bg2cost2	bg2cost3	bg2cost4	bg2cost5	bg2cost6
1	−1.9155842	0.9380358	0.2946705	0.3302429	−1.4276794	−1.0125556
2	.3637919	−0.575019	−1.503126	1.150729	−0.0272486	−0.9664596
3	2.203013	−0.3559501	−0.5612639	−1.680151	−0.2462112	−0.4184681
4	0.4410569	−0.3932109	0.5441247	−0.7309039	−0.4729931	−0.3337976
5	−0.7046851	−0.2237654	−0.0054742	0.6152834	−1.508267	−1.036314
6	1.239161	0.0330197	−1.721773	1.190844	0.7750331	0.7978592
7	−.2725299	−0.0564699	1.791707	1.128447	−1.454996	1.155199
8	−1.728455	0.2165199	−0.3721603	−1.567863	−1.463518	−0.4319263
9	−.449009	−0.4986563	−0.0404851	−0.1679177	−1.271362	−0.2193075
10	0.9222863	−1.58836	−1.589452	−0.8730448	3.428148	1.739625
11	1.735976	1.388146	0.462442	−0.5845164	1.578306	0.2869261
12	−1.329518	−0.0093132	0.8786037	0.2207012	−1.315242	−1.362213
13	1.319576	0.8103574	0.7809693	2.077918	0.3878856	0.1810187
14	0.7234062	−0.5778913	−1.718966	−1.66821	0.3616255	0.4685093
15	0.9997398	−0.0072305	1.379695	0.675099	1.519381	1.1903
16	−0.9210414	0.8597494	0.5413964	−0.9194571	0.9763466	1.222369
17	1.401335	−0.4915526	−0.7090777	2.558148	−1.409543	−0.4653128
18	−1.900913	−0.8153499	−0.1445088	−1.68269	−0.8093838	−0.3184147
19	1.952682	0.2614685	1.374425	−0.1592701	−0.1095593	−0.6482605
20	−0.6305673	−1.866799	−2.757278	0.2153133	−0.401046	0.511791

本例要求对 bg2cost1-bg2cost6 做主成分分析后作一般的碎石图和具有 95%置信度渐进置信区间的碎石图。

在命令框中键入如下命令：

```
webuse bg2  ///联网调用 Stata 自带数据集 bg2.dat
pca bg2cost1-bg2cost6  ///对 bg2cost1-bg2cost6 做主成分分析
screeplot  ///作碎石图
screeplot, ci(asymptotic)  ///作具有 95%置信度渐进置信区间的碎石图
```

输出结果如图 13-1 所示。

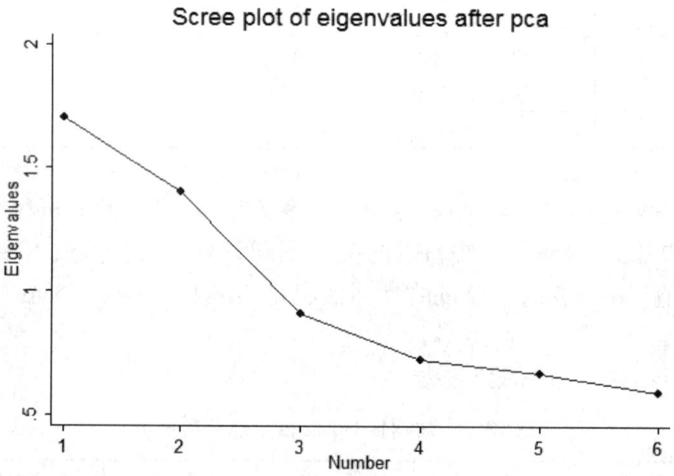

图 13-1　碎石图

图 13-1 中，位于特征值等于处的水平线标示了保留主成分常用的分界点，图 13-2 图中可以看出，画出了在原始特征值 95%置信区间的特征值分布的图，表明特征值可能的取值范围。

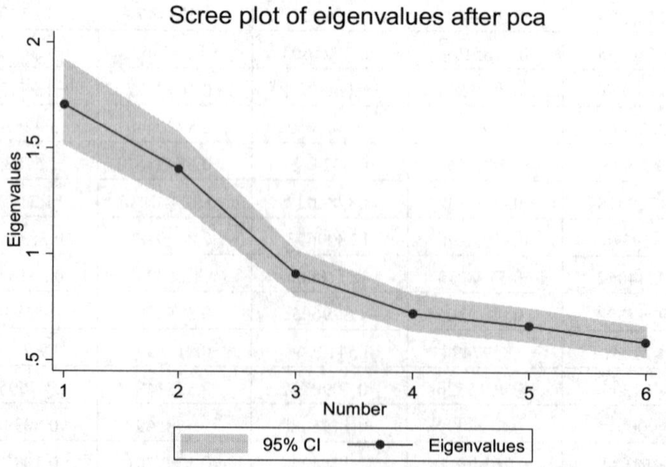

图 13-2　特征值 95%置信区间碎石图

4. scoreplot、loadingplot 命令

得分图即不同主成分得分的散点图，Stata 中绘制得分图的命令语法如下：

- `scoreplot [, scoreplot_options]`

scoreplot_options 如表 13-6 所示。

表 13-6　scoreplot 命令选项（options）

选　　项	内　　容
factors(#)	保留前#个主成分作图，默认 factors(2)
components(#)	等同于 factors(#)
morotated	使用未旋转主成分
matrix	将多个图形列为矩阵形式，仅当 factors(#)中#>2
combined	将多个图形组合在一起
scoreopt(predict_opts)	预测得分的选项

载荷图即不同主成分载荷的散点图，命令格式如下：

- `loadingplot [, loadingplot_options]`

loadingplot_options 如表 13-7 所示。

表 13-7　loadingplot 命令选项（options）

选　　项	内　　容
factors(#)	保留前#个主成分作图，默认 factors(2)
components(#)	等同于 factors(#)
Norotated	使用未旋转主成分
matrix	将多个图形列为矩阵形式，仅当 factors(#)中#>2
combined	将多个图形组合在一起
maxlength(#)	变量名称简化为#个字符，默认为 maxlength(13)

下面以一组数据来说明在 Stata 中 scoreplot、loadingplot 命令的使用方法，并分析每个结果的具体含义。

【例 13-5】使用 Stata 自带的 auto.dat 数据集来说明 scoreplot、loadingplot 命令的使用。本例要求以 price、trunk、rep78、headroom、displacement 和 gear_ratio 为初始变量进行主成分分析，作得分图和载荷图，并在得分图中为每个成分加标签。

完成这个任务请在命令框中键入如下命令：

```
sysuse auto ///调用 Stata 自带数据集 auto.dat
pca price trunk rep78 head disp gear, comp(3) ///以 price、trunk、rep78、headroom、displacement 和 gear_ratio 为初始变量进行主成分分析
scoreplot, mlabel(make) ///作得分图，并为每个成分加标签
loadingplot ///做载荷图
```

输出结果如图 13-3 和图 13-4 所示。

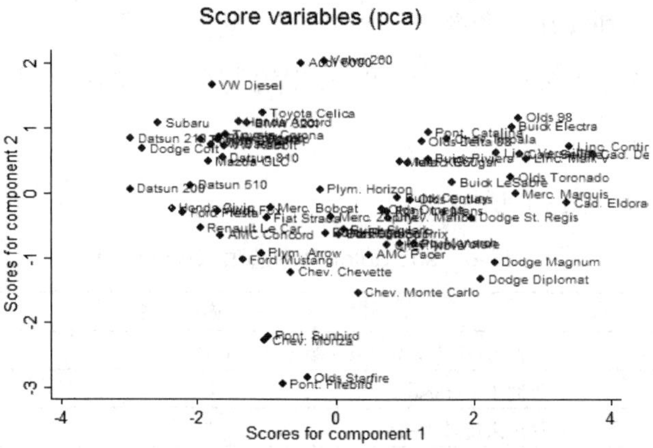

图 13-3　主成分分析得分向量

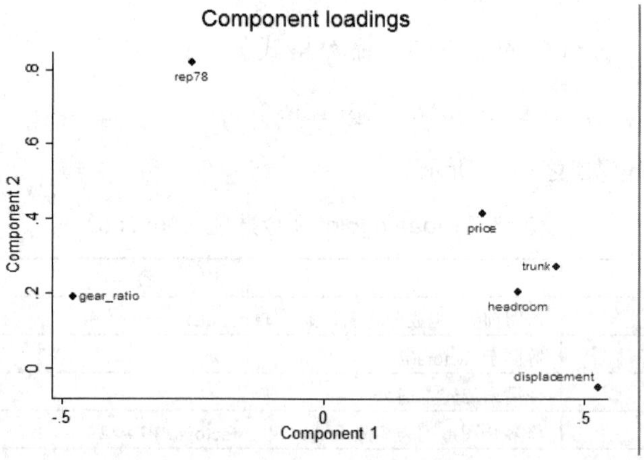

图 13-4　主成分分析因子载荷图

图 13-3 为主成分分析后所得得分图，描述了主成分分析之后各得分向量的散点图；图 13-4 为主成分分析后所得载荷图，从中可以看出第一主成分和第二主成分。

5. rotate 命令

进行主成分分析，可以进行正交（即相互独立的因子）或斜交（即因子不相互独立）的旋转，命令格式如下：

- `rotate [, options]`

选项 options 如表 13-8 所示。

表 13-8　rotate 命令选项（options）

选　项	内　容
orthogonal	正交旋转，默认项
oblique	允许斜交旋转
rotation_methods	旋转准则（如下）
normalize	旋转 Kaiser 规范矩阵

（续表）

选　项	内　容
factors(#)	对#个成分进行旋转．默认旋转全部成分
components(#)	等同于 factors(#)
blanks(#)	当|loadings| < #显示空白，默认为 blanks(0)
Detail	显示命令 rotatemat 运行结果
format(%fmt)	矩阵的显示格式，默认为 format(%9.5f)
Noloading	不显示旋转的载荷
Norotation	不显示旋转的矩阵

下面以一组数据来说明在 Stata 中 rotate 命令的使用方法，并分析每个结果的具体含义。

【例 13-6】使用 Stata 自带的 auto.dta 数据集来说明 rotate 命令的使用，本例要求以 trunk、weight、length 和 headroom 为初始变量进行主成分分析，并进行因子旋转和正交旋转。

在命令框中键入如下命令：

```
sysuse auto ///调用 Stata 自带数据集 auto.dat
pca trunk weight length headroom ///以 trunk、weight、length 和 headroom 为初始变量进行主成分分析
rotate ///因子旋转
rotate, varimax ///对由最近命令得出的因子进行正交（用方差最大法，varimax）旋转
rotate, oblimin(0.05) oblique ///进行斜交旋转
```

因子旋转后主成分分析输出结果如下：

```
Principal components/correlation                 Number of obs    =         74
                                                 Number of comp.  =          4
                                                 Trace            =          4
    Rotation: orthogonal varimax (Kaiser off)    Rho              =     1.0000
```

Component	Variance	Difference	Proportion	Cumulative
Comp1	1.00001	1.88815e-06	0.2500	0.2500
Comp2	1.00001	2.62473e-06	0.2500	0.5000
Comp3	1	.0000257217	0.2500	0.7500
Comp4	.999979	.	0.2500	1.0000

Rotated components

Variable	Comp1	Comp2	Comp3	Comp4	Unexplained
trunk	-0.0000	1.0000	-0.0000	-0.0000	0
weight	0.0000	0.0000	0.0000	1.0000	0
length	1.0000	0.0000	0.0000	-0.0000	0
headroom	-0.0000	0.0000	1.0000	-0.0000	0

Component rotation matrix

	Comp1	Comp2	Comp3	Comp4
Comp1	0.5361	0.5068	0.4280	0.5221
Comp2	-0.3903	0.2327	0.7667	-0.4536
Comp3	0.1371	-0.8249	0.4786	0.2677
Comp4	-0.7358	0.0921	-0.0057	0.6708

因子进行正交（varimax）旋转主成分分析输出结果如下：

```
Principal components/correlation                  Number of obs    =        74
                                                  Number of comp.  =         4
                                                  Trace            =         4
    Rotation: oblique oblimin (Kaiser off)        Rho              =    1.0000

    --------------------------------------------------------------------------
       Component |   Variance   Proportion    Rotated comp. are correlated
    -------------+------------------------------------------------------------
           Comp1 |          1       0.2500
           Comp2 |          1       0.2500
           Comp3 |    .999999       0.2500
           Comp4 |    .999999       0.2500
    --------------------------------------------------------------------------

Rotated components

    --------------------------------------------------------------------
        Variable |    Comp1     Comp2     Comp3     Comp4 | Unexplained
    -------------+----------------------------------------+-------------
           trunk |   0.0000    1.0000   -0.0000   -0.0000 |           0
          weight |   0.0000   -0.0000    1.0000   -0.0000 |           0
          length |   0.0000   -0.0000   -0.0000    1.0000 |           0
        headroom |   1.0000    0.0000    0.0000    0.0000 |           0
    --------------------------------------------------------------------

Component rotation matrix

    --------------------------------------------------------
                 |    Comp1     Comp2     Comp3     Comp4
    -------------+------------------------------------------
           Comp1 |   0.4280    0.5068    0.5221    0.5361
           Comp2 |   0.7667    0.2327   -0.4536   -0.3903
           Comp3 |   0.4786   -0.8249    0.2677    0.1370
           Comp4 |  -0.0057    0.0921    0.6708   -0.7358
    --------------------------------------------------------
```

输出结果中，第一个表为正交旋转法得到的结果，正交化后每个因子的方差为 1，对总方差的解释比例都为 0.25；第二个表为每个主成分所包含变量的系数；第三个表为因子旋转矩阵，从中可以看出各个主成分之间的相关性。

6. predict 命令

Stata 可以通过 predict 预测变量得分、拟合值和残差。命令格式如下：

- `predict [type] {stub*|newvarlist} [if] [in] [, statistic options ]`

统计方法（statistic）如表 13-9 所示。

表 13-9 predict 命令 statistic 选项

选 项	内 容
score	计算第 1,2, …,#个主成分得分，默认项
fit	利用保留的主成分计算的拟合值（k 个新变量）
residual	利用保留的主成分计算的残差（k 个新变量）
q	残差平方和

选项（options）如表 13-10 所示。

表 13-10　predict 命令选项（options）

选　项	内　容
norotated	利用未旋转的结果进行估计
center	利用中心化变量进行估计
notable	不显示得分系数表
format(%fmt)	得分系数的显示格式

13.1.3　Stata 操作案例

下面使用 Stata 对实际案例进行主成分分析。

【例 13-7】表 13-11 汇总了 2008 年一季度沪深两市农业版上市公司总资产增长率、主营业务收入增长率、净利润增长率、主营业务利润率、净资产收益率、每股收益、每股净资产、每股公积金、每股未分配利润等数据，对这些数据进行主成分分析。

表 13-11　2008 年一季度农业版上市公司财务数据（数据集 liti13-1.dta）

基本情况	公司成长性指标			公司盈利能力指标			公司股本扩张能力指标		
公司名称	总资产增长率	主营收入增长率	净利润增长率	主营业务利润率	净资产收益率	每股收益	每股净资产	每股公积金	每股未配利润
禾嘉股份	0.063	0.232	0.822	0.258	0.009	0.01	1.11	0.05	0
亚盛集团	−0.008	0.161	0.709	0.143	0.006	0.006	1.144	0.006	0.047
冠农股份	0.438	0.755	0.284	0.107	0.003	0.004	1.621	0.421	0.096
St 中农	−0.02	−0.421	0.983	0.209	0	0	1.565	0.757	−0.206
敦煌种业	0.112	−0.158	7.144	0.367	0.025	0.077	3.096	1.988	−0.057
新农开发	0.277	0.041	−2.376	0.251	−0.005	−0.016	3.46	1.86	0.392
香梨股份	0.107	−0.054	2.101	−0.148	0.012	0.03	2.51	1.516	−0.234
新赛股份	0.82	0.194	0.058	0.113	0.02	0.101	3.83	2.285	0.392
北大荒	−0.026	0.162	0.096	0.279	0.035	0.092	2.65	0.79	0.506
丹化科技	1.04	62.002	2.025	0.139	0.016	0.011	0.687	0.77	−1.267
丰乐种业	−0.022	0.15	0.099	0.288	0.029	0.16	2.19	0.679	0.349
天音控股	0.319	0.068	0.021	0.094	0.036	0.055	1.548	1.288	0.309
Sst 亚华	−0.182	−0.018	−2.281	0.456	0.176	−0.069	−0.395	0.199	−1.651
新中基	0.126	0.353	2.985	0.236	0.023	0.08	3.72	1.681	0.638
隆平高科	0.148	−0.249	4.003	0.229	0.085	0.53	6.16	3.872	1.045
登海种业	0.143	0.057	0.917	0.609	0.059	0.237	3.998	1.369	1.355

这里的分析按照标准的 5 个步骤进行。

（1）进行主成分分析，命令如下：

```
pca m1-m9
```

输出结果如下：

```
Principal components/correlation                  Number of obs    =        16
                                                  Number of comp.  =         9
                                                  Trace            =         9
    Rotation: (unrotated = principal)             Rho              =    1.0000
```

Component	Eigenvalue	Difference	Proportion	Cumulative
Comp1	3.54354	1.40375	0.3937	0.3937
Comp2	2.13979	.79111	0.2378	0.6315
Comp3	1.34868	.542794	0.1499	0.7813
Comp4	.805885	.125622	0.0895	0.8709
Comp5	.680263	.392381	0.0756	0.9465
Comp6	.287882	.155145	0.0320	0.9784
Comp7	.132736	.0909694	0.0147	0.9932
Comp8	.0417671	.0223056	0.0046	0.9978
Comp9	.0194615	.	0.0022	1.0000

上表输出了主成分分析各主成分的特征值及方差贡献率，纵向的一列是从第 1 个到第 9 个主成分，横向的一行依次是主成分的命令、特征值、变异、解释所占比重和累积比重。比如第一个主成分贡献了 39%的变异性，其特征值在 3.5 以上，直到第三个主成分的特征值都在 1 以上，这是一个很适合提取三个以上主成分的数据。

（2） 分析主成分的恰当性，命令如下：

```
estat smc
```

SMC 检验结果如下：

Variable	smc
m1	**0.7562**
m2	**0.8267**
m3	**0.4868**
m4	**0.6262**
m5	**0.8330**
m6	**0.8781**
m7	**0.9660**
m8	**0.9431**
m9	**0.9329**

上表大部分变量的 SMC 都在 0.7 以上，可以进行主成分分析。

（3） 计算前 5 个主成分的得分，命令如下：

```
pca m1-m9,component(5)
predict m1f m2f m3f m4f m5f, score
```

变量因子载荷结果如下：

```
Principal components/correlation                 Number of obs    =        16
                                                 Number of comp.  =         5
                                                 Trace            =         9
    Rotation: (unrotated = principal)            Rho              =    0.9465
```

Component	Eigenvalue	Difference	Proportion	Cumulative
Comp1	3.54354	1.40375	0.3937	0.3937
Comp2	2.13979	.79111	0.2378	0.6315
Comp3	1.34868	.542794	0.1499	0.7813
Comp4	.805885	.125622	0.0895	0.8709
Comp5	.680263	.392381	0.0756	0.9465
Comp6	.287882	.155145	0.0320	0.9784
Comp7	.132736	.0909694	0.0147	0.9932
Comp8	.0417671	.0223056	0.0046	0.9978
Comp9	.0194615	.	0.0022	1.0000

Principal components (eigenvectors)

Variable	Comp1	Comp2	Comp3	Comp4	Comp5
m1	-0.0364	0.5814	0.2182	0.4103	0.0726
m2	-0.1956	0.4535	0.4773	0.0507	0.2637
m3	0.2635	0.2222	0.1505	-0.8462	0.1944
m4	0.0823	-0.4392	0.3811	0.1248	0.6868
m5	-0.0031	-0.4217	0.5956	0.0580	-0.4149
m6	0.4693	-0.0128	0.2383	0.0548	-0.0463
m7	0.5140	0.0775	-0.0260	0.1390	-0.0196
m8	0.4559	0.1650	0.1774	0.0569	-0.3654
m9	0.4379	-0.0523	-0.3362	0.2617	0.3279

Variable	Unexplained
m1	.06847
m2	.0676
m3	.0149
m4	.0339
m5	.02126
m6	.1387
m7	.03404
m8	.06925
m9	.03375

```
Scoring coefficients
    sum of squares(column-loading) = 1
```

Variable	Comp1	Comp2	Comp3	Comp4	Comp5
m1	-0.0364	0.5814	0.2182	0.4103	0.0726
m2	-0.1956	0.4535	0.4773	0.0507	0.2637
m3	0.2635	0.2222	0.1505	-0.8462	0.1944
m4	0.0823	-0.4392	0.3811	0.1248	0.6868
m5	-0.0031	-0.4217	0.5956	0.0580	-0.4149
m6	0.4693	-0.0128	0.2383	0.0548	-0.0463
m7	0.5140	0.0775	-0.0260	0.1390	-0.0196
m8	0.4559	0.1650	0.1774	0.0569	-0.3654
m9	0.4379	-0.0523	-0.3362	0.2617	0.3279

由上面可以得出因子载荷的大小。

（4） 根据碎石图判断需要保留的主成分的个数，命令如下：

```
screeplot
```

输出结果图如图 13-5 所示。

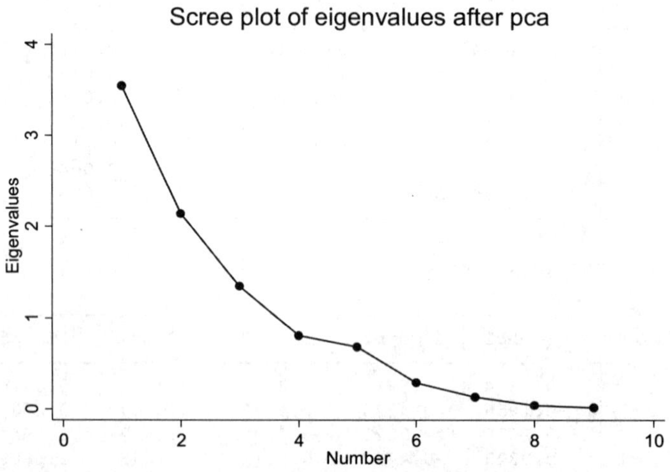

图 13-5 碎石图

从上图可以看出，从第 6 个变量开始特征值变化的趋势已经趋于平稳，所以选前 6 个主成分是比较合适的。

（5） 最后读者还可以作得分图和载荷图，得到更直观的解释，输入命令如下：

```
scoreplot
loadingplot
```

输出结果如图 13-6 和图 13-7 所示。

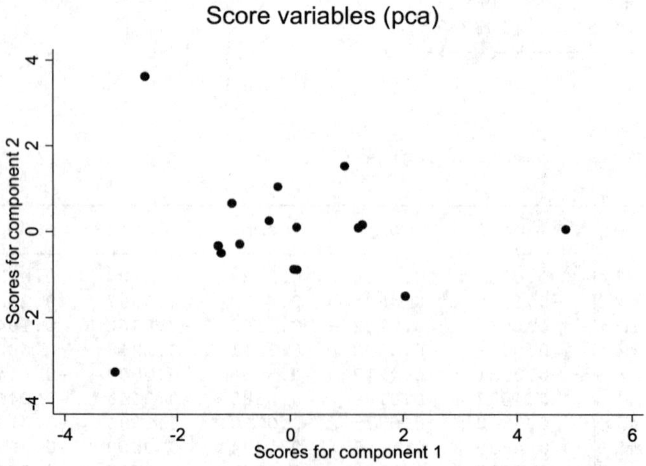

图 13-6 变量得分图

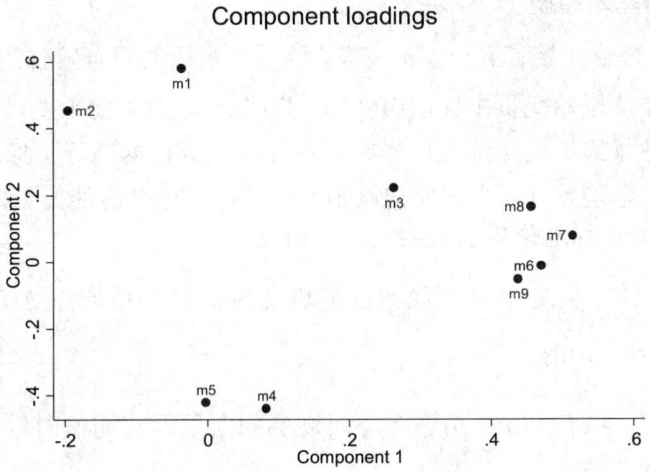

图 13-7　主成分载荷图

图 13-6 为主成分分析后所得得分图，描述了主成分分析之后各得分向量的散点图；图 13-7 为主成分分析后所得载荷图，从中可以看出第一主成分和第二主成分。

13.2　因子分析

因子分析是对主成分分析的扩展，同样也是采用降维的思想，只是因子分析更加倾向于描述原始变量之间的相关关系。在利用因子分析解决实际问题之前，需要了解因子分析的原理。本节开始介绍因子分析的基本思想以及理论模型，详细说明因子的计算步骤。最后，对因子分析过程所需要的步骤进行了总结，并给出实际案例进行因子分析。

13.2.1　因子分析的基本思想与理论

1.　因子分析的基本思想

因子分析的基本思想是根据相关性的大小将变量分组，使得同组内变量间的相关性较高，不同组的变量间的相关性较低。每组变量代表一个基本结构，并用一个不可观测的综合变量表示，这个基本结构称为公共因子。此时原始变量就可以分解成两部分之和的形式，一部分是少数几个不可观测的所谓公共因子的线性函数，另一部分是与公共因子无关的特殊因子。通常因子分析的目的在于从一些有错综复杂关系的问题中找出少数几个主要因子，每个主要因子代表原始变量间相互依赖的一种作用。抓住这些主要因子可以帮助我们对复杂的问题进行分析和解释。

因子分析还可以用于对变量和样本的分类处理，在得出因子表达式之后，就可以把原始变量的数据带入表达式得到因子得分值，根据因子得分值在各因子所构成的空间中把变量和样本点画出来，从而得到直接的分类结果。通常将研究变量间相关关系的因子分析称为 R 型因子分析，而将研究样本间相关关系的因子分析称为 Q 型因子分析。

后面的介绍着重于 R 型因子分析。

2. 因子分析的基本模型

设有 n 个样品，每个样品有 p 个观测变量，这 p 个指标之间有较强的相关性（只有这 p 个指标相关性较强才能从原始变量中提取出“公共”因子）。为了便于变量比较，并且消除由于观测量纲的差异和数量级不同所造成的影响，将样本观测数据进行了标准化处理，使标准化后的变量均值为 0，方差为 1。为方便把原始变量及标准化之后的变量向量均用 X 表示，用 $F_1, F_2, \cdots, F_m (m < p)$ 表示标准化后的公共因子。如果：

（1） $X = (X_1, X_2, \cdots, X_p)'$ 是可观测的随机变量，且均值向量 $E(X) = 0$，协方差矩阵 $\mathrm{Cov}(X) = \Sigma$ 与相关矩阵 R 相等。

（2） $F = (F_1, F_2, \cdots, F_m)'(m < p)$，是不可观测的向量，其均值向量 $E(F) = 0$，其协方差矩阵 $\mathrm{Cov}(F) = I$，即向量 F 的各分量是相互独立的。

（3） $\varepsilon = (\varepsilon_1, \varepsilon_2, \cdots, \varepsilon_m)'$ 与 F 相互独立，且 $E(\varepsilon) = 0$，ε 的协方差矩阵为对角矩阵

$$\mathrm{Cov}(\varepsilon) = \begin{bmatrix} \sigma_{11}^2 & & & \\ & \sigma_{22}^2 & & \\ & & \ddots & \\ & & & \sigma_{pp}^2 \end{bmatrix}$$

即 ε 的各分量之间也是相互独立的。则模型

$$\begin{cases} X_1 = a_{11}F_1 + a_{12}F_2 + \cdots + a_{1m}F_m + \varepsilon_1 \\ X_2 = a_{21}F_1 + a_{22}F_2 + \cdots + a_{2m}F_m + \varepsilon_2 \\ \cdots\cdots \\ X_p = a_{p1}F_1 + a_{p2}F_2 + \cdots + a_{pm}F_m + \varepsilon_p \end{cases}$$

称为因子模型，其矩阵形式可以表示为：

$$X = AF + \varepsilon$$

其中，$A = \begin{bmatrix} a_{11} & a_{12} & \cdots & a_{1m} \\ a_{21} & a_{22} & \cdots & a_{2m} \\ \vdots & \vdots & \ddots & \vdots \\ a_{m1} & a_{m2} & \cdots & a_{mp} \end{bmatrix}$

因子模型中的 $F_1, F_2, \cdots, F_m$ 成为公共因子，它们相互独立且不可观测，是对各个原始观测变量都起作用的因子。公共因子的含义必须结合实际问题的实际意义确定。$\varepsilon_1, \varepsilon_2, \cdots, \varepsilon_m$ 称为特殊因子，是各个向量分量 $X_i (i = 1, 2, \cdots, p)$ 所特有的因子，它们分别只对某一个原始观测变量起作用。各个公共因子之间、特殊因子和所有公共因子之间都是相互独立的。矩阵 A 的各

个元素 a_{ij} 成为因子载荷，矩阵 A 称为因子载荷矩阵。a_{ij} 的绝对值越大，表明 X_i 和 F_j 的相依程度越大，或称公共因子 F_j 对于 X_i 的载荷量越大。

为了更好地理解因子分析方法，有必要讨论一下载荷矩阵 A 的统计意义以及公因子与原始变量之间的关系。

（1） 因子载荷 a_{ij} 。

有因子模型

$$\begin{aligned}\mathrm{Cov}(X_i,F_j) &= \mathrm{Cov}(\sum_{j=1}^{m} a_{ij}F_j+\varepsilon_i,F_j)\\ &= \mathrm{Cov}(\sum_{j=1}^{m} a_{ij}F_j,F_j)+\mathrm{Cov}(\varepsilon_i,F_j)\\ &= a_{ij}\end{aligned}$$

即 a_{ij} 是 X_i 与 F_j 的协方差。由于变量经过标注化处理，即 a_{ij} 同时也是 X_i 与 F_j 的相关系数。其统计意义表示 X_i 依赖于 F_j 的比重。因此用统计学术语应该叫做权，由于历史原因心理学家将它称做载荷，即表示第 i 个变量在第 j 个公共因子上的负荷，反映了第 i 个变量在第 j 个公共因子上的相对重要性。

（2） 变量共同度与剩余方差。

所谓变量 X_i 的共同度定义为因子载荷矩阵 A 中第 i 行元素的平方和，即

$$h_i^2=\sum_{j=1}^{m} a_{ij}^2 \quad i=1,2,\cdots,p$$

由因子模型假设，容易知道

$$\mathrm{Var}(X_i)=1=h_i^2+\mathrm{Var}(\varepsilon_i)=h_i^2+\sigma_i^2$$

可以看出变量 X_i 的方差由两个部分组成：第一部分为共同度 h_i^2，它刻画全部公共因子对变量 X_i 的总方差所作的贡献，h_i^2 越接近 1，说明该变量的几乎全部原始信息都可由所选取的公共因子说明，如果 $h_i^2=0.95$ 则说明 X_i 的 95%的信息被 m 个公因子说明了，也就是说由原始变量空间转为因子空间转化的性质越好，保留原来信息量多。第二部分 σ_i^2 是特殊因子方差，或称剩余方差，与变量 X_i 本身变化有关，不能够由公共因子解释。

（3） 公共因子 F_j 的方差贡献。

共同度考虑的是所有公共因子 $F_1,F_2,\cdots,F_m$ 与某一原始变量的关系，与此类似，考虑某一公因子 F_j 与所有原始变量 $X_1,X_2,\cdots,X_p$ 的关系。

记 $g_j^2=\sum_{i=1}^{p} a_{ij}^2(j=1,2,\cdots,m)$，则 g_j^2 表示的是公共因子 F_j 对于 X 的每一个分量 X_i 所提供的方差的总和，称为公共因子 F_j 对原始变量 X 的方差贡献度，它是衡量公共因子相对重要性的

指标。g_j^2越大，表明公共因子 F_j 对 X 的贡献度越大，或者说对 X 的影响和作用就越大。若将因子载荷矩阵 A 中所有的 g_j^2 都计算出来，并按大小排序，就可以依次取出最有影响的公共因子。

3. 因子分析计算步骤

因子分析的一般步骤可以分为确定因子载荷矩阵 A、因子旋转和计算因子得分。

（1） 因子载荷的求解。

有很多方法可以完成因子载荷的求解，如主成分法、主轴因子法、最小二乘法、极大似然法、α 因子提取法等。这些方法求解因子载荷的出发点不同，所得效果也不完全相同。这里只介绍应用较为普遍的主成分法。

主成分法确定因子载荷是在进行因子分析前先对数据进行一次主成分分析，相较其他方法比较简单。其方法如下：假定从相关矩阵出发求解主成分，设有 p 个变量，则我们可以找出 p 个主成分。将这 p 个主成分按由大到小顺序排列为 $Y_1,Y_2,\cdots,Y_p$，则主成分与原始变量之间存在以下关系：

$$\begin{cases} Y_1 = \gamma_{11}X_1 + \gamma_{12}X_2 + \cdots + \gamma_{1p}X_p \\ Y_2 = \gamma_{21}X_1 + \gamma_{22}X_2 + \cdots + \gamma_{2p}X_p \\ \cdots\cdots \\ Y_p = \gamma_{p1}X_1 + \gamma_{p2}X_{22} + \cdots + \gamma_{pp}X_p \end{cases}$$

上面 γ_{ij} 为随机向量 X 的相关矩阵的特征值所对应的特征向量的分量，由于特征向量间彼此正交，X 到 Y 之间的转换关系是可逆的，由此可以解出 Y 至 X 的转换关系为：

$$\begin{cases} X_1 = \gamma_{11}Y_1 + \gamma_{21}Y_2 + \cdots + \gamma_{p1}Y_p \\ X_2 = \gamma_{12}Y_1 + \gamma_{22}Y_2 + \cdots + \gamma_{p2}Y_p \\ \cdots\cdots \\ X_p = \gamma_{1p}Y_1 + \gamma_{2p}Y_2 + \cdots + \gamma_{pp}Y_p \end{cases}$$

对上面每一等式值保留前 m 个主成分而把后面的部分用 ε_i 代替，则上式变为：

$$\begin{cases} X_1 = \gamma_{11}Y_1 + \gamma_{21}Y_2 + \cdots + \gamma_{m1}Y_m + \varepsilon_1 \\ X_2 = \gamma_{12}Y_1 + \gamma_{22}Y_2 + \cdots + \gamma_{m2}Y_m + \varepsilon_2 \\ \cdots\cdots \\ X_p = \gamma_{1p}Y_1 + \gamma_{2p}Y_2 + \cdots + \gamma_{mp}Y_m + \varepsilon_p \end{cases}$$

这就是因子模型的形式了。上式中 $Y_i(i=1,2,\cdots,m)$ 之间相互独立。为将 Y_i 转化为合适的公共因子，现在只需要把主成分 Y_i 变成方差为 1 的变量，即将 Y_i 除以其标准差即可。由主成分的知识知道，其标准差就是特征值的平方根$\sqrt{\lambda_i}$，于是令$F_i = Y_i / \sqrt{\lambda_i}$，$a_{ij} = \sqrt{\lambda_i}\gamma_{ji}$，上式转化为：

$$\begin{cases} X_1 = a_{11}F_1 + a_{12}F_2 + \cdots + a_{1m}F_m + \varepsilon_1 \\ X_2 = a_{21}F_1 + a_{22}F_2 + \cdots + a_{2m}F_m + \varepsilon_2 \\ \cdots\cdots \\ X_p = a_{p1}F_1 + a_{p2}F_2 + \cdots + a_{pm}F_m + \varepsilon_p \end{cases}$$

这与因子模型完全一致，这样就得到了因子载荷矩阵A和一组初始的公共因子（未旋转）。需要指出的是，$\varepsilon_1,\varepsilon_2,\cdots,\varepsilon_p$之间并不独立，因此它并不完全符合因子模型的假设前提，也就是说所得的因子载荷矩阵并不完全正确。但是当共同度较大时，特殊因子所起的作用很小，因而特殊因子间的相关性所带来的影响几乎可以忽略。

设$\lambda_1 \geqslant \lambda_2 \geqslant \cdots \geqslant \lambda_p > 0$为样本相关矩阵$R$的特征根，$\gamma_1,\gamma_2,\cdots,\gamma_p$为各特征根对应的标准正交化特征向量。设$m<p$，则因子载荷矩阵$A$的一个解为：

$$\hat{A} = (\sqrt{\lambda_1}\gamma_1, \sqrt{\lambda_2}\gamma_2, \cdots, \sqrt{\lambda_m}\gamma_m)$$

共同度估计为：

$$\hat{h}_i^2 = \sum_{j=1}^{m} \hat{a}_{ij}^2$$

公共因子数目m的确定一般取决于研究者本人和所研究的问题，当用主成分法进行因子分析时，可以借鉴主成分个数的确定准则，如所选公共因子的信息量之和达到总体信息量的一个合适比例为止。不同的研究者对问题可能会给出不同的公共因子数，但总要使所选的公共因子能够合理地描述原始变量相关矩阵的结构，同时要有利于因子模型的解释。

（2） 因子旋转。

建立因子分析数学模型的目的不仅要找出公因子以及对变量进行分组，更重要的是要知道每个公因子的意义，以便对实际问题作出科学的分析，如果每个公因子的含义不清，不便于进行实际背景的解释，此时根据因子载荷矩阵的不唯一性，可以对因子载荷矩阵进行旋转，即对初始公因子进行线性组合，以期找到意义更为明确，实际意义更明显的公因子。经过旋转后，公共因子对X_i的贡献h_i^2并不改变，但由于载荷矩阵发生了变化，公因子本身就可能发生很大的变化，每个公因子对原始变量的贡献g_j^2不再与原来相同，从而经过适当的旋转可以得到比较令人满意的公共因子。

因子旋转通常分为正交旋转和斜交旋转，无论正交旋转还是斜交旋转，都应使新的因子载荷系数要么尽可能接近零，要么尽可能远离零。也就是要尽量使得任一原始变量都与某些公因子存在较强的相关关系，而与另外的公因子之间几乎不相关。这样的公因子的实际意义就会比较容易确定。

（3） 因子得分。

因子模型建立起来以后，就可以反过来考察每一个样品的性质和样品之间的相互关系。通过求出各个样品在各个公共因子上的取值，就能根据因子取值将样品分类，研究各个样品间的差异等。我们将样品在公共因子上的取值称为因子得分。

在因子模型中，求因子得分是用回归的思想。假设公共因子 F 由变量 X 表示的线性组合为：

$$F_j = \beta_{j1}X_1 + \beta_{j2}X_2 + \cdots + \beta_{jp}X_p，\ j = 1,2,\cdots,m$$

此处 F 和 X 均为标准化向量，因此回归模型中不存在常数项，β_{ji} 称为因子得分系数。这样，利用一组样本值，通过最小二乘法或极大似然法可以估计出 β_{ji}。将估计出的因子得分系数和原始变量的取值带入上式就可以求得因子得分，从而做出进一步的分析研究，比如样本点之间的比较分析，对样本点的聚类分析等。需要注意的是，所取的公共因子个数不同，因子得分也就不同。

4. 因子分析步骤

进行因子分析应包括如下几步：

（1） 根据研究问题选取原始变量。
（2） 对原始变量进行标准化并求其相关矩阵，分析变量间的相关性。
（3） 求解初始公因子及因子载荷矩阵。
（4） 因子旋转。
（5） 因子得分。
（6） 根据因子得分值进行进一步分析。

13.2.2 因子分析基本命令

1. factor 命令

Stata 可以通过变量进行因子分析，也可以通过相关系数矩阵进行。命令格式分别如下：
命令格式 1（通过变量进行因子分析）：

```
factor varlist [if] [in] [weight] [, method options ]
```

方法（method）如表 13-12 所示。

表 13-12 factor 命令方法（method）

命令方法	内 容
pf	主成分因子法（默认项），用复相关系数平方作为因子载荷估计量
pcf	主成分法，假定共同度为 1
ipf	迭代主因子，重复估计共同度
ml	极大似然因子法

选项（options）如表 13-13 所示。

表 13-13 factor 命令选项（options）

选 项	内 容
factors(#)	保留的主因子个数
mineigen(#)	保留的最小特征值
citerate(#)	估计共同度的迭代次数，仅限于 ipf 方法
blanks(#)	如果|载荷|<#，则载荷显示为空
norotated	显示未旋转的结果
altdivisor	使用相关系数矩阵迹作为计算贡献率的分母
protect(#)	执行#次最优化并报告最优解，仅限于 ml 方法
random	使用随机起始值计算，仅限于 ml 方法
seed(seed)	随机数种子，仅限于 protect(#)、random 的 ml 方法

下面以一组数据来说明在 Stata 中 factor 命令的使用方法，并分析每个结果的具体含义。

【例 13-8】使用 Stata 自带的 bg2.dta 数据集来说明 factor 命令的使用，以 bg2cost1～bg2cost6 为初始变量进行因子分析，对其中两个因子进行保留。要求因子分析使用的方法包括主成分法、迭代因子法、极大似然法。

在命令框中键入如下命令：

```
webuse bg2 ///调用 Stata 自带数据集 bg2.dat
factor bg2cost1-bg2cost6 ///以 bg2cost1～bg2cost6 为初始变量进行因子分析
factor bg2cost1-bg2cost6, factors(2) ///以 bg2cost1～bg2cost6 为初始变量进行因子分析，对其中两个因子进行保留
factor bg2cost1-bg2cost6, factors(2) pcf ///以 bg2cost1～bg2cost6 为初始变量，以主成分方法进行因子分析
factor bg2cost1-bg2cost6, factors(2) ipf ///以 bg2cost1～bg2cost6 为初始变量，以迭代主因子方法进行因子分析，保留两个因子
factor bg2cost1-bg2cost6, factors(2) ml ///以 bg2cost1～bg2cost6 为初始变量，以极大似然法进行因子分析，保留两个因子
```

主因子法因子分析输出结果如下：

```
. factor bg2cost1-bg2cost6
(obs=568)

Factor analysis/correlation                    Number of obs    =        568
    Method: principal factors                  Retained factors =          3
    Rotation: (unrotated)                      Number of params =         15

    --------------------------------------------------------------------------
         Factor  |   Eigenvalue   Difference        Proportion   Cumulative
    -------------+------------------------------------------------------------
        Factor1  |      0.85389      0.31282            1.0310       1.0310
        Factor2  |      0.54107      0.51786            0.6533       1.6844
        Factor3  |      0.02321      0.17288            0.0280       1.7124
        Factor4  |     -0.14967      0.03951           -0.1807       1.5317
        Factor5  |     -0.18918      0.06197           -0.2284       1.3033
        Factor6  |     -0.25115            .           -0.3033       1.0000
    --------------------------------------------------------------------------
    LR test: independent vs. saturated:  chi2(15) =  269.07 Prob>chi2 = 0.0000

Factor loadings (pattern matrix) and unique variances

    -------------------------------------------------------------
        Variable |  Factor1   Factor2   Factor3 |   Uniqueness
    -------------+------------------------------+----------------
        bg2cost1 |   0.2470    0.3670   -0.0446 |       0.8023
        bg2cost2 |  -0.3374    0.3321   -0.0772 |       0.7699
        bg2cost3 |  -0.3764    0.3756    0.0204 |       0.7169
        bg2cost4 |  -0.3221    0.1942    0.1034 |       0.8479
        bg2cost5 |   0.4550    0.2479    0.0641 |       0.7274
        bg2cost6 |   0.4760    0.2364   -0.0068 |       0.7175
    -------------------------------------------------------------
```

极大似然法因子分析输出结果如下：

```
. factor bg2cost1-bg2cost6, factors(2) ml
(obs=568)
Iteration 0:   log likelihood = -28.702162
Iteration 1:   log likelihood = -7.0065234
Iteration 2:   log likelihood = -6.8513798
Iteration 3:   log likelihood = -6.8429502
Iteration 4:   log likelihood = -6.8424747
Iteration 5:   log likelihood = -6.8424491
Iteration 6:   log likelihood = -6.8424477

Factor analysis/correlation                    Number of obs    =        568
    Method: maximum likelihood                 Retained factors =          2
    Rotation: (unrotated)                      Number of params =         11
                                               Schwarz's BIC    =    83.4482
    Log likelihood = -6.842448                 (Akaike's) AIC   =    35.6849

    --------------------------------------------------------------------------
         Factor  |   Eigenvalue   Difference        Proportion   Cumulative
    -------------+------------------------------------------------------------
        Factor1  |      1.02766      0.28115            0.5792       0.5792
        Factor2  |      0.74651            .            0.4208       1.0000
    --------------------------------------------------------------------------
    LR test: independent vs. saturated:  chi2(15) =  269.07 Prob>chi2 = 0.0000
    LR test:    2 factors vs. saturated:  chi2(4)  =   13.58 Prob>chi2 = 0.0087

Factor loadings (pattern matrix) and unique variances

    ---------------------------------------------------
        Variable |  Factor1   Factor2 |   Uniqueness
    -------------+--------------------+----------------
        bg2cost1 |  -0.1371    0.4235 |      0.8018
        bg2cost2 |   0.4140    0.1994 |      0.7888
        bg2cost3 |   0.6199    0.3692 |      0.4794
        bg2cost4 |   0.3577    0.0909 |      0.8638
        bg2cost5 |  -0.3752    0.4355 |      0.6695
        bg2cost6 |  -0.4295    0.4395 |      0.6224
    ---------------------------------------------------
```

上面的结果中，第一个表是由主因子法，未经过因子旋转得出的因子分析的方差解释表和载荷表。第二个表是由极大似然法进行因子分析所得到的方差解释表和载荷表。

下面说明 factormat 命令的使用。

命令格式 2（通过矩阵进行主成分分析）：

```
factormat matname, n(#) [ method options factormat_options ]
```

选项（factormat_options）如表 13-14 所示。

表 13-14　factormat 命令选项（options）

选　项	内　容
shape(full)	矩阵为对称矩阵
shape(lower)	矩阵为下三角矩阵
shape(upper)	矩阵为上三角矩阵
names(namelist)	变量名称。如果矩阵为三角矩阵，则 names 是必需的选项
forcepsd	如果矩阵为负定，则将其修正为正版定矩阵
n(#)	观测值个数。此为必需的选项
sds(matname2)	显示变量向量的标准差
means(matname3)	显示变量向量的均值

下面以一组数据来说明在 Stata 中 factormat 命令的使用方法，并分析所得到结果的具体含义。

【例 13-9】使用 Stata 自带的 bg2.dta 数据集与自建矩阵 S 来说明 factormat 命令的使用。

在命令框中键入如下命令：

```
matrix C = (1.000,0.943,0.771\0.943,1.000, 0.605 \0.771, 0.605, 1.000) ///自建矩阵 S
factormat C, n(979) names(visual hearing taste) fac(1) ///以矩阵 S 出发进行因子分析，变量名分别为 visual、hearing、taste，保留一个因子
```

factormat 命令结果如下：

```
Factor analysis/correlation                    Number of obs    =        979
    Method: principal factors                  Retained factors =          1
    Rotation: (unrotated)                      Number of params =          3

    --------------------------------------------------------------------------
         Factor  |   Eigenvalue   Difference        Proportion   Cumulative
    -------------+------------------------------------------------------------
        Factor1  |      2.43866      2.22300            0.9352       0.9352
        Factor2  |      0.21566      0.26241            0.0827       1.0179
        Factor3  |     -0.04675            .           -0.0179       1.0000
    --------------------------------------------------------------------------
    LR test: independent vs. saturated:  chi2(3)  = 3425.87 Prob>chi2 = 0.0000

Factor loadings (pattern matrix) and unique variances

    ---------------------------------------
        Variable |  Factor1 |   Uniqueness
    -------------+----------+--------------
          visual |   0.9899 |      0.0200
         hearing |   0.9268 |      0.1410
           taste |   0.7744 |      0.4003
    ---------------------------------------
```

可以看出，第一个表是由主因子法，未经过因子旋转得出的因子分析的方差解释表和载荷表。可以看出第一个因子与各变量相关度较高，都在 0.7 以上，说明第一个因子对变量具有较好的解释作用。

2. estat 命令

在进行因子分析之前，需要判断原始变量数据是否适合做因子分析，Stata 提供了因子分析的恰当性检验，包括 KMO、SMC 等指标。在进行因子分析之后，可通过 estat 命令显示估计的数值与矩阵变量的统计量。

estat 后可包含的命令有：

estat anti	显示反映像相关矩阵与反映像协方差矩阵
estat common	公因子的相关系数矩阵
estat factors	给出不同因子个数模型的 AIC、BIC 准则
estat kmo	Kaiser-Meyer-Olkin 抽样精度
estat residuals	相关系数矩阵残差
estat rotatecompare	比较未旋转主成分和旋转载荷
estat smc	复相关系数平方
estat structure	变量与公因子间的相关系数
estat summarize	变量基本描述统计指标

3. screeplot 命令

与主成分分析方法相同，请参考“主成分分析”对应内容。

4. scoreplot、loadingplot 命令

与主成分分析方法相同，请参考“主成分分析”对应内容。

5. rotate 命令

与主成分分析方法相同，请参考“主成分分析”对应内容。

6. predict 命令

Stata 可以通过 predict 预测变量得分、拟合值和残差。命令格式如下：

```
predict [type] {stub*|newvarlist} [if] [in] [, statistic options ]
```

统计方法（statistic）包括：

- regression　回归得分法
- bartlett　Bartlett 得分法

选项（options）包括：

- norotated　利用未旋转的结果进行估计
- notable　不显示得分系数表
- format(%fmt)　得分系数的显示格式

13.2.3 Stata 操作案例

【例 13-10】利用例 13-1 中数据 liti13-1.dta 进行因子分析。

（1） 检验数据是否适合因子分析。

```
estat kmo
```

KMO 检验输出结果如下：

Kaiser-Meyer-Olkin measure of sampling adequacy

Variable	kmo
m1	0.4235
m2	0.3439
m3	0.5014
m4	0.2803
m5	0.2319
m6	0.5426
m7	0.6494
m8	0.5586
m9	0.4722
Overall	0.4686

KMO 值为 0.4686，根据 Kaiser 给出的 KMO 度量标准可知原始变量适合进行因子分析。

（2） 进行因子分析。

```
factor m1-m9, pcf
```

m1-m9 主因子法因子分析结果输出如下：

```
Factor analysis/correlation                    Number of obs    =        16
    Method: principal-component factors        Retained factors =         3
    Rotation: (unrotated)                      Number of params =        24
```

Factor	Eigenvalue	Difference	Proportion	Cumulative
Factor1	3.54354	1.40375	0.3937	0.3937
Factor2	2.13979	0.79111	0.2378	0.6315
Factor3	1.34868	0.54279	0.1499	0.7813
Factor4	0.80588	0.12562	0.0895	0.8709
Factor5	0.68026	0.39238	0.0756	0.9465
Factor6	0.28788	0.15515	0.0320	0.9784
Factor7	0.13274	0.09097	0.0147	0.9932
Factor8	0.04177	0.02231	0.0046	0.9978
Factor9	0.01946	.	0.0022	1.0000

```
LR test: independent vs. saturated:  chi2(36) =  105.31 Prob>chi2 = 0.0000
```

```
Factor loadings (pattern matrix) and unique variances
```

Variable	Factor1	Factor2	Factor3	Uniqueness
m1	-0.0684	0.8505	0.2534	0.2077
m2	-0.3683	0.6634	0.5543	0.1170
m3	0.4961	0.3251	0.1747	0.6177
m4	0.1550	-0.6424	0.4426	0.3673
m5	-0.0058	-0.6169	0.6916	0.1411
m6	0.8835	-0.0187	0.2767	0.1426
m7	0.9677	0.1134	-0.0302	0.0499
m8	0.8583	0.2413	0.2060	0.1627
m9	0.8244	-0.0764	-0.3905	0.1621

上表是用主成分因子法计算所得结果。上表中，只有前 3 个成分具有大于 1 的特征值，同时这 3 个主成分解释了 9 个变量组合方差的 78.13%。

（3） 因子旋转。

```
rotate
```

因子旋转结果如下：

```
Factor analysis/correlation                    Number of obs    =        16
    Method: principal-component factors        Retained factors =         3
    Rotation: orthogonal varimax (Kaiser off)  Number of params =        24
```

Factor	Variance	Difference	Proportion	Cumulative
Factor1	3.46548	1.56524	0.3851	0.3851
Factor2	1.90024	0.23395	0.2111	0.5962
Factor3	1.66629	.	0.1851	0.7813

```
LR test: independent vs. saturated:  chi2(36) =  105.31 Prob>chi2 = 0.0000
```

```
Rotated factor loadings (pattern matrix) and unique variances
```

Variable	Factor1	Factor2	Factor3	Uniqueness
m1	0.1147	0.8131	-0.3434	0.2077
m2	-0.1732	0.9236	0.0035	0.1170
m3	0.5635	0.2465	-0.0633	0.6177
m4	0.0938	-0.2429	0.7516	0.3673
m5	-0.0274	-0.0344	0.9257	0.1411
m6	0.8940	-0.0328	0.2390	0.1426
m7	0.9609	-0.1420	-0.0809	0.0499
m8	0.9063	0.1247	0.0193	0.1627
m9	0.7424	-0.4778	-0.2417	0.1621

```
Factor rotation matrix
```

	Factor1	Factor2	Factor3
Factor1	0.9764	-0.2157	0.0147
Factor2	0.1760	0.7537	-0.6331
Factor3	0.1255	0.6208	0.7739

上表显示的是旋转后的因子贡献度。旋转后的因子模型相比于原模型对因子有所调整。中间的是旋转后的因子载荷。最下面的表是因子转移矩阵，它描述的是因子旋转的详细情况，它被用来使初始因子矩阵变换到转移后的因子矩阵。其中小的绝对值对应较小的旋转，比如表中数值 0.0147，大的绝对值对应比较大的旋转，比如 0.9764。

（4） 碎石图。

```
screeplot
```

输出结果如图 13-8 所示。

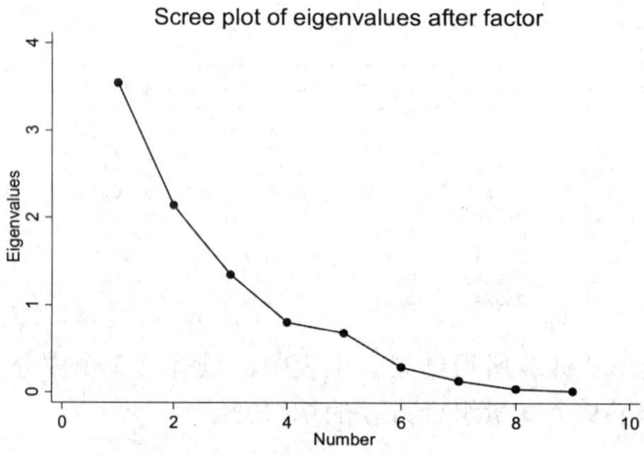

图 13-8　因子分析碎石图

从图 13-8 可以看出从第 6 个变量开始特征值变化的趋势已经趋于平稳，所以选前 6 个主成分是比较合适的。

（5） 因子载荷图。

```
scoreplot
loadingplot
```

输出结果如图 13-9 所示。

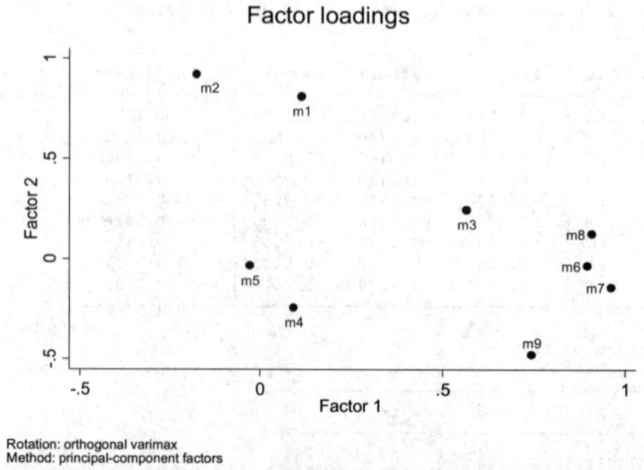

图 13-9　因子分析因子载荷图

13.3 Stata 操作习题

1. 表 13-15 是某年我国 35 个大城市的 10 项社会经济统计指标。请利用这些数据进行主成分分析，并对分析结果进行简要评述。

表 13-15 我国 35 个大城市的 10 项社会经济统计指标

城市名称	年底总人口（万人）	非农业人口比（%）	农业总产值（万元）	工业总产值（万元）	客运总量（万人）	货运总量（万吨）	地方财政预算内收入（万元）	城乡居民年底储蓄余额（万元）	在岗职工人数（万人）	在岗职工资总额（万元）
北京	1249.9	0.5978	1 843 427	19999706	20 323	45 562	2 790 863	26806646	410.8	5773301
天津	910.17	0.5809	1 501 136	22645 502	3 259	26 317	1 128 073	11301931	202.68	2254 343
石家庄	875.4	0.2332	2 918 680	6 885 768	2 929	1 911	352 348	7 095 875	95.6	758 877
太原	299.92	0.6563	236 038	2 737 750	1 937	11 895	203 277	3 943 100	88.65	654 023
呼和浩特	207.78	0.4412	365 343	816 452	2 351	2 623	105 783	1 396 588	42.11	309 337
沈阳	677.08	0.6299	1 295 418	5 826 733	7 782	15 412	567 919	9 016 998	135.45	1152 811
大连	545.31	0.4946	1 879 739	8 426 385	10 780	19 187	709 227	7 556 796	94.15	965 922
长春	691.23	0.4068	1 853 210	5 966 343	4 810	9 532	357 096	4 803 744	102.63	884 447
哈尔滨	927.09	0.4627	2 663 855	4 186 123	6 720	7 520	481 443	6 450 020	172.79	1309151
上海	1313.12	0.7384	2 069 019	54529 098	6 406	44 485	4 318 500	25971200	336.84	5605 445
南京	537.44	0.5341	989 199	13072737	14 269	11 193	664 299	5 680 472	113.81	1357861
杭州	616.05	0.3556	1 414 737	12000 796	17 883	11 684	449 593	7 425 967	96.9	1180 947
宁波	538.41	0.2547	1 428 235	10622 866	22 215	10 298	501 723	5 246 350	62.15	824 034
合肥	429.95	0.3184	628 764	2 514 125	4 893	1 517	233 628	1 622 931	47.27	369 577
福州	583.13	0.2733	2 152 288	6 555 351	8 851	7 190	467 524	5 030 220	69.59	680 607
厦门	128.99	0.4865	333 374	5 751 124	3 728	2 570	418 758	2 108 331	46.93	657 484
南昌	424.2	0.3988	688 289	2 305 881	3 674	3 189	167 714	2 640 460	62.08	479 ,555
济南	557.63	0.4085	1 486 302	6 285 882	5 915	11 775	460 690	4 126 970	83.31	756 696
青岛	702.97	0.3693	2 382 320	11492036	13 408	17 038	658 435	4 978 045	103.52	961 704
郑州	615.36	0.3424	677 425	5 287601	10 433	6 768	387 252	5 135 338	84.66	696 848
武汉	740.2	0.5869	1 211 291	7 506 085	9 793	15 442	604 658	5 748 055	149.2	1314 766
长沙	582.47	0.3107	1 146 367	3 098 179	8 706	5 718	323 660	3 461 244	69.57	596 986
广州	685	0.6214	1 600 738	23348 139	22 007	23 854	1 761 499	20401811	182.81	3047 594
深圳	119.85	0.7931	299 662	20368 295	8 754	4 274	1 847 908	9 519 900	91.26	1890 338
南宁	285.87	0.4064	720 486	1 149 691	5 130	3 293	149 700	2 190 918	45.09	371 809
海口	54.38	0.8354	44 815	717 461	5 345	2 356	115 174	1 626 800	19.01	198 138
重庆	3072.34	0.2067	4 168 780	8 585 525	52 441	25 124	898,912	9 090 969	223.73	1606 804
成都	1003.56	0.335	1 935 590	5 894 289	40 140	19 632	561 189	7 479 684	132.89	1200 671
贵阳	321.5	0.4557	362 061	2 247 934	15 703	4 143	197 908	1 787 748	55.28	419 681
昆明	473.39	0.3865	793 356	3 605 729	5 604	12 042	524 216	4 127 900	88.11	842 321
西安	674.5	0.4094	739 905	3 665 942	10 311	9 766	408 896	5 863 980	114.01	885 169
兰州	287.59	0.5445	259 444	2 940 884	1 832	4 749	169 540	2 641 568	65.83	550 890
西宁	133.95	0.5227	65 848	711 310	1 746	1 469	49 134	855 051	27.21	219 251
银川	95.38	0.5709	171 603	661 226	2 106	1 193	74 758	814 103	23.72	178 621
乌鲁木齐	158.92	0.8244	78 513	1 847 241	2 668	9 041	254 870	2 365 508	55.27	517 622

2. 请采用因子分析方法对 14 家上市银行的财务状况进行分析，可以纳入因子分析的变量如表 13-16 所示，表 13-17 列出了 2008 年上市银行财务数据。

表 13-16 变量含义

X_1	摊薄每股收益（元）	X_6	主营收入增长率(%)
X_2	每股净资产（元）	X_7	主营业务利润率（%）
X_3	每股经营现金净流量（元）	X_8	资产收益率（%）
X_4	净资产收益率(%)	X_9	总资产增长率（%）
X_5	净利润增长率(%)	X_{10}	股东权益增长率（%）

根据 Wind 资讯的相关数据整理计算得 2008 年上市银行财务数据表。

表 13-17 2008 年上市银行财务数据表

银行名称	X_1	X_2	X_3	X_4	X_5	X_6	X_7	X_8	X_9	X_{10}
中信银行	0.319	2.42	1.23	13.19	137.3	60.52	93.01	1.14	17.2	16.46
招商银行	1.2918	5.68	4.5	22.73	90.56	50.94	94.24	1.22	26.89	32.78
华夏银行	0.7396	3.75	-1.25	19.71	90.32	29.01	92.14	0.48	23.22	24.75
民生银行	0.4589	3.03	-0.34	15.15	100.29	51.46	92.03	0.81	12.65	26.03
南京银行	0.6605	5.85	3.1	11.28	87.49	61.98	94.64	1.28	17.83	10.43
兴业银行	1.8853	9.34	-11.77	20.19	56.49	39.33	93.55	1.02	7.89	26.2
北京银行	0.7048	5.02	-1.03	14.03	80.19	70.34	93.91	1.09	31.36	19.64
宁波银行	0.4507	3.44	3.55	13.1	76.6	58.27	93.27	1.11	38.04	12.36
交通银行	0.5801	2.96	3.95	19.57	38.56	23.01	93.58	1.06	27.32	13.11
工商银行	0.3316	1.81	1.11	18.36	36.32	21.88	93.94	1.14	12.36	11.92
建设银行	0.3962	1.99	0.77	19.87	34.1	21.89	94.1	1.23	14.51	10.69
中国银行	0.2503	1.84	1.67	13.57	13	26.36	95.02	0.91	16.01	10.24
浦发银行	2.2108	7.36	18.64	30.03	127.61	33.56	92.44	0.96	43.11	47.29
深圳发展银行	0.1977	5.28	7.84	3.74	-76.83	34.29	92.06	0.13	34.58	26.1

第 14 章　Stata 编程基础

本章讲述 Stata 中一些常用的编程语句，将讲解 do 文件与 log 文件，用户可以将任何顺序的 Stata 命令存入一个文本文件或 do 文件中，并通过 Stata 中的 do 命令或 do 文件编辑器来执行。通过使用 Stata 的 do 文件，用户可以避免重复键入相同的程序，使得一些重复性编程问题的处理变得更加方便。

本章的内容包括 do 文件和 log 文件的介绍、局部宏和全局宏、标量和矩阵、循环语句以及如何利用 return list 和 ereturn list 命令获得 Stata 命令的结果，这些内容都是 Stata 编程的基础。

14.1　do 文件和 log 文件

由于 Stata 的分析需要很多命令，有时需要包括许多很长的命令。因此，最好将所有的命令存储在一个文本文件中。在 Stata 中，该文件以.do 为后缀，因此被称为 do 文件。

14.1.1　do 文件的编写

所谓 do 文件是以. do 为后缀的包含一系列 Stata 命令的文本文件。编写 do 文件的标准步骤如下。

（1）　确定当前工作目录。

查看当前工作目录只需输入 cd，而要改变当前目录，可以在 cd 后加上要更改的目标目录地址。比如想将工作目录更改为 c:\program files\Stata10，只需键入：

```
cd “c:\program files\Stata12”
```

文件目录被加上双引号是因为此处包含了空格，一般情况下双引号是不需要的。

（2）　打开一个 do 文件编辑器。

这个文件编辑器可以是 Stata 内置的 do 文件编辑器，也可以是任意一个外部的文本编辑器。具体有以下两种方法：

- 一种创建 do 文件的方法是打开 Stata 使用 DO-file 编辑器，即选择 WinDOw>DO-file editor>New DO-file，然后键入命令并保存。
- 另一种方法是使用一个 Stata 之外的文本编辑器，该编辑器最好能够支持多窗口工作，能读取大量文件，并给出行和列的编号。

（3）　输入 do 文件的内容，并保存。

保存可以直接点击 save 按钮，或者打开菜单 file，然后寻找并点击 save。

另外，作为一个比较快捷的方式，用户也可以直接在命令框中输入：

```
doedit
```

这个命令可以自动打开一个新建的 do 文件编辑器窗口，用户可以在其中输入所需要的命令语句，点击 save 按钮，或者打开菜单 file，然后寻找并点击 save 就可以保存编写好的 do 文件了。

最后，要查看一个 do 文件的内容，需要使用命令如下：

```
type ["]filename["]
```

这里举例说明如何用 type 命令查看一个 do 文件的内容。

【例 14-1】本例中书写一个两行的程序，该程序的内容是读入 Stata 的系统数据集 auto.dta 并且获得变量 mpg 的描述性统计量。完成第一个任务的 Stata 命令是 sysuse auto.dta, clear，而完成第二个任务的命令是 summarize mpg，其中 clear 表示将之前的文件从内存中清除。这两个命令放在一个 do 文件中。注意，文件名不能包括空格，而文件的后缀是. do。我们假定这两个命令组成的 do 文件名为 example. do，并被保存在当前工作目录中。

通过使用 type 命令，可以显示文件的内容，键入命令：

```
.type example. do  //显示 do 文件的内容
```

可以获得如下结果：

```
sysuse auto.dta,clear //打开系统数据文件 auto.dta
summarzie mpg  //获得变量 mpg 的表述性统计量
```

14.1.2 运行 do 文件

有两种方式来执行已经编写好的 do 文件，下面依次介绍。

（1） 用户可以通过命令窗口来执行已经编写好的 do 文件。

具体办法是，在命令窗口中，通过命令 cd 转换至 do 文件所在的工作目录中，然后执行如下命令：

```
do dofilename
```

其中，dofilename 是 do 文件的名称，若文件名为 dataprocess.do，那么相应的执行命令是：

```
do dataprocess
```

需要注意的是，后缀名.do 可加可不加。

（2） 另一种办法是通过 do 文件编辑器来执行 do 文件。

选择 Window>do-file editor>New do-file，在弹出的窗口中选择 File>open…，然后选择需要的文件，最后选择 Tools>do。使用 do 文件编辑器的一个优势在于，用户可以通过选择 Tools>do Selection 来选定并执行部分语句。

需要补充的一点是：在每个 do 文件开始的地方添加 set more off 命令是非常有用的。因为该命令会将显示结果连续显示，而不是一页一页地显示出来，当命令的输出结果长达几十页时，这个命令可以大量节省时间。

14.1.3 log 文件

默认情况下，Stata 会将输出结果直接显示在屏幕上。为了使结果可以重复使用，用户可以将其保存在一个独立的文件中。不仅如此，保存结果的另一个优点在于，对于一些较长的输出结果，使用文本编辑器将会更加方便阅读。保存 Stata 的输出结果文件叫做 log 文件（日志文件），它同时包含 Stata 的命令以及这些命令的运行结果。默认情况下，这些文件的扩展名被设定为.log，用户也可设定其他的扩展名，比如.txt。用户既可以通过一个标准的文本编辑器阅读，也可以通过 Stata 的特殊模式 smcl 阅读。

log 文件可以通过 log 命令创建。例如，为了创建一个名为 example.txt 的 log 文件，用户可以在命令框中键入:

```
.log using example.txt, text replace
```

其中，replace 选项允许新写入的 log 文件覆盖原有的同名文件。如果这里没有 replace，且文件中已经存在同名 log 文件，Stata 会拒绝该文件的创建。当程序执行完毕时，用户可以键入

```
.log close
```

来关闭当前的 log 文件。

一个 log 文件可能会非常长，用户可以通过编辑已生成的 log 文件来获得想要的运行结果。log 文件的编排方式如下：以“.”开头的命令后跟着该命令的运行结果。用户可以根据 log 文件获得相应的 do 文件，方法是去掉 Stata 命令运行的结果和每个命令前的点号“.”。

14.2 局部宏与全局宏

如果你已经了解了一些其他的编程语言，如 FORTRAN、C、Pascal 等，在使用 Stata 时你会发现其编程语句比以前学过的编程语言更为复杂。举个例子，在那些语言中，可以使用如 x=2 之类的语句来定义一个变量，它可能是一个整型或浮点型变量，也可能是一个数字或字符。相比之下，Stata 的变量所指代的是数据矩阵中的一列，而这一列中将包含有多观测值。

那么 FORTRAN 或 C 语句中的变量与 Stata 编程语句之间有什么联系呢？事实上，这种联系不是一对一的关系。在 Stata 的编程语句中，宏是一个最基本、应用最广泛的要素。Stata 的一个宏可能包含非常多的变量值。在 Stata 中，一个宏可以包含多达 8000 个以上的数字与字符的混合集合。这里的一个宏往往只是一个别名，既包含了它的名字也涵盖了其中的数值。当一个宏的名字无法被使用时，可以通过它的值来调用这个宏。与此同时，宏的值还可以通过另外一个命令进行修改。

定义一个宏所使用的命令是：

```
local lclname string
```

其中，lclname 是所定义的宏的名称，而 string 是定义的宏的内容。

要显示一个宏可以使用 display：

```
display  "' lclname '"
```

以下是定义并显示宏的一个具体例子：

```
local country US UK DE FR
local ctycode 111 112 136 134
display "'country'"
```

```
display "'ctycode'"
```

*第一行.local country US UK DE FR 定义一个局部宏 country，其内容为四个字符串：US UK DE FR；第二行 local ctycode 111 112 136 134 定义一个局部宏 ctycode，其内容为四个数字 111 112 136 134；display 命令要求显示这两个定义过的局部宏。

下面是命令的显示结果：

```
. display "'country'"
US UK DE FR
. display "'ctycode'"
111 112 136 134
```

Stata 中的宏可以是局部宏（local macro）或全局宏（global macro）。局部宏将在一个 do 文件或 ado 文件中创建，并在文件执行完毕后从内存中自动清除，无论程序的结束是自然完成还是突然终止的。而一个全局宏将在 Stata 程序运行的整个过程中都一直存在。全局宏虽然有很多优点，但因为过多地使用全局宏可能会带来一些意想不到的结果，所以在下面的内容中更多地侧重于讨论局部宏，需要说明的是我们刚才定义并显示的宏都是局部宏。

14.2.1 局部宏

仍然看之前的例子：

```
local country US UK DE FR
local ctycode 111 112 136 134
display "'country'"
display "'ctycode'"
```

例子中的 local 命令是定义一个宏的名称为 country，并将其值定义为 4 个由两个字母构成的国家代码的字符串。接下来的 local 命令同样是定义了一个名为 ctycode 的宏，其内容为“111 112 136 134”。在 Stata 中，通过在宏的名字上加上单引号“'”和“'”来表示宏的内容。即'macroname'指代的是名为 macroname 的宏的内容。注意，在使用 display 的命令语句中，必须将宏用双引号括起来，否则会显示报错信息。

在上面的例子中，并未使用到等号“=”。其实用户也可以通过使用等号来对一个宏赋值，但这种方法并不常用。若在命令中使用等号，Stata 会计算出等号后面的数值并将这个值赋予给所定义的宏，或是将等号后看做一个字符串赋值给这个宏。在 Stata 中，一个字符串最多只能包含 244 个字符。因此若键入命令：

```
.local mybadstring="This is an example of a string that will not all end up
in the macro that it was intended to populate,which clearly ,definitively,and
unambiguously indicates that writing short,concise strings is a definite advantage
to people to use macro in Stata"
```

Stata 将只会截取前 244 个字符作为这个宏的内容，并且程序不会产生报错信息。

在下面的例子中，我们将展示如何使用等号让定义宏的同时计算宏的值。

【例 14-2】请定义一个计数宏 count 从 1 到 4，定义一个包含四个国家简写（US UK DE FR）的局部宏 country，然后通过使用 foreach 语句（循环语句 foreach 会在 14.4 节详细介绍）和 display 语句生成如下样式的结果：

```
Country 1 : US
```

```
Country 2 : UK
Country 3 : DE
Country 4 : FR
```

完成这个任务一定要正确区分何时要使用等号定义局部宏，比如一种错误的命令输入是：

```
.local count 0
.local country US UK DE FR
.foreach c of local country {
2. local count `count+1'
3. display "Country `count' : `c' "
4. }
```

上述命令的运行结果如下：

```
Country 0+1 : US
Country 0+1+1 : UK
Country 0+1+1+1 : DE
Country 0+1+1+1+1 : FR
```

这个运行结果与期望是不一致的，其原因在于这里将等号省掉，count 的值只是一个个字符的连接。为了计算这些值而不是仅仅起到字符连接的作用，我们必须使用等号，正确的命令如下：

```
.local count 0
.local country US UK DE FR
.foreach c of local country {
2. local count = `count+1'
3. display "Country `count' : `c' "
4. }
```

上述命令的结果如下：

```
Country 1 : US
Country 2 : UK
Country 3 : DE
Country 4 : FR
```

关于如何在一个循环语句中，不断重复赋予宏新的值，可以用下面的例子来说明，读者也可以跳过这几个带有循环语句的例子，待看完 14.4 节后再回过头来学习。

【例 14-3】请定义一个计数宏 count 从 1 到 4，定义一个包含 4 个国家简写（US UK DE FR）的局部宏 country，然后通过使用 foreach 语句（循环语句 foreach 会在）和 display 语句生成如下样式的结果：

```
1 US 2 UK 3 DE 4 FR
```

完成该任务的命令如下：

```
.local count 0
.local country US UK DE FR
.foreach c of local country {
 2. local count = `count' +1
 3. local newlist " `newlist' `count' `c' "
 4. }
.display " `newlist' "
```

上述命令的输出结果如下：

```
1 US 2 UK 3 DE 4 FR
```

下面对命令中的每个语句进行解释：

```
*第一行.local count 0 表示为定义一个局部宏为计数器，初始赋值为 0
*第二行.local country US UK DE FR 表示定义一个局部宏 country，其赋值为 4 个字符串"US
UK DE FR"
*以下几行为 foreach 语句：
.foreach c of local country {
*表明对于 country 这个局部宏中的每一个元素进行循环
2. local count = 'count' +1
*表明对于每次循环，重新对局部宏 count 赋值，其赋值为 count 原来的数值加 1
3. local newlist " 'newlist' 'count' 'c' "
*表明对于每次循环，重新对局部宏 newlist 赋值，其赋值为一个字符串，即 newlist 原有字符串，
加上 count 的数值再加上 country 所代表的内容
4. }
.display " 'newlist' "
以字符串的形式显示局部宏 newlist 的内容
```

注意到上面 local newlist 的语句对局部宏 newlist 进行了重新赋值，包括其自身当前值、count 的值以及 c 的值。foreach 语句定义了一个局部宏 c，并将其赋值为双字符组成的一系列国家代称。事实上，当进入第一次循环时，newlist 是没有值的，这时程序是如何反应的呢？其实非常简单：所有的 Stata 变量初始便自动具有一个空值 Null，直到它被赋予一个非空值为止。所以，newlist 的值会在第一次循环后变成字符串“1 US”，在第二次循环后变成“2 UK”，并依次类推。Stata 中的字符串最多只能涵盖 244 个字符，不过在这里并不影响到运行结果。但当国家名列表特别长时，可能就会遇到只能显示部分结果的问题，这些都是需要注意的。

从以上这些例子中，可以发现 Stata 的宏在创建列表、计算数值、循环索引中都起到了非常、重要的作用。但事实上，宏最常用最重要的使用还是在 do 文件与 ado 文件的编写中。宏可以使得用户避免重复键入同样的命令或重复输入运行结果，也正因如此，宏成为 Stata 编程语句中的重要一环。例如，下面的例子展示了通过 local country US UK DE FR 来定义的宏，可被用来生成一系列的包含各个国家的信息的图集。

【例 14-4】数据集 gdp4cty.dta 是美国、英国、德国和法国 GDP 的季度数据，从 1971 年的第 1 季度到 1995 年的第 4 季度，该数据集中重要的变量如表 14-1 所示，部分数据罗列在表 14-2 中。

表 14-1　gdp4cty.dta 变量情况

变 量 名	存储格式	显示格式	含　义
cty	str2	%9s	国家名称
gdp	float	%9.0g	该季度 GDP 数值
t	float	%9.0g	时间变量
ctycode	str2	%9s	国家代码
cc	long	%8.0g	国家代码（数值型变量）
date	float	%tq	季度

表 14-2 数据集 gdp4cty.dta（部分数据）

cty	gdp	t	ctycode	cc	date
FR	798.3199	301	FR	FR	1971q1
US	717.5816	1	US	US	1971q1
DE	85.78448	201	DE	DE	1971q1
UK	942.6335	101	UK	UK	1971q1
DE	42.97224	202	DE	DE	1971q2
FR	605.0197	302	FR	FR	1971q2
UK	730.4266	102	UK	UK	1971q2
US	139.905	2	US	US	1971q2
DE	497.2632	203	DE	DE	1971q3
UK	529.189	103	UK	UK	1971q3
FR	927.0629	303	FR	FR	1971q3
US	192.5059	3	US	US	1971q3
DE	786.6123	204	DE	DE	1971q4
FR	154.5445	304	FR	FR	1971q4
US	992.3744	4	US	US	1971q4
UK	958.4822	104	UK	UK	1971q4
FR	15.86156	305	FR	FR	1972q1
UK	645.1737	105	UK	UK	1972q1
US	355.3911	5	US	US	1972q1
DE	131.3359	205	DE	DE	1972q1
DE	984.6568	206	DE	DE	1972q2
US	472.7516	6	US	US	1972q2
FR	157.0005	306	FR	FR	1972q2
UK	454.9115	106	UK	UK	1972q2
DE	314.8736	207	DE	DE	1972q3
FR	557.1344	307	FR	FR	1972q3
US	649.7079	7	US	US	1972q3
UK	49.57515	107	UK	UK	1972q3
DE	981.1003	208	DE	DE	1972q4

本例要求利用局部宏和 foreach 语句生成每一国家的 GDP 时间趋势图。

完成这个任务的命令如下：

```
local country US UK DE FR
foreach c of local country {
    tsline gdp if cty=="'c'", title("GDP for 'c'") //命令 tsline 用于绘制数据的
时间趋势图，这里的 if 选项要求根据 c 的取值进行绘制，而 c 的取值分别是 US UK DE FR，因此也就是
为每个国家绘制 GDP 时间趋势图
}
```

上述命令将产生 4 个时间趋势图，图 14-1 所示是法国的 GDP 趋势图。

或者也可以产生一个表来包含每个国家的信息，作为一个扩展，请读者思考下面的代码：

```
local country US UK DE FR //定义局部宏 country，其内容是 US UK DE FR
foreach c of local country {
    tsline gdp if cty=="'c'", title("GDP for 'c'") nodraw name('c',replace)
} //对每个国家做时间序列图，并为每个图形取名为 GDP for“国家名”
```

```
graph combine 'country', ti("Gross Domestic Product, 1971Q1-1995Q4") //将所有图形合并起来，并添加标题“Gross Domestic Product, 1971Q1-1995Q4”
```

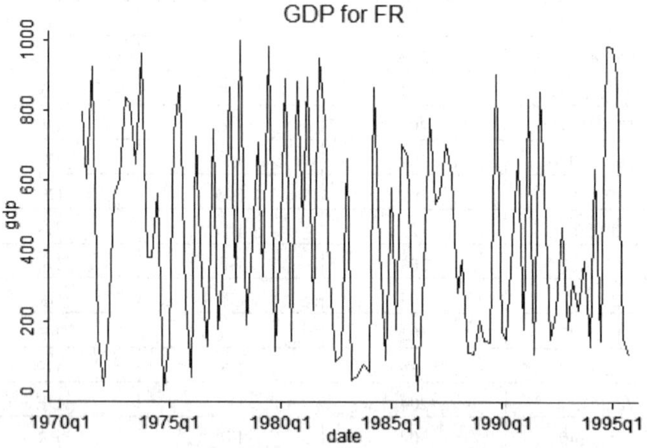

图 14-1　法国 GDP 时间趋势图

宏的使用可以使得 do 文件的维护更加容易，因为当需要修改文件时，只需要修改局部宏的内容就可以了。若要针对另一些国家的信息集来产生以上的图表，只需要修改一个命令，即代码的列表。通过局部宏可以使得 do 文件使用范围更加广泛，并且可以简单地修改之前已有的 do 文件命令来解决类似的编程问题。

14.2.2　全局宏

全局宏的内涵与定义方式不同于局部宏。它往往被用来存储整个过程中所需要用到的宏。例如，需要存储一些当前的数据，且这些数据将会被所有的程序或默认路径下的数据集与 do 文件所使用时，就可以创建一个全局宏。

因为全局宏的使用可能会带来一些意想不到的问题，只有在少数情况下才会选择使用全局宏。比如在 do 文件 A 中创建了一个全局宏 abc，之后我们却忘记了。若之后在 do 文件 G 或 H 的编写中，又使用了宏 abc，此时会将其作为一个全局宏进行计算，运行出来的结果将会是不合意的，而我们很难避免这样的问题。一些教 FORTRAN 或 C 语言的老师经常会鼓励同学们多使用局部宏，尽量避免使用全局宏，运用到 Stata 的编程中道理也是一样的。

14.2.3　一些扩展函数以及列表函数

在 Stata 的编程过程中，用户可以通过许多扩展函数以各种灵活的方式来使用宏，此时需要在宏的名称和扩展函数之间添加一个冒号（:），这样用户便可以更加简单地重获或修改宏的内容。

使用宏的扩展函数的语法是：

```
{local | global} macname : extended_function
```

其中，macname 是局部宏或者全局宏名，而 extended_function 就宏的扩展函数，具体来说包括如下这些函数，见表 14-3 所示。

表 14-3 宏的扩展函数

用于提取程序性质的扩展函数：
properties command
其他用于提取数据属性的扩展函数：
type varname
format varname
value label varname
variable label varname
data label
sortedby
label { valuelabelname | (varname) } { maxlength | # [#_2] } [, strict]
constraint { dir | # }
char { varname[] | varname[charname] }
char { _dta[] | _dta[charname] }
用于定义变量名的宏扩展函数：
permname suggestedname [, length(#)]
用于文件名或者文件路径的宏扩展函数：
adosubdir ["]filename["]
dir ["]dirname["] {files|dirs|other} ["]pattern["] [, nofail respectcase]
sysdir [Stata | UPDATES | BASE | SITE | PLUS | PERSONAL | dirname]
获取操作系统参数的宏扩展函数：
environment name
获取已保存结果的名称的宏扩展函数：
e(scalars | macros | matrices | functions)
r(scalars | macros | matrices | functions)
s(macros)
all {globals|scalars|matrices} ["pattern"]
all {numeric|string} scalars ["pattern"]
用于规范结果显示格式的宏扩展函数：
display display_directive
用于对列表进行操作的宏扩展函数：
list macrolist_directive
关于矩阵操作的宏扩展函数：
rownames matrixname
colnames matrixname
rowfullnames matrixname
colfullnames matrixname
roweq matrixname [, quoted]
coleq matrixname [, quoted]
关于时间序列操作符号的宏扩展函数：
tsnorm string [, varname]
关于赋值宏的宏扩展函数：
copy { local | global } macname
分析语法或者字符串的宏扩展函数：
word count string
word # of string
piece #_1 #_2 of [`]"string"['] [, nobreak]
length { local | global } macname
subinstr { local | global } macname [`]"from"['] [`]"to"['] [, all word
count({ local | global } macname)]

下面举例说明如何在编程中应用宏扩展函数。

【例 14-5】请定义一个包含 4 个国家简写（US UK DE FR）的局部宏 country，使用宏扩展函数 word count 定义局部宏 wds 表示最大的循环个数，使用宏扩展函数 word 'i'生成局部宏 wd 作为计数依据，然后通过使用 foreach 语句（循环语句 foreach 会在 14.4 节详细介绍）和 display 语句生成如下样式的结果：

```
Country 1 : US
Country 2 : UK
Country 3 : DE
Country 4 : FR
```

完成这个任务的命令如下：

```
.local country US UK DE FR //定义宏 country，其内容为 US UK DE FR
.local wds : word count 'country' //利用扩展函数 word count string 得到 country 中单词的个数
forvalues i=1/ 'wds'  {
2. local wd : word 'i' of 'country'
3. display "Country 'i' is 'wd'"
4. }      //这个循环的内容是使用扩展函数 word # of string，对 country 中每个单词显示语句"Country 'i' is 'wd'"，其中的序数变量是 i，其取值在 1 到 wds 之间，步长为 1
```

正确的输出结果如下：

```
Country 1 is US
Country 2 is UK
Country 3 is DE
Country 4 is FR
```

这里使用了 word count 这个 Stata 扩展的程序函数来对字符串进行操作。这里不能使用双引号而是使用'country'，否则 Stata 会将其当成一个字符串来处理。

在宏的使用中，对用户来说掌握一些扩展函数将会变得非常有用，比如从变量中提取变量标签或变量值标签，决定数据的存储类型或显示格式，从 Stata 的矩阵中提取行名或列名，在一个特定目录中生成某种类型的文件（比如*.dta）。函数 subinstr 可以用于替换宏中的某一个特殊的类型，而这种替换可以在这个类型第一次出现时就进行。

还存在一些其他函数允许用户对局部宏中的列表进行操作。读者可以通过输入 help macrolists 来获取更详细的信息。用户可以利用这些函数，锁定列表中的某一元素并排列列表，以及利用逻辑运算符“&”“|”合并列表。列表函数可以用于从一个列表中提取内容，检查两个列表是否具有一致性（也就是两个列表中的相同元素是否以同样的次序进行排列），或是否具有弱一致性（也就是两个列表的元素是否相同，而不考虑元素的排列顺序）。命令 list macrolist_directive(posof)可以被用于检查列表中是否存在某一特定元素。若存在，命令还可以指出该元素在列表中所处的位置。

14.3 标量简介

在 Stata 中，用户可以同时使用宏和标量来存储字符串，只不过一个字符标量的长度必须控制在限制的字符串长度之内（即 244 个字节）。相比之下，在用户定义宏时字节长度往往是没有限制的。宏与标量主要区别在于数值的存储上。当使用一个宏来存储数值数据时，这些数据需要从计算机中的二进制存储形式转化为可读的数字形式。这个转化过程将使程序的执行过程变得相对缓慢而复杂，尤其是当这些数据是非整型的情况下。若将数据存储在一个标量之中，比如一个变量的均值或方差，计算机则不需要上述的转化过程，而是直接将其以 Stata 可识别的形式存储在标量中。因此，标量被更加广泛地运用于数值的存储上，尤其是那些只有一个数值的输出结果的存储。Stata 中的许多统计或计算命令返回的数值结果均被保存在许多标量之中。在任何 Stata 命令中，都可以通过使用标量名来对其进行操作。

关于标量操作的基本命令有：

- 定义标量。

```
scalar [define] scalar_name = exp
```

其中，scalar_name 是要定义的标量名，标量的赋值通过一个数值或者文字表达式 exp 来表示。

- 显示标量的内容。

```
scalar { dir | list } [ _all | scalar_names ]
```

其中，scalar dir 和 scalar list 都用于显示标量的内容，其后面可以使用_all 表示内存中的所有变量，也可以指定某些标量名称（scalar_names）。

- 从内存中删掉某些标量。

```
scalar drop { _all | scalar_names }
```

与 scalar list 一样，这个命令后面可以使用_all 表示内存中的所有变量，也可以指定某些标量名称（scalar_names）。

下面举一些简单的例子说明。

定义标量 a，赋值为 2：

```
.scalar a = 2
```

定义标量 b，赋值为 a 的赋值加上 3：

```
.scalar b = a+3
```

定义标量 root2，其赋值为 2 的开方：

```
.scalar root2 = sqrt(2)
```

定义标量 s1，其赋值是字符串"hello world"：

```
.scalar s1 = "hello world"
```

显示定义好的所有标量：

```
. scalar list
```

删掉标量 a 和 b：

```
.scalar drop a b
```

再比如如下两个命令，要求定义标量，并且将这个标量用于定义新的变量：

```
.scalar root2 = sqrt(2.0) //生成一个标量，其赋值为 2 的开根号
.generate DOuble rootGDP = gdp*root2 //将这个标量用于定义新的变量
```

在编写一些较复杂的 do 文件时，标量的使用变得非常重要。通过在这整个程序之前定义一些标量，并在编码过程中使用它们，可以使得所编写的程序更加参数化。这样做可以避免在编程过程中，不断地改变那些经常出现的常量。在一些情况下，用户将不得不对不同类别的数据重复进行一些复杂的转化工作。比如想对 18 岁至 22 岁的观测案例进行数据的转换工作，在整个编程过程中会重复使用对年龄的限制条件。所以如果在编程的一开始就将年龄的范围定义为标量，就可以使整个程序的修改和维护变得简单便捷。

14.4 循环结构

Stata 编程中的一个重要优势就是它使用灵活，从而使用户避免重复输入相同的命令。在 Stata 中，两个最为重要的循环命令就是 forvalues 与 foreach。使用这两个命令可以满足 Stata 中的绝大多数循环结构的编程需要。用户也可以将计数（count）定义为局部变量，然后使用 while 语句来编写循环程序。for 语句在当前的 Stata 编程中已经基本上不使用了，因为 for 语句不能适用于一组命令，而只能允许一个循环结构中只包含一个命令。

相比之下，forvalues 与 foreach 命令的编写语法更接近于 C 语言以及一些当前流行的程序编写语言。命令由一个大括号“{”开始，接下来是一个或一组命令行，以大括号“}”结尾。在大括号里面，用户可以根据需要填写任意多的命令行，而不会受到任何限制。

14.4.1 forvalues 语句

forvalues 语句重复地将一个数字序列中的每一个赋值给一个局部宏（这里用 lname 来代替），然后执行括在大括号中的命令。forvalues 是对局部宏 lname 的不同赋值执行一串任务的最快方法。forvalues 语句如下：

```
forvalues lname = range {
      commands referring to 'lname'
}
```

其中，lname 是指定的局部宏名称，而 rang 可以有如下形式：

（1） #1(#d)#2 表示从#1 到#2 步长为#d。

（2） #1/#2 表示以步长为 1 从#1 到#2。

需要注意的事项如下：

- 这个循环会一直进行下去，直到局部宏'lname'的数值小于#2。
- 大括号在开始和结束时必须单独占用一行。
- 要执行的第一个命令需要在大括号的后一行出现。

以一个简单的循环程序为例，说明如何使用 forvalues 语句。

【例 14-6】数据集 gdp4cty.dta 是美国、英国、德国和法国 GDP 的季度数据，从 1971 年的第 1 季度到 1995 年的第 4 季度，该数据集中重要的变量如表 14-1 所示，部分数据罗列在了表 14-2 中。

（1） 这里的任务是利用 forvalues 语句生成 4 个变量 lngdp1、lngdp2、lndgp3 和 lngdp4，它们分别是 gdp1、gdp2、gdp3 和 gdp4 的对数，然后显示新生成的 4 个变量的描述性统计量。

执行上述任务的命令是：

```
use gdp4cty, clear
forvalues i = 1/4 { //这里的序数是 i，取值是 1 到 4
    generate double lngdp'i' = log(gdp'i') //对每一个 i 产生一个双浮点变量 lngdp'i'
取值是 log(gdp'i')
    summarize lngdp'i'  //得到新生成变量 lngdp'i'的描述性统计
}
```

这里局部宏i被定义为程序中的一个循环系数。把i的取值范围定义为一个数值列表(Stata numlist)。Stata 的取值范围可以是 1/4，或 10(5)50（表示从 10 开始以步长为 5 直到 50），或 100(-10)20（表示从 100 开始以步长为-10 直到 20）。

下面是上述命令执行的结果：

```
    Variable |       Obs        Mean    Std. Dev.       Min        Max
-------------+--------------------------------------------------------
      lngdp1 |       400    7.931661      .59451   5.794211   8.768936
    Variable |       Obs        Mean    Std. Dev.       Min        Max
-------------+--------------------------------------------------------
      lngdp2 |       400    7.942132    .5828793   4.892062   8.760156
    Variable |       Obs        Mean    Std. Dev.       Min        Max
-------------+--------------------------------------------------------
      lngdp3 |       400    7.987095     .537941   6.327221   8.736859
    Variable |       Obs        Mean    Std. Dev.       Min        Max
-------------+--------------------------------------------------------
      lngdp4 |       400    7.886774    .5983831   5.665983   8.729272
```

这个例子提供了关于 forvalues 最重要也是最常用的一个使用方法，即根据一个已定义且为整形的变量来执行一系列循环命令。这样用户就可以不必分别重复定义这些变量了，这个整型部分不需要一个前缀或者后缀，也可以在一个名为 ctyNdgp 的变量中进行循环（其中 N 是这个整形部分）。

不仅如此，用于循环的变量还可以包括一个以上的整数部分。例如下面的任务：

（2） 生成变量 gdp1_1995、gdp2_1995、gdp3_1995、gdp4_1995、gdp1_1997、gdp2_1997、gdp3_1997、gdp4_1997、gdp1_1999、gdp2_1999、gdp3_1999、gdp4_1999 的描述性统计结果。完成这个任务的命令可以使用两个 forvalues 语句形成一个嵌套的循环结构，具体命令如下：

```
forvalues y = 1995(2)1999 { //序数变量从 1995 到 1999，步长是 2
    forvalues i = 1/4 { //序数变量 i 从 1 到 4
        summarize gdp'i'_'y'  //对每一个 i 和 y 的取值，得到 gdp'i'_'y'的描述性统计
    }
}
```

命令执行的结果如下：

```
    Variable |       Obs        Mean    Std. Dev.       Min        Max
-------------+--------------------------------------------------------
   gdp1_1995 |       400    3226.703    1532.497    328.393   6431.328

    Variable |       Obs        Mean    Std. Dev.       Min        Max
-------------+--------------------------------------------------------
   gdp2_1995 |       400    3242.162    1525.788   133.2281   6375.105

    Variable |       Obs        Mean    Std. Dev.       Min        Max
-------------+--------------------------------------------------------
   gdp3_1995 |       400    3328.577    1457.716   559.5993   6228.302

    Variable |       Obs        Mean    Std. Dev.       Min        Max
-------------+--------------------------------------------------------
   gdp4_1995 |       400    3093.778    1490.646   288.8719   6181.229

    Variable |       Obs        Mean    Std. Dev.       Min        Max
-------------+--------------------------------------------------------
   gdp1_1997 |       400    3597.038    1686.571   438.5756   7083.191

    Variable |       Obs        Mean    Std. Dev.       Min        Max
-------------+--------------------------------------------------------
   gdp2_1997 |       400    3616.478    1677.353   153.0657   7053.826

    Variable |       Obs        Mean    Std. Dev.       Min        Max
-------------+--------------------------------------------------------
   gdp3_1997 |       400    3710.242     1603.25   667.2679   6948.194

    Variable |       Obs        Mean    Std. Dev.       Min        Max
-------------+--------------------------------------------------------
   gdp4_1997 |       400    3454.322    1639.356   348.2078   6825.981

    Variable |       Obs        Mean    Std. Dev.       Min        Max
-------------+--------------------------------------------------------
   gdp1_1999 |       400    3388.038    1609.122   344.8127   6752.894

    Variable |       Obs        Mean    Std. Dev.       Min        Max
-------------+--------------------------------------------------------
   gdp2_1999 |       400     3404.27    1602.077   139.8895    6693.86

    Variable |       Obs        Mean    Std. Dev.       Min        Max
-------------+--------------------------------------------------------
   gdp3_1999 |       400    3495.006    1530.602   587.5793   6539.717

    Variable |       Obs        Mean    Std. Dev.       Min        Max
-------------+--------------------------------------------------------
   gdp4_1999 |       400    3248.467    1565.178   303.3155   6490.291
```

从结果可以看到使用循环语句可以极大地节省用户时间，可以想象重复输入 summarize 命令来获得上面的结果需要多大的精力。

14.4.2 foreach 语句

在创建 do 文件时，foreach 语句有时甚至比 forvalues 语句更加好用。这个命令语句能够与 Stata 中的一些常用结构，如宏（macro）、变量列表（varlist）、数值列表（numlist）更好地结合使用。foreach 循环不是通过一系列的数值，而是对一个局部或全局宏的每一个元素进行循环，比如一个变量列表的每一个变量或一个数值列表中的每一个数值。这些列表也可以是命令行中的任意元素的列表，或者是数据集中没有使用但可以获取的新变量的列表。

foreach 语句的语法如下：

```
foreach lname {in|of listtype} list {
     commands referring to 'lname'
}
```

可以使用的类型包括：

对于每一个局部宏

```
foreach lname of local lmacname   {
```

对于每一个全局宏

```
foreach lname of global gmacname   {
```

对于变量列表中的每一个变量

```
foreach lname of varlist varlist    {
```

对于数字列表中的每一个数字

```
foreach lname of numlist  numlist    {
```

大括号必须被使用：

- 大括号必须出现在 foreach 的同一行。
- 在开始的大括号后不准出现除注释以外的内容，第一条命令出现在大括号的后一行。
- 最后一行出现一个独立的大括号。

这种语法类型使得 foreach 语句可以使用任一种类型的元素组合，因此程序的编写具有更大的灵活性。下面举例说明如何使用 foreach 语句。

【例 14-7】这里使用数据集 lifeexp.dta 来说明 foreach 命令语句的使用，这个数据集在第 3 章已经使用过了。该数据集是一个关于全球 68 国人口生存状况的数据，这些国家分别来自欧亚、北美和南美四大洲，数据的内容参看第 3 章，表 3-10 是所有变量的一个概览，表 3-11 列出了数据集中北美洲国家的观测值。

这里要求计算这些变量的描述性统计量以及它们与 popgrowth 的相关性，并且绘制它们与 popgrowth 的散点图。完成上述任务的命令如下：

```
sysuse lifeexp.dta, clear
foreach v of varlist lexp-safewater { //对于从 lexp 到 safewater 的每一个变量进行操作
    summarize 'v' //生成该变量的描述性统计量
    correlate popgrowth 'v' //计算 popgrowth 与该变量的相关系数
    scatter popgrowth 'v' //绘制 popgrowth 与该变量的散点图
}
```

上面命令的结果如下：

```
    Variable |       Obs        Mean    Std. Dev.       Min        Max
-------------+--------------------------------------------------------
        lexp |        68    72.27941    4.715315         54         79
(obs=68)

             | popgro~h     lexp
-------------+------------------
   popgrowth |   1.0000
        lexp |  -0.4360   1.0000

    Variable |       Obs        Mean    Std. Dev.       Min        Max
-------------+--------------------------------------------------------
       gnppc |        63    8674.857    10634.68        370      39980
(obs=63)

             | popgro~h    gnppc
-------------+------------------
   popgrowth |   1.0000
       gnppc |  -0.3580   1.0000

    Variable |       Obs        Mean    Std. Dev.       Min        Max
-------------+--------------------------------------------------------
   safewater |        40        76.1    17.89112         28        100
(obs=40)

             | popgro~h safewa~r
-------------+------------------
   popgrowth |   1.0000
   safewater |  -0.4280   1.0000
```

图形绘制的结果这里从略。

用户也可以在嵌套的循环语句中使用 foreach 命令，同时也可以在循环语句中将 foreach 与 forvalues 命令结合使用，具体视情况而定。在循环语句中通过使用空格与换行可以使得程序可读性增强，且更容易修改。总之，foreach 与 forvalues 命令语句是每一个 do 文件编写者的必备工具。当看到一个 Stata 文件有反复的命令时，很可能程序的编写者不懂得这些循环语句的使用。循环语句使得程序的编写与维护变得更加简单。

14.5 矩阵简介

这里对 Stata 矩阵方面的内容做一个概括性的介绍。Stata 提供了一套可以支持对实数矩阵各种类型操作的完整的矩阵语言。Stata 9 及其后续版本还提供了一个复杂的矩阵语言，Mata。它可以在 Stata 中的一个独立的环境中进行操作。这里只讨论传统的矩阵语言（matrix commands）。

在 Stata 传统的 matrix 命令中，矩阵的大小是受到限制的。在 Intercooled 的 Stata 版本中，矩阵最多不包括 800 行或 800 列。所以很多关于矩阵的任务无法简单利用传统的 matrix 命令完成。比如，mkmat 命令可以从一系列的变量中创建矩阵，当观测值的个数被限定在 800 以内，如果你不打算使用 Mata 语言，则有两点必须要注意。一是 Stata 有一些特殊的运算命令，如 matrix accum，它们可以对任意多的观测案例计算出矩阵相乘的结果。一个包含 10 000 个观测值、5 个变量的回归需要 5*5 个矩阵相乘。从这个意义上讲，矩阵没有大小的限制。命令 matrix accum 与矩阵函数 corr()对于从数据中创建相关系数矩阵也是很有用的。比如，若输入命令 mat accum C = varlist, dev nocons，Stata 将会计算出一个协方差系数矩阵。若输入 mat

Corr = corr(C)命令，就可将矩阵转化为一个相关系数矩阵。可以通过 correlate 命令来输出一个相关系数矩阵，但不能使用该命令保存矩阵中的数据。第二点需要注意的是在处理一些复杂的矩阵编程时，不能简单采用一种野蛮的输入方式。例如，在我们的课本中，SUR 估计量是一个包含大量的对角矩阵与多位房产矩阵的一个广义最小二乘估计量。在处理这样的问题时，几乎所有的软件包都是按照分块矩阵的计算方法将这个矩阵分成许多项来一一计算列出的，每一项都是一个方程的回归结果。这样一个大的矩阵问题就被简化成一系列独立的循环语句结构。或许有些人想将这个超大型矩阵从课本中或是文献中直接复制下来并转换成代码，但事实上不论使用 Stata 的传统矩阵语言或 Mata 还是任何一种其他的矩阵语言，这都是不可能的。因为如此庞大的数据量会超出计算机的内存容量。

多数情况下，还可以使用 Stata 矩阵来存储结果或管理数据。许多 Stata 的统计命令以及所有的估计命令都会在后台产生一个或更多的数据矩阵。比如，regress 命令会产生一个由被估计系数的列向量矩阵 e(b)和一个由被估计系数的方差与协方差矩阵 e(v)。用户可以使用 matrix list 命令来显示这些矩阵，或使用 matrix 命令将矩阵复制到指定 do 文件中。命令 matrix beta = e(b) 将产生一个 beta 矩阵，矩阵中包含由最新的估计命令产生的系数矩阵。

由于 Stata 中没有向量这种数据存储格式，当引用矩阵元素时，需要为其指定两个下标，且需使用[ ]括起来。可以在一个表达式中，设定矩阵行或列的范围，详情可参见[p]matrix 参考手册。要指定一个已定义好的传统 Stata 矩阵中的元素时，我们不仅要指明它的行或列，还需要指明元素所处的行或列的名称。命令 mat vv = v["gdp2", "gdp3"]将会给出一个关于 gdp2 和 gdp3 的 1*1 的协方差矩阵。

我们通常使用 Stata 矩阵来进行一些数据管理和维护工作，比如将多个输出结果录入到一个表格当中。命令 tabstat 将产生对一系列由 by 命令产生的分组的描述性统计量。同样的，用户也可以使用 statsmat 命令来产生关于一个变量或一个变量集的描述性统计量矩阵。Stata 提供了 matrix rownames 与 matrix colnames 两个命令，使用户能够轻松地改变矩阵的行或列的标签。用户还可以通过 Stata 的一些扩展功能来控制矩阵以列表形式输出的行与列的标题。传统的 Stata 矩阵功能使得用户可以将多个子矩阵合并成一个大的矩阵。总之，Stata 矩阵语句的熟练使用能够有效避免重复输入，帮助用户管理好自己的数据存储与更新。

14.6 使用 Stata 命令的结果

任何一个 Stata 命令都会输出其相应的结果，而学会适时地将有用的结果保存是非常重要的。用户可以创建一个 do 文件来保存并调用过去的运行结果，这将使 Stata 的使用变得更加简化方便。

所有的 Stata 的命令都可以被归入 r 类、e 类、s 类（属于这类的情况较少）三类。其中 e 类命令是指估计命令（estimation commands），这类命令将返回两个矩阵：e(b)——被估计的系数矩阵，e(v)——被估计系数的方差与协方差矩阵，同时也会返回一些其他信息（详情参见 help ereturn）。其他绝大多数的 Stata 官方命令属于 r 类命令，这类命令是将运行结果返回到调用程序当中（详情参见 help return）。

14.6.1 r 类命令

下面从最简单的 r 类命令入手。理论上说，所有的 Stata 命令都会将其所有的输出项存放在一个返回列表中。输入命令：

```
return list
```

就可以获得这些输出项。

下面以 describe 和 summarize 为例，来展开我们的讨论。

【例 14-8】打开数据集 wage.dta，使用 describe 命令描述该数据集，然后返回 describe 命令中的输出项。

完成该任务的命令如下：

```
use wage,replace
des
return list
```

describe 命令的结果：

```
Contains data from wage.dta
  obs:           526
 vars:            24                          16 Sep 1996 15:52
 size:        21,040 (99.9% of memory free)
-------------------------------------------------------------------------------
              storage  display     value
variable name   type   format      label      variable label
-------------------------------------------------------------------------------
wage            float  %8.2g                  average hourly earnings
educ            byte   %8.0g                  years of education
exper           byte   %8.0g                  years potential experience
tenure          byte   %8.0g                  years with current employer
nonwhite        byte   %8.0g                  =1 if nonwhite
female          byte   %8.0g                  =1 if female
married         byte   %8.0g                  =1 if married
numdep          byte   %8.0g                  number of dependents
smsa            byte   %8.0g                  =1 if live in SMSA
northcen        byte   %8.0g                  =1 if live in north central U.S
south           byte   %8.0g                  =1 if live in southern region
west            byte   %8.0g                  =1 if live in western region
construc        byte   %8.0g                  =1 if work in construc. indus.
ndurman         byte   %8.0g                  =1 if in nondur. manuf. indus.
trcommpu        byte   %8.0g                  =1 if in trans, commun, pub ut
trade           byte   %8.0g                  =1 if in wholesale or retail
services        byte   %8.0g                  =1 if in services indus.
profserv        byte   %8.0g                  =1 if in prof. serv. indus.
profocc         byte   %8.0g                  =1 if in profess. occupation
clerocc         byte   %8.0g                  =1 if in clerical occupation
servocc         byte   %8.0g                  =1 if in service occupation
lwage           float  %9.0g                  log(wage)
expersq         int    %9.0g                  exper^2
tenursq         int    %9.0g                  tenure^2
-------------------------------------------------------------------------------
Sorted by:
```

return list 命令的结果：

```
scalars:
                r(changed) =  0
               r(widthmax) =  60000
                  r(k_max) =  5000
                  r(N_max) =  2621438
                  r(width) =  32
                      r(k) =  24
                      r(N) =  526
```

describe 命令的返回列表中包含了许多标量，其中 r(N)代表观测值的个数，这里的数值是 526，r(K)代表变量的数量，这里的数值是 24。r(changed)是一个指示变量，一旦数据集被修改了，r(changed)的值就被指定为 1。上面的例子中，还使用了宏的扩展函数来获得数据集的一些排列信息。所有在返回列表中定义的标量都可以在接下来的程序编辑过程中被使用，而不用再次调出返回列表。后续的 r 类命令产生的结果将会覆盖之前产生的返回列表，如果用户之后还需要调用这些结果，应该将其值保存到局部宏或标量之中。为了更进一步探讨 Stata 结果的运用，下面以 summarize 命令为例：

```
summarize,detail
return list
```

summarize 命令的结果如下：

```
                    average hourly earnings
-------------------------------------------------------------
      Percentiles      Smallest
 1%         1.67            .53
 5%         2.75           1.43
10%         2.92            1.5       Obs                 526
25%         3.33            1.5       Sum of Wgt.         526

50%         4.65                      Mean           5.896103
                        Largest       Std. Dev.      3.693086
75%         6.88          21.86
90%           10           22.2       Variance       13.63888
95%           13          22.86       Skewness       2.007325
99%           20          24.98       Kurtosis       7.970083
```

return list 命令的结果：

```
scalars:
                  r(N) =  526
              r(sum_w) =  526
               r(mean) =  5.896102674787035
                r(Var) =  13.63888436377501
                 r(sd) =  3.693086021713413
           r(skewness) =  2.007325040142161
           r(kurtosis) =  7.970082831531257
                r(sum) =  3101.350006937981
                r(min) =  .5299999713897705
                r(max) =  24.97999954223633
                 r(p1) =  1.669999957084656
                 r(p5) =  2.75
                r(p10) =  2.920000076293945
                r(p25) =  3.329999923706055
                r(p50) =  4.650000095367432
                r(p75) =  6.880000114440918
                r(p90) =  10
                r(p95) =  13
                r(p99) =  20
```

这里的 summarize 命令行中的 detail 选项，可以获得返回结果的全部信息。具体来说 wage 这个变量的观测案例数目 r(N) = 526，均值 r(mean) =5.896，方差 r(Var) =13.638，标准差 r(sd) =3.693，偏度 r(skewness) =2.0073，峰度 r(kurtosis) =7.970，加总 r(sum) =3101.350，最小值 r(min) =.529，最大值 r(max) =24.979 以及各种百分位数。在上例中，可以得到变量的四分位距（IQR）以及均值的标准差，具体的命令是：

```
scalar iqr=r(p75)-r(p25)
scalar semean=r(sd)/sqrt(r(N))
```

有些时候，我们只需要获得一个变量的均值而不需要所有的 summarize 的结果。此时我们可以使用 summarize 的 meanonly 选项，这个选项可以隐藏命令的输出结果中方差与标准差的计算，而只显示标量 r(N)、r(mean)、r(min)、r(max)。

在处理时间数据序列或面板数据序列时，需要知道这些数据是否已被设定了数据格式（tsset）。若已经设定，还需要知道其中哪些是时间变量，哪些是截面变量。下面的例子说明了如何返回 tsset 命令的结果。

【例 14-9】本例使用数据集 abdata.dta，该数据集是一个面板数据，是 140 个国家 1976 年到 1984 年的各种宏观指标。在这里的关键变量是 id 代表每个国家的标号，year 代表年份，一个面板数据通常定义这两个变量以便进行各种面板回归和统计。其他的变量包括就业率 emp（%）、平均工资 wage（指标）、投资占 GDP 的百分比 cap（%）。表 14-4 罗列了部分数据。

表 14-4　数据集 abdata.dta（部分数据）

year	emp	wage	cap	id	year	emp	wage	cap	id
1977	5.041	13.1516	0.5894	1	1978	19.44	20.6938	6.9469	3
1978	5.6	12.3018	0.6318	1	1979	19.9	21.2048	6.8565	3
1979	5.015	12.8395	0.6771	1	1980	20.24	22.197	6.6547	3
1980	4.715	13.8039	0.6171	1	1981	19.57	24.8714	6.2136	3
1981	4.093	14.2897	0.5076	1	1982	18.125	24.8447	5.7146	3
1982	3.166	14.8681	0.4229	1	1983	16.85	28.9077	7.3431	3
1983	2.936	13.7784	0.392	1	1977	26.16	14.8283	8.4902	4
1977	71.319	14.7909	16.9363	2	1978	26.74	14.8379	8.742	4
1978	70.643	14.1036	17.2422	2	1979	27.28	14.8756	9.1869	4
1979	70.918	14.9534	17.5413	2	1980	27.83	15.2332	9.4036	4
1980	72.031	15.491	17.6574	2	1981	27.169	17.2529	8.8939	4
1981	73.689	16.1969	16.7133	2	1982	24.504	19.3142	8.3905	4
1982	72.419	16.1314	16.2469	2	1983	22.562	20.0055	7.4351	4
1983	68.518	16.3051	17.3696	2	1976	86.677	20.6323	22.3804	5
1977	19.156	22.692	7.0975	3					

这里要求用 tsset 命令查看该面板数据的结构，并使用 return list 返回相关的结果。

完成该任务的命令如下：

```
use abdata,replace
tsset //查看该面板数据的结构
return list
```

上面命令返回的结果如下：

```
scalars:
                r(tdelta) =  1
                  r(tmax) =  1984
                  r(tmin) =  1976
                  r(imax) =  140
                  r(imin) =  1

macros:
              r(panelvar) : "id"
               r(timevar) : "year"
                 r(unit1) : "."
                 r(tsfmt) : "%9.0g"
               r(tdeltas) : "1 unit"
                 r(tmaxs) : "1984"
                 r(tmins) : "1976"
              r(balanced) : "unbalanced"
```

此处返回的标量结果包含了面板数据的第一期和最后一期的年份（1976 和 1984），以及

id 的取值范围（被定义为 r(panelvar)）。这里的宏还包括了时间指示变量 r(timevar)，以及这些已设定好的时间序列变量的范围，这个取值范围还可以做其他用途，比如被用来作为图形的标题。

许多统计命令属于 r 类命令。比如 correlate 命令可以返回最后一个和倒数第二个变量之间的相关系数，而不论命令中所涉及的变量个数有多少。t 检验命令（ttest）可以返回它所计算的所有结果，其返回的菜单中包含代表 t 检验所涉及的所有结果的标量，唯一的例外是总观测案例的个数需要通过 t(N_1)+r(N_2)自行计算。

14.6.2 e 类命令

通过 ereturn list 命令可以返回 e 类命令的计算结果。ereturn list 命令的语法如下：

```
ereturn list
```

这个命令在通过 Stata 执行了 e 类命令之后使用，大多数的 e 类命令返回的结果中包含四类：

（1） 标量——比如 e(N)，总结估计的过程。

（2） 宏——比如关于响应变量的信息（e(depvar)）、使用的估计方法（e(model)）。

（3） 矩阵——系数和方差矩阵（e(b) e(v)）。

（4） Stata 函数——比如 e(sample)，如果估计过程中使用了所有观测值则返回 1，否则为 0。

这里要使用的另外一个重要的命令是 estat，用于在回归之后显示回归中的重要元素，具体来说可以有如下命令：

用于输出回归的观测值的描述性统计量

```
estat summarize [eqlist]
```

显示估计回归标准误的协方差矩阵

```
estat vce [, estat_vce_options]
```

这里使用一个前面讲解过的回归作为例子，说明 ereturn list 命令和 estat 命令的使用。

【例 14-10】本例使用数据集 wage.dta，观测值有 526 个，主要变量有被调查者的工资（百元）、经验（年）、受教育水平（年）等，这里要求首先以工资（wage）为被解释变量，经验（experience）和受教育水平（education）做回归，然后使用 ereturn list 返回上述回归的结果。本例中将演示如何将回归结果中的各种元素导出，分以下 5 个部分介绍。

（1） 首先我们做回归，以工资（wage）为被解释变量，经验（experience）和受教育水平（education），然后使用 ereturn list 命令返回结果。

命令如下：

```
use wage,replace //打开数据集 wage.dta
sort wage//为了保证读者与我们所做的结果一致，这里按照 wage 从低到高排列观测值
replace wage=. in 80/100 //为了便于下面说明，这里将第 80 个到第 100 个观测值的 wage
数值改为缺失值“.”
regress wage educ exper//标准的回归命令，wage 是被解释变量，educ 和 exper 是解释变量
ereturn list //返回上述回归的结果
```

回归结果如下：

```
      Source |       SS       df       MS              Number of obs =     505
-------------+------------------------------           F(  2,   502) =   72.02
       Model |  1555.95746     2  777.978728           Prob > F      =  0.0000
    Residual |  5422.72868   502  10.8022484           R-squared     =  0.2230
-------------+------------------------------           Adj R-squared =  0.2199
       Total |  6978.68614   504  13.8465995           Root MSE      =  3.2867

------------------------------------------------------------------------------
        wage |      Coef.   Std. Err.      t    P>|t|     [95% Conf. Interval]
-------------+----------------------------------------------------------------
        educ |   .6427195   .0551407    11.66   0.000     .5343845    .7510546
       exper |   .0700158   .0113544     6.17   0.000     .0477079    .0923237
       _cons |  -3.284597   .7886196    -4.16   0.000    -4.833998   -1.735195
------------------------------------------------------------------------------
```

上述回归共使用了 505 个观测值而不是全部观测案例，这是因为事先使用 replace wage=. in 80/100 命令将第 80 个到第 100 个观测值的 wage 变量缺失造成的。可以看到回归的两个变量均十分显著，t 值均在 0.001 的显著性水平上。educ 的系数是 0.64，这说明，保持其他变量不变，受教育年龄每提高一年，工资提高 640 元；exper 的系数是 0.07，这说明保持其他变量不变，工作经验每提高一年，工资提高了 70 元。这个回归的 R^2 达到了 0.22，对于一个横截面回归，这个结果也是令人满意的。下面是使用 ereturn list 命令返回的回归结果：

```
scalars:
                  e(N) =  505
               e(df_m) =  2
               e(df_r) =  502
                  e(F) =  72.02007415513164
                 e(r2) =  .2229585091375582
               e(rmse) =  3.286677405217916
                e(mss) =  1555.957456718614
                e(rss) =  5422.728679716925
               e(r2_a) =  .219862726305437
                 e(ll) =  -1315.947445459126
               e(ll_0) =  -1379.643482098941

macros:
            e(cmdline) : "regress wage educ exper"
              e(title) : "Linear regression"
                e(vce) : "ols"
             e(depvar) : "wage"
                e(cmd) : "regress"
         e(properties) : "b V"
            e(predict) : "regres_p"
              e(model) : "ols"
          e(estat_cmd) : "regress_estat"

matrices:
                  e(b) :  1 x 3
                  e(V) :  3 x 3

functions:
             e(sample)
```

可以看出回归结果中的几乎所有元素都被导出，作为标量导出的包括回归所使用的样本量 505、回归的 F 统计量=72.02、$R^2=0.22$ 等。上面的结果中最重要的两个标量是 e(df_m) e(df_r)，前者表示模型的自由度，后者表示残差的自由度，它们分别是 F 统计量分子与分母的自由度。e(rmse)表示的是这个回归方程的均方误（MSE）。这里有两个标量没有在回归结果中显示出来，它们是 e(ll)和 e(ll_0)，分别代表了受约束和未受约束的极大似然函数的值，这是使用 ereturn list 命令的意外收获。

（2） 通过矩阵 e(b)导出解释变量名。

尽管响应变量的名字被存储在宏 e(depvar)中，但是解释变量名没有一起被存储起来。这里演示如何通过矩阵 e(b)导出解释变量名。

```
local regressors: colnames e(b) //这里使用的是扩展函数 colnames matrixname，用来提取矩阵 e(b)的列名，然后将它分给局部宏 regressors
display "Regressors: 'regressors'" //显示 regressors 的内容
```

这个命令的执行结果是：

```
Regressors: educ exper _cons
```

（3） 灵活运用 e(sample)函数定义数据的子集。

上述结果中另外一个值得注意的是：e(sample)。它是一个函数而不是标量、宏或者矩阵。如果一个观测值被包含在回归中，e(sample)将返回 1，否则返回 0。由于可以在 regress 命令中使用 if 或者 in 定义数据的子集，所以用于回归的观测值个数可能小于全部观测值个数。用户可以利用 e(sample)找到用于回归的那些观测值，比如想知道用于回归的观测值的 wage 变量的统计概要就可以使用命令：

```
.summarize wage if e(sample)
```

这个命令将产生回归样本的描述性统计量，结果如下：

Variable	Obs	Mean	Std. Dev.	Min	Max
wage	505	6.01596	3.721102	.53	24.98

用户也可以将 e(sample)重新定义为一个新的变量，便于后续使用。

```
.generate byte reg1sample = e(sample) //产生一个新的字节变量 reg1sample 其赋值与 e(sample)一样
```

这里使用字节（byte）的数据存储格式，是为了将 e(sample)存储为一个虚拟变量。

（4） 使用 estat summarize 输出用于回归的样本的概要统计。

命令 estat 可以在任何一个估计命令后使用，可以输出回归中的一系列指标。有一些项目适用于任何的估计命令，比如 summarize 或 vce。但是也有一些项目则需要根据估计命令的不同而变化。下面使用 estat summarize 输出用于回归的样本的概要统计，同时为了对比输出所有样本的概要统计，命令如下：

```
estat summarize
summarize wage educ exper
```

上面命令的结果如下：

```
. estat summarize

  Estimation sample regress               Number of obs =     505

  -------------------------------------------------------------
      Variable |       Mean   Std. Dev.        Min        Max
  -------------+-----------------------------------------------
          wage |    6.01596   3.721102         .53      24.98
          educ |   12.62376   2.759728           0         18
         exper |   16.97822   13.44748           1         51
  -------------------------------------------------------------

. summarize wage educ exper

      Variable |       Obs        Mean    Std. Dev.       Min        Max
  -------------+--------------------------------------------------------
          wage |       505     6.01596    3.721102        .53      24.98
          educ |       526    12.56274    2.769022          0         18
         exper |       526    17.01711    13.57216          1         51
```

可以看出，除了变量 wage 由于缺失值造成两个结果一致外，变量 educ 和 exper 的结果均不一致，这说明前者输出的是用于回归的 505 个观测值的描述性统计结果，而后者是全部数据的描述性统计结果。

（5） 使用 matrix list 命令输出由回归命令产生的系数矩阵 e(b)。

下面使用 matrix list 命令输出由回归命令产生的系数矩阵 e(b)，这是一个 k 个元素的行向量。如同所有的 Stata 矩阵一样，每个元素都可以通过它的行和列的编号或者行名或列名来调出使用。

```
matrix list e(b)
```

下面是输出结果：

```
e(b)[1,3]
          educ       exper       _cons
y1   .64592276   .07194572  -3.3595251
```

estat 命令可以被用于输出方差协方差矩阵（VCE）。这个命令还提供了一系列选项来控制矩阵的输出样式。比如：

```
estat vce
```

输出结果如下：

```
        e(V) |       educ        exper        _cons
  -----------+---------------------------------------
        educ |  .00307061
       exper |  .00018392    .00012932
       _cons |  -.0418853   -.00451747    .62680021
```

其中，VCE 矩阵对角线上的元素是相应系数标准差的平方。

很多官方的 Stata 命令以及用户自己编写的命令使用 ereturn list 返回的信息。一个类似 estat ovtest 的命令之所以可以在回归之后计算出用户所需的统计量，是因为它可以重新获得所有的相关信息，这其中包括解释变量与被解释变量、宏、矩阵或者方程。任何用户编写的 do 文件能够利用这样的方法达到同样的效果，即在使用 e 类命令的时候，马上使用 ereturn list 命令来获取用户所需要的信息，或将其存储在一个宏或标量之中。一般情况下，不鼓励将这些数据存储到 Stata 变量之中。

14.7　Stata 操作习题

这里仍然使用第 2 章中的数据集 wage.dta，这是一个关于就业的微观数据集，该数据集共有 526 个观测值，24 个变量，主要变量的情况是：wage 表示工资（百元），educ 表示教育程度，exper 表示工作经验即工作的年数，tenure 表示在当前岗位上工作的年数，以上变量都是以年来计量的，接下来的三个虚拟变量 nonwhite、female、married 分别表示是否是白种人、是否是女性以及是否婚配。详细的数据介绍和数据列表参见第 2 章相关内容。

本题要求使用 wage.dta 数据集，完成下列任务：

（1） 使用工资（wage）的对数作为被解释变量，对经验（exper）、受教育水平（educ）、经验的平方、受教育水平的平方做回归，并利用 ereturn list 命令返回结果。

（2） 导出上述回归结果的协方差矩阵。

（3） 导出上述回归结果的变量名称。

（4） 对 wage 和 wage 的对数进行描述性统计，并使用 return list 导出结果。

（5） educ 的取值从 0 到 18 不等，要求对 educ 取值为 8 到 18 的观测个体描述变量 wage 的均值，请读者使用 foreach 和 forvalue 两种循环语句分别完成。

（6） 对 3 个虚拟变量 nonwhite、female、married 所组成的 6 种情况的观测个体描述变量 wage 的均值，请读者使用 foreach 和 forvalue 两种循环语句分别完成。

反侵权盗版声明

举报电话：（010）88254396；（010）88258888

传　　真：（010）88254397

E-mail：　dbqq@phei.com.cn

通信地址：北京市万寿路 173 信箱

电子工业出版社总编办公室

邮　　编：100036